UTB 8391

Eine Arbeitsgemeinschaft der Verlage

Böhlau Verlag · Köln · Weimar · Wien
Verlag Barbara Budrich · Opladen · Farmington Hills
facultas.wuv · Wien
Wilhelm Fink · München
A. Francke Verlag · Tübingen und Basel
Haupt Verlag · Bern · Stuttgart · Wien
Julius Klinkhardt Verlagsbuchhandlung · Bad Heilbrunn
Lucius & Lucius Verlagsgesellschaft · Stuttgart
Mohr Siebeck · Tübingen
C. F. Müller Verlag · Heidelberg
Orell Füssli Verlag · Zürich
Verlag Recht und Wirtschaft · Frankfurt am Main
Ernst Reinhardt Verlag · München · Basel
Ferdinand Schöningh · Paderborn · München · Wien · Zürich
Eugen Ulmer Verlag · Stuttgart
UVK Verlagsgesellschaft · Konstanz
Vandenhoeck & Ruprecht · Göttingen
vdf Hochschulverlag AG an der ETH Zürich

Stefan Pollmann

Allgemeine Psychologie

Mit 122 Abbildungen, 6 Tabellen und 280 Übungsfragen

Ernst Reinhardt Verlag München Basel

Prof. Dr. Stefan Pollmann lehrt Allgemeine Psychologie an der Universität Magdeburg

Cover: links oben: panthermedia.net/Paul Heubeck;
rechts oben: panthermedia.net/Nik Frey
links unten: BilderBox.com
rechts unten: panthermedia.net/James Steidl

Abbildungen im Innenteil falls nicht anders vermerkt: Florianne Wohlfahrt

Bibliografische Information der Deutschen Nationalbibliothek

Die Deutsche Nationalbibliothek verzeichnet diese Publikation in der Deutschen Nationalbibliografie; detaillierte bibliografische Daten sind im Internet über <http://dnb.d-nb.de> abrufbar.

UTB-ISBN 978-3-8252-8391-9
ISBN 978-3-497-01971-7

Einbandgestaltung: Atelier Reichert, Stuttgart
Satz: Arnold & Domnick, Leipzig
Druck und Bindung: Friedrich Pustet, Regensburg
Printed in Germany
ISBN 978-3-8252-8391-9 (UTB-Bestellnummer)

Ernst Reinhardt Verlag, Kemnatenstr. 46, D-80639 München
Net: www.reinhardt-verlag.de E-Mail: info@reinhardt-verlag.de

Inhalt

1 Wahrnehmung

2   Kognition

3   Lernen und Gedächtnis

4   Emotion

Hinweise zur Benutzung dieses Lehrbuches

Zur schnelleren Orientierung werden in den Randspalten Piktogramme benutzt, die folgende Bedeutung haben:

Literaturempfehlung

Begriffserklärung, Definition

Pro und Contra, Kritik

Fallbeispiel

Forschungen, Studien

Fragen zur Wiederholung am Ende der Kapitel

Übungsaufgaben am Ende der Kapitel

Vorwort

Die Allgemeine Psychologie untersucht, welche allgemeinen Gesetzmäßigkeiten unserem Verhalten und Erleben zugrunde liegen. Um zu belastbaren Ergebnissen zu kommen, steht die experimentelle Methodik im Vordergrund, bei der möglichst isolierte Faktoren variiert werden, um deren Wirkungen auf das Verhalten von Versuchspersonen zu prüfen.

Im vorliegenden Lehrbuch wird der Versuch unternommen, zu zeigen, wie mit solchen grundlagenwissenschaftlichen Arbeiten ganz praktische Probleme angegangen werden können. Dies können Alltagsprobleme sein (Warum eigentlich können wir nicht gut gleichzeitig Telefonieren und Auto fahren?; Kap. 2.2), aber auch neuropsychologische Fallstudien, die ja auch zum Arbeitsalltag ausgebildeter Psychologen gehören (was können wir durch Patienten über Objektwahrnehmung oder das Lesen lernen; Kap. 1.2; 2.5) oder ausgefallenere Untersuchungen wie die Untersuchungen mentaler Rechenprozesse bei Amazonasindianern, deren Sprache nur Zahlwörter bis ‚vier‘ enthält (Kap. 2.7).

Traditionell beruht die Allgemeine Psychologie auf Untersuchungen des Verhaltens menschlicher Probanden. In letzter Zeit haben jedoch kognitiv-neurowissenschaftliche Untersuchungsmethoden an Einfluss gewonnen, die es ermöglichen, neben dem Endprodukt kognitiver oder emotionaler Prozesse – dem Verhalten – auch neuronale Prozesse zu beobachten, die dieses Verhalten ermöglichen. Ein besonderes Anliegen dieses Buches ist es, die Untersuchung des Verhaltens und seiner neuronalen Basis aufeinander zu beziehen, in der Überzeugung, dass eine sorgfältig aufeinander bezogene Analyse beider Aspekte für den Erkenntnisfortschritt entscheidend ist. Die Frage, inwieweit unser Gehirn unser Verhalten bedingt, hat in jüngster Zeit auch zu einer Vielzahl trickreicher Untersuchungen tierischen Verhaltens geführt, so etwa zu der Frage, inwieweit Affen sich in die Wahrnehmungsfähigkeit von Artgenossen hineinversetzen oder menschliche Partner bewusst täuschen können (Kap. 4.6). Diese Thematik vergleichender Forschung wird an vielen Stellen des Buches angerissen.

Da der Lehrumfang des Faches „Allgemeine Psychologie" im Bachelorstudium der Psychologie, für das dieses Buch primär geschrieben ist, begrenzt ist, musste auf einige wünschenswerte Aspekte verzichtet werden. Dies gilt etwa für die Darstellung tiefer gehender methodischer Aspekte experimentalpsychologischer Forschung, die ja auch in der psychologischen Methodenlehre behandelt werden oder in einem anschließenden Masterstudium vertieft werden können.

Die Integration kognitiv-neurowissenschaftlicher und klassisch allgemeinpsychologischer Forschung und die recht umfangreichen Verweise auf weiterführende Literatur mögen den Einsatz des Buches (neben spezialisierteren

Lehrwerken) auch über das Bachelorstudium der Psychologie hinaus, besonders in kognitiv-neurowissenschaftlichen Bachelor- oder auch Masterstudiengängen ermöglichen.

Last not least bittet der Autor um Hinweise auf vielleicht im Buch noch enthaltene Fehler oder fehlende Aspekte, die in einer künftigen Auflage Aufnahme finden sollten.

Magdeburg, im Mai 2008

Stefan Pollmann

1 Wahrnehmung

1.1   Sehen: Wahrnehmung als Konstruktionsprozess

Vielleicht haben Sie in den letzten Tagen einen Hörsaal betreten und nach einer Freundin gesucht, die die gleiche Vorlesung besucht. Warum ist es eigentlich so schwierig, einen Bekannten zu finden, der sich in einer Menge von Personen befindet? Schließlich sehen Sie doch, wenn Sie den Hörsaal betreten, alle Studierenden, die sich schon eingefunden haben, vor sich. Dennoch werden Sie in einer solchen Situation schon festgestellt haben, dass es manchmal einer langwierigen Suche bedarf, um eine Person (oder ein Objekt) in einer solchen Menge zu finden.

1.1.1   Physiologische Einschränkungen des Sehens

Bereich des scharfen Sehens

Ein Grund, warum wir zwar subjektiv den Eindruck haben, den gesamten Raum zu überblicken, aber ihn dennoch nach der gesuchten Person absuchen müssen, ist eine Beschränkung der Sehschärfe. Sie geht auf den Aufbau der Netzhaut des Auges zurück.

> Sie können sich diese Beschränkung leicht vor Augen führen, indem Sie bei normaler Leseentfernung das erste Wort in dieser Zeile anschauen und dann, ohne den Blick vom Anfang der Zeile abzuwenden, versuchen, die Wörter am Ende der Zeile zu lesen. Sie werden sehen, dass Ihnen dies nicht gelingt.

Der Grund dafür ist, dass wir nur in einem kleinen Bereich von der Netzhaut über genügend dicht gepackte Sinneszellen verfügen, um eine genügend hohe räumliche Auflösung zu erreichen, die es uns ermöglicht, die Buchstaben in diesem Text zu erkennen.

Aufbau des Auges

Lichtstrahlen fallen durch die Hornhaut (Cornea) in das Auge. Sie passieren dann die vordere Augenkammer, die Linse und den Glaskörper, bevor sie auf die Netzhaut (Retina) fallen. Die Linse ist an den Zonulafasern aufgehängt. Die Spannung dieser Fasern kann durch Kontraktion der Ziliarmuskeln reduziert werden, worauf die Linse eine rundere Form annimmt und damit das einfallende Licht stärker bricht. Mit zunehmendem Alter verliert die Linse an Elastizität und erreicht nicht mehr die gleiche runde Form bei entspannten Zonulafasern wie im jugendlichen Auge. Die geringere Krümmung führt dazu, dass nahe Objekte nicht mehr scharf abgebildet werden. Dies macht sich etwa dadurch bemerkbar, dass bei normaler Leseentfernung eine Lesebrille nötig wird.

In der Retina befinden sich die Rezeptorzellen des visuellen Systems, die Zapfen und Stäbchen, eingebettet in Pigmentzellen. Zwischen diesen Photorezeptoren und dem Glaskörper liegen mehrere Schichten von Nervenzellen, die Horizontal-, Bipolar- und Amakrinzellen und schließlich die Ganglienzellen, deren Axone den Sehnerv bilden. Die vom Licht abgewandte Lage der Photorezeptoren hat zur

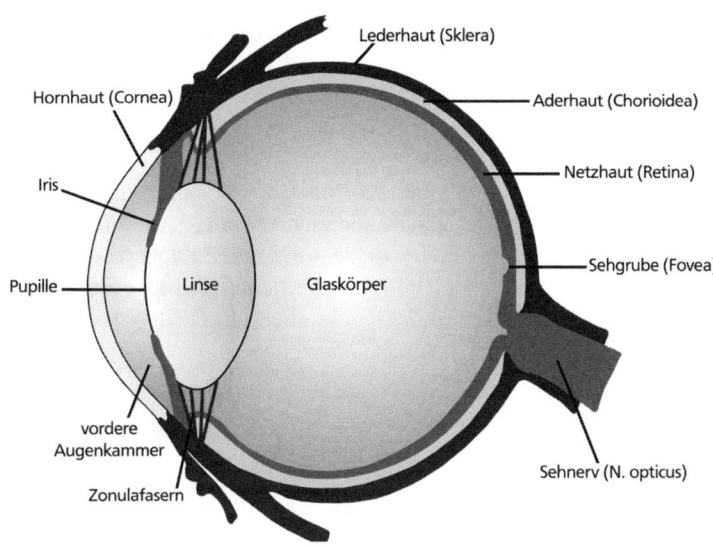

Abb. 1.1.1: Aufbau des Auges

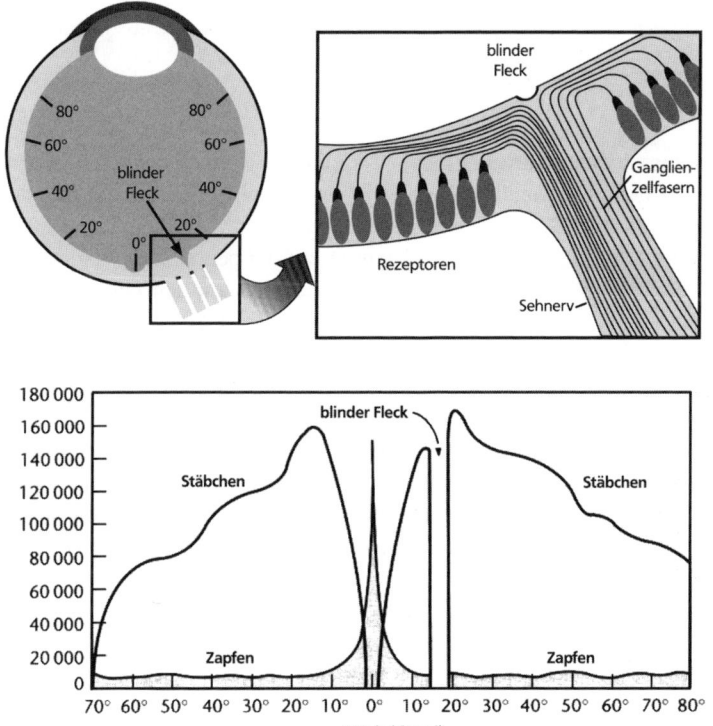

Abb. 1.1.2: Die Retina. Oben links: Abbildung des Gesichtsfelds auf der Netzhaut. Oben rechts: Fehlen von Photorezeptoren am Austrittsort des Sehnervs. Unten: Verteilung der Zapfen und Stäbchen auf der Retina

Folge, dass das Licht zunächst die gesamte Retina durchdringen muss, um die Photorezeptoren zu erregen. Die Lichtleitung durch die Retina wird durch Müller-Gliazellen erleichtert, die sich von der dem Glaskörper zugewandten Seite der Retina bis zu den Photorezeptoren erstrecken und wie biologische Lichtleiter wirken (Franze et al. 2007).

Es gibt etwa 6 Millionen Zapfen und 120 Millionen Stäbchen in der Netzhaut. Die Dichte dieser Rezeptortypen ist sehr ungleich verteilt. In der Fovea centralis (Zentralgrube) gibt es nur Zapfen, ihre Dichte nimmt zur Peripherie der Netzhaut hin ab. Umgekehrt verhält es sich mit den Stäbchen, deren Dichte in der Peripherie zunimmt. Die Rezeptordichte bestimmt die räumliche Auflösung des Sehens, die im fovealen Bereich am höchsten ist und zur Peripherie hin sehr schnell abnimmt.

Makuladegeneration

Eine verbreitete Augenerkrankung führt zu einer Schädigung der Netzhaut, die im Bereich der Makula, also der Netzhaut im Bereich der Fovea, beginnt und sich von dort ausbreitet. Die Krankheit tritt mit zunehmendem Alter gehäuft auf und betrifft damit mit zunehmender Lebenserwartung immer mehr Patienten. Da die Makuladegeneration gerade die Stelle des schärfsten Sehens betrifft, sind die Folgen gravierend. Die Patienten benutzen meist eine parafoveale Stelle der Netzhaut als „Pseudofovea". Aufgrund der geringeren Rezeptordichte kann diese Pseudofovea die Funktionen der Fovea jedoch nur unvollständig erfüllen.

blinder Fleck Die Müllerzellen (aufgrund ihrer Lage auch Radialgliazellen genannt) lösen zwar ein Problem der lichtabgewandten Lage der Photorezeptoren in der Retina, nämlich den Transport des Lichts vorbei an den mehreren Schichten zellulärer Strukturen zwischen Photorezeptor und Lichteinfall. Jedoch können sie ein anderes Problem nicht lösen. Die Fasern des Sehnervs, die von den Ganglienzellen ihren Ausgang nehmen, verlassen das Auge an einem Ort, der Papille. Da die Fasern von der dem Glaskörper zugewandten Seite kommen, müssen sie die Retina durchbrechen, um nach außen zu gelangen. An der Austrittsstelle gibt es dementsprechend auch keine Photorezeptoren, d.h. wir können an dieser Stelle nichts sehen. Da dieser „blinde Fleck" in beiden Augen etwa 15 Grad lateral (seitlich) vom Fixationspunkt liegt, nehmen wir ihn beim beidäugigen Sehen nicht wahr. Die Bereiche decken sich nämlich nicht. Decken wir jedoch ein Auge ab, können wir uns den blinden Fleck leicht vergegenwärtigen.

Versuchen Sie es doch einmal, indem Sie das rechte Auge zuhalten und mit dem linken das Fixationskreuz in Abbildung 1.1.3 fixieren. Variieren Sie dann die Entfernung des Buches vom Auge, bis der schwarze Fleck unsichtbar wird.

Abb. 1.1.3: Demonstration des blinden Flecks

Die Änderung des Abstandes zwischen Buch und Auge führt dazu, dass sich der Einfallswinkel der Lichtstrahlen verändert, die von dem schwarzen Fleck und seiner unmittelbaren Umgebung reflektiert werden. Bei geeignetem Winkel (etwa 15°) fällt der Reiz in den blinden Fleck und wird nicht mehr gesehen.

Warum sehen wir aber an der Stelle des blinden Flecks kein Loch in unserem Gesichtsfeld, wenn wir ein Auge zuhalten? **filling-in**

Wiederholen Sie das Experiment mit Abbildung 1.1.4. Hier sehen Sie, dass der blinde Fleck nicht nur dazu führt, dass wir Reize nicht sehen. Er führt auch dazu, dass unser Gehirn Reize, die sich bis an die Grenzen des blinden Flecks erstrecken, so ergänzt, wie sie in unserer Umgebung mit großer Wahrscheinlichkeit verlaufen. Die Linien in der Abbildung werden demgemäß durch den blinden Fleck hindurch ergänzt. Diese Ergänzungsprozesse (*filling-in*) führen dazu, dass wir auch bei einäugigem Sehen keine Unterbrechung des Gesichtsfeldes wahrnehmen.

1.1.2 Visuelle Suche

Die Beschränkung der Sehschärfe ist jedoch nicht der einzige limitierende Faktor, wenn es um die visuelle Wahrnehmung unserer Umwelt geht. Es gibt auffällige Reize, die uns regelrecht „ins Auge fallen", und andere, die wir leicht übersehen. Dies hat Forscher dazu veranlasst, nach basalen Bausteinen der Wahrnehmung zu suchen, die wir mühelos wahrnehmen können. Was sind nun diese Bausteine, aus denen der Wahrnehmungseindruck sich zusammensetzt? Dieser Frage kann man sich auf unterschiedliche Weise nähern: Wahrnehmungspsychologen untersuchen, welche Reize oder Reizkonstellationen mühelos und schnell, ohne größeren Aufmerksamkeitsbedarf, erkannt werden. Neurophysiologen erforschen dagegen, auf welche Reizmerkmale Nervenzellen reagieren, die die Signale empfangen, die über den optischen Nerv vom Auge zum Gehirn geleitet werden. Einige der wahrnehmungspsychologischen Befunde sollen zunächst dargestellt werden, um dann zu untersuchen, inwieweit diese mit neuronalen Prozessen zusammenhängen. **basale visuelle Merkmale**

Im linken Display (Abb. 1.1.5) unterscheidet sich das L von den O in einem einfachen Merkmal: Es besteht aus geraden Linien, während das O eine kreisförmige Kontur hat. Im rechten Display dagegen bestehen sowohl der Zielreiz, das L, als **Merkmalsverknüpfung**

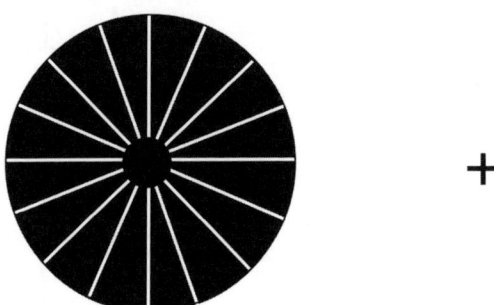

Abb. 1.1.4: Demonstration der Ergänzung von Konturen durch den blinden Fleck

auch die Ablenkerreize oder Distraktoren, die T, aus den gleichen Linien. Das L kann daher von den T nicht über die Linien, sondern nur über die Verknüpfung der Linien, den Ort, wo die Linien zusammentreffen, unterschieden werden. Dies gelingt uns nicht so leicht wie die Unterscheidung einfacher visueller Merkmale, wie gerade oder gekrümmte Linien. Es erscheint einleuchtend, dass es basale visuelle Merkmale gibt, die leicht zu erkennen sind, ohne dass wir langwierig nach ihnen suchen müssen. Was aber macht genau ein solches basales Merkmal aus? Das ist zunächst eine empirische Frage, die mit visuellen Suchexperimenten wie dem obigen untersucht wurde (Treisman/Gelade 1980; Treisman/Gormican 1988).

In der Psychologie spricht man von einem experimentellen Paradigma (Betonung auf der drittletzten Silbe), wenn man eine Klasse von Experimenten meint, die sich in grundlegenden Aspekten ähneln, auch wenn die Details unterschiedlich sind. Das Paradigma der visuellen Suche ist dadurch gekennzeichnet, dass ein Zielreiz (*target*) in einer Menge von Ablenkerreizen (auch Distraktoren genannt) gesucht werden muss. Die Suche nach dem Zielreiz kann dabei unterschiedlich effizient sein. Diese Effizienz wird meist über die Reaktionszeit gemessen. Das ist die Zeit, die ab dem Beginn der Präsentation verstreicht, bis die Versuchsperson, i.d.R. durch eine manuelle Wahlreaktion, anzeigt, ob das Display den Zielreiz enthält oder nicht (z.B. durch Drücken der linken Taste bei Anwesenheit oder der rechten Taste bei Abwesenheit des Zielreizes). Alternativ kann auch die Entdeckungshäufigkeit des Zielreizes gemessen werden, wenn das Display nur sehr kurz gezeigt wird. Die Effizienz der Suche spiegelt sich in der Reaktionszeit nicht nur dadurch wider, dass die Reaktionszeit einfach kürzer oder länger ist, sondern auch darin, wie sie von der Anzahl der Ablenkerreize im Display abhängt. Bei Displays wie dem linken in Abbildung 1.1.5 etwa verändert sich die Reaktionszeit kaum, wenn die Anzahl der Ablenkerreize im Display steigt.

> Suchen Sie bitte einmal nach einem „L" in den beiden Suchdisplays in Abbildung 1.1.5. Sie werden vermutlich das L im linken Display schneller gefunden haben als im rechten Display. An der begrenzten räumlichen Auflösung in der Gesichtsfeldperipherie kann das nicht liegen, da beide L gleich peripher (wenn Sie die Mitte des jeweiligen Displays fixieren) und gleich groß sind. Auch der Abstand zu den Ablenkerreizen ist gleich.

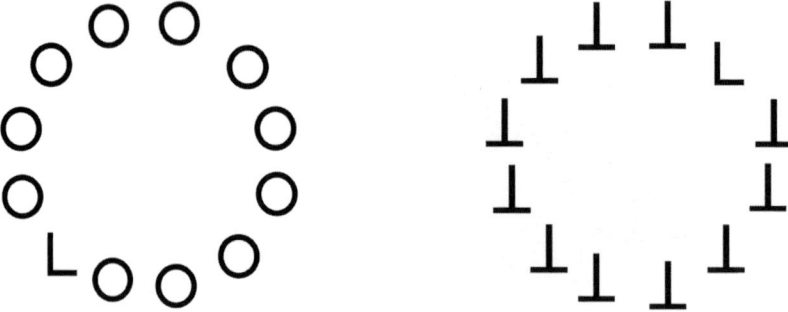

Abb. 1.1.5: Beispieldisplays für effiziente und ineffiziente Suche

Dies ist in Abbildung 1.1.6 links schematisch durch die Linie dargestellt, die **Suchkurve** parallel zur x-Achse verläuft. Bei Displays wie dem in Abbildung 1.1.5 rechts dargestellten hingegen steigt die Reaktionszeit mit zunehmender Anzahl der Ablenker. Man kann diese Zunahme an der Steigung der Suchkurve ablesen und in **visuelle Suche** Millisekunde (ms) pro Displayelement angeben. Eine solche lineare Zunahme der Suchzeit mit zunehmender Displaygröße (d. h. Anzahl der Displayelemente) ist jedoch eher eine idealtypische Vorstellung. In der Realität kommt es auch zu sprunghaften Zunahmen der Suchzeiten (Müller-Plath / Pollmann 2003). Dennoch kann die Steigung der Suchkurve als annäherndes Maß für die Sucheffizienz verwendet werden. Die Suchkurven schneiden die y-Achse nicht bei null, sondern bei einem positiven Wert. Dieser Wert zeigt an, dass die Suchzeit auch einen konstanten Betrag enthält, der unabhängig von der Displaygröße ist und u. a. die Zeit zur Durchführung der motorischen Reaktion beinhaltet.

Längere Suchzeiten bei größeren Displays können dadurch entstehen, dass die **parallele und** Displays seriell nach dem Zielreiz abgesucht werden. Dagegen sprechen flache **serielle Suche** Suchkurven dafür, dass das gesamte Display parallel, „auf einen Blick", nach dem Display abgesucht werden kann. Man spricht dann davon, dass die Reize ins Auge springen (*pop-out*). Eine positive Steigung der Suchkurve ist jedoch kein Beweis für eine serielle Suche. Sie kann auch dadurch entstehen, dass eine parallele Suche erfolgt, die jedoch in ihrer Kapazität limitiert ist und zunehmend länger dauert, wenn diese Kapazität parallel auf immer mehr Elemente verteilt wird.

Von Interesse ist weiterhin das Verhältnis der Suchkurven für positive (Zielreiz **selbstterminierende** anwesend) und negative (Zielreiz abwesend) Urteile (Abb. 1.1.6 rechts). Häufig **Suche** ist dieses Verhältnis 1:2, d. h. die Steigung der Suchkurve ist bei negativen doppelt so lange wie bei positiven Urteilen. Dies ist dann ein Hinweis auf eine selbstterminierende Suche. Damit ist gemeint, dass die Suche abgebrochen wird, sobald der Zielreiz entdeckt wird. Der Zielreiz wird über viele Suchdurchgänge hinweg gleich häufig mal das erste, mal das letzte betrachtete Element sein, mal das zweite oder zweitletzte usw. Daher wird der Zielreiz im Mittel nach Absuchen der Hälfte der Displayelemente gefunden. Damit dauert die Suche nach einem anwesenden Zielreiz auch nur halb so lang wie bei der Abwesenheit des Zielreizes, da die Abwesenheit nur sicher nach vollständigem Absuchen des Displays festgestellt werden kann.

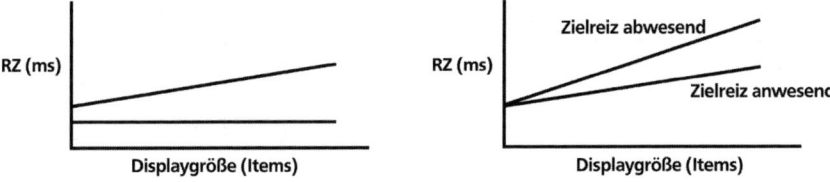

Abb. 1.1.6: Schematische Darstellung typischer visueller Suchkurven. Links: Die Effizienz der Suche kann an der Steigung der Suchkurve abgelesen werden. Rechts: Doppelt so hohe Steigung der Suchkurve für negative wie für positive Reaktionen als Indiz für selbstterminierende Suche

Neurophysiologie   Für einige basale visuelle Merkmale, die in den Suchexperimenten zu einem Pop-out-Effekt führen, ist auch ein neuronales Korrelat bekannt – so etwa in dem hier beispielhaft angeführten Fall von Reizen, die sich durch Linien oder Kanten bestimmter Ausrichtung voneinander unterscheiden (s. u.).

1.1.3   Merkmalsverarbeitung im primären visuellen Cortex

Der Sehnerv erreicht die Großhirnrinde im primären visuellen Cortex (V1). Dieses Hirnareal befindet sich an den Ufern der Fissura calcarina im medialen Occipitallappen (Abb. 1.1.9 oben, FC). Das Großhirn besteht aus einer vielfach gefalteten Rindenschicht (Cortex) grauer Substanz, die sich um einen Kern von weißer Substanz legt. Was dem anatomischen Präparat die graue Farbe gibt, sind die Nervenzellen, die sich in der Rinde befinden. Die Farbe der weißen Substanz hingegen stammt von den Umhüllungen der Nervenfasern, die oft aus Myelin, einer lipidreichen Substanz, bestehen. Die Großhirnrinde (Neocortex) besteht durchgängig aus sechs Schichten, die sich von der weißen Substanz nach außen zur Oberfläche der Hirnrinde erstrecken. Die Schichten enthalten verschiedene Typen von Nervenzellen und unterschiedliche Verschaltungsmuster dieser Zellen, die einem gemeinsamen Bauplan folgen, aber in verschiedenen Großhirnarealen unterschiedlich ausgeprägt vorkommen.

Im anatomischen Präparat ist der primäre visuelle Cortex durch einen breiten Streifen weißer Substanz, also von Nervenfasern, gekennzeichnet. Dieser „Gennarische Streifen" ist bereits mit bloßem Auge sichtbar und hat zu der Bezeichnung „Area striata" für die primäre Sehrinde geführt. Die primäre Sehrinde ist weiterhin identisch mit dem Brodmann-Areal 17 (zur Bestimmung der Brodmann-Areale s. Kasten: Neuroanatomie der Großhirnrinde). Die überwiegende Zahl der

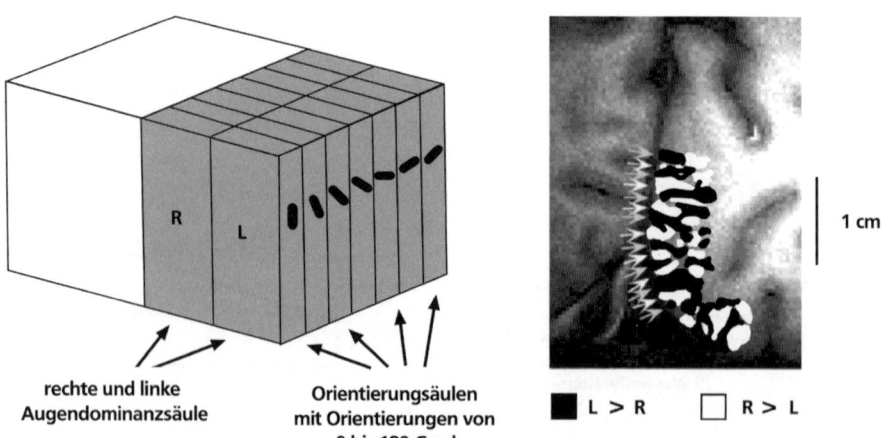

Abb. 1.1.7: Kolumnäre Struktur des primären visuellen Cortex. Links: Schema der Hyperkolumne. Rechts: Anordnung der Augendominanzkolumnen in einem menschlichen Gehirn (adaptiert nach Cheng et al. 2001)

optischen Nervenfasern vom Corpus geniculatum laterale erreicht den primären visuellen Cortex in Schicht 4 (der Verlauf der Sehbahn wird in Kap. 1.3 dargestellt).

Die Zielneurone in Schicht 4 des primären visuellen Cortex haben spezielle rezeptive Feldeigenschaften. Als **rezeptives Feld** bezeichnet man den Bereich des Gesichtsfeldes, in dem die Präsentation eines geeigneten Reizes zu einer Reaktion des Neurons führt. Die überwiegende Zahl dieser Neurone (*simple cells* / einfache Zellen) reagieren auf strichförmige Lichtreize, z. B. Kanten von Objekten, die eine bestimmte Ausrichtung haben. Die *simple cells* reagieren nur auf Reize, die in einem umschriebenen Bereich des Gesichtsfeldes von einer Ausdehnung von wenigen Graden Sehwinkel präsentiert werden.

Wenn man an einer umschriebenen Stelle des visuellen Cortex Neurone untersucht, die die gleichen rezeptiven Feldgrenzen haben, also den gleichen Bereich des Gesichtsfeldes abdecken, so findet man, dass benachbarte Neurone in systematischer Weise auf Reize unterschiedlicher Ausrichtung reagieren. Misst man die neuronale Erregung von Neuronen innerhalb einer corticalen Kolumne, so reagieren diese Neurone optimal auf Reize einer bestimmten Ausrichtung. Misst man nun Neurone benachbarter Kolumnen, so findet man eine systematische Verschiebung der optimalen Reizausrichtung in Schritten von ca. 20 Grad. Man spricht deshalb von Richtungs- oder Orientierungskolumnen. Weiterhin reagieren die einfachen Zellen dominant auf Reize eines Auges. Zwar repräsentiert die Sehrinde einer jeden Hemisphäre sowohl die Reize des ipsi- wie des contralateralen Auges (ipsilateral: gleichseitig; contralateral: gegenseitig), jedoch reagieren die Neurone innerhalb einer bestimmten Kolumne dominant auf Reize jeweils des einen oder anderen Auges – man spricht von Augendominanzkolumnen. Je ein kompletter Satz (der alle Orientierungen von 0–180° abdeckt) von links- und rechtsäugig dominanten Orientierungssäulen bildet als Einheit eine Hyperkolumne. Abbildung 1.1.7 zeigt eine schematische Darstellung einer Hyperkolumne und die Anordnung der Augendominanzkolumnen in einem menschlichen Gehirn.

Die Eingangsstation des Großhirns besteht also zu einem großen Teil aus Neuronen, die in einem kleinen Bereich des Gesichtsfeldes auf Kanten und Linien einer bestimmten Vorzugsrichtung reagieren. Einige dieser Neurone reagieren auch auf bewegte Kanten, andere auf Reize einer bestimmten Wellenlänge. Auf diese Funktionen werden wir bei der Besprechung der Bewegungs- und der Farbwahrnehmung noch genauer eingehen. Bleiben wir zunächst einmal bei der Kantendetektion. Zunächst ist es offensichtlich, dass die Neurone in V1 in sehr eingeschränkter Weise auf die Vielfalt der Formen in unserer Umwelt reagieren. An der Reaktion eines Neurons in V1, das spezifisch auf senkrechte Kanten reagiert, werden wir nicht ablesen können, ob der Organismus gerade einen Baum oder einen Stuhl betrachtet. Wir lesen nur ab, dass sich in dem rezeptiven Feld der Zelle eine senkrechte Linie befindet (die sowohl zum Baumstamm wie zu einem Stuhlbein gehören kann). Die Information, die in den Reaktionen vieler V1-Neurone enthalten ist, muss also in weiteren Verarbeitungsschritten integriert werden. Diese Integration beginnt bereits in V1, vermittelt über Verbindungen zwischen den Neuronen.

Hyperkolumne

Merkmals-
integration

rezeptives Feld

Wir haben bereits den Begriff des rezeptiven Feldes kennengelernt, definiert als der Ausschnitt des Gesichtsfeldes, in dem Reizpräsentation zu einer veränderten (erhöhten oder verminderten) Reaktion führt. Bei dieser Bestimmung des rezeptiven Feldes wird immer nur ein Reiz präsentiert. Was passiert aber nun in der, ziemlich alltäglichen, Situation mehrerer gleichzeitig präsenter Reize? Es ist offensichtlich, dass in dem Fall mehrere Neurone, in deren rezeptive Felder jeweils ein Reiz fällt, auch gleichzeitig reagieren. Wenn diese Neurone nun untereinander über Nervenfasern verknüpft sind und sich gegenseitig fördern oder hemmen können, so ist leicht ersichtlich, dass auch Reize, die sich außerhalb des „klassischen" rezeptiven Feldes eines Neurons befinden, indirekt dessen Aktivität beeinflussen können.

Die Reaktion eines kantenselektiven V1-Neurons auf eine Linie wird vermindert, wenn sich außerhalb des klassischen rezeptiven Feldes, aber immer noch in der Nähe der Linie, weitere parallele Linien befinden (Abb. 1.1.8 a). Dieser hemmende Einfluss vermindert sich, wenn die Ausrichtung der zusätzlichen Linien stark von der Ausrichtung der Linie im rezeptiven Feld abweicht (Abb. 1.1.8 b). Wenn sich parallele Linien zu einer (unterbrochenen) Kontur ergänzen (Abb. 1.1.8 c), so kann es sogar zu einer stärkeren Aktivität des Neurons kommen. Durch horizontale Verbindungen (d.h. Verbindungen innerhalb des gleichen Areals) können also bereits rudimentäre Sehfunktionen geleistet werden, die über die Analyse eines einzelnen rezeptiven Feldes hinausgehen. Die vollständige Analyse bedarf allerdings noch weiterer Verarbeitungsebenen, wie wir noch an vielen Stellen sehen werden.

1.1.4. Selektive Wahrnehmung

Wir haben an einigen Beispielen gesehen, dass unsere visuelle Wahrnehmung offenbar eingeschränkter ist, als es uns im Alltag erscheint. Normalerweise haben wir doch den Eindruck, dass unsere Umwelt wie ein großes Bild mit allen Einzel-

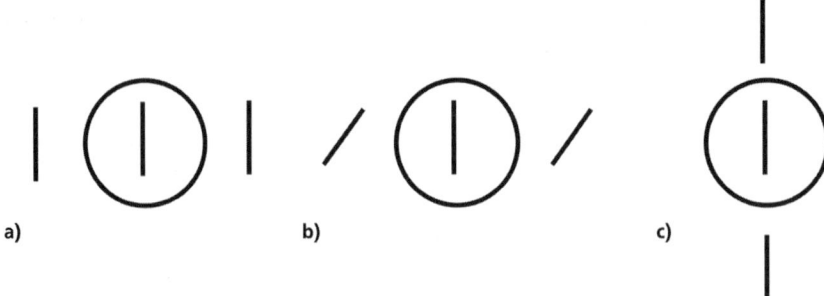

a)   b)   c)

Abb. 1.1.8: Neuronale Aktivität wird durch Reize außerhalb des rezeptiven Feldes beeinflusst. a) Parallele Streifen inhibieren die Reaktion des Neurons auf den Streifen innerhalb des rezeptiven Feldes (Kreis). b) Die Inhibition ist geringer, wenn die Streifen eine andere Orientierung haben. c) Streifen gleicher oder ähnlicher Ausrichtung, die sich zu einer Linie ergänzen, können zu stärkerer Aktivierung des Neurons führen.

heiten vor unseren Augen steht und jederzeit vollständig von den Augen erfasst werden kann. Das ist aber nicht der Fall. Schon aufgrund der in der Peripherie eingeschränkten Sehschärfe müssen wir unsere Umgebung oft mit Augenbewegungen abtasten, um aus den so gewonnenen Informationen das Gesamtbild zu gewinnen. Wir haben weiterhin gesehen, dass manche Merkmale leichter als andere erkannt werden, insbesondere, wenn sich ähnliche Reize in der Nachbarschaft befinden. Daneben hängt unsere Wahrnehmung aber auch stark davon ab, welche Aspekte unserer Umgebung wir beachten – und welche nicht:

Wie eingeschränkt die Wahrnehmung in einem „Augenblick" sein kann, wurde eindrucksvoll durch Experimente gezeigt: Die Darstellung eines Bildes wird nach kurzen Intervallen jeweils kurz dadurch unterbrochen, dass der gesamte Bildschirm weiß wird. Dies erzeugt ein sichtbares Flackern. Nach einer solchen Unterbrechung wird dasselbe Bild wieder gezeigt, allerdings mit einer Änderung. Diese Änderung ist bei dieser Darstellungsweise oft erstaunlich schwer zu entdecken.

Wenn Sie einen Eindruck davon gewinnen wollen, so können Sie Beispiele aus dem Internet herunterladen (www.usd.edu/psyc301/ChangeBlindness.htm; sollte die Website zwischenzeitlich nicht mehr existieren, suchen Sie die Seite von Prof. Ronald Rensinck, University of British Columbia).

Wenn Sie diese Beispiele ausprobiert haben, dann ist es Ihnen vermutlich so ergangen, wie den Versuchspersonen in den einschlägigen Experimenten (Rensink 2002). Sie brauchten oft sehr lange, um recht auffällige Unterschiede zu entdecken. Dies ist intuitiv umso verblüffender, weil man beim Betrachten nicht den Eindruck hat, dass man nur einen Teil des Bildes überschauen kann. Das gesamte Bild scheint in jedem Augenblick vollständig verfügbar zu sein. Die recht eindrucksvolle Unfähigkeit, auch größere Veränderungen zu bemerken, zeigt aber, dass dies zumindest in der recht künstlichen Situation, in der die Betrachtung des Bildes in kurzen Abständen durch einen auffälligen Reiz wie das Flackern unterbrochen wird, nicht der Fall ist. Dieser Effekt wurde mit der recht dramatischen Bezeichnung *change blindness* belegt. Wir werden in Kapitel 3.4, bei der Besprechung visueller Gedächtnisleistungen, noch sehen, dass unter normalen Betrachtungsbedingungen unsere Fähigkeit, Veränderungen in unserer Umwelt zu erkennen, recht gut ausgeprägt ist. Die Information, die wir mit einem Blick aufnehmen können, ist allerdings wirklich recht begrenzt.

change blindness

Noch etwas ist bei diesen Beispielen bemerkenswert: Auch wenn wir, zumindest im Nachhinein, deutlich gemerkt haben, dass wir wesentliche Anteile des Bildes nicht wahrgenommen haben, so haben wir doch andererseits nie den Eindruck, als ob unsere Wahrnehmung Lücken aufwiese. Trotz all der Beschränkungen, die wir inzwischen kennengelernt haben, erscheint uns unser Wahrnehmungseindruck nicht löchrig. Wir haben stets den Eindruck einer zusammenhängenden, scharfen Wahrnehmung unserer Umgebung. Das zeigt, dass visuelle Wahrnehmung nicht wie eine Kamera funktioniert, die passiv die Lichtreize auf einer Filmebene abbildet. Unser Wahrnehmungseindruck wird aus den vom Auge aufgenommenen Lichtreizen aktiv konstruiert.

Exkurs: Neuroanatomie der Großhirnrinde

Das Großhirn (Neocortex) ist in vier Lappen gegliedert: den Frontal-(Vorderhaupts-), Parietal-(Scheitel-), Temporal-(Schläfen-) und Occipital-(Hinterhaupts-)lappen. Die Lappen oder Lobi sind wiederum in Hirnwindungen (Gyri) untergliedert, die von Furchen (Sulci) begrenzt werden. So enthält der laterale (seitliche) Temporallappen je einen Gyrus temporalis superior, medius und inferior (s. Abb. 1.1.9 oben). Diese lateinischen anatomischen Bezeichnungen geben zunächst die Art der Struktur an (Gyrus), dann die übergeordnete Struktur (temporalis: zum Temporallappen gehörig), dann die weitere Lagebezeichnung (superior: obere; medius: mittlere; inferior: untere). Entsprechend ergeben sich die Bezeichnungen für die Furchen: Der Sulcus temporalis superior trennt die Gyri temporales superior und medius, der Sulcus temporalis inferior die Gyri temporales medius und inferior. Im Englischen werden diese lateinischen Bezeichnungen in umgekehrter Reihenfolge verwendet, so wird aus dem Sulcus temporalis superior etwa der *superior temporal sulcus*.

Neben diesen Lagebezeichnungen werden auch noch die Lagebezeichnungen „rostral" – „caudal" (schnabelwärts – schwanzwärts) und „dorsal" – „ventral" (rückenwärts – bauchwärts) verwendet. Letztere Bezeichnungen orientieren sich an vierbeinigen Tieren, daher die Bezeichnung „dorsal" für die superioren Hirnregionen etc. Weiterhin wird zwischen den lateralen (seitlichen) und medialen (mittigen) Anteilen des Gehirns unterschieden. Für einige Furchen wird auch die Bezeichnung „Fissur" verwendet, so für die Fissura lateralis, die den Frontal- vom Temporallappen trennt, und die Fissura calcarina, an deren Ufern sich der primäre visuelle Cortex befindet.

Neben dieser makroskopisch-anatomischen Beschreibung des Gehirns, die den mit dem bloßen Auge sichtbaren Strukturen folgt, gibt es auch noch eine Unterteilung nach der zellulären Architektur. Die Grundlage dieser histologischen (gewebekundlichen) Anatomie ist die Kartierung nach Korbinian Brodmann (1909), die im unteren Teil von Abbildung 1.1.9 dargestellt ist. Die Brodmann-Areale beschreiben Hirnareale, die sich aufgrund ihres zellulären Aufbaus voneinander abgrenzen lassen. Diese Areale, abgekürzt BA-(Nummer), z. B. BA17 für den primären visuellen Cortex, werden in der modernen bildgebenden Forschung häufig verwendet, um die Lage von Aktivierungen anzugeben. Dabei muss man sich aber bewusst machen, dass diese histologischen Areale von Mensch zu Mensch unterschiedlich groß sein können und der exakte Verlauf der Arealgrenzen makroskopisch-anatomisch (also auch in magnetresonanztomographischen Bildern, s. Kap. 1.2) nicht zu erkennen ist. Die Angabe der Brodmann-Areale ist in diesen Fällen nur mit einer bestimmten Wahrscheinlichkeit möglich. Die Bedeutung der Brodmann-Areale besteht darin, dass eine Veränderung der zellulären Architektur vermutlich auch mit einer anderen Funktion einhergeht.

ACC / PCC: anteriorer / posteriorer cingulärer Cortex
FC: Fissura calcarina
FL: Fissura lateralis (auch Fissura Sylvii)
FMC: frontomedianer Cortex
GFS / M / I: Gyrus frontalis superior / medius / inferior

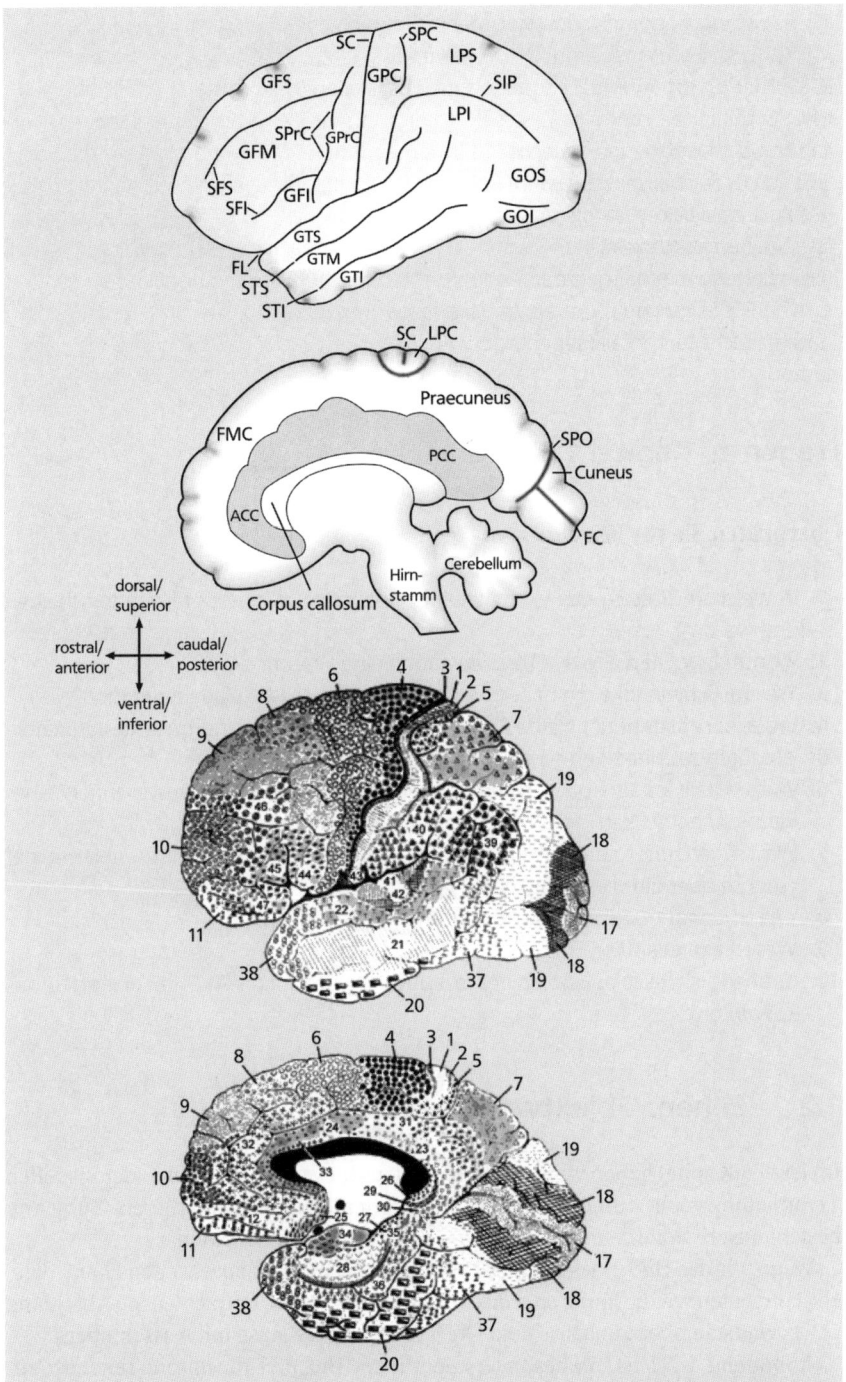

Abb. 1.1.9: Überblick der Anatomie des Großhirns. Oben befinden sich Ansichten des lateralen (links) und medialen (rechts) Großhirns. Unten finden sich die Brodmann-Areale (nach Brodmann 1909).

GOS/I: Gyrus occipitalis superior/inferior
GPrC/GPC: Gyrus praecentralis/postcentralis
GTS/M/I: Gyrus temporalis superior/medius/inferior
LPC: Lobulus paracentralis
LPS/I: Lobulus parietalis superior/inferior
SC: Sulcus centralis (auch Fissura Rolandii)
SFS/I: Sulcus frontalis superior/inferior
SIP: Sulcus intraparietalis
SPO: Sulcus parietooccipitalis
SPrC/SPC: Sulcus praecentralis/postcentralis
STS/I: Sulcus temporalis superior/inferior

Fragen zu Kapitel 1.1

Überprüfen Sie Ihr Wissen!

1. In welchem Bereich des Gesichtsfeldes können wir feine Details unterscheiden und warum?
2. Warum brauchen ältere Menschen häufig eine Lesebrille?
3. Welche Schwierigkeiten haben Menschen mit einer Makuladegeneration?
4. Wodurch entsteht der blinde Fleck? Warum sehen wir ihn normalerweise nicht?
5. Wodurch zeichnen sich basale visuelle Merkmale aus?
6. Warum fällt es uns oft schwerer, die Abwesenheit als die Anwesenheit eines Reizes zu entdecken? Wie wirkt sich das auf die Suchzeit aus?
7. Was sagen uns die Steigung einer Suchkurve und ihr Schnittpunkt mit der y-Achse über die visuelle Suche?
8. Wie ist der primäre visuelle Cortex funktionell aufgebaut?
9. Was ist ein rezeptives Feld?
10. Können sich Reize außerhalb des rezeptiven Feldes auf die Aktivität eines Neurons auswirken?

1.2   Sehen: Objektwahrnehmung

Im letzten Kapitel haben wir gelernt, dass Neurone auf frühen Stufen der visuellen Verarbeitung recht einfache Details, wie gerichtete Linien, kodieren. Subjektiv besteht unsere Wahrnehmung aber eher aus komplexen Objekten.

Kanizsa-Figuren

Wenn wir das Bild eines Hundes betrachten, sehen wir zunächst den Hund, dann erst betrachten wir die Farbe oder das Muster seines Felles. Betrachten Sie Abbildung 1.2.1. Was sehen Sie zunächst – ein Dreieck oder drei Kreise mit Ausschnitten?

Abbildung 1.2.1 ist ein besonders deutliches Beispiel für unsere Tendenz, zusammenhängende Objekte wahrzunehmen. Das Dreieck, das physikalisch gar nicht existiert, wird nämlich dominanter wahrgenommen als die physikalisch präsenten induzierenden Elemente. Figuren wie das Dreieck in der Abbildung werden

Kanizsa-Figuren genannt, nach dem italienischen Gestaltpsychologen Gaetano Kanizsa. Die Kanizsa-Figuren zeigen, dass Wahrnehmung mehr ist als die Summe der Aktivierung kantenspezifischer Neurone. Um eine Scheinkante wahrzunehmen, wo keine reale Kante ist, muss es Interpolationsprozesse zwischen den Neuronen geben, in deren rezeptive Felder die realen physikalischen Kanten der induzierenden Elemente an den Ecken des Dreiecks fallen. Tatsächlich reagieren Neurone in frühen visuellen Arealen auf Scheinkanten in ähnlicher Weise, als ob eine reale Kante in ihr rezeptives Feld gefallen wäre (Abb. 1.2.2).

Abb. 1.2.1: Ein Kanizsa-Dreieck

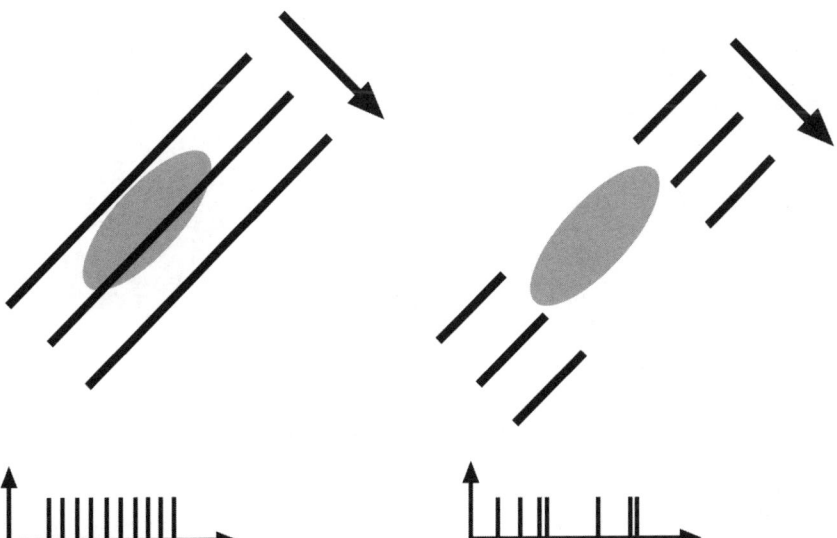

Abb. 1.2.2: Ein Neuron im visuellen Areal V2 feuert, wenn auch schwächer als bei einer realen Kante, wenn sich eine Scheinkante durch ihr rezeptives Feld erstreckt (schematische Darstellung nach Peterhans/von der Heydt 1989).

Abb. 1.2.3: Ein Beispiel für optische Verdeckung

Verdeckung

Während die Kanizsa-Figuren recht künstlich sind, so haben wir es im Alltag sehr häufig mit ähnlichen Situationen zu tun, nämlich wenn ein Objekt ein anderes teilweise verdeckt. Wir wissen, dass die Stängel der Lotosblumen in Abbildung 1.2.3 nicht abrupt aufhören, wenn sie von einem Blatt verdeckt werden, und wir können auch mühelos die sich überkreuzenden Stängel am linken Bildrand voneinander trennen. Dies wäre nicht so eindeutig möglich, wenn wir nicht implizit davon ausgingen, dass Blumenstängel gerade oder leicht gekrümmt wachsen und nicht plötzlich im scharfen Winkel abknicken. Die Fortsetzung von Objektkonturen gelingt uns aber nicht nur im Falle einfacher Linien. Wir erkennen, dass Lehne und Bein zu dem gleichen Stuhl gehören, auch wenn der Rest des Stuhles von der Tischkante verdeckt wird. Unsere Wahrnehmung wird also einerseits von geometrischen Aspekten unserer Umwelt, andererseits auch von unserer Erfahrung mit Dingen unserer Umwelt bestimmt.

1.2.1   Objektwahrnehmungsstörungen

Einen deutlichen Eindruck davon, wie wichtig die Fähigkeit ist, einzelne Merkmale zu einem Ganzen zu integrieren, erhält man aus Fallstudien von Patienten, bei denen diese Integrationsfähigkeit durch eine Hirnschädigung verlorengegangen ist.   **Agnosie**

Abbildung 1.2.4 zeigt eine Zeichnung der St.-Paul's-Kathedrale in London, die von dem Patienten H. J. A. angefertigt wurde. Die Zeichnung, die von einer Vorlage angefertigt wurde, ist recht detailliert und für einen nicht ausgebildeten Zeichner sicher recht gut gelungen. Die Hirnschädigung hat Patient H. J. A. also offensichtlich nicht die Fähigkeit genommen, visuelle Details wahrzunehmen. Was man der Zeichnung aber nicht ansehen kann, ist, dass H. J. A. für die Anfertigung sechs Stunden benötigt hat. Diese ungewöhnlich lange Bearbeitungszeit kam dadurch zustande, dass der Patient die Vorlage Detail für Detail durchgemustert und in die Zeichnung übertragen hat. Was ihm fehlt, ist die Wahrnehmung zusammenhängender Objekte. Ein Zeichner würde normalerweise damit beginnen, die Hauptumrisslinien auf das Papier zu bringen, um dann nach und nach immer mehr Details hinzuzufügen. H. J. A. war dies hingegen nicht möglich, da er, trotz intakten Sehvermögens, keine Objekte erkennen konnte. H. J. A. ist ein Patient mit einer

Abb. 1.2.4: Zeichnung der St.-Paul's-Kathedrale von Patient H. J. A. (adaptiert nach Humphreys 1999, 45)

visuellen Agnosie, einer visuellen Objekterkennungsstörung. Agnosie-Patienten haben Defizite in der Erkennung von Objekten bei intakten basalen Sehleistungen.

Wie am Beispiel von H. J. A. zu erkennen, liegt die Ursache der Objekterkennungsstörung nicht darin, dass die Objekte aufgrund eingeschränkten Sehvermögens nicht erkannt werden können. Die Patienten verfügen auch über semantische Konzepte der Objekte, die sie nicht erkennen können. So können sie etwa einen Apfel als solchen benennen, wenn sie ihn in die Hand nehmen, auch wenn sie ihn zuvor visuell nicht erkannt haben. Patienten mit einer **visuellen Agnosie** (zumindest einige von ihnen; eine genaue Darstellung der verschiedenen Formen der Agnosie würde hier zu weit führen) haben also ein Defizit in der Integration von Merkmalen in eine Objektrepräsentation (Humphreys 1999).

H. J. A. erlitt einen Infarkt der Arteria cerebri posterior, der zu einer bilateralen Läsion großer Teile des lateralen und ventralen occipitotemporalen Cortex führte (Abb. 1.2.6). Nach dem Infarkt konnte H. J. A. Objekte, Gesichter und Wörter nicht oder nur mit großen Schwierigkeiten erkennen. Weiterhin war seine Farbwahrnehmung gestört. Dementsprechend war sein Lesen sehr eingeschränkt, und er hatte Probleme, sich in seiner Umgebung zurechtzufinden. Die Identifikation von Objekten gelingt H. J. A. nur durch die schrittweise Analyse der Objektform oder durch das Erkennen besonders charakteristischer Details. So wird folgende Beschreibung der Abbildung eines Schweins berichtet:

> „Da ist ein runder Kopf an einem offenbar kräftigen Körper; da sind vier kurze Beine; es sagt mir gar nichts; ah, da ist ein kleiner geringelter Schwanz, ich denke, es ist ein Schwein." (Humphreys 1999, 43)

Die Objekterkennungsstörung war modalitätsspezifisch. Die taktile Objekterkennung von H. J. A. war gut, und seine Fähigkeit, Objekte nach ihrer Definition zu benennen oder umgekehrt Definitionen für Objekte zu geben, war unbeeinträchtigt. Während die Langsamkeit und die ungewöhnliche Abfolge der Striche beim

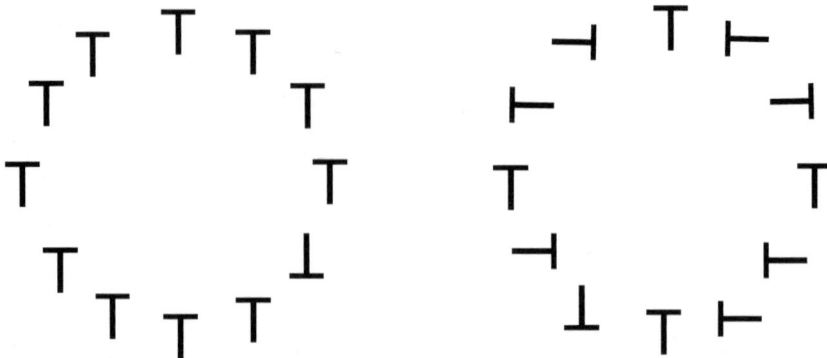

Abb. 1.2.5: Gruppierung von Distraktoren in der visuellen Suche. Links können die homogenen Distraktoren leicht gruppiert werden, was die Entdeckung des Zielreizes erleichtert, rechts gelingt dies nicht.

Kopieren einer Vorlage Hinweise auf eine Störung der visuellen Wahrnehmung gaben, so war H. J. A. doch in vielen basalen Funktionen unauffällig. So gelang es ihm, geringfügig unterschiedliche Rechtecke voneinander zu differenzieren oder die Ausrichtung von Strichen korrekt zu identifizieren.

H. J. A. gelang aber nicht die Gruppierung ähnlicher Merkmale. In Suchaufgaben wie in Abbildung 1.2.5 zeigte er ein erstaunliches Muster. In der schwierigen Aufgabe (Abb. 1.2.5 rechts) waren seine Leistungen mit denen gesunder Probanden vergleichbar. In Displays, wie dem in Abbildung 1.2.5 links, in denen wir das kopfstehende T vor dem Hintergrund gleichausgerichteter T sofort finden, war H. J. A. stark verlangsamt. Es gelang ihm nicht, homogene Ablenker zu gruppieren und damit vom Zielreiz abzugrenzen. Waren die Ablenker dagegen inhomogen und erlaubten keine Gruppierung, so war die Suche von H. J. A. so effizient wie die der Kontrollprobanden.

1.2.2   Gesichtererkennung

Während H. J. A. Schwierigkeiten hatte, die verschiedensten Objekte, bis hin zu Gesichtern und Wörtern, zu erkennen, so wurden auch spezifischere Ausfallmuster berichtet. Manche Patienten mit einer Hirnschädigung haben besondere Schwierigkeiten, Gesichter zu erkennen. Im Jahre 1947 hat der Neurologe Bodamer einige dieser Fälle beschrieben und dieser Beeinträchtigung den Namen **Prosopagnosie** gegeben. Dieser Terminus setzt sich aus den griechischen Worten προσοψισ (Anblick, Gesicht) und αγνωσια (Unkenntnis) zusammen. Prosopagnosie-Patienten können Gesichter als solche erkennen oder Gesichtsbestandteile wie Augen, Nase und Mund identifizieren. Auch die Fähigkeit zur Unterscheidung emotionaler Gesichtsausdrücke ist meist erhalten. Sie haben jedoch die Fähigkeit verloren, anhand des Gesichts die Person zu erkennen.

Prosopagnosie

Es ist schwierig, die Selektivität dieser Störung einzuschätzen. Das liegt daran, dass die Unterscheidung von Gesichtern besonders hohe Anforderungen an die Mustererkennung stellt. Normalerweise fällt dies nicht auf, wir unterscheiden die Gesichter der uns bekannten Personen „automatisch". Wenn jedoch etwa ein Europäer nach Asien reist, so scheint ihm oft die Unterscheidung asiatischer Gesichter viel schwieriger. Dies ist ein Beispiel dafür, dass Gesichterunterscheidung inhärent recht schwierig ist und erlernt werden muss.

Wenn ein Patient nun eine Prosopagnosie bei gleichzeitig erhaltener Erkennung anderer Objekte zeigt, so wurde immer wieder argumentiert, dass dies nicht durch eine spezifische Störung der Gesichtererkennung bedingt ist. Es liege eine allgemeine Erkennungsstörung vor, die sich bei Gesichtern aufgrund ihrer Komplexität und der zur Diskrimination nötigen feinen Differenzierung besonders auswirke. In der Mehrzahl von Patienten mit Prosopagnosie liegt eine bilaterale Schädigung des Occipitalcortex vor. Die häufigste Krankheitsursache ist ein Infarkt im Versorgungsgebiet der Arteria cerebri posterior. Diese Arterie versorgt die medialen Anteile des Occipital- und Temporallappens.

Untersuchungen an gesunden Probanden, die mit Hilfe bildgebender Verfahren durchgeführt wurden, haben gezeigt, dass ein Areal im inferioren Occipitallappen,

fusiform face area (FFA)

an der Grenze zum Temporallappen, besonders konsistent auf die Präsentation von Gesichtern reagiert. Dieses „Gesichtsareal", nach seiner Lage im Gyrus fusiformis im Englischen *fusiform face area* (FFA) genannt (Abb. 1.2.6), zeigt besonders starke Aktivierungszunahmen, wenn den Probanden Bilder von Gesichtern gezeigt werden (Kanwisher et al. 1997). Die Aktivierung ist weitgehend unabhängig von der konkreten Aufgabe, die die Probanden mit den Gesichtsreizen auszuführen haben. Dieses Reaktionsmuster hat dazu geführt, dass man der FFA eine besondere Rolle bei der Gesichtswahrnehmung zugeschrieben hat.

FFA: Expertise

Eine konkurrierende Sichtweise ist die, dass die FFA gebraucht wird, um feine Unterscheidungen bei komplexen Objekten vorzunehmen, unabhängig davon, ob es sich um Gesichter oder andere Objekte handelt. Im konkreten Fall wurden zwei Gruppen von Experten für bestimmte Objekte, nämlich Vogelkundler und Autoexperten, untersucht (Gauthier et al. 1999). Es wurde gefunden, dass die Unterscheidung von Vogelbildern bei den Vogelkundlern sowie von Automodellen bei den Autoexperten zu einer erhöhten Aktivierung der FFA führte. Dies spricht dafür, dass die FFA eine Rolle bei der Unterscheidung feiner Unterschiede bei verschiedensten Objekten spielen kann. Allerdings waren die Aktivierungszunahmen bei der Unterscheidung von Vögeln und Autos recht klein, verglichen mit der Aktivierungszunahme für Gesichter, so dass die Spezifität der FFA für Gesichter nicht widerlegt ist.

Kategoriespezifität

Verschiedene Kategorien von Objekten führen in bildgebenden Untersuchungen zu ähnlichen Aktivierungen im ventralen und lateralen Occipital- und Temporalcortex. Diese Untersuchungen haben gemeinsam, dass es sich um breitflächige Aktivierung etwa der gleichen Region handelt. Sie unterscheiden sich jedoch in der Topographie der Areale, die für die jeweilige Objektkategorie die höchsten Aktivierungsänderungen zeigen.

parahippocampal place area (PPA)

Ein Areal, das in einer Vielzahl von Experimenten kategoriespezifische Aktivierung gezeigt hat, ist die *parahippocampal place area* (PPA). Wie der Name schon verrät, liegt sie, bilateral, im Gyrus parahippocampalis, medial und anterior von der FFA (Abb. 1.2.6). Dieses Areal wird insbesondere von Landschaftsaufnahmen, aber auch von Bildern von Häusern aktiviert. Von einer klar umrissenen Kategorie kann hier also sehr viel weniger die Rede sein als bei der FFA.

extrastriate body area (EBA)

Ein weiteres kategoriespezifisches Areal ist die *extrastriate body area* (EBA) im lateralen Occipitotemporalcortex, die bei der Betrachtung von Körperteilen aktiviert wird (Downing et al. 2001).

Alle diese in die Objektwahrnehmung involvierten Areale befinden sich entweder im ventralen lateralen Occipitotemporalcortex oder weiter medial entlang der Gyri fusiformes und linguales (Abb. 1.2.6). Für diesen Komplex wird auch die Bezeichnung „lateraler occipitaler Komplex" (LOC) gebraucht, wobei die Bezeichnung etwas irreführend ist, da auch die medialen Anteile gemeint sind.

Es ist offensichtlich, dass eine Aneinanderreihung kategoriespezifischer Hirnareale kein durchgängiges Ordnungsprinzip sein kann, da der zur Verfügung stehende Platz für die Vielzahl denkbarer Kategorien einfach zu klein ist. Weiterhin wurde auch in allen Studien durchgängig gefunden, dass ein bestimmtes Hirnareal, wie etwa die FFA, maximal durch eine bestimmte Kategorie visueller Objekte (etwa Gesichter) aktiviert werden kann. Aber auch Bilder anderer Objekte führten zu, wenn auch geringeren, Aktivierungen.

Eine Studie konnte denn auch zeigen, dass die Objektverarbeitung im Gehirn eher verteilt über verschiedene Areale des ventralen Occipitalcortex verläuft, als dass sie für eine bestimmte Kategorie nur an einem bestimmten Ort unterstützt wird (Haxby et al. 2001). Wie in den vorausgegangenen Studien fanden Haxby und Kollegen für die einzelnen Kategorien Aktivierungsmaxima an verschiedenen Orten innerhalb des ventralen Occipitotemporalcortex. In einem zweiten Schritt wurde jedoch untersucht, inwieweit die geringen Aktivierungsänderungen an Orten, die nicht die für die gegebene Kategorie maximale Aktivierung zeigten, zur Charakterisierung der wahrgenommenen Kategorie beitrugen. Dabei zeigte sich, dass die Kategorie der präsentierten Objekte auch aus den Aktivierungsänderungen der „unspezifischen", submaximal aktivierten Areale mit hoher Sicherheit bestimmt werden konnte.

verteilte Repräsentation

Die Schlussfolgerung aus dieser Studie war also, dass die Wahrnehmung eines Objekts einer bestimmten Kategorie, z.B. eines Gesichts, nicht nur von einem bestimmten Hirnort, der für die Verarbeitung dieser Kategorie spezialisiert ist, vorgenommen wird. Auch Areale, die primär auf andere Objektkategorien spezialisiert sind, leisten einen Beitrag zur Objektwahrnehmung. Dies passt zu den Patientendaten, die wir im Zusammenhang mit der Prosopagnosie besprochen haben. Eine mögliche Erklärung für die Variabilität der Prosopagnosie, die manchmal nach rein rechtshemisphärischen, oft aber nur nach bilateralen occipitotemporalen

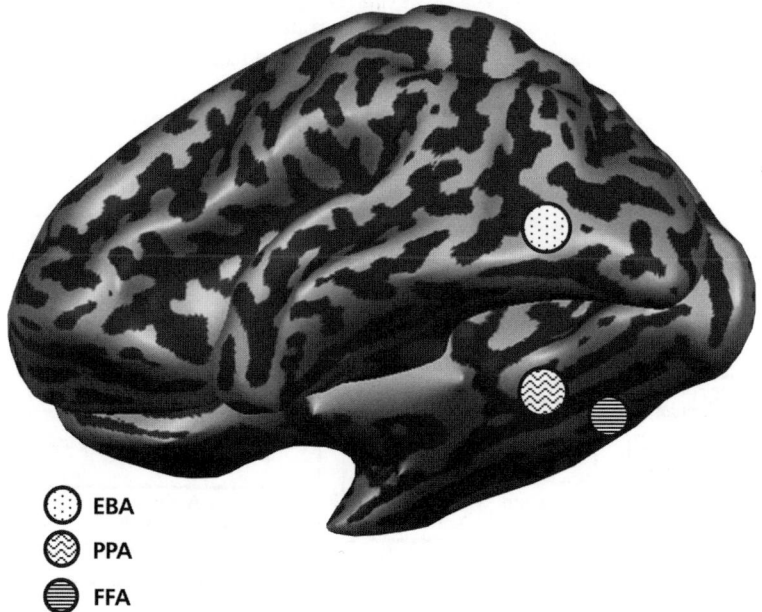

◉ EBA
◉ PPA
◉ FFA

Abb. 1.2.6: Objektverarbeitende Areale im ventralen und lateralen Occipitotemporalcortex
EBA: extrastriate body area
FFA: fusiform face area
PPA: parahippocampal place area

Läsionen auftritt, wäre, dass die verteilte Repräsentation von Gesichtern auch nach einer Läsion der FFA eine zufriedenstellende Gesichtererkennung ermöglicht, wenn die Läsion nicht bereits einen zu großen Anteil des Repräsentationsgebietes erfasst hat. Es soll jedoch auch nicht verschwiegen werden, dass die Debatte über die Spezifität der FFA für die Gesichtererkennung und die verteilte Natur der Gesichtsrepräsentation derzeit noch heftig geführt wird.

Aspekte der Gesichtswahrnehmung   Gesichter vermitteln uns eine Fülle von Informationen. Zunächst können wir Gesichter anhand individueller Merkmale identifizieren. Davon unabhängig vermittelt uns der Gesichtsausdruck Informationen über die Stimmung des Gegenübers und kann komplementäre emotionale Veränderungen im Betrachter hervorrufen und damit die soziale Interaktion unterstützen (Kap. 4.1). Eine wichtige soziale Funktion hat auch die Blickrichtung des Gegenübers. Sie vermittelt uns Informationen darüber, was sich zurzeit im Aufmerksamkeitsfokus des Gegenübers befindet. Es konnte gezeigt werden, dass dies zu einer gleichgerichteten Verlagerung der Aufmerksamkeit des Betrachters führt (s. Kap. 2.1). Die Blickrichtung des anderen hat eine ähnliche Funktion wie ein räumlicher Hinweisreiz. Schaut uns das Gegenüber direkt an, so wissen wir, dass wir selbst im Zentrum seiner / ihrer Aufmerksamkeit stehen.

Während bei der Prosopagnosie die Fähigkeit beeinträchtigt ist, Gesichter bekannter Personen zu identifizieren, so bleibt die Erkennung von Gesichtsausdrücken oft intakt. Dies war ein erster Hinweis darauf, dass die verschiedenen Aspekte der Gesichtererkennung nicht in einem neuronalen Kerngebiet verarbeitet werden, sondern auf ein Netzwerk von Hirnarealen verteilt sind.

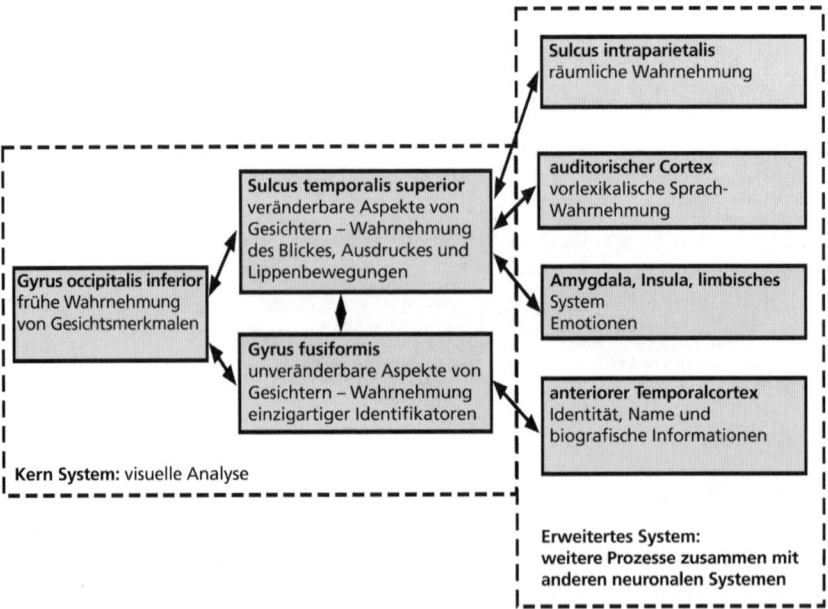

Abb. 1.2.7: Funktionelle Neuroanatomie emotionaler Gesichtswahrnehmung (nach Haxby et al. 2002)

Funktionelle Bildgebungsstudien haben mehrere Hirnareale identifiziert, die mit der Wahrnehmung von Gesichtern assoziiert sind (Abb. 1.2.7). Die FFA im lateralen Gyrus fusiformis haben wir bereits kennengelernt. Ein weiteres Areal, das die Gesichtswahrnehmung unterstützt, befindet sich in den Cortexarealen entlang des posterioren Sulcus temporalis superior. Dort wurden in elektrophysiologischen Untersuchungen am Affen Neurone gefunden, die selektiv auf bestimmte Blickrichtungen und Profilansichten von Gesichtern reagieren (Perrett et al. 1985). Im menschlichen Gehirn wurde eine doppelte Dissoziation gefunden, in dem Sinne, dass ein Areal entlang des posterioren Sulcus temporalis superior stärker auf Wechsel der Blickrichtung als auf Wechsel der Identität von Gesichtern reagierte. Dagegen war dies im lateralen Gyrus fusiformis umgekehrt (Hoffman / Haxby 2000).

Netzwerk für Gesichtererkennung

1.2.3   Erkennen belebter und unbelebter Objekte

Aus dem Jahre 1946 stammt die Beschreibung eines Patienten, der keine unbelebten Gegenstände wie seine Möbel oder Autos auf der Straße erkennen konnte (Nielsen 1946). Sein Essen erkannte er nur am Geschmack. Dennoch hatte er keine Schwierigkeiten, Personen zu erkennen. Auch Blumen konnte er ohne Schwierigkeit benennen. Im gleichen Bericht wird eine weitere Patientin beschrieben, die das umgekehrte Bild zeigte. Sie konnte unbelebte Gegenstände (Stift, Uhr etc.) problemlos erkennen, jedoch keine Gesichter.

Etwa 40 Jahre später berichteten Warrington und Shallice (1984) den Fall eines Patienten mit bilateralen temporalen Läsionen nach einer Herpes-simplex-Encephalitis. Der Patient J. B. R. zeigte eine deutlich bessere Erkennungsleistung für Bilder von unbelebten, verglichen mit belebten Objekten. Die Häufigkeit der Namen war in beiden Kategorien gleich. Nicht nur war seine Benennung unbelebter Objekte besser, auch wenn er aufgefordert wurde, die Bedeutung der gesehenen Objekte zu erklären oder ihre Funktion pantomimisch darzustellen, zeigte sich ein Vorteil für unbelebte Objekte. Somit wurde deutlich, dass es sich nicht um eine Benennungs-, sondern um eine Erkennungsstörung handelte.

Warrington und Shallice argumentierten, dass belebte und unbelebte Objekte in anderer Weise repräsentiert seien. Die Unterscheidung zwischen belebten Objekten, wie etwa einer Erdbeere und einer Himbeere, erfordere in erster Linie eine feine perzeptuelle Unterscheidung, während die Unterscheidung zwischen unbelebten Dingen eher funktioneller Natur sei. So liege der Unterschied zwischen einem Bleistift und einem Stück Kreide eher darin, dass man damit auf Papier oder auf einer Tafel schreibe.

Spätere Studien wiesen darauf hin, dass die gefundenen Unterschiede in der Erkennung belebter und unbelebter Objekte auch durch unkontrollierte konfundierte Variablen entstanden sein könnten, insbesondere die Geläufigkeit (*familiarity*) der Konzepte. Das Argument besagt im Kern, dass etwa Tiere (die prototypischen belebten Objekte) häufig vorkommen und allen bekannt sind, wir aber weit mehr konkrete Erfahrung mit unbelebten Dingen wie Tisch, Stuhl etc. haben und dieser Unterschied zu den Benennungsunterschieden beigetragen habe. Eine

Reanalyse des Patienten J. B. R., bei der diese Faktoren berücksichtigt wurden, ergab jedoch, dass die Erkennungsleistung zwar für belebte und unbelebte Objekte bei sehr geläufigen Objekten gleich war. Sein Defizit in der Erkennung belebter Objekte hatte aber bei weniger geläufigen Objekten Bestand.

semantische oder perzeptuelle Unterschiede?

Was ist aber nun die Grundlage für die unterschiedliche Erkennungsleistung für belebte und unbelebte Objekte? Ist es die Belebtheit an sich, die, vielleicht aus evolutionären Gründen, zu einer Repräsentation an unterschiedlichen Orten des Gehirns führt, oder sind es Unterschiede in der Art der Repräsentation belebter und unbelebter Objekte, wie bereits von Warrington und Shallice vorgeschlagen?

Eine interessante Studie wurde von Gaffan und Heywood (1993) durchgeführt. Sie ließen Affen die Diskrimination zwischen Linienzeichnungen belebter oder unbelebter Objekte lernen. Dabei beobachteten sie, dass es den Affen schwerer fiel, die Diskrimination zwischen belebten Objekten zu lernen, und dass die Schwierigkeit mit der Anzahl der zu diskriminierenden Objekte für belebte Objekte steiler anstieg als für unbelebte Objekte. Eine linguistische Verarbeitung kann bei den Affen ausgeschlossen werden. Daher schlossen sie, dass belebte Objekte schwerer visuell zu diskriminieren sind, weil die Objekte innerhalb dieser Kategorie sich ähnlicher sehen als unbelebte Objekte.

Untersuchungen an einem weiteren Patienten (S. R. B.) bestätigten die Bedeutung der visuellen Ähnlichkeit für die schlechtere Erkennung belebter Objekte. Wenn die Bilder belebter und unbelebter Objekte so ausgewählt wurden, dass die Benennung in beiden Kategorien (Autos und Hunde) gleichermaßen anhand feiner visueller Details getroffen werden musste, so war S. R. B. in beiden Kategorien in ähnlicher Weise beeinträchtigt.

funktionelle Repräsentation

Die Repräsentation von Objektkategorien ist allerdings mehr als eine Sammlung visueller Merkmale. Das Betrachten von Werkzeugbildern im Gegensatz zu anderen Kategorien (Bildern von Tieren) führte im hirngesunden Betrachter zu einer Aktivierung des prämotorischen Cortex (Martin et al. 1996). Dieser Cortex ist von zentraler Bedeutung für die Programmierung komplexer Bewegungen (s. Kap. 1.7). Die prämotorische Aktivierung, die durch die Werkzeuge hervorgerufen wurde, deckte sich weitgehend mit einer Aktivierung, die durch Nennung handlungsorientierter Verben hervorgerufen wurde. Die Annahme liegt daher nahe, dass dies ein Beispiel dafür ist, dass Kategorien nicht nur über ihre visuellen Charakteristika, sondern auch über funktionelle, handlungsbezogene Aspekte repräsentiert sind und diese Aspekte auch dann aktiviert werden, wenn die Handlung keine aktive Rolle spielt, wie bei der Benennung bewegungsloser Werkzeugbilder.

1.2.4   Objekte und Merkmale

Neuropsychologische Patientenstudien wie bildgebende Untersuchungen am intakten Gehirn zeigen, wie wir gesehen haben, dass der ventrale Occipitotemporalcortex eine wichtige Rolle für die Objektwahrnehmung spielt. Wir haben weiterhin gesehen, dass verschiedene Kategorien von Objekten besonders starke Aktivierungen an verschiedenen Orten innerhalb des ventralen Occipitotemporalcortex hervorrufen, aber andererseits Kategorien auch verteilt repräsentiert sind. Daraus ergibt sich die Frage, ob es bestimmte Merkmale – komplexer als die Kanten, die V1-Neurone aktivieren, aber unterhalb der Komplexitätsebene realer Objekte – gibt, die die adäquaten Reize für die Neurone im ventralen Occipitotemporalcortex darstellen.

Diese Frage wurde insbesonders von dem japanischen Neurophysiologen Keiji Tanaka in einer langen Reihe von Experimenten untersucht. Er fand heraus, dass Neurone im inferotemporalen Cortex (IT) des Affen (einem Gebiet, das funktionell dem ventralen occipitotemporalen Cortex des Menschen entspricht) eine kolumnäre Struktur ähnlich wie in V1 aufwiesen. Dabei reagierten die Neurone innerhalb einer Kolumne jedoch auf weit komplexere Merkmale als in V1 (Abb. 1.2.8). Auch waren die Grenzen dieser Kolumnen nicht scharf begrenzt, benachbarte Neurone reagierten häufig auf leicht unterschiedliche Ansichten derselben Objekte (Tanaka 1996). Inwieweit die verteilten Aktivierungsmuster, die beim Betrachten von Objekten entstehen, auf die Aktivierung bestimmter komplexer Merkmalskolumnen zurückgehen, ist bis heute eine ungelöste Frage.

IT-Kolumnen

1.2.5   Frühe und späte visuelle Areale?

Wir haben inzwischen gesehen, dass Neurone auf ganz unterschiedliche visuelle Reize reagieren können. V1-Neurone reagieren auf Kanten, die in einem eng umgrenzten Bereich des Gesichtsfeldes präsentiert wurden. Dagegen werden Neurone im Gyrus fusiformis oder entlang des Sulcus temporalis superior durch Gesichter aktiviert, die in einem weit größeren rezeptiven Feld präsentiert werden können. Generell gibt es eine Entwicklung von Neuronen in frühen visuellen Arealen (wie V1), die auf einfache Reize in einem eng umgrenzten rezeptiven Feld reagieren, hin zu selektiven Reaktionen auf immer komplexere Reize und in größeren rezeptiven Feldern in den nachgeschalteten Arealen.

Es ist daher naheliegend, an eine Verarbeitungskette von frühen zu späten visuellen Arealen zu denken, an deren Anfang die Analyse einfacher Merkmale steht, aus denen sich dann in den nachfolgenden Arealen immer komplexere Repräsentationen entwickeln. Dies ist jedoch nur die halbe Wahrheit. Es gibt nicht nur eine Verarbeitung von frühen zu späten visuellen Arealen, sondern auch in umgekehrter Richtung, von den „späten" zu den „frühen" Arealen. Hier wird offensichtlich, dass die Bezeichnung „frühe" und „späte" Areale nur begrenzt sinnvoll ist. Während sie in anatomischer Sicht, in der Reihenfolge der Verschaltung vom Auge zu „höheren" Gehirnarealen sinnvoll sein mag, so kann es durchaus vorkommen, dass anatomisch „späte" Areale früher aktiv sind als „frühe" Areale.

Rekurrente (rückläufige) Prozesse scheinen sogar eine größere Bedeutung zu haben, als man lange Zeit gedacht hatte. Zwar müssen Signale, die, vom Auge kommend, über die Sehbahn das Gehirn erreichen, zunächst V1 passieren, um die nachgeschalteten Areale zu erreichen. Dann jedoch kann es zu rekurrenten Signalen an die „früheren" Areale kommen. Nach der Theorie der umgekehrten Hierarchie (*reverse hierarchy theory*; Ahissar/Hochstein 2004) kommen wir oft ohne diese rekurrenten Verarbeitungsschritte aus, wenn es nur darum geht, globale Objekt- oder Musterunterscheidungen zu treffen. Die Präsenz eines Gesichts etwa

rekurrente Signale

kann schon nach dem ersten Verarbeitungsdurchlauf von Neuronen der FFA signalisiert werden. Wenn es jedoch darum geht, feine Unterschiede zwischen zwei Gesichtern zu erkennen, dann sind u. U. rekurrente Schritte zurück zu früheren visuellen Arealen nötig. Nur diese haben Neurone mit kleinen rezeptiven Feldern und
einer Selektivität für spezifische Merkmale (z. B. Kantendetektoren, die auf veränderte Gesichtszüge reagieren).

Über solche rekurrenten Prozesse kann u. U. auch die Wahrnehmung von
Scheinkanten erklärt werden, wie in dem Beispiel vom Anfang des Kapitels. In
einem Experiment, in dem es darum ging, feine Unterschiede in der Krümmung
solcher Scheinkanten unterscheiden zu lernen, fanden wir im Laufe des Lernens
eine Zunahme der Aktivierung in V1 (Maertens/Pollmann 2005). Gleichzeitig
kam es im Laufe des Lernens zu einer Abnahme der Aktivierung im Gyrus fusiformis. Die Annahme liegt nahe, dass zu Beginn des Experiments Neurone im Gyrus
fusiformis aktiv waren, um rekurrente Signale an V1 zu senden, um den dortigen
Neuronen die Präsenz einer globalen Form zu signalisieren. Die so rekurrent aktivierten V1-Neurone mögen dadurch in die Lage versetzt werden, besser auf feine
Unterschiede der wahrgenommenen oder realen Konturen zu reagieren, wozu die
Neurone im Gyrus fusiformis nicht oder weniger gut in der Lage sind.

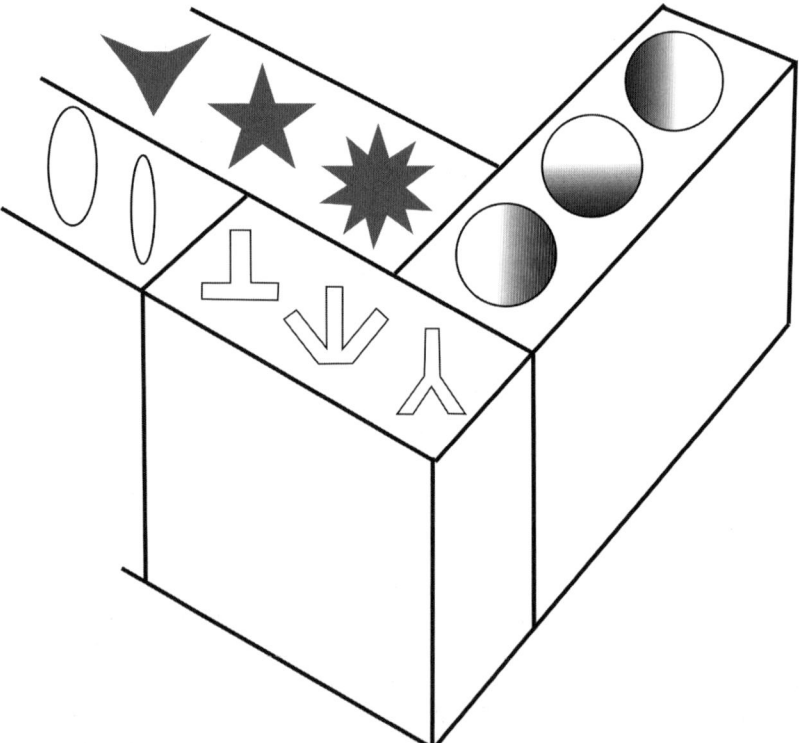

Abb. 1.2.8: Kolumnäre Organisation im inferotemporalen Cortex des Affen (nach
Tanaka 1996, bearbeitet)

Exkurs: Funktionelle Magnetresonanztomographie

Die funktionelle Magnetresonanztomographie (fMRT) erlaubt über den Umweg der Hirndurchblutung Einblicke in die lokale Aktivität der Nervenzellen des Gehirns. Neuronale Aktivität führt zum Verbrauch von Sauerstoff. Der Sauerstoff wird über das Hämoglobin durch das Gefäßsystem an die Stellen des Gehirns gebracht, an denen es benötigt wird. Wenn die neuronale Aktivität steigt, so wird zunächst von den Hämoglobinmolekülen in den Kapillaren in der Umgebung der aktiven Neurone Sauerstoff abgegeben. Das Absinken der Konzentration sauerstoffbeladenen (oxygenierten) Hämoglobins führt, auf noch nicht vollständig bekanntem Wege, zu einer nachfolgenden Zufuhr oxygenierten Hämoglobins, die den ursprünglichen Verlust übersteigt. Diese Zunahme des oxygenierten Hämoglobins wird mit der fMRT sichtbar gemacht und heißt BOLD-Reaktion.

BOLD steht für *blood oxygenation level dependent*. Dabei nutzt man aus, dass oxygeniertes und deoxygeniertes (sauerstofffreies) Hämoglobin unterschiedliche magnetische Eigenschaften haben. Oxyhämoglobin ist gut magnetisierbar, Deoxyhämoglobin dagegen schlecht magnetisierbar. Bei der fMRT befindet sich der Proband in einem starken Magnetfeld, in dem sich die Protonen im Kern der Wasserstoffatome entlang der Feldlinien des Magnetfelds ausrichten. Die Protonen werden dann mit Hilfe eines elektromagnetischen Anregungspulses aus ihrer Ausrichtung ausgelenkt. Während sie in die energieärmere Ausrichtung entlang des Magnetfeldes zurückkehren, geben sie Energie ab. Dies ist die Basis der BOLD-Reaktion.

Das Verhältnis von Oxy- zu Deoxyhämoglobin bestimmt die Stärke der BOLD-Reaktion. Deoxyhämoglobin stört lokal das Magnetfeld und führt zu einer

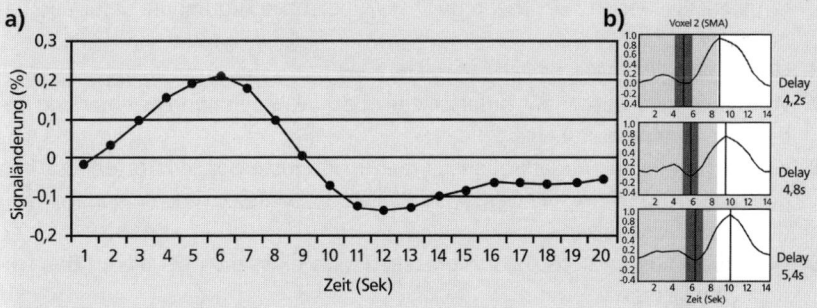

Abb. 1.2.9: Die BOLD-Reaktion. a) Typischer Verlauf einer BOLD-Reaktion. Ein Anstieg des Signals mit einem Maximum 6 s nach Reizpräsentation wird gefolgt von einer Signalabnahme, die in einen *undershoot* nach etwa 12 s mündet, wonach die Signalstärke sich langsam wieder dem Ausgangsniveau nähert (eigene Daten). b) Eine Verzögerung der neuronalen Aktivität in 600-ms-Schritten spiegelt sich in einer entsprechenden Verzögerung der BOLD-Response wider. Die dunkelgrauen Balken geben den Zeitraum der neuronalen Aktivität im Zuge einer visuellen Suchaufgabe an. Die schwarzen Linien zeigen Minima und Maxima der BOLD-Reaktion an (eigene Daten, s. Dymond et al. 1999).

geringeren BOLD-Reaktion, Oxyhämoglobin hingegen zu einer stärkeren BOLD-Reaktion. Auf diese Weise kann indirekt die neuronale Aktivität mit einer hohen räumlichen Auflösung gemessen werden, typischerweise in einer Größenordnung von wenigen Millimetern, bei hohen magnetischen Feldstärken auch unterhalb eines Millimeters. Die zeitliche Auflösung ist hingegen begrenzt. Eine kurzzeitige neuronale Aktivierung führt mit einer Verzögerung von 4–6 s zu einer maximalen BOLD-Reaktion (Abb. 1.2.9a). Diese recht träge Reaktion ist jedoch, zumindest innerhalb einer Experimentalsitzung, recht konstant, so dass ereigniskorrelierte Unterschiede im Zeitverlauf der BOLD-Reaktion zwischen verschiedenen Experimentalbedingungen zumindest in einem Bereich von wenigen 100 ms gemessen werden können (Abb. 1.2.9b).

Fragen zu Kapitel 1.2

Überprüfen Sie Ihr Wissen!

11. Was ist eine Kanizsa-Figur? Welche neuronalen Prozesse ermöglichen das Sehen der Figur?
12. Welche Faktoren tragen zur Wahrnehmung teilweise verdeckter Objekte bei?
13. Welche Prozesse sind bei einer integrativen Agnosie gestört? Was trägt das Bild der integrativen Agnosie zu unserem Verständnis der Objektwahrnehmung bei?
14. Was bedeutet Prosopagnosie? Welche Symptome gehen damit einher? Welche Prozesse sind nicht gestört?
15. Was weiß man über die neuronale Basis der Gesichtswahrnehmung? Gibt es ein Hirnareal der Gesichtswahrnehmung? Diskutieren Sie Argumente dafür und dagegen.
16. Wo liegt die PPA? Welche Reize aktivieren sie?
17. Welche Gründe werden für Unterschiede in der Wahrnehmung belebter und unbelebter Objekte diskutiert?
18. Welche funktionelle Organisation hat man im inferotemporalen Cortex des Affen gefunden? Diskutieren Sie Gemeinsamkeiten und Unterschiede im Vergleich mit dem primären visuellen Cortex.
19. Was sind frühe und späte visuelle Areale? Was muss man bei diesen Bezeichnungen beachten?
20. Was ist rekurrente Verarbeitung? Wann ist sie sinnvoll?

1.3   Raum- und Bewegungswahrnehmung

Intuitiv ist die Wahrnehmung von Objekten untrennbar mit der Wahrnehmung verbunden, wo sich diese Objekte gerade befinden. So war es zunächst überraschend, als die Neurophysiologin Leslie Ungerleider und ihre Kollegen zeigen konnten, dass Objektwahrnehmung und Ortswahrnehmung unabhängig voneinander durch Hirnläsionen gestört werden konnten. Die daraus entstehende Theorie der „Was"-

und „Wo"-Pfade hatte allerdings Vorläufer. So war aus der klinisch-neuropsychologischen Forschung schon lange bekannt (Kap. 1.2), dass Objekterkennungsstörungen auftreten konnten, ohne dass diese Patienten Störungen des räumlichen Sehens aufwiesen. Umgekehrt war auch bekannt (wie in diesem Kapitel noch ausgeführt wird), dass die Beachtung des Raums bei Patienten eingeschränkt sein kann, die nicht an Störungen der Objektwahrnehmung litten.

Räumliches Sehen ist häufig eng mit Bewegung verbunden. Die erfolgreiche Annahme eines Passes durch einen Fußballspieler hängt ganz entscheidend von der exakten Lokalisation des Balles ab, aber auch von der Berechnung seiner Flugbahn. In diesem Kapitel wird daher die räumliche Wahrnehmung, inclusive der Wahrnehmung räumlicher Tiefe, mit der Bewegungswahrnehmung zusammen behandelt. Als Grundlage soll zunächst dargestellt werden, wie der Raum im visuellen Cortex repräsentiert ist.

1.3.1 Raumwahrnehmung

Sehbahn

Die Fasern des Sehnervs verlaufen von den retinalen Ganglienzellen zum Corpus geniculatum laterale (CGL) des Thalamus. Die Fasern, die von den Zellen der nasalen Retinahälften ihren Ausgang nehmen, kreuzen in der Sehnervenkreuzung in die contralaterale (gegenseitige) Hemisphäre. Dagegen ziehen die Fasern von den temporalen (schläfenseitigen) Retinahälften zum CGL der ipsilateralen (gleichseitigen) Hemisphäre. Diese Verschaltung hat zur Folge, dass Reize, die sich in der linken Gesichtsfeldhälfte befinden, zum CGL der rechten Hemisphäre weitergeleitet werden und umgekehrt für Reize aus der rechten Gesichtsfeldhälfte. So reizen z. B. Lichtreize aus der linken Gesichtsfeldhälfte Rezeptoren in der nasalen Retinahälfte des linken Auges und der temporalen Retinahälfte des rechten Auges und werden zum rechten CGL weitergeleitet. Das CGL hat einen sechsschichtigen Aufbau. Schicht 1, 4 und 6 erhalten Fasern vom contralateralen Auge, Schicht 2, 3 und 5 vom ipsilateralen Auge. Die Nervenzellen in den Schichten 1 und 2 sind größer als die Zellen in den Schichten 3–6. Schicht 1 und 2 heißen daher magnozellulär, Schicht 3–6 parvozellulär (*parvus*, lat. für arm).

Vom CGL aus fächert sich der optische Trakt in die Gratiolet'sche Sehstrahlung auf, um schließlich den primären visuellen Cortex an den Ufern der Fissura calcarina im medialen Occipitalcortex zu erreichen.

Weiterhin ziehen Sehnervfasern zu den Colliculi superiores. Diese Kerngebiete im Mittelhirn sind besonders in die Steuerung von Augenbewegungen involviert.

Retinotopie

Nicht nur das CGL, sondern auch der primäre visuelle Cortex ist durch eine exakte retinotope Organisation gekennzeichnet. In anderen Worten, Lichtreize, die auf benachbarte Stellen der Netzhaut des Auges fallen, aktivieren benachbarte Neurone im visuellen Cortex. Dabei ist der foveale Bereich, also der Bereich des schärfsten Sehens um den Fixationsort herum, am Occipitalpol repräsentiert. Weiter anterior gelegene Anteile der primären Sehrinde repräsentieren entsprechend weiter periphere Anteile des Gesichtsfeldes. Der Fundus der Fissura calcarina repräsentiert die Grenze zwischen oberer und unterer Gesichtsfeldhälfte. Lichtreize aus der oberen Gesichtsfeldhälfte sind im ventralen Anteil der Sehrinde repräsentiert, während die untere Gesichtsfeldhälfte entsprechend im dorsalen Anteil von V1 repräsentiert ist. Die Retinotopie der primären Sehrinde ist also entlang dreier Achsen repräsentiert:

1. Anterior – posterior entspricht peripher – foveal.
2. Dorsal – ventral entspricht unterem – oberem Gesichtsfeld.
3. Contralaterale Organisation: Der primäre Sehcortex der linken (rechten) Hemisphäre repräsentiert die rechte (linke) Gesichtsfeldhälfte.

Die Repräsentation der Fovea und parafovealer Bereiche nimmt etwa ein Drittel der gesamten Fläch von V1 ein, obwohl hier nur ein Bereich von ca. 5 Grad Sehwinkel repräsentiert ist. Dieser überproportionale Platzbedarf spiegelt die höhere foveale Sehschärfe wider. Während in der Peripherie der Netzhaut viele Rezep-

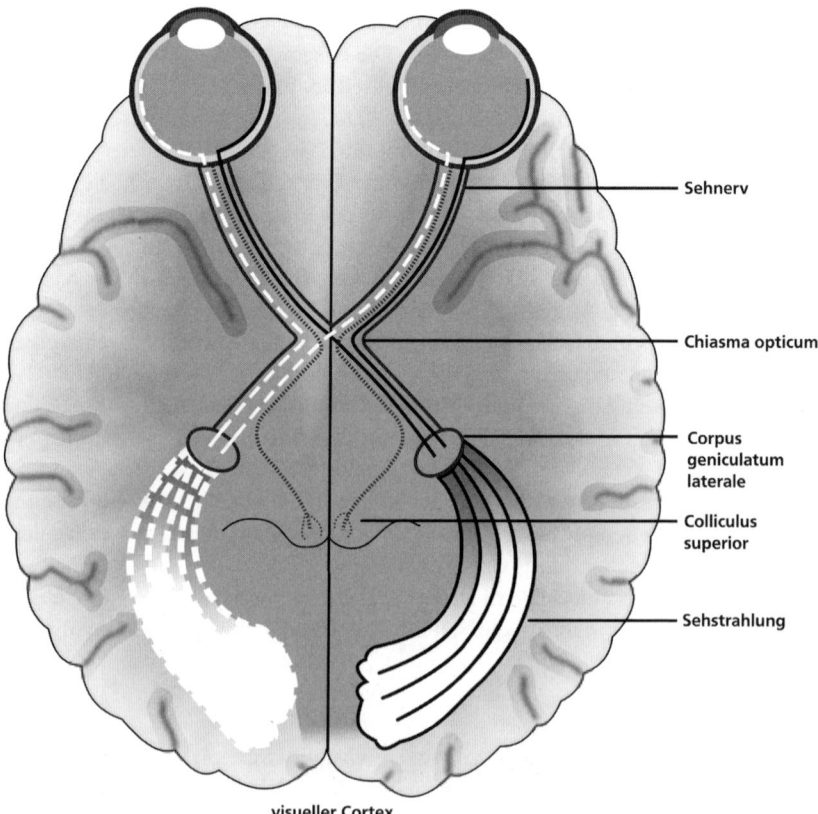

Sehnerv

Chiasma opticum

Corpus geniculatum laterale

Colliculus superior

Sehstrahlung

visueller Cortex

Abb. 1.3.1: Die Sehbahn

toren auf eine Ganglienzelle verschaltet werden (Konvergenz) und somit die räumliche Auflösung gering ist, so entspricht die hohe foveale Sehschärfe einer entsprechend geringeren Konvergenz.

Der primäre visuelle Cortex stellt die Eingangspforte der Sehrinde in der Groß- **retinotope Areale** hirnrinde dar. Das Sehen beansprucht jedoch eine Vielzahl weiterer Hirnareale. Einige dieser visuellen Areale teilen mit dem primären visuellen Cortex das Merkmal einer besonders ausgeprägten Retinotopie. Anhand der Retinotopie kann man daher auch die Grenzen dieser visuellen Areale bestimmen. In neuerer Zeit ist es auch möglich geworden, die Grenzen der retinotopen visuellen Areale mit dem nichtinvasiven Verfahren der funktionellen Magnetresonanztomographie am lebenden Menschen zu bestimmen. Dazu verwendet man visuelle Reize, die nur einen bestimmten Ausschnitt des Gesichtsfeldes ausfüllen. Mit Hilfe dieser Reize bestimmt man, welche occipitalen Areale aktiviert werden, wenn der horizontale sowie der vertikale Meridian stimuliert werden, d. h. wenn der Reiz sich entlang der horizontalen bzw. vertikalen Linie durch den Fixationspunkt befindet.

Stimulation des horizontalen Meridians führt zu einer Aktivierung entlang des **retinotope** Fundus der Fissura calcarina. Dies ist die einzige Repräsentation eines Meridians, **Kartierung** die nicht eine Grenze zwischen retinotopen visuellen Arealen bezeichnet. Die

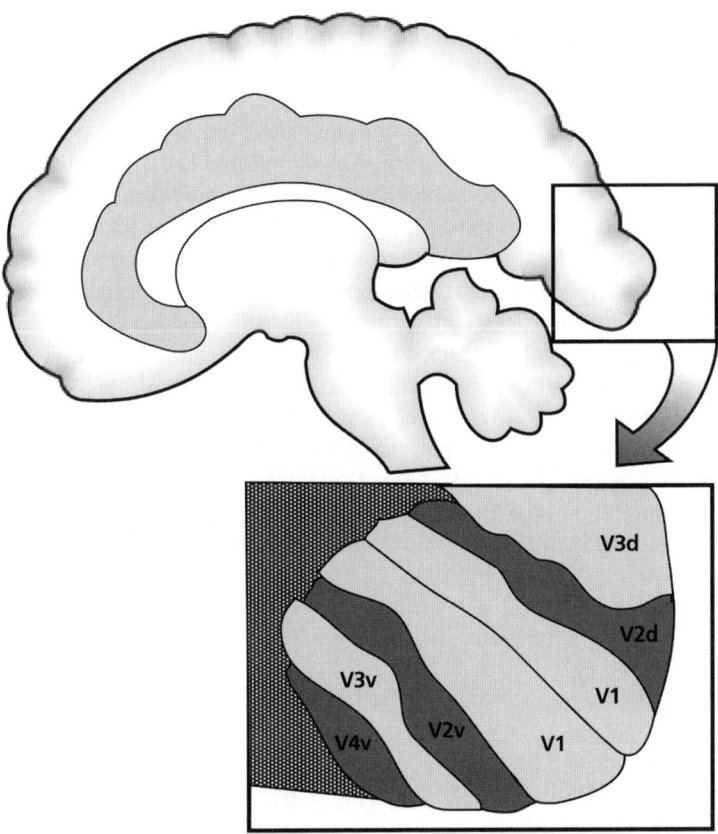

Abb. 1.3.2: Die retinotope Organisation der frühen visuellen Areale

Grenzen zwischen V1 und den beiden Hälften des benachbarten visuellen Areals V2 werden durch die beiden Repräsentationen des vertikalen Merians demarkiert. Die Ausdehnung von V1 ist interindividuell unterschiedlich und erstreckt sich dorsal der Fissura calcarina bis in den Cuneus sowie ventral bis in den Gyrus lingualis (Abb. 1.3.2). Das Areal V2 enthält wiederum eine vollständige retinotope Repräsentation des Gesichtsfeldes, allerdings aufgeteilt in den dorsalen Anteil V2d, das die Repräsentation der unteren Gesichtsfeldhälfte enthält, und den ventralen Anteil V2v mit der Repräsentation der oberen Gesichtsfeldhälfte. Weitere Repräsentationen des horizontalen Meridians ergeben dorsal den Verlauf der Grenze zwischen V2d und V3d sowie ventral zwischen V2v und V3v. Die beiden V3-Areale ergeben wiederum eine komplette Repräsentation des Gesichtsfeldes. Allerdings sind die Eigenschaften der Neurone in diesen beiden Arealen etwas unterschiedlich, so dass manche Forscher diese Areale auch als V3 (statt V3d) und VP (statt V3v) bezeichnen. Eine weitere Repräsentation des inferioren vertikalen Meridians bildet dorsolateral von V3d die Grenze zum Areal V3A. Die zweite Repräsentation des superioren vertikalen Meridians bildet ventrolateral zu V3v die Grenze zu V4.

Die visuelle Verarbeitung endet jedoch nicht hier, an den Grenzen der „klassischen" retinotopen Areale. Im letzten Kapitel haben wir bereits gesehen, dass Neurone im ventralen Occipitotemporalcortex eine wichtige Rolle bei der Objekterkennung spielen. Diese Areale haben nur noch ansatzweise eine retinotope Gliederung.

Sulcus intraparietalis

Für die räumliche Wahrnehmung besonders wichtig sind Areale im posterioren Parietalcortex, die sich an den Ufern des Sulcus intraparietalis befinden (Abb. 1.3.3, SIP). Dieser Sulcus verläuft umgekehrt U-förmig vom Sulcus postcentralis bis in den Occipitallappen. An seinen Ufern befinden sich mehrere Areale, die ein wichtiges Verbindungsglied zwischen den visuellen Arealen des Occipitallappens, aber auch sensorischen Neuronen anderer Sinnessysteme und den prämotorischen und motorischen Arealen des Frontalcortex (s. Kap. 1.7) sind. Der posteriore Parietalcortex ist damit ein Bindeglied zwischen Perzeption und Aktion. Viele der posterioren parietalen Neurone sind multimodal, d.h. sie reagieren auf Signale aus mehreren Sinnesmodalitäten wie dem Sehen, Hören und dem Tastsinn. Eine besondere Funktion des posterioren Parietalcortex ist, die unterschiedlichen räumlichen Koordinatensysteme der Sinnesmodalitäten in Übereinstimmung zu bringen, etwa die Retinotopie des visuellen Systems mit der auditiven Ortsbestimmung über Schalllaufzeitdifferenzen und Amplitudendifferenzen zwischen linkem und rechtem Ohr.

Augenbewegungen

Schnelle Augenbewegungen, auch Sakkaden genannt, können willkürlich initiiert werden. Sie benötigen kein Zielobjekt, können sogar in völliger Dunkelheit ausgeführt werden.

Langsame Augenbewegungen erreichen nur weit geringere Geschwindigkeiten als Sakkaden und beschleunigen auch später als diese. Sie werden i. d. R. nicht willkürlich ausgeführt, sondern sind Blickfolgebewegungen, mit denen die Fixation auf bewegten Objekten gehalten wird. Diese treten auf, wenn das fixierte bewegte Objekt beachtet wird, oder auch in Abwesenheit von Aufmerksamkeit, wenn es kein stationäres Objekt im Gesichtsfeld gibt, das zur Blickstabilisierung herangezogen werden kann (Steinman 2003).

Ventraler und dorsaler Pfad

Anfang der 1980er Jahre führten Leslie Ungerleider und Kollegen Experimente durch, die weitreichende Folgen für unser Verständnis der neuronalen Repräsentation des Raumes hatten. Sie untersuchten Affen in einem Delayed-Matching-Experiment, in dem diese zuschauten, wie die Versuchsleiterin Futter unter einem Behälter versteckte. Nach einer kurzen Wartezeit konnten die Affen dann einen der insgesamt zwei Behälter auswählen und bekamen, wenn die Wahl richtig war, das Futter als Belohnung. In unterschiedlichen Varianten des Experiments unterschied sich der Behälter, der das Futter enthielt, entweder durch seine Form oder durch seine räumliche Position relativ zu einem Orientierungspunkt von dem Behälter, der kein Futter enthielt. Zwei Gruppen von Affen nahmen an dem Experiment teil. Die Affen waren Operationen unterzogen worden, die in der einen Gruppe die Faserverbindungen vom Occipital- zum Parietallappen (dorsaler Pfad) unterbrachen. Bei der anderen Gruppe wurden hingegen die Faserverbindungen vom Occipital- zum Temporallappen (ventraler Pfad) unterbrochen.

Die Tiere mit den Läsionen des dorsalen Pfads hatten Defizite in der räumlichen Aufgabe, während sie die figurale Aufgabe problemlos beherrschten. Umgekehrt zeigten die Tiere mit Läsionen des ventralen Pfads Defizite in der Mustererkennungsaufgabe, während sie die räumliche Aufgabe beherrschten. Dieses gekreuzte

doppelte Dissoziation

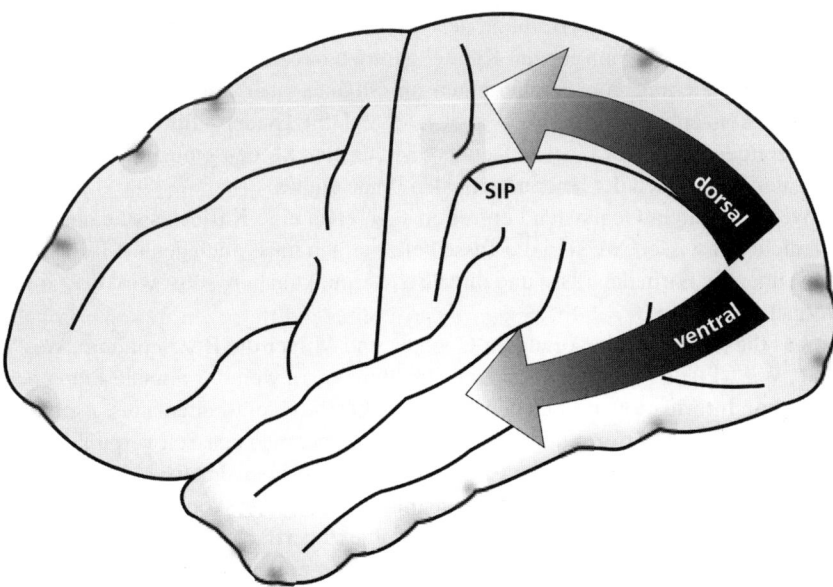

Abb. 1.3.3: Dorsaler und ventraler Pfad

Muster aus Defiziten und erhaltenen Funktionen nennt man eine doppelte Dissoziation. Eine doppelte Dissoziation zeigt an, dass zwei Funktionen unabhängig voneinander sind. Dies war zunächst überraschend: Wenn wir einen Gegenstand
betrachten, dann sind die Informationen über dessen Aussehen (das „Was") und
seinen Ort im Raum (das „Wo") intuitiv untrennbar miteinander verknüpft. Die
Experimente von Ungerleider und Kollegen zeigten aber, dass Läsionen des ventralen und des dorsalen Pfades zu selektiven Defiziten der „Was"- und „Wo"-Infor-
mationsverarbeitung führten.

„Was" und „Wie"   Wozu sollte das Gehirn diese Information in zwei getrennten großen Verarbei-
tungspfaden repräsentieren? Diese Frage führte später zu einer Modifikation des
Modells der corticalen „Was"- und „Wo"-Pfade durch Goodale und Milner (1992).
Die beiden Forscher überlegten sich, dass wir detaillierte Ortskoordinaten nur in
bestimmten Situationen benötigen: wenn wir uns im Raum orientieren und bewegen, aber auch, wenn wir nach Objekten greifen. Dauerhaft im Gedächtnis abzule-
gen scheinen wir exakte Ortskoordinaten i. d. R. nicht.

> Dies können Sie sich leicht vor Augen führen, wenn Sie sich einmal die Position
> bestimmter Gegenstände in Ihrer Wohnung ins Gedächtnis rufen. Natürlich
> wissen Sie in etwa, wo sich Ihr Sofa befindet, aber wenn Sie es exakt auf einem
> Grundriss Ihrer Wohnung einzeichnen sollten, käme es wohl doch zu Ungenauig-
> keiten.

Goodale und Milner stellten nun die Hypothese auf, dass der dorsale Pfad exakte
Ortskoordinaten zur Verfügung stellt, wenn diese benötigt werden, also wenn wir
den Raum mit Blicken explorieren (absuchen), wenn wir uns im Raum bewegen
und wenn wir nach Objekten greifen. Diese Koordinaten werden aber nicht gespeichert, sondern sind nur so lange präsent, wie sie für eine Handlung benötigt
werden. Im Gegensatz dazu diene der ventrale Pfad nicht nur der Objekterkennung, wie wir bereits im letzten Kapitel gesehen haben, sondern auch der dauerhaften Speicherung von Erinnerungen an Objekte, aber auf einer eher abstra-
hierten, konzeptuellen Ebene (s. aber Kap. 3.4 für Evidenz für ein recht gutes
Langzeitgedächtnis für visuelle Details). Mit diesem Modell ging eine Neubewer-
tung der Funktionen der beiden corticalen Pfade einher.

   Wenn ich einen Gegenstand ergreifen will, etwa eine Kaffeetasse, dann muss
ich nicht nur wissen, wo sich die Tasse befindet. Ich muss auch genaue Informationen über die Form der Tasse und ihren Schwerpunkt haben, sonst wird der Greif-
vorgang scheitern.

   Aus diesem Grund bevorzugten Goodale und Milner die Bezeichnung „Was"-
und „Wie"-Pfade (Wie führe ich eine Handlung aus), weil der dorsale Pfad eben
nicht nur Informationen über den Ort eines Objekts verarbeiten muss, sondern
auch über die Objektform und weitere Informationen wie den Schwerpunkt. Eine
solche „Was"-und-„Wie"-Arbeitsteilung geht mit einem drastisch verringerten
Speicherplatzbedarf einher, weil eben nicht die exakten Ortskoordinaten für jeden
Punkt (oder ausreichend viele Punkte) der Objektoberflächen unserer Umgebung
dauerhaft gespeichert werden müssen, sondern nur ein auf das Wesentliche redu-
ziertes Schema.

Neglect und Extinktion

Visuell-räumlicher Neglect ist der Oberbegriff für ein Syndrom, bei dem die Vernachlässigung des Raumes im Mittelpunkt steht. Neglect tritt in vielen Formen auf – so kann eine verminderte „Wahrnehmung" des contraläsionalen Raumes im Mittelpunkt stehen oder eine verminderte motorische Zuwendung zu Objekten auf der contraläsionalen Seite. Vernachlässigt werden die Umgebung oder auch die eigene contraläsionale Körperhälfte. Die Vernachlässigung wurde beschrieben als Nichtbeachtung des contraläsionalen Halbfelds; oder auch als gradueller Aufmerksamkeitsunterschied, der kontinuierlich vom contraläsionalen zum ipsiläsionalen Ende des Raumes verläuft.

Neuere Studien kommen zu unterschiedlichen Aussagen über die primäre Läsionslokalisation des Neglects. Traditionell wurde diese im inferioren Parietallappen in der Nähe der temporoparietalen Grenzregion gesehen. Dies wurde auch durch eine Studie mit modernen bildgebenden Verfahren bestätigt (Mort et al. 2003). Andere Studien, ebenfalls mit *State-of-the-art*-Verfahren durchgeführt, lokalisieren den Kernbereich der Neglectsymptomatik jedoch in den Gyrus temporalis superior (Karnath et al. 2001), während der Kernläsionsbereich von Extinktionspatienten (s. u.) im Gebiet des temporoparietalen Grenzbereichs liegt (Karnath et al. 2003). Die Ursache für diese Diskrepanzen ist derzeit nicht klar, eine große Rolle scheint jedoch zu spielen, anhand welcher Funktionsprüfungen die Neglectdiagnostik erfolgt.

Extinktion bei doppelt simultaner Stimulation bedeutet die „Auslöschung" eines Reizes bei gleichzeitiger Präsentation eines weiteren Reizes (nicht zu verwechseln mit der Extinktion, Löschung, eines Gedächtnisinhalts, s. Kap. 3.5). In der typischen klinischen Situation steht der Untersucher vor dem Patienten, bittet ihn, auf seine Nasenspitze zu schauen und zu berichten, wann und auf welcher Seite der Untersucher seine nach links und rechts ausgestreckten Finger bewegt. Extinktion liegt dann vor, wenn es dem Patienten gelingt, isoliert durchgeführte Bewegungen sowohl rechts wie links zu benennen, er bei gleichzeitiger Bewegung auf beiden Seiten jedoch nur eine Bewegung auf einer Seite bemerkt. Neben der visuellen gibt es auch auditive und taktile Extinktion. Typischerweise wird die contraläsionale Seite extingiert. In letzter Zeit treten vermehrt computergestützte Extinktionstests an die Stelle der klinischen Konfrontationstests. Sie haben den Vorteil, dass durch die präziser gesteuerte Stimuluspräsentation das Vorliegen einer Extinktion genauer gemessen werden kann.

1.3.2   Bewegungswahrnehmung

Im Jahre 1983 wurde der Fall einer Patientin mit einem selektiven Verlust des Bewegungssehens berichtet (Zihl et al. 1983). Die Patientin berichtete, dass sie große Schwierigkeiten habe, etwa eine Straße zu überqueren, da sie die Autos nicht herannahen sehe. Obwohl sie die Autos klar erkennen konnte, wusste sie nicht, ob sie sich bewegten oder nicht. Die Autos schienen ruckhaft ihre Position zu verändern, und sie konnte nur an plötzlichen Größenveränderungen der Autos abschätzen, ob diese sich auf sie zubewegten oder nicht. Sie vermied es auch, in belebte Fußgän-

cerebrale
Akinetopsie

gerzonen zu gehen, aus Angst, mit anderen Passanten zusammenzustoßen. Mehr
noch, sie vermied generell Umgebungen, in denen sie bewegten Szenen ausgesetzt
war, da Bewegungen von ihr als Unruhe wahrgenommen wurden, die sie stark irritierten und schnell ermüdeten.

Ihre Unfähigkeit, Bewegung wahrzunehmen, erwies sich in vielen Alltagssituationen als sehr beeinträchtigend. So konnte sie etwa beim Eingießen einer Tasse Kaffee
nicht abschätzen, wann die Tasse voll war, weil sie das Steigen des Flüssigkeitsspie-
gels nicht wahrnehmen konnte. Stattdessen erschien ihr die Flüssigkeit wie gefroren.
Bei Unterhaltungen vermied sie es, ihr Gegenüber anzuschauen, da sie die ruckhaften
Lippenbewegungen irritierten. Aus Angst, dadurch unhöflich zu erscheinen, trug dies
dazu bei, dass sie Treffen mit Freundinnen zunächst aus dem Weg ging.

Die Patientin beschrieb ihr Defizit selbst recht klar und attribuierte es korrekt
auf ihre Erkrankung. Dennoch wurden ihre Symptome anfangs als Ausdruck einer
Agoraphobie (pathologische Furcht vor offenen Plätzen) diagnostiziert, offenbar
in Abwesenheit einer besseren Erklärung.

Patientin L. M. hatte bilaterale Läsionen im ventrolateralen Occipitotemporalcortex unter Beteiligung der Gyri temporales medii. Läsionen innerhalb dieses Gebiets
in einem MT genannten Areal führen beim Affen zu ähnlichen Defiziten, wie sie bei
L. M. beobachtet wurden. Insbesondere sind beide stark beeinträchtigt in der Fähigkeit, die Bewegungsrichtung weniger, sich kohärent bewegender Punkte in einem
Zufallspunktmuster zu diskriminieren. Affen mit umschriebenen Läsionen des Areals MT zeigen jedoch eine schnelle Erholung von diesen Störungen. Die Permanenz
des Defizits scheint von der Größe (oder Tiefe) der Läsion abzuhängen.

Das Areal MT

Das Areal MT befindet sich im menschlichen Gehirn im lateralen Occipitotemporalcortex. Dieses Areal ist dadurch gekennzeichnet, dass es besonders durch be-

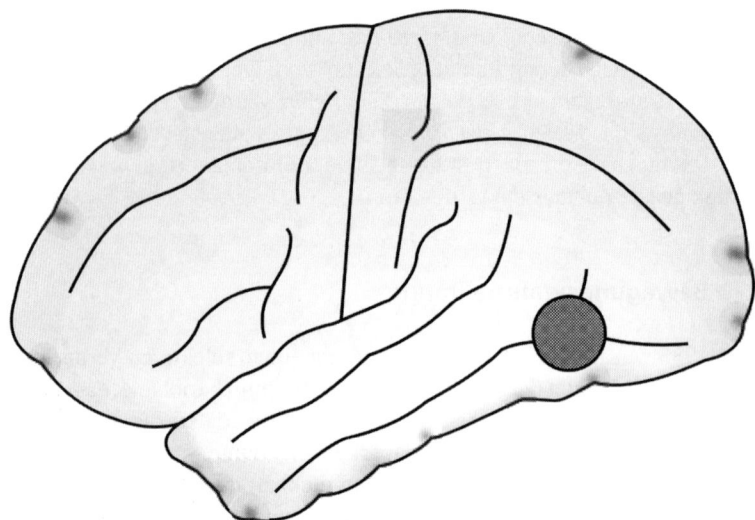

Abb. 1.3.4: Lage des humanen MT+-Komplexes

wegte Reize stimuliert wird, wobei die Zellen ein hoher Grad an Selektivität für die Bewegungsrichtung auszeichnet. Ein Teil der MT-Zellen hat eine Zentrum-Umfeld-Organisation, derart, dass gleichförmig bewegte Reize, die die im Zentrum bevorzugte Bewegungsrichtung aufweisen, in der Peripherie eine Inhibition verursachen. Diese Organisation ist gut geeignet, um bewegte Objekte vor einem Hintergrund zu detektieren. Andere MT-Neurone haben jedoch im gesamten rezeptiven Feld dieselbe bevorzugte Bewegungsrichtung.

Im menschlichen Gehirn ist es schwierig, mit Hilfe funktionell bildgebender Verfahren das Areal MT von benachbarten, auch in die Verarbeitung bewegter Reize involvierten Arealen abzugrenzen (Huk et al. 2002). Deshalb wird bei diesen Studien häufig der Begriff hMT+ verwendet, um anzudeuten, dass ein aktiviertes Areal neben dem humanen (h) Areal MT auch noch weitere Areale (+) umfassen kann.

Es wäre jedoch falsch, anzunehmen, dass die Repräsentation von Bewegung erst in den Arealen des hMT+-Gebiets beginnt. Auch Neurone in V1 reagieren spezifisch auf Reize, die sich in einer bestimmten Richtung bewegen. Sogar Nervenzellen in der Retina sind schon in der Lage, zwischen verschiedenen Bewegungsrichtungen zu differenzieren. Die Details der Verschaltung, die dies ermöglicht, sind allerdings noch nicht geklärt (Masland 2003).

Die rezeptive Feldgröße bewegungssensitiver Neurone nimmt von der Retina bis **Ausschnitt-Problem** hMT+ zu. Das rezeptive Feld der MT-Neuronen ist im Durchmesser etwa zehnmal so groß wie das von V1-Neuronen. Dies kann einen wesentlichen Unterschied für die Bewegungswahrnehmung machen. Abbildung 1.3.5 zeigt, warum eine Ausschnittsbegrenzung, die dem begrenzten rezeptiven Feld eines Neurons entspricht, zu einer anderen Interpretation desselben bewegten Reizes führt. Die Bewegung eines Quadrats wird nur als einheitliche Bewegung aufgefasst, wenn das gesamte Quadrat zu sehen ist. Sehen wir durch einen begrenzten Ausschnitt nur einzelne Kanten des Quadrats, so sehen wir Teilbewegungen, die senkrecht zur Ausrichtung der Kanten verlaufen. Eine eindrucksvolle Demonstration dieses Phänomens findet sich unter www.michaelbach.de/ot/mot_motionBinding/index.html.

In einer klassischen Untersuchung wurde gefunden, dass etwa ein Drittel der MT-Zellen auf die integrierte Bewegungsrichtung des Musters reagierte. Da-

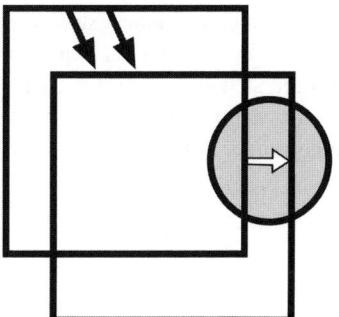 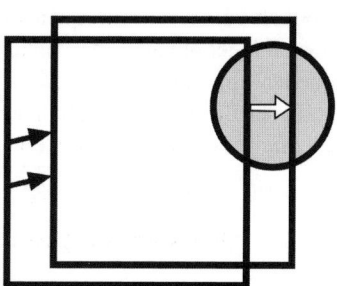

Abb. 1.3.5: Das Ausschnitt-Problem. Neurone mit kleinen rezeptiven Feldern kodieren andere Bewegungsrichtungen als die globale Bewegungsrichtung des Objekts.

gegen reagierten bewegungssensitive V1-Neurone nur auf die Teilbewegungen der einzelnen Linien (Movshon et al. 1985). Auch wenn diese integrative Funktion später auch in anderen Gehirnarealen gefunden wurde, so bleibt doch festzuhalten, dass in MT eine komplexere Kodierung der Bewegungsrichtung möglich ist als in V1.

Selektion von Bewegung

Neurone in MT zeigen auch Tuning für räumliche Tiefe. So reagieren sie bevorzugt auf Reize, die sich in bestimmten Tiefenebenen bewegen. MT-Neurone können auch durch Aufmerksamkeitsausrichtung auf eine bestimmte Bewegungsrichtung moduliert werden. Bei zwei Punktwolken, die sich überlappend in verschiedene Richtungen bewegen, kann die Amplitude der neuronalen Reaktion um den Faktor 2 gesteigert werden, wenn eine der Bewegungsrichtungen selektiv beachtet wird (Treue / Martìnez-Trujillo 1999).

biologische Bewegung

Ein Fußgänger oder ein sich bewegendes Tier erzeugt ein komplexes Bewegungsmuster, da sich die einzelnen Körperteile unterschiedlich bewegen. Wenn man eine Anzahl von Leuchtpunkten etwa an Hand, Ellenbogen, Schulter usw. eines Fußgängers anbringt und Versuchspersonen nur die Bewegung dieser Leuchtpunkte zeigt, so fällt es leicht, die Gehbewegung zu erkennen. Dies gelingt interessanterweise auch L. M. (genauso wie einer weiteren Patientin mit cerebraler Akinetopsie; Vaina 1990). Allerdings war die Erkennung rein auf das Bewegungsmuster beschränkt. So gelang es L. M. etwa, anhand des Bewegungsmusters einen Fahrradfahrer zu erkennen. Sie konnte aber nicht angeben, in welche Richtung sich der Fahrradfahrer bewegte. Neurophysiologische Studien am Affen sowie bildgebende Studien haben gezeigt, dass ein Areal entlang des Sulcus temporalis superior durch diese „biologische Bewegung" aktiviert wird. Die Daten deuten also darauf hin, dass die Erkennung von überlernten „biologischen" Bewegungsmustern nicht in hMT+, sondern von Neuronen entlang des Sulcus temporalis superior analysiert werden.

Das Gangbild eines Menschen verrät eine erstaunliche Menge an Informationen, etwa sein Gewicht, Geschlecht und sogar seine Stimmung, wie auf folgender Internetseite nachgeprüft werden kann: www.biomotionlab.ca/walking.php (Labor Prof. N. Troje).

Scheinbewegung

Manchmal sehen wir Bewegung, wo objektiv gar keine ist. Eine klassische Demonstration einer solchen Scheinbewegung ist das Φ-Phänomen. Wenn zwei stationäre Lichtquellen abwechselnd aufleuchten, dann entsteht in einem bestimmten Bereich von Wechselfrequenzen, der auch von der Entfernung der Lichtquellen voneinander abhängt, der Eindruck, das Licht bewege sich zwischen den Lichtquellen hin und her. Da sich das Licht nicht zwischen den Lichtquellen bewegt, kann der Bewegungseindruck auch nicht dadurch hervorgerufen werden, dass ein Lichtreiz das rezeptive Feld eines Neurons passiert.

1.3.3   Wahrnehmung räumlicher Tiefe

Um die räumliche Tiefe eines Objekts wahrzunehmen, stehen uns verschiedene Mechanismen zur Verfügung. Sie lassen sich in folgende Gruppen unterteilen.

Monokulare Tiefeninformation: Hinweise auf die räumliche Tiefe lassen sich bereits bei einäugigem Sehen (also ohne den Vergleich des Seheindrucks beider Augen, s. u.) gewinnen. Dazu gehören:

◾ *Verdeckung:* Wenn ein Objekt ein anderes verdeckt, so muss es sich vor diesem befinden.
◾ *Atmosphärische Perspektive:* Dunstige Luft führt dazu, dass weit entfernte Objekte verschleierter erscheinen als nahe Objekte. Dies kann auch zu Täuschungen führen: So schätzen Autofahrer im Nebel vorausfahrende Fahrzeuge als weiter entfernt ein, als diese tatsächlich sind.
◾ *Zentralperspektive:* Fluchtlinien im Bild laufen auf einen Punkt im Unendlichen zusammen. Nahe Objekte sind größer als weiter entfernte (s. aber Größenkonstanz). Auch regelmäßige Texturen (wie etwa Bodenfliesen, Wandmuster) werden mit zunehmender Entfernung kleiner. Perspektive kann uns manchmal täuschen. Der Künstler Roy Lichtenstein hat sogar ein Haus gebaut, das sich, aus einer anderen Perspektive betrachtet, nur als gewinkelte Fassade herausstellt (Abb. 1.3.6).

Binokulare Tiefeninformation: Die Anordnung unserer Augen, die weitgehend überlappende Gesichtsfelder aus einem leicht unterschiedlichen Blickwinkel sehen, gibt uns weitere wertvolle Hinweise auf die räumliche Tiefe unserer Umgebung.

◾ *Bewegungsinduzierte Tiefeninformation:* Wenn wir uns bewegen, verändert sich die Verdeckung von Objekten im Raum und gibt uns so Tiefeninformation.
◾ *Bewegungsparallaxe:* Auch ohne Verdeckung erhalten wir bewegungsinduzierte Tiefeninformation. Wenn Sie bei einer Zugfahrt aus dem Fenster schauen, sehen Sie, dass nahe Objekte sich sehr schnell am Fenster vorbeibewegen, während sich die Landschaft im Hintergrund kaum zu bewegen scheint. Dieser Bewegungsunterschied heißt Bewegungsparallaxe.

Okulomotorische Tiefeninformation:

◾ *Konvergenz:* Um einen Punkt in der Nähe zu fixieren, müssen die Augen ihre Blickachsen aus der Parallelstellung, die sie beim Blick in die Ferne einnehmen, aufeinander zu bewegen. Diese Konvergenz ist umso stärker, je näher sich der Blickpunkt befindet.

Das können Sie sich leicht vor Augen führen, indem Sie die Zeigefinger der linken und rechten Hand in unterschiedlicher Entfernung vor Ihre Augen halten und abwechselnd den linken und den rechten Zeigefinger fixieren. Der jeweils nicht fixierte Finger wird als Doppelbild erscheinen.

◾ *Akkomodation:* Gleichzeitig mit der Konvergenz stellt sich auch die Krümmung der Linse auf die Entfernung des Blickpunkts ein, um eine scharfe Abbildung zu gewährleisten.

Abb. 1.3.6: Perspektivische Haustäuschung (Roy Lichtenstein, House III, 1997, Woodruff Arts Center, Atlanta, Foto: Stefan Pollmann)

Konvergenz und Akkomodation liefern also Informationen über die räumliche Tiefe, die unabhängig von der Art oder Bekanntheit der betrachteten Reize sind.

■ *Querdisparation:* Wir können stets nur einen Punkt fixieren und damit die **Horopter** Konvergenz unserer Augen auf eine Tiefenebene einstellen. Wie das Beispiel mit dem Betrachten der verschieden entfernten Fingerspitzen zeigt, führt dies zu einem Doppelbild aller Objekte, die eine andere Entfernung vom Auge haben als die gerade fixierte. Man spricht auch von einer Abbildung auf nicht korrespondierenden Netzhautarealen. Wie Abbildung 1.3.7 zeigt, ist die Abbildung auf korrespondierenden Netzhautarealen nur für die Punkte gewährleistet, die auf dem Horopterkreis liegen. Der Horopter ist der Kreis, der durch den Fixationspunkt und die Linsen der beiden Augen führt. Alle anderen Punkte werden auf leicht gegeneinander versetzten Retinaorten abgebildet, man spricht von Querdisparation. Je größer die Entfernung vom Horopter, umso größer ist die Querdisparation. Es macht auch einen Unterschied, ob ein Punkt außerhalb oder innerhalb des Horopters liegt (Abb. 1.3.7). Punkte außerhalb des Horopters führen zu ungekreuzter Querdisparation, Punkte innerhalb zu gekreuzter Querdisparation.

Auch die Querdisparation kann unabhängig von der Gestalt der Umwelt als Entfernungsindikator genutzt werden, wie Experimente mit Zufallspunktstereogrammen (*random dot stereograms*) gezeigt haben. Dabei handelt es sich um, manchmal auch in populären Büchern veröffentlichte, Punktmuster, die nur dann eine Struktur erkennen lassen, wenn sie durch ein Stereoskop betrachtet werden oder wenn es dem Betrachter gelingt, seine Blickachsen parallel (in die Ferne) auszurichten. Nur dann entsteht ein Tiefeneindruck, weil ein Teil der Bildpunkte auf korrespondierenden Netzhautpunkten abgebildet wird (Hinter-

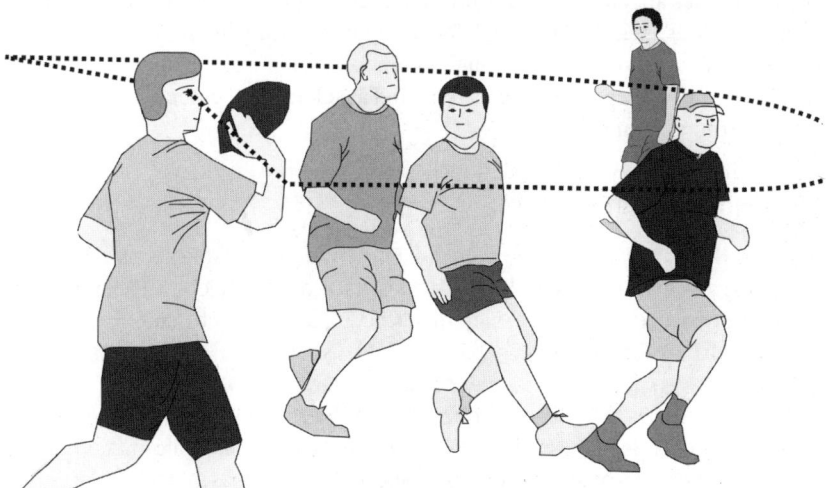

Abb. 1.3.7: Der Horopter. Die Spieler, die sich auf dem Horopter befinden, werden auf korrespondierenden Netzhautarealen abgebildet.

grund). Dagegen wird ein Teil des Bildes, dessen Bildpunkte systematisch gegeneinander versetzt gezeichnet sind und damit einer Querdisparation entsprechen, in einer anderen Tiefenebene wahrgenommen.

Die binokularen Mechanismen des Tiefensehens haben den Vorteil, dass sie unabhängig von weiteren Charakteristika der Umgebung exakte Tiefeninformation liefern. Dagegen haben sie den Nachteil, dass sie nur im relativen Nahbereich zuverlässige Informationen liefern, da sich die Blickachsen der Augen mit zunehmender Entfernung des Blickpunktes so eng an die Parallelstellung annähern, dass die Unterschiede in der Abbildung in beiden Augen verschwindend gering werden.

Neurone, die die Querdisparation kodieren, wurden bereits auf der Verarbeitungsebene von V1 gefunden. Diese Neurone, die Signale von beiden Augen erhalten müssen, reagieren nicht nur unterschiedlich stark auf verschiedene Querdisparationswinkel. Ihre Reaktion ist außerdem durch die Entfernung des jeweiligen Horopters moduliert (Trotter et al. 1992). Diese Information ist für die Tiefeneinschätzung essenziell, schließlich kann die gleiche Querdisparation bei unterschiedlichen Fixationsentfernungen auftreten und geht dann auch mit entsprechend unterschiedlichen Entfernungen einher.

Größenkonstanz   Mit zunehmender Entfernung wird das retinale Abbild eines Objekts immer kleiner. Dennoch fürchten wir nicht, wenn wir etwa eine schnurgerade Allee entlangfahren, dass wir am Ende der Allee nicht mehr zwischen den Bäumen hindurchpassen, obwohl die Alleebäume optisch so aufeinander zulaufen, dass kein Platz mehr für die Straße bleibt. Genauso wenig schätzen wir Menschen, die auf einem Platz weiter von uns entfernt stehen, als Zwerge ein, obwohl ihre retinalen Abbilder viel kleiner sind als die von Menschen in unserer Nähe. Unsere Wahrnehmung scheint, ohne dass wir darüber nachdenken müssen, räumliche Tiefe und Größe miteinander zu verrechnen, um Größenkonstanz zu erreichen. Die Berücksichtigung der angenommenen Entfernung eines Objektes erfolgt dabei automatisch, ohne dass wir darüber nachdenken müssen. Manchmal führt dies auch zu Fehleinschätzungen. So wird angenommen, dass zwei bekannte Größentäuschungen, die Müller-Lyer- und die Ponzo-Täuschung, auf einer Fehleinschätzung der Entfernung beruhen.

Größentäuschungen

Bei der Müller-Lyer-Täuschung wird die Entfernung einer Strecke zwischen zwei einwärtsgerichteten Winkeln kleiner eingeschätzt als die gleiche Strecke zwischen auswärtsgerichteten Winkeln. Eine mögliche Erklärung beruht darauf, dass diese geometrischen Konstellationen bei auf uns zustrebenden bzw. wegstrebenden Linien auftreten und so als Tiefeninformation interpretiert werden.

Ähnlich verhält es sich mit der Ponzo-Illusion. Hier werden die auf einen Fluchtpunkt zustrebenden Linien offenbar als perspektivische Tiefeninformation gewertet und damit der obere Balken als weiter entfernt eingeschätzt als der untere Balken. Da beide gleich groß sind, erscheint uns der scheinbar weiter entfernte als größer.

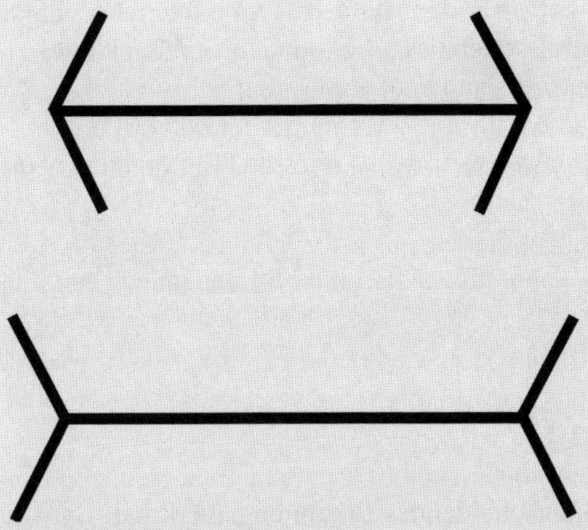

Abb. 1.3.8: Die Müller-Lyer-Täuschung

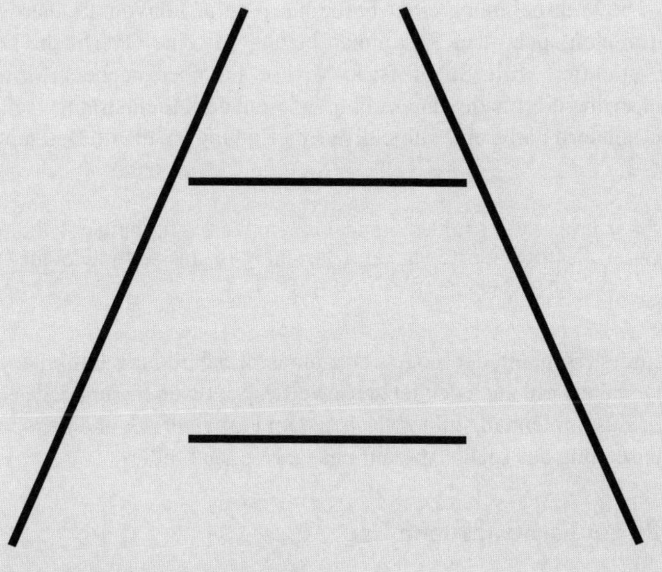

Abb. 1.3.9: Die Ponzo-Täuschung

Fragen zu Kapitel 1.3

Überprüfen Sie Ihr Wissen!

21. Beschreiben Sie die Reizweiterleitung über die Sehbahn. Wo wird ein Reiz im primären visuellen Cortex abgebildet, der sich im rechten oberen Quadranten des Gesichtsfeldes befindet?

22. Wie ist das Corpus geniculatum laterale gegliedert?

23. Wo befinden sich die Repräsentationsareale der oberen und unteren Gesichtsfeldhälfte des Areals V2 relativ zu V1? Fertigen Sie eine Skizze an!

24. Beschreiben Sie die tierexperimentelle Evidenz für den „Was"- und „Wo"-Pfad.
25. Wie unterscheiden sich die Konzeptionen des „Wo"- und des „Wie"-Pfades?
26. Was bedeutet Extinktion bei doppelt simultaner Stimulation?
27. Wie unterscheidet sich die Verarbeitung von Bewegung in V1 und hMT+?
28. Was ist biologische Bewegung? Wie kann man sie erfassen? Mit welchen neuronalen Korrelaten geht sie einher?
29. Nennen Sie drei monokulare Tiefenkriterien.
30. Was ist Querdisparation? Wie kann sie zur Bestimmung der räumlichen Tiefe genutzt werden?

1.4   Farbwahrnehmung

Ihre Farbe ist für viele Dinge ein entscheidendes Erkennungsmerkmal: Bananen sind gelb, Kirschen rot, Gras grün. Die Assoziation zwischen Gegenstand und Farbe ist so eng, dass uns die Farbe ein dem Gegenstand innewohnendes Merkmal zu sein scheint. Die Wahrnehmung einer Farbe hängt (u. a.) davon ab, dass ein Licht einer bestimmten spektralen Zusammensetzung auf eine Oberfläche fällt und von dieser reflektiert wird. Schon Isaac Newton hat aber, nachdem er mit einem Prisma experimentiert hatte, darauf hingewiesen, dass Lichtstrahlen selbst nicht farbig sind, sondern Farbe eine subjektive Empfindung ist, die im Betrachter entsteht:

> "the rays, to speak properly, are not coloured. In them there is nothing else than a certain Power and Disposition to stir up a Sensation of this or that colour."
> (Newton 1704/1952, zit. n. Sekuler/Blake 1994, 182)

Wem dies spitzfindig erscheint, der möge sich einmal Farbabbildung 1 anschauen. Diese Abbildung sollte wohl auch den letzten Zweifler davon überzeugen, dass es keinen einfachen Zusammenhang gibt zwischen dem Farbeindruck und der spektralen Zusammensetzung des Lichts, das auf unsere Netzhaut fällt.

Grundbegriffe zur Farbwahrnehmung

Spektrum: Zusammensetzung des (sichtbaren) Lichts aus Strahlen unterschiedlicher Wellenlänge. Weißes Licht kann mit einem Prisma in seine spektralen Komponenten zerlegt werden. Umgekehrt kann durch Lichtmischung aus verschiedenen farbigen Lichtquellen wieder weißes Licht erzeugt werden. Dies gelingt jedoch, wenn man nur zwei Wellenlängen miteinander mischt, nur mit bestimmten Farbpaaren, die deshalb Komplementärfarben heißen.

Farbton: Die Qualität einer Farbe, die die Zuordnung zu einem bestimmten Farbnamen (rot, grün etc.) möglich macht, aber auch die Differenzierung innerhalb einer Farbe (karmesinrot, purpurrot).

Helligkeit: Die Intensität eines Lichts (einer bestimmten Farbe).

Sättigung: Die Reinheit einer Farbe, die diese kräftig oder blass erscheinen lässt.

(Siehe auch Farbabbildung 2 im Farbteil.)

1.4.1   Mechanismen der Farbwahrnehmung

Wenn in einem Laborversuch Licht einer bestimmten Wellenlänge, sogenanntes monochromatisches Licht, auf das Auge trifft, so hängt der Farbeindruck direkt von der Wellenlänge ab. Gleiches gilt, wenn Licht, das aus einem Gemisch von Wellenlängen besteht, auf die Netzhaut trifft. Der entstehende Farbeindruck hängt dann von dem Mischungsverhältnis der spektralen Anteile (Licht verschiedener Wellenlängen) ab.

Rezeptoren

Die Netzhaut enthält zwei Typen von Photorezeptoren: Zapfen und Stäbchen. Die Zapfen ermöglichen bei ausreichender Helligkeit (photopisches Sehen) das Farbensehen, während die Stäbchen eine höhere Lichtempfindlichkeit aufweisen und das Sehen bei Dämmerung oder allgemein niedriger Lichtempfindlichkeit (skotopisches Sehen) unterstützen. Beide Photorezeptortypen bestehen aus einem Außensegment, das den Sehfarbstoff enthält, und einem Innensegment, dem Zellkörper und dem Axon. Es gibt drei Zapfentypen:

- S-Zapfen *(engl. short wavelength)* mit einem Absorptionsmaximum bei einer Wellenlänge von 420 nm (blauviolett),
- M-Zapfen *(medium wavelength)* mit einem Absorptionsmaximum bei 534 nm (smaragdgrün) und
- L-Zapfen *(long wavelength)* mit einem Absorptionsmaximum bei 563 nm (gelbgrün); wird auch Rotrezeptor genannt, weil er trotz seines Maximums den Hauptbeitrag zur Rotwahrnehmung leistet.

(Siehe auch Farbabbildung 3 im Farbteil.)

Keine der drei Zapfentypen kann für sich allein genommen eine bestimmte Farbe signalisieren. Eine Zunahme der Aktivität eines Zapfentypen kann daran liegen, dass mehr Licht der gleichen Wellenlänge den Rezeptor erreicht, oder aber, dass die Wellenlänge des Lichtes sich dem Absorptionsmaximum nähert. Damit sind Wellenlänge und Lichtintensität konfundiert. Anders sieht es jedoch aus, wenn wir Signale von zwei Zapfentypen analysieren. Langwelliges Licht, etwa im Bereich von 640 Nanometer (nm), wird sowohl L- wie M-Rezeptoren erregen, aber die Reaktion der L-Rezeptoren wird immer stärker sein (Farbabb. 3 im Farbteil). Wird die Intensität des Lichtes verändert, verändert sich auch die Reaktion der L- und M-Rezeptoren, aber das Verhältnis aus L- und M-Antwort bleibt gleich. Ändert

Verschaltung der Zapfen

sich jedoch die Wellenlänge des Lichts, ändert sich auch das Verhältnis aus L- und M-Antworten. Damit enthält die Summe der Rezeptoraktivität eine Information über die Lichtintensität, während die Differenz der Rezeptoraktivität eine Information über die Wellenlänge enthält. Die drei Zapfentypen sind miteinander in spezifischer Weise verschaltet.

Eine additive Verschaltung aller drei Zapfentypen signalisiert Helligkeit (S+M+L). Die Subtraktion der Roterregung von der Erregung der Grünrezeptoren ergibt das Rot-Grün-System (L-M). In ähnlicher Weise signalisiert die Subtraktion der Rot- und Grünsignale von der Aktivität der Blaurezeptoren Blau-Gelb-Kontraste (S-[M+L]).

monochromatische Beleuchtung

Wie passt nun diese scheinbar eindeutige Zuordnung von Farbeindruck und spektraler Zusammensetzung des Lichts zu der oben aufgestellten Behauptung, dass die Kenntnis der spektralen Zusammensetzung des Lichts keine Vorhersage des Farbeindrucks ermöglicht? Eindeutige Beziehungen zwischen der Wellenlänge oder spektralen Zusammensetzung des Lichts findet man unter Laborbedingungen, wenn entweder monochromatisches Licht als Beleuchtung gewählt wird oder nur eine einzelne, homogen reflektierende Oberfläche betrachtet wird. Unter den komplexeren Bedingungen des Alltags folgt unsere Farbwahrnehmung häufig nicht der vom Auge aufgenommenen Wellenlänge des Lichts, wie zu Beginn des Kapitels bereits demonstriert. Dies wird besonders deutlich im Phänomen der Farbkonstanz.

An einem typischen Tag mögen Sie bei hellem Sonnenschein zur Uni radeln, anschließend in einem fensterlosen Hörsaal mit Leuchtstoffröhren der Vorlesung lauschen, um mittags wieder nach Hause zu radeln und anschließend am heimischen Schreibtisch beim Schein einer Glühbirne das nächste Seminar vorzube-

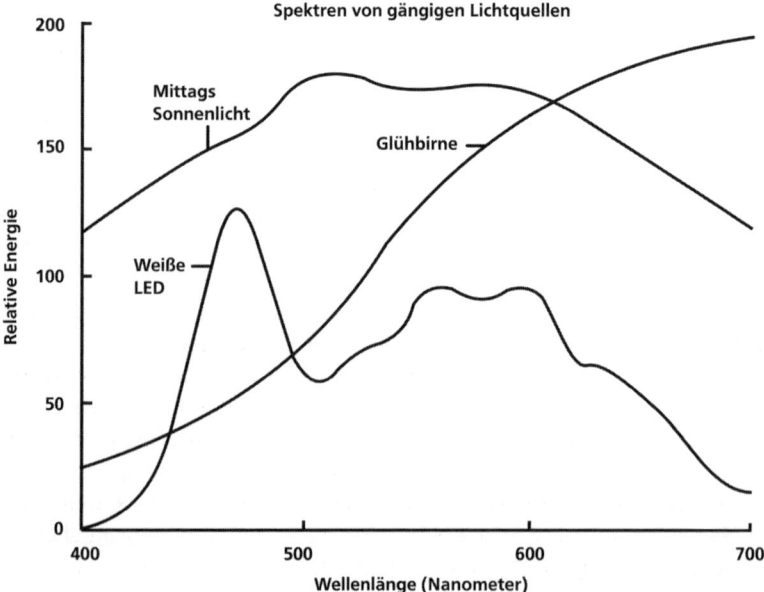

Abb. 1.4.4: Spektrale Zusammensetzung verschiedener Lichtquellen

reiten. In dem Beispiel sind Sie verschiedenen Lichtquellen ausgesetzt, die Licht von ganz unterschiedlicher spektraler Zusammensetzung ausstrahlen (Abb. 1.4.4). Dennoch bemerken Sie keine (oder doch kaum eine) Veränderung der Farbe Ihrer Kleider oder anderer mitgeführter Gegenstände.

Diese Farbkonstanz ist erstaunlich, denn wenn sich die spektrale Zusammensetzung des Lichts, mit dem eine Oberfläche beschienen wird, ändert, dann ändert sich i.d.R. auch die spektrale Zusammensetzung des von der Oberfläche reflektierten Lichts. Was sich i.d.R. nicht ändert, sind die Reflexionseigenschaften der Objektoberflächen. Was sich aber häufig ändert, ist die spektrale Zusammensetzung des Lichts, das die Oberfläche beleuchtet. Sonnenlicht am frühen Morgen enthält mehr langwelliges Licht als am Mittag, das Licht der klassischen Glühbirne weniger kurzwelliges Licht als das Sonnenlicht usw. **Farbkonstanz**

Wenn wir die Farbe eines Objekts wahrnehmen, stehen wir also immer vor der Unsicherheit, ob die wahrgenommene Farbe durch die Reflexionseigenschaften der Objektoberfläche entsteht oder durch die Zusammensetzung des illuminierenden Lichts. Die Erscheinung der Farben ändert sich im Alltag auch ein wenig, wenn sich die Beleuchtungsbedingungen ändern, aber viel weniger, als aufgrund der Änderungen der Beleuchtung zu erwarten wäre. Farbkonstanz bedeutet also, dass unterschiedliche Wellenlängegemische zu dem gleichen Farbeindruck führen. **Illumination und Reflektanz**

Wie kommt es, dass wir trotz veränderter Beleuchtung eine mehr oder weniger konstante Farbe wahrnehmen? Die Farbkonstanz tritt nicht unter allen Beleuchtungsbedingungen auf, sondern scheint an annähernd natürliche Beleuchtungsverhältnisse gebunden zu sein, in denen die Beleuchtung aus Licht unterschiedlicher Wellenlängen besteht. Bei monochromatischer Beleuchtung dagegen hängt die wahrgenommene Farbe weitgehend von der Wellenlänge des Lichts ab. Wir scheinen dann nicht in der Lage zu sein, die Veränderung der Beleuchtung zu berücksichtigen, um die konstanten Reflexionseigenschaften einer Oberfläche einem konstanten Farbeindruck zuzuordnen.

Bei Beleuchtung mit einem breiten Spektrum unterschiedlicher Wellenlängen scheint Adaption der Zapfen zur Farbkonstanz beizutragen: Die Zapfen adaptieren in den Wellenlängenbereichen, die die größte Intensität haben, auch am stärksten und tragen so zu einem Ausgleich der Beleuchtungsunterscheide bei. Wie sich chromatische Adaptation auswirkt, können Sie an Farbabbildung 4 im Farbteil ausprobieren. **chromatische Adaptation**

Farbkonstanz hängt jedoch auch stark vom Kontext ab. Bei Betrachtung einer einzelnen Oberfläche mit homogenen Reflexionseigenschaften (Farbabb. 5 im Farbteil) verändert sich die wahrgenommene Farbe, wenn sich die spektrale Zusammensetzung des Lichts verändert. Das Bild ändert sich aber, wenn wir eine komplexe Szene betrachten, die Oberflächen mit unterschiedlichen Reflexionseigenschaften enthält. Wenn Sie nun die gleiche Fläche, die Sie vorhin isoliert betrachtet haben, wiederum unter verschiedenen Beleuchtungsbedingungen betrachten, so ändert sich der Farbeindruck, wenn überhaupt, sehr viel geringer. Offensichtlich erlaubt uns die gleichzeitige Veränderung des reflektierten Lichts von Flächen mit verschiedenen Reflexionseigenschaften sehr viel besser, den Anteil der Veränderung einzuschätzen, der auf die Veränderung der Beleuchtung zurück- **Kontextabhängigkeit** zuführen ist. Somit können wir die „wahre", auf die Reflexionseigenschaften der jeweiligen Oberfläche zurückgehende Farbe berechnen.

Mondrian-Reize

Zur Untersuchung dieser Zusammenhänge wurden Reize verwendet, die aus vielen verschieden-„farbigen" Flächen bestanden und in Anlehnung an die Bilder des niederländischen Malers Piet Mondrian „Mondrian"-Reize genannt wurden. Diese Mondrian-Reize wurden von Edwin Land (1959a, b) unter verschiedenen Beleuchtungsbedingungen präsentiert, und der Farbeindruck, den eine bestimmte Fläche im Betrachter hervorrief, wurde gemessen. Weiterhin wurde dieses Vorgehen auch mit elektrophysiologischen Ableitungen kombiniert, um ein neuronales Korrelat der Farbkonstanz zu finden. Ein solches Korrelat läge vor, wenn die Feuerrate eines Neurons sich mit der Änderung der subjektiven Farbwahrnehmung änderte, nicht aber, wenn sich die auf die Retina treffende Wellenlänge änderte, der Farbeindruck aber gleich blieb.

1.4.2   Cerebrale Repräsentation von Farbe

V4

Zeki (1983a, b) berichtete farbkonstante Reaktionen in Neuronen in dem Areal V4 im Gyrus fusiformis. Dagegen wurden in V1 keine Neurone gefunden, deren Aktivität mit der wahrgenommenen Farbe korrelierten, wohl aber Neurone, deren Feuerrate in Abhängigkeit von der Wellenlänge des Lichts variierten. Diese Befunde wurden später mit Hilfe bildgebender Verfahren auch im menschlichen Gehirn repliziert und führten zu der Auffassung, dass V4 ein Farbzentrum des Gehirns sei, in dem Sinne, dass nur hier neuronale Aktivität gefunden wurde, die mit dem subjektiven Farbeindruck korrelierte. Auf früheren Stufen der Wahrnehmung, wie V1, wurden dahingegen nur Aktivierungsänderungen beobachtet, die auf physikalischen Veränderungen der Wellenlänge beruhten (Zeki/Marini 1998). V4 sollte damit eine zweite Stufe der Farbverarbeitung darstellen: nach der Analyse der Wellenlänge in den Arealen V1 und V2 und vor der Verarbeitung von Objektfarben, die auch durch unser Wissen über die Farben bekannter Objekte (Gras ist immer grün) beeinflusst werden kann.

Diese Einschätzung der Rolle von V4 ist jedoch auf Kritik gestoßen. Ein Einwand gegen die Experimente war, dass die Größenunterschiede der rezeptiven Felder in V1 und V4 nur unzureichend berücksichtigt wurden. Die rezeptiven Felder der V1-Neurone sind deutlich kleiner als die der V4-Neurone. Daher mögen allein deshalb keine farbkorrelierten Aktivierungen in V1 gefunden worden sein, weil die rezeptiven Felder der V1 Neurone meist nur auf homogene Flächen fielen (Lennie/D'Zmura 1988).

Andere Kritik an der Vorstellung, V4 sei das Farbzentrum des Gehirns, beruhte auf Befunden, dass Läsionen dieses Areals im Tierversuch nicht zu einer dauernden Achromatopsie (Farbsehschwäche) führten. Diese wurden eher nach Läsionen des inferotemporalen Cortex beobachtet (Heywood et al. 1995). Weiter kompliziert wird die Lage dadurch, dass über die genaue Lage des dem V4-Areal im Affen äquivalenten Areals im menschlichen Gehirn keine Einigkeit besteht (Bartels/Zeki 2000; Hadjikhani et al. 1998). Zurzeit herrscht die Auffassung vor, dass es kein einzelnes Farbareal gibt, sondern Farbe in verschiedenen Hirnarealen auf unterschiedliche (allerdings häufig noch unbekannte) Weise verarbeitet wird (Gegenfurtner/Kiper 2003).

Die **cerebrale Achromatopsie** ist durch den Verlust der Farbwahrnehmung infolge Hirnschädigung gekennzeichnet. Manche Patienten berichten spontan, dass ihnen die Welt nur noch grau in grau erscheint. Den Patienten gelingt es nicht mehr, Farbtafeln entsprechend ihrer Farbtöne anzuordnen. Diese Farbdifferenzierung wird standardisiert mit dem Farnsworth-Munsell 100-Hue Test geprüft, der Tafeln unterschiedlicher Farbigkeit enthält. Diese Tafeln sind isoluminant, d.h. sie unterscheiden sich in der Farbe, aber nicht in der Helligkeit, so dass die Unterscheidung nur aufgrund der Farbe getroffen werden kann (hierbei ist allerdings zu berücksichtigen, dass sich individuell Abweichungen ergeben können). Der Schweregrad der Achromatopsie kann variieren, wobei oft grün und blau stärker als rot betroffen ist. Im Kontrast zu ihrer fehlenden Fähigkeit, Farben zu unterscheiden oder zu benennen, gelingt es den Patienten durchaus, graue Tafeln unterschiedlicher Helligkeit gemäß ihrer Helligkeit zu sortieren. Die Achromatopsie unterscheidet sich durch die grundsätzliche Störung der Farbwahrnehmung von der Farbanomie, bei der die Benennung von Farben gestört ist, aber verschiedene Farben mühelos unterschieden werden können. Achromatopsie-Patienten können auch mühelos Begriffen den korrekten Farbnamen zuordnen (z.B. Banane – gelb).

cerebrale
Achromatopsie

Die cerebrale Achromatopsie tritt häufig zusammen mit einer Störung der Gesichtererkennung und Identifikation auf. In einer Studie von Meadows (1974) wurde in 12 von 14 Achromatopsie-Patienten eine solche Prosopagnosie (Kap. 1.2) festgestellt. Weiterhin findet man bei Achromatopsie häufig auch Skotome der oberen Gesichtsfeldhälfte, während in keinem Fall Ausfälle im Bereich der unteren Gesichtsfeldhälfte beobachtet wurden. Diese Konkordanz ist durch die anatomische Läsionslokalisation bestimmt. Achromatopsie wird bei einer Läsion des ventromedialen Occipitalcortex im Bereich des Gyrus lingualis und Gyrus fusiformis beobachtet, in denen auch die Areale V4 und FFA liegen (s. Abb. 1.2.6). Wenn die Läsion bis in den ventralen Teil von V1 reicht, treten Gesichtsfeldausfälle in der oberen Gesichtsfeldhälfte auf (s. Abb. 1.3.2).

Fragen zu Kapitel 1.4

Überprüfen Sie Ihr Wissen!

31. Was sind die drei Kenngrößen einer Farbe?

32. Welche Wellenlängen umfasst der Bereich des sichtbaren Lichtes? Welchen Farbeindruck ruft langwelliges und kurzwelliges Licht innerhalb dieses Spektrums hervor?

33. Welche Arten von Zapfenrezeptoren gibt es, wie unterscheiden sich ihre Absorptionsmaxima?

34. Wie sind die Zapfen miteinander verschaltet? Was ist das Ergebnis dieser Verschaltung?

35. Was ist Farbkonstanz? Welche Mechanismen tragen zu ihr bei?

36. Was ist chromatische Adaptation?
37. Welche Argumente sprechen für bzw. gegen ein spezialisiertes Farbzentrum im Areal V4?
38. Was ist cerebrale Achromatopsie? Wie wirkt sie sich aus? Welche andere Wahrnehmungsstörung tritt häufig zusammen mit ihr auf?
39. Was ist ein Mondrian-Reiz?
40. Erklären Sie das Problem der Trennung von Illumination und Reflexion.

1.5   Hören

Im 17. Jahrhundert platzierte der irische Physiker und Chemiker Robert Boyle eine Glocke unter eine Glaskuppel und stellte ein Vakuum unter der Kuppel her. Als die Glocke anschlug, konnte er ihren Klang nicht hören. Sobald er wieder Luft unter die Kuppel ließ, hörte er die Glocke wieder.

Dies war der Nachweis, dass sich Schall, anders als Licht, als mechanische Bewegung in einem Medium – i. d. R., aber nicht notwendigerweise Luft – fortpflanzt. Daraus ergeben sich einige Unterschiede zwischen dem Sehen und dem Hören. Während die Lokalisation eines Lichtreizes aus der Geometrie des Strahlengangs leicht errechnet werden kann, so ist dies beim Schall komplizierter. Andererseits hören wir auch Ereignisse, die sich hinter unserem Rücken abspielen, während wir beim Sehen auf das Gesichtsfeld eingeschränkt sind. Wie das Sehen, so ist auch das Hören ein Fernsinn – abhängig von der Lautheit des Schallereignisses können wir dieses über weite Entfernungen wahrnehmen. Hören ist von besonderer Bedeutung für die Kommunikation. Angeborene Taubheit führte in früheren Zeiten dazu, dass keine Sprache erlernt wurde. Heute bieten sich Zeichensprachen an, die über ähnliche grammatische Strukturen wie natürliche Sprachen verfügen. Hören erlaubt uns auch die Wahrnehmung (und aktive Ausübung) von Musik.

Schall

Schall entsteht durch die Kompression eines Mediums. Besonders bei größeren Basslautsprechern kann man gut beobachten, wie sich die Lautsprechermembran im Rhythmus eines Musikstückes vor- und zurückbewegt und dabei die Luft komprimiert und wieder dekomprimiert. Die Druckwellen bewegen sich kreisförmig von der Lautsprechermembran fort, indem sich benachbarte Moleküle anstoßen, ähnlich wie sich nach einem Steinwurf in einen Teich Wellen ausbreiten.

1.5.1   Schallumwandlung im Ohr

Schwingungsausbreitung

Wenn die Schallwellen auf eine Ohrmuschel treffen, so werden sie von dieser ähnlich wie ein Trichter aufgefangen und in den Gehörgang geleitet (Abb. 1.5.1). Am Ende des Gehörgangs führen die Schallwellen zu einer Auslenkung des Trommelfells, das das äußere Ohr zum Mittelohr hin verschließt. Die Auslenkung des Trommelfells wird über eine Kette von drei miteinander verbundenen Gehörknöcheln – Hammer, Amboss und Steigbügel – auf das ovale Fenster übertragen, das die Grenze zum Innenohr darstellt.

Im Innenohr befindet sich die Schnecke (Cochlea; Abb. 1.5.1b), eine flüssig-   **Cochlea**
keitsgefüllte, wie eine Schnecke aufgerollte Struktur, die aus drei Gangsystemen
(Scala, lat. für Treppe) besteht. Diese sind mit Lymphflüssigkeit gefüllt und erstrecken sich bis zur Spitze (Apex) der Cochlea. Die Auslenkung des ovalen Fensters

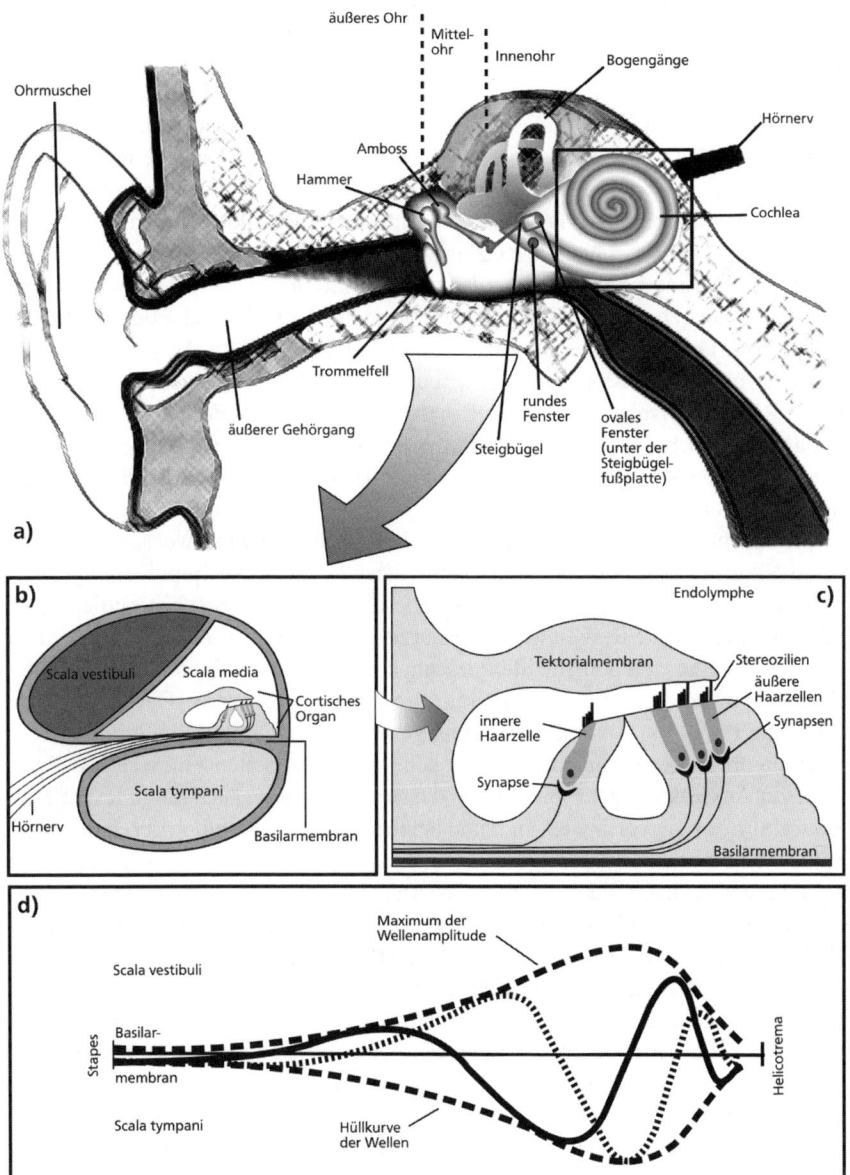

Abb. 1.5.1: Aufbau des Ohres. a) Übersicht, b) Schnitt durch die Cochlea, c) Anordnung der Haarzellen in der Scala media, d) Schwingungsausbreitung entlang der
Basilarmembran

setzt nun eine Bewegung der Perilymphe in der Scala vestibuli in Gang, die sich bis zum Apex ausbreitet und sich dann in der Scala tympani wieder in Gegenrichtung bis zum runden Fenster fortpflanzt. Scala vestibuli und Scala tympani umgeben die mit Endolymphe gefüllte Scala media, von der sie durch die Reissner'sche Membran und die Basilarmembran getrennt sind. Auf der Basilarmembran befindet sich das Corti'sche Organ, in dem sich die Haarzellen, die Sinneszellen des Ohres, befinden.

passive Tonotopie

Das Schwingungsverhalten der Basilarmembran ändert sich auf dem Weg vom ovalen Fenster zum Apex. Nahe dem ovalen Fenster setzt sie auf einem Knochengrat an und ist zwischen diesem und der Außenwand des Schneckengangs straff gespannt. Zum Apex hin nimmt der Knochengrat ab, die Basilarmembran wird breiter, und die Spannung lässt nach. Dies hat zur Folge, dass Schallwellen von unterschiedlicher Frequenz die Basilarmembran an unterschiedlichen Stellen auslenken. Hohe Frequenzen führen zu Auslenkungen in der Nähe des ovalen Fensters, während tiefe Frequenzen die Basilarmembran in der Nähe des Apex auslenken. Der Ort der Auslenkung hängt in etwa logarithmisch von der jeweiligen Frequenz ab. Eine Verdoppelung der Frequenz verschiebt die Auslenkung in etwa 5 mm Richtung ovales Fenster. Auf diese Weise kann ein Frequenzbereich von 100 Hz bis 20 kHz entlang der Basilarmembran abgebildet werden, wobei noch tiefere Frequenzen den apexnahen Abschnitt der Basilarmembran undifferenziert in Schwingung versetzen.

Transduktion

Die mechanischen Schwingungen der Lymphflüssigkeiten werden durch die der Basilarmembran aufsitzenden Haarzellen in elektrische Impulse umgewandelt. Die Haarzellen sind in eine Reihe innerer (zur Drehachse der Cochlea; Abb. 1.5.1c) und mehrere Reihen äußerer Haarzellen angeordnet. Aus den Haarzellen ragen oben feine Härchen, die Stereozilien, heraus. Über den Stereozilien befindet sich eine weitere gallertige Membran, die Tektorialmembran (Dachmembran). Wenn die Perilymphe nun in Bewegung gerät, werden Basilarmembran und Tektorialmembran gegeneinander verschoben, wie zwei Seiten eines Heftes. Dies führt zur Auslenkung der Stereozilien, die bei den äußeren Haarzellen fest mit der Tektorialmembran verbunden sind und bei den inneren Haarzellen durch die Trägheit der Endolymphe ausgelenkt werden.

Efferenzen und Afferenzen

Die inneren Haarzellen, obwohl zahlenmäßig in der Minderheit (3.000 innere gegenüber 13.000 äußeren Haarzellen) stellen etwa 95 % der Hörnervenfasern. Das liegt daran, dass von den inneren Haarzellen mehrere Fasern abgehen (Divergenz), während umgekehrt mehrere äußere Haarzellen auf eine Hörnervenfaser konvergieren. Die äußeren Haarzellen unterscheiden sich weiterhin dadurch, dass sie sich aktiv zusammenziehen können, was eine schwingungsverstärkende Funktion bei leisen Schallreizen hat. Sie sind weiterhin efferent verschaltet, d. h. sie erhalten Nervenimpulse von zentralen Kernen der Hörbahn (siehe Abb. 1.5.3), entgegen dem afferenten Signalfluss von der Cochlea zum Gehirn. Man nimmt an, dass durch die efferente Verschaltung die Empfindlichkeit der Cochlea beeinflusst werden kann. Das Innenohr ist zu erstaunlichen Leistungen in der Lage: So beträgt die Auslenkung der Basilarmembran durch Reize an der Hörschwelle nur 0,1 nm, was ungefähr einem Atomdurchmesser entspricht.

Farbabbildungen

Farbabbildung 1: Wellenlänge des Lichts ist nicht gleich Farbe. Die orange erscheinende Fläche im Zentrum der Schattenseite des Würfels und die braune Fläche im Zentrum der Oberseite reflektieren das gleiche Spektrum. Sie können das nachprüfen, indem Sie sich eine Maske aus einem Blatt Papier erstellen, die nur diese beiden Flächen offen lässt (Dale Purves, mit Genehmigung des Autors).

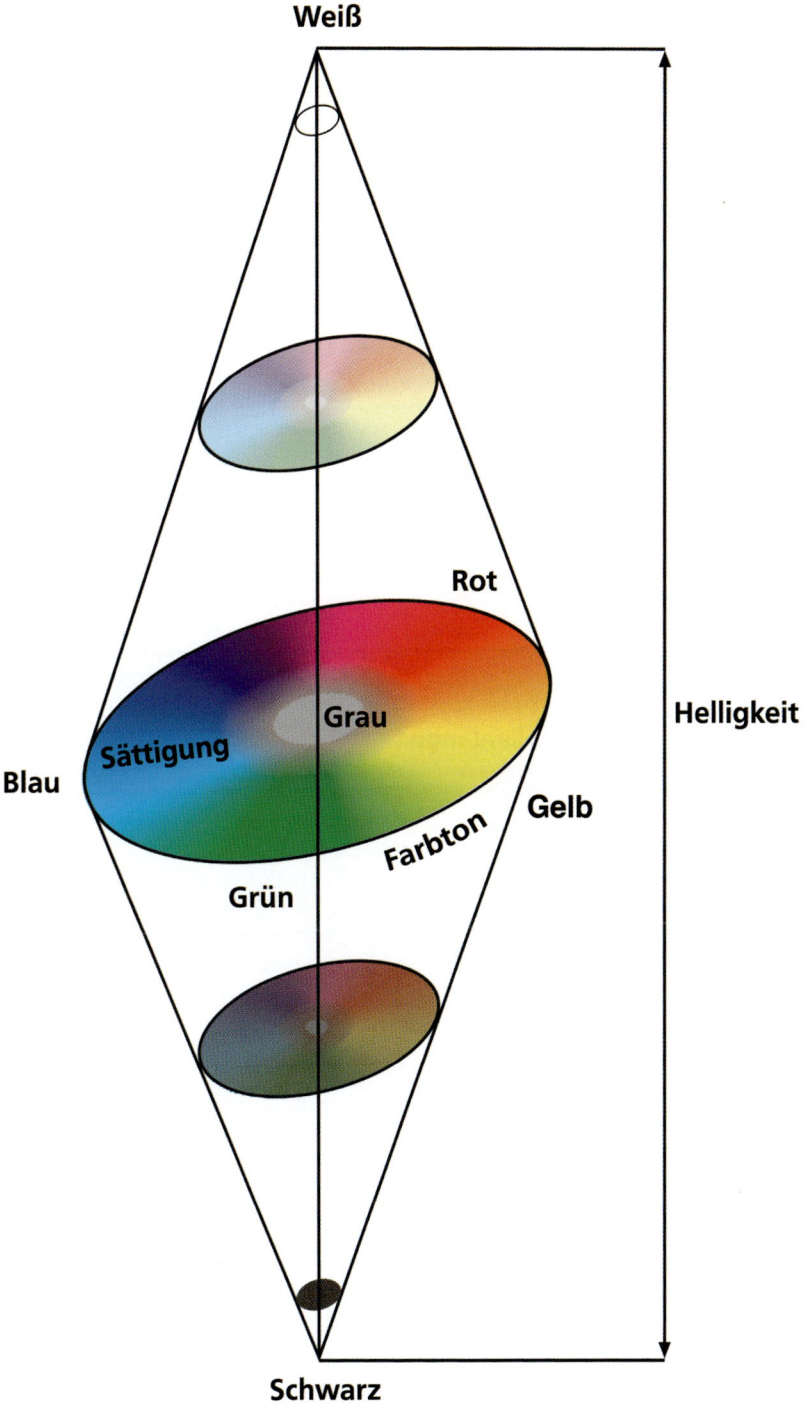

Weiß

Rot

Grau

Sättigung

Blau

Gelb

Farbton

Grün

Helligkeit

Schwarz

Farbabbildung 2: Farbton, Helligkeit und Sättigung einer Farbe

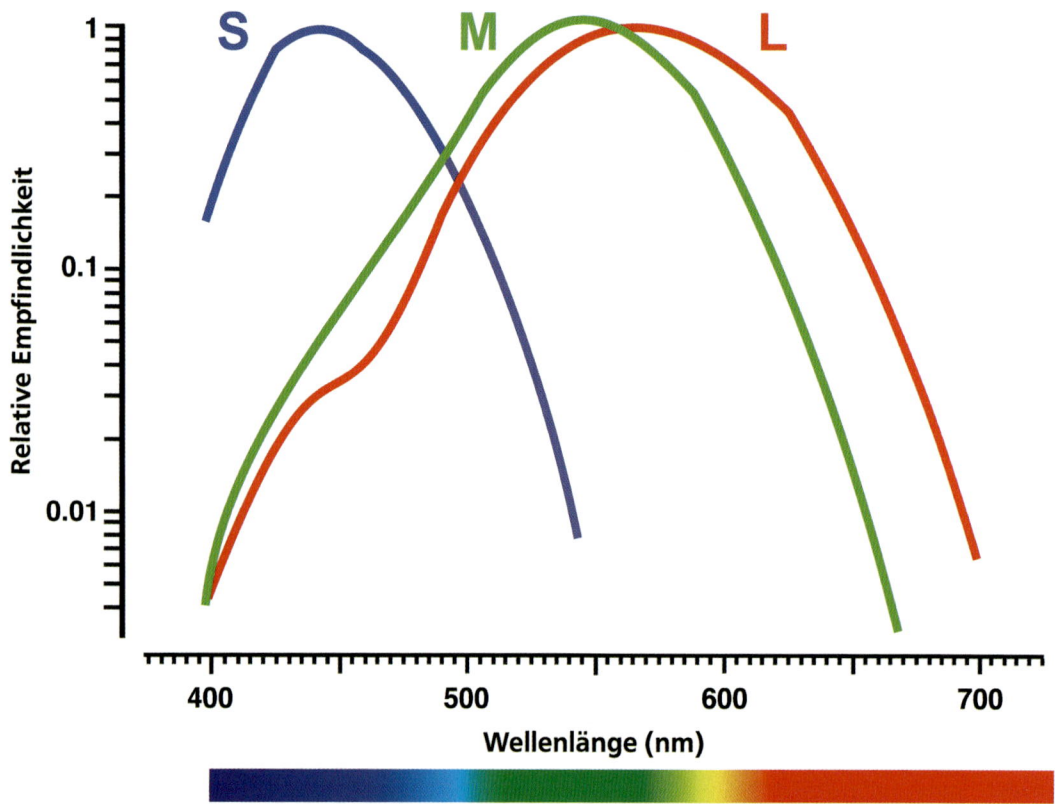

Farbabbildung 3: Absorptionsmaxima der Photorezeptoren

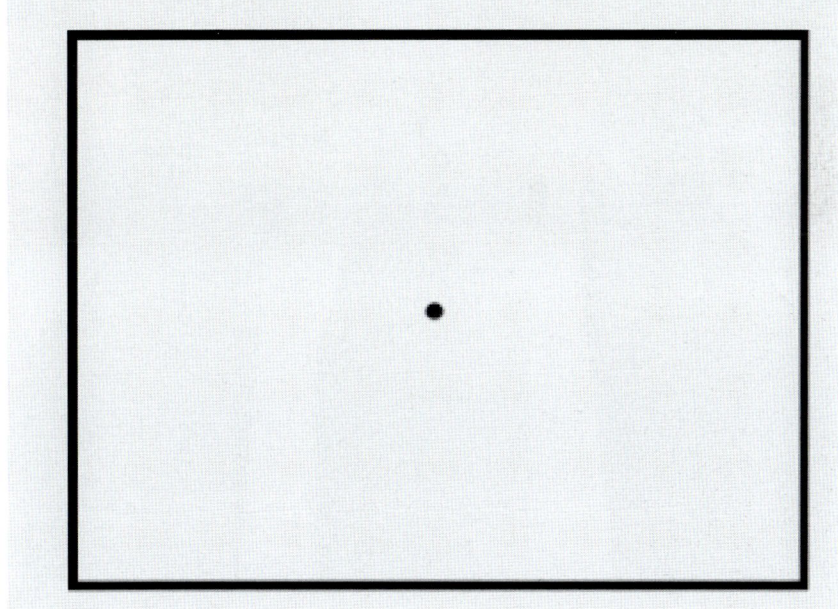

Farbabbildung 4: Demonstration chromatischer Adaptation. Schauen Sie zunächst etwa 30 s auf den oberen Fixationspunkt und fixieren Sie dann den unteren Punkt. Beachten Sie die Unterschiede zwischen den beiden Bildern.

Farbabbildung 5: Versuchsaufbau der Land-Experimente. Die Farbe einer Fläche sollte unter wechselnden Beleuchtungsbedingungen entweder in Isolation oder mit umgebenden Farbflächen beurteilt werden.

Farbabbildung 6: Das Stroop-Paradigma: Interferenz zwischen Wortbedeutung und Farbe des Wortes

Tab. 1.5.1: Schalldruck, Schalldruckpegel und Lautheit (Sone) im Vergleich (adaptiert aus Wikipedia, 3.1.08)

Schmerzschwelle	100 Pa	134 dB	**~ 676 sone**
Gehörschäden bei kurzfristiger Einwirkung	20 Pa	ab 120 dB	**~ 250 sone**
Diskothek	2 Pa	~ 100 dB	**~ 60 sone**
Gehörschäden bei langfristiger Einwirkung	0,63 Pa	ab 90 dB	**~ 32 sone**
Hauptverkehrsstraße, 10 m entfernt	0,2–0,63 Pa	80–90 dB	**~ 16–32 sone**
Normale Unterhaltung, 1 m entfernt	$2 \times 10^{-3} - 6,3 \times 10^{-3}$ Pa	40–50 dB	**~ 1–2 sone**
Hörschwelle bei 2 kHz	2×10^{-5} Pa	0 dB	**0 sone**

1.5.2 Lautheit

Wie laut ein Schallereignis empfunden wird, hängt stark, aber nicht eindeutig von der physikalischen Größe der Schallintensität ab. Insofern **Lautheit** eine subjektive Empfindung ist, muss diese auch als solche gemessen werden. Es reicht nicht, nur die physikalische Stärke der Schallintensität zu messen. Man spricht von einer psychophysischen Messung. In einem zweiten Schritt kann man dann fragen, inwiefern die subjektiv empfundene Lautheit mit physikalischen Aspekten des Schalls zusammenhängt.

Der **Schalldruck** ist definiert als der Wechsel zwischen hohem und niedrigem Druck (s. o.), der bei einer Schallwelle an einem definierten Ort in Pascal (Pa) gemessen wird. Die Bandbreite der Schalleindrücke, die vom Ohr noch als physiologisch adäquate Reize wahrgenommmen werden können (bevor es zu einer Schädigung kommt) ist sehr groß. Daher wird der Schalldruck häufig als Pegelwert angegeben, der als Verhältnis zum Schalldruck bei einem typischen Wert der Hörschwelle für Töne von 1 kHz angegeben wird (s. Tab. 1.5.1).

Der **Schalldruckpegel** wird in Dezibel (dB) angegeben. Ein Dezibel ist ein Zehntel eines Bel. Ein Bel entspricht einem Intensitätsverhältnis von 10:1, also dem Logarithmus zur Basis 10 der Intensitäten. Zwei Bel entsprechen damit einem Verhältnis von 100:1 usw. Bei einem Referenzwert von 10^{-5} Pa spricht man von dB (SPL) (*sound pressure level*). **Schalldruckpegel**

Subjektive Lautheit hängt neben dem Schalldruck auch von der Frequenz ab. Über die größte Empfindlichkeit verfügen wir für Frequenzen um 3.000 Hz, dort liegt die Hörschwelle etwa bei –4 dB (SPL), also unter der Hörschwelle für 2.000 Hz, die ja 0 db (SPL) entspricht. Töne höherer oder niedrigerer Frequenzen als 3.000 Hz müssen jeweils mit höheren Schalldrücken dargeboten werden, um den gleichen Lautheitseindruck hervorzurufen. Wenn man einen 1.000-Hz-Ton mit einem Referenzschalldruck auswählt und den Schalldruck eines Vergleichstons einer anderen Frequenz so einstellt, dass beide als gleich laut empfunden werden, erhält man Kurven gleicher Lautheit oder Isophone. Die jeweilige Lautheit **Isophone** wird in Phon angegeben. Abbildung 1.5.2 zeigt, dass die Lautheit insbesondere bei leisen Tönen stark von der Frequenz abhängt (die Isophone steigen zu den Rändern stark an), während diese Unterschiede mit zunehmenden Schalldrücken abnehmen. Mit der *loudness*-Funktion wird dem bei HiFi-Geräten entgegengewirkt, indem Bässe und Höhen selektiv verstärkt werden.

Sone-Skala   Während die Phon-Skala die Lautheit über Töne verschiedener Frequenzen vergleichbar macht, so kann man sich auch fragen, inwieweit sich die Lautheit verändert, wenn der Schalldruckpegel des gleichen Tons verändert wird. Zur Einschätzung dieser Verhältnisse wurde von S. S. Stevens die Sone-Skala entwickelt. Er ließ seine Probanden die Lautheit von Tönen unterschiedlicher Schalldruckpegel, aber gleicher Frequenz einschätzen. Dazu wurde dem Referenzton der Wert 10 zugeordnet, einem doppelt so lauten Ton sollte der Wert 20, einem halb so lauten Ton der Wert 5 zugeordnet werden usw. Nach den Ergebnissen dieser Untersuchungen konnte der Zusammenhang zwischen Schalldruckpegel und Lautheit mit folgender Funktion beschrieben werden: $S = kI^b$, wobei S die sensorische Empfindung und I die physikalische Reizintensität ist. Diese Formel hat, mit unterschiedlichen Konstanten k und Exponenten b, Gültigkeit für verschiedene Reizdimensionen wie Helligkeit und Schmerzempfindung. Für die Lautheit beträgt der Exponent b = 0,6. Der Exponent b < 1 bedeutet, dass eine Verdoppelung des Schalldrucks zu weniger als einer Verdoppelung der empfundenen Lautstärke führt. Eine Einheit von einem Sone entspricht der Lautheit eines 1.000-Hz-Tons von 40 dB (SPL), entsprechend 40 Phon.

Immissionsmessung   Die Messung der subjektiven Lautheit kommt insbesondere bei der Beurteilung von Lärmimmissionen zum Tragen, weil hier die subjektive Belastung der betroffenen Personen im Vordergrund steht. Da jedoch nicht für jede denkbare Immis-

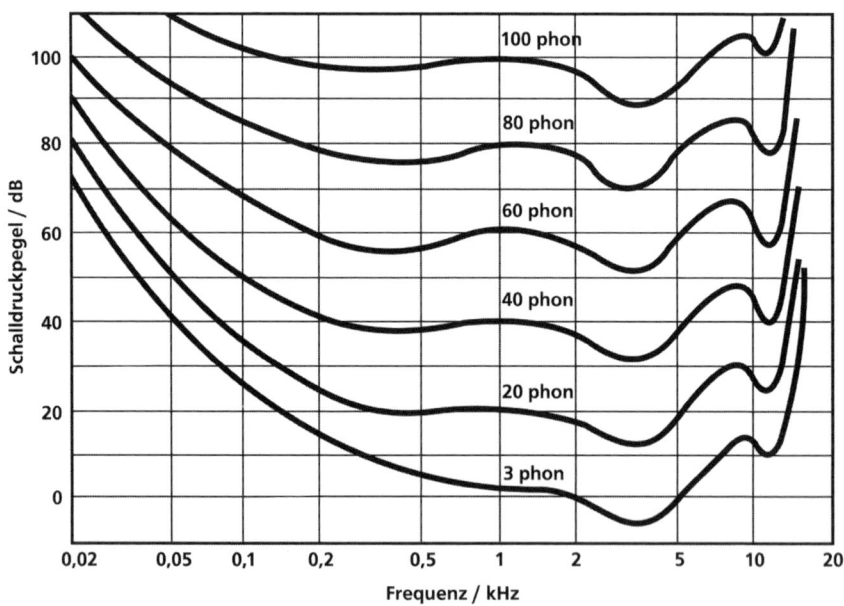

Abb. 1.5.2: Isophone

sion (Lärm einer bestimmten Straße, Fluglärm in einer bestimmten Siedlung etc.) psychoakustische Hörversuche durchgeführt werden können und auch aus rechtlichen Gründen ein einheitlicher Standard wünschenswert erscheint, wurden gefilterte Schalldruckpegelmessungen entwickelt. Sie tragen der Frequenzabhängigkeit der Lautheitsempfindung Rechnung, indem der mittlere Frequenzbereich, in dem unser Gehör besonders empfindlich ist, entsprechend stärker gewichtet wird. Der resultierende Filter entspricht in etwa einer umgekehrten Isophon-Kurve. Die so gewichteten Messwerte werden mit dB (A) gekennzeichnet. Es gibt auch noch ähnliche Filter (B, C und D), diese werden allerdings selten verwendet.

Die Lautstärke wird durch zwei verschiedene Mechanismen über die Aktionspotenziale der Haarzellen kodiert. Zunächst steigt die Frequenz der Aktionspotenziale (die Feuerrate) mit zunehmender Lautstärke. Ab einer Lautstärke von 80 dB (SPL) kann die Feuerrate nicht mehr gesteigert werden. Weiter ansteigende Lautstärke wird dann durch die Rekrutierung weiterer benachbarter Neurone, die dann auch feuern, kodiert. **Lautheitskodierung**

Die Frequenz wird zum einen über den Ort entlang der Basilarmembran kodiert. **Frequenzkodierung** Bei niedrigeren Frequenzen (bis zu 1,5 kHz) kann auch die Frequenz über direkte Ankopplung der Zelle an die Schwingungsperiode des Schalls kodiert werden. Für die Ankopplung an höhere Frequenzen sind die Membranpotenziale der Zellen jedoch zu träge. Die Frequenz wird über die gesamte Hörbahn bis zum auditiven Cortex weitergeleitet, der tonotop organisiert ist.

1.5.3 Räumliches Hören

Der Hörnerv zieht von der Cochlea zum Nucleus cochlearis (Cochleariskern) und dann über die obere Olive (Oliva superior) zum seitlichen Schleifenkern (Ncl. lemnisci lateralis) und weiter über die unteren Vierhügel (Colliculi inferiores) und den medialen Kniehöcker (Corpus geniculatum mediale) zum primären auditiven Cortex (Abb. 1.5.3). Ab dem Kernkomplex der oberen Olive laufen die Signale aus dem linken und rechten Ohr zusammen. Diese binaurale Verarbeitung ist die Basis für die auditive Quellenlokalisation.

Schallquellen werden teils durch den Vergleich der Laufzeiten zum linken und rechten Ohr (*interaural time difference*, ITD), teils über den Vergleich der Lautstärken (*interaural intensity difference*, IID) ermittelt. Schallquellen in der linken Raumhälfte erreichen das linke Ohr etwas früher als das rechte Ohr. Gleichzeitig dämpft der Kopf etwas die Lautstärke, die über das rechte Ohr wahrgenommen wird (und umgekehrt für Schallquellen von rechts). Diese Verrechnungen werden maßgeblich in den Neuronen der oberen Olive vorgenommen. Die Detektion der Koinzidenz (Gleichzeitigkeit) der Eingänge vom linken und rechten Ohr gelingt aber nur für Frequenzen bis etwa 1.500 Hz, da bei noch höheren Frequenzen die Neurone den Schwingungen nicht mehr folgen können. In der oberen Olive ist so bereits eine Tonotopie zu erkennen, die sich über die Colliculi inferiores bis in den auditiven Cortex fortpflanzt.

Für die Lokalisation vor und hinter uns liegender Schallquellen ist die Form der Ohrmuschel von besonderer Bedeutung. Die Zeit und Amplitudendifferenzen sind **Form der Ohrmuschel** für bei gleichem seitlichen Winkel vor und hinter uns oder oberhalb/unterhalb der Horizontalebene liegenden Schallquellen die gleichen (von kleineren Effekten der Kopfform abgesehen) und ergeben somit eine ambivalente Lokalisation. Dagegen erlaubt uns die unterschiedliche Filterfunktion der Ohrmuscheln für Schallquellen aus verschiedenen Richtungen eine bessere Unterscheidung zwischen vorn und hinten, oben und unten. Dazu muss das Gehirn allerdings die Information erhalten, wie die Filterfunktion der Ohrmuschel das Signal verändert hat. Hierbei helfen

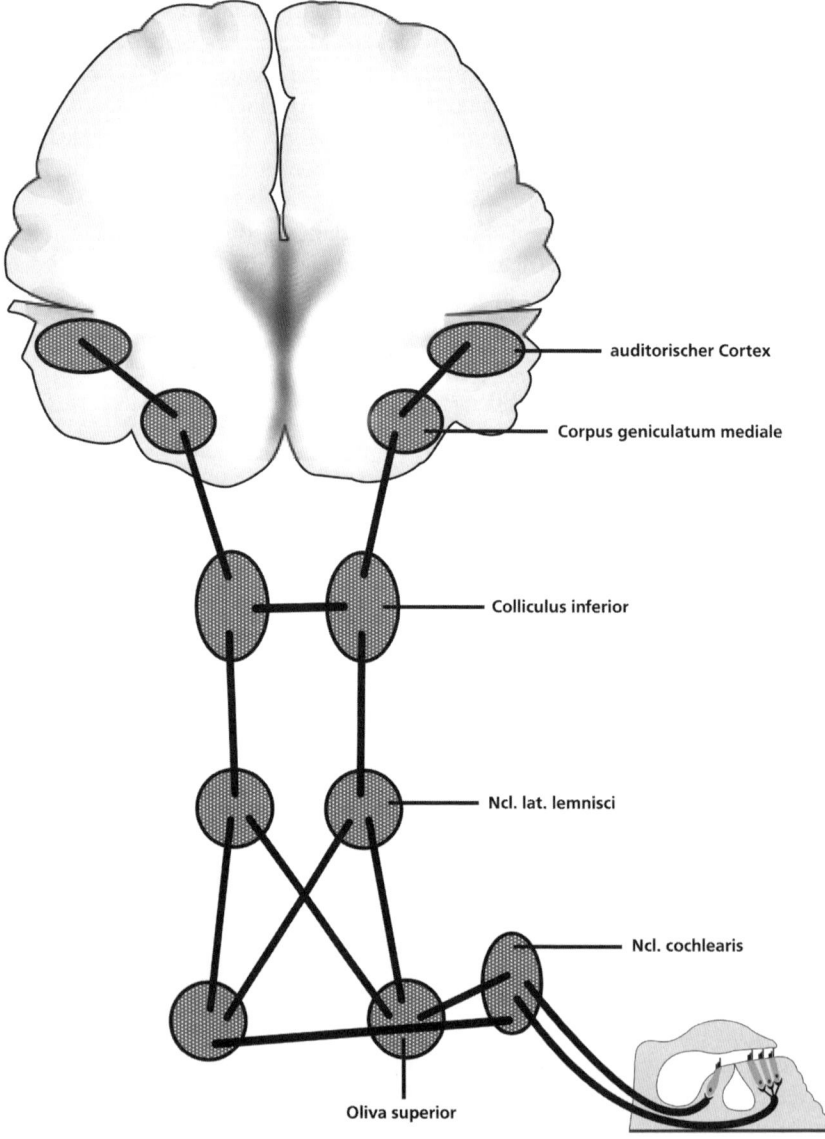

Abb. 1.5.3: Die Hörbahn

schon kleine Kopfbewegungen, die bei konstanter Schallquelle eine Berechnung der Filterfunktion der Ohrmuschel erlauben.

1.5.4   Komplexe auditive Wahrnehmung

So wie Farbe an das Spektrum des Lichts gebunden ist, so hängt die Tonhöhe mit der Frequenz des Schalls zusammen – in manchen Situationen recht eng, in anderen weniger. Die Entsprechung von monochromatischem Licht (Licht einer Wellenlänge) ist beim Schall der Sinuston, der aus Schallwellen einer Wellenlänge besteht. Ähnlich wie beim monochromatischen Licht die Farbwahrnehmung primär von der Frequenz abhängt, so ist auch bei Sinustönen die Tonhöhenwahrnehmung recht eindeutig an die Frequenz gebunden, obwohl es leichte Unterschiede in der Tonhöhenwahrnehmung gibt, die durch unterschiedliche Lautstärke hervorgerufen werden können.   **Tonhöhe**

Wiederum ähnlich wie bei der Farbwahrnehmung sind Sinustöne recht artifizielle Reize, die in der Natur kaum vorkommen. Die unterschiedliche Klangfarbe desselben Tons, gespielt auf verschiedenen Musikinstrumenten, ergibt sich z. T. aus einem anderen Verhältnis von Grundfrequenz und Obertönen, deren Frequenzen ein Vielfaches der Grundfrequenz sind. Es kann sogar dazu kommen, dass die Obertöne unsere Wahrnehmung dazu veranlassen, eine Grundfrequenz zu hören, die physikalisch gar nicht vorhanden ist. Auf diese Weise ergänzen wir etwa Bässe, die von kleineren Lautsprechern (etwa am PC) gar nicht produziert werden können. Dabei ist der Höreindruck allerdings oft nicht so befriedigend wie bei physikalischer Präsenz der Bässe über entsprechende Lautsprecher. Um die Grundfrequenz zu ergänzen, muss das Gehirn analysieren, welche Obertöne zusammengehören. Hierzu ist sowohl die zeitliche Analyse über gemeinsamen Beginn und gleiche Dauer von Bedeutung als auch die gemeinsame Lokalisation im Raum.

Eine besonders eindrückliche Demonstration der Tatsache, dass Frequenz und Tonhöhe nicht immer gleichzusetzen sind, bietet die Shepard-Illusion der immer weiter ansteigenden Tonleiter. Dabei werden überlappende Tonleitern gespielt, wobei zwei gleichzeitige Töne jeweils eine Oktave auseinanderliegen. Der Eindruck der nie endenden Tonleiter wird dadurch hervorgerufen, dass die Lautheit der Töne so variiert wird, dass Beginn und Ende der Tonleitern sehr leise und die mittleren Töne lauter gespielt werden. Eine kontinuierliche Version der Shepard-Illusion ist das Risset-Glissando.   **Shepard-Illusion**

Die Klangfarbe eines Tones hängt neben dem Verhältnis der Obertöne auch ganz wesentlich vom zeitlichen Verlauf des akustischen Signals ab. So haben Musikinstrumente ganz unterschiedliche Ein- und Ausschwingzeiten, die ganz wesentlich zu ihrem charakteristischen Klang beitragen. Dies kann man sich bei digitalisierter Musik vor Augen führen, indem man aufgezeichnete Töne rückwärts abspielt, wobei meist die Erkennbarkeit des Instruments stark beeinträchtigt wird.   **Klangfarbe**

Der auditive Cortex liegt am temporalen Ufer der Sylvischen Fissur (oder Fissura lateralis). Er gliedert sich in einen Kernbereich (*core*) in dem die Hörbahn auf   **auditiver Cortex** die ersten corticalen Neurone umgeschaltet wird, und zwei Gürtelbereiche (*belt*, *parabelt*). Der Kernbereich stellt den primären auditiven Cortex dar, während die *belt*-Neurone ihren Eingang von Neuronen des Kernbereichs erhalten (sekundärer auditiver Cortex) und die *parabelt*-Neurone (tertiärer auditiver Cortex) wiederum von Neuronen des *belt*.

Modulation des auditiven Cortex

Ähnlich wie im visuellen System, so bilden die Neurone in den anatomisch frühen auditiven Cortices nicht nur die physikalischen Charakteristika der akustischen Reize ab, sondern reflektieren Aspekte der subjektiven Wahrnehmung. Um zu entscheiden, ob neuronale Reaktionsmuster physikalische Reizcharakteristika oder subjektive Wahrnehmungsmuster widerspiegeln, sucht man Situationen, in denen beide auseinanderfallen. Das ist u. a. beim dichotischen Hörtest der Fall, bei dem per Kopfhörer dem linken und rechten Ohr gleichzeitig unterschiedliche, aber sehr ähnliche Reize präsentiert werden (s. Kasten „Dichotisches Hören"). Probanden, die einen Zielreiz detektieren sollen, machen im dichotischen Hörtest recht viele Fehler.

Wir haben in einer ereigniskorrelierten fMRT-Studie untersucht, inwieweit Schwankungen der Aktivierungsstärke früher auditiver Areale mit der realen Präsentation von Zielreizen oder der subjektiv empfundenen Präsenz derselben Zielreize einhergingen (Pollmann/Maertens 2006). Das Ergebnis der Studie war, dass das fMRT-Signal generell erhöht war, wenn die Probanden angaben, den Zielreiz gehört zu haben, unabhängig davon, ob er tatsächlich präsentiert wurde oder nicht. Ein weiteres Beispiel: Wenn ein Ton von einem lauten Geräusch unterbrochen und anschließend fortgesetzt wird, so ergibt sich der (fälschliche) Höreindruck, als ob der Ton kontinuierlich präsent war und von dem Geräusch nur überdeckt wurde. Neurone im primären auditiven Cortex des Affen feuern in dieser Situation kontinuierlich, als ob sie einen andauernden Ton signalisierten (Petkov et al. 2007). Dieser Effekt ähnelt der Kodierung verdeckter oder illusorischer Kanten in frühen visuellen Arealen (Kap. 1.2). Die Aktivität früher visueller Areale kann auch durch die Betrachtung visueller Szenen moduliert werden – ein Hinweis, dass multimodale Wahrnehmung Effekte auf anatomisch frühen auditiven Verarbeitungsebenen hat.

Dichotisches Hören

Aufgrund der Verschaltung der Hörbahn (s. o.) erreicht ein lateralisierter akustischer Reiz beide auditiven Cortices, anders als im visuellen System, wo in jeder Hemisphäre das contralaterale Gesichtsfeld repräsentiert ist (Kap. 1.3). Allerdings gibt es auch im auditiven System den Ansatz einer Lateralisierung, in dem Sinne, dass die contralateralen Bahnen dominant vertreten sind. Dieser Umstand wird aber nur dann praktisch nutzbar, wenn beiden Ohren gleichzeitig ähnliche, aber nicht identische Reize präsentiert werden. Man spricht dann von dichotischem Hören. In einem typischen Experiment werden beiden Ohren simultan Silben wie /ba/, /ga/, /pa/ etc. präsentiert, wobei beiden Ohren unterschiedliche Silben präsentiert werden. Wenn der Proband dann aufgefordert wird, zu berichten, welche Silbe er gehört hat, so ist die Wahrscheinlichkeit, dass er die auf dem rechten Ohr präsentierte Silbe berichtet, deutlich höher als für die auf dem linken Ohr präsentierte Silbe.

Diesen Rechtsohrvorteil schreibt man zum einen der dominanten contralateralen Reizweiterleitung durch Suppression der ipsilateralen Bahnen und zum anderen der Dominanz der linken Hemisphäre für die Verarbeitung sprachlichen Materials zu. Dementsprechend wird auch, wenn auch weniger ausgeprägt, ein Linksohrvorteil für die Entdeckung nichtlinguistischer Reize, wie etwa für Klänge unterschiedlicher Musikinstrumente, berichtet (Tervaniemi/Hugdahl 2003).

Der Rechtsohrvorteil für lexikalisches Material (und analog der Linksohrvorteil) wird darauf zurückgeführt, dass auf dem linken Ohr präsentierte Silben aufgrund der Suppression der ipsilateralen Bahnen bei dichotischem Hören zunächst nur die rechte Hemisphäre erreichen und dann über das Corpus callosum zur linken, sprachdominanten Hemisphäre weitergeleitet werden müssen. Die Zeitverzögerung, die dabei entsteht, und eine eventuelle Abschwächung des Signals führen dann dazu, dass Sprachreize auf dem linken Ohr schlechter wahrgenommen werden als simultan präsentierte Sprachreize auf dem rechten Ohr.

Die Hypothese des callosalen Transfers wird unterstützt durch den Befund, dass Patienten nach kompletter Durchtrennung des Corpus callosum im Rahmen einer chirurgischen Epilepsietherapie eine ausgeprägte Linksohrsuppression zeigen, also eine weit stärkere Lateralisierung der Wahrnehmung als hirngesunde Probanden. Studien mit Patienten mit partiellen Corpus-callosum-Läsionen zeigen, dass Läsionen im Splenium des Corpus callosum ausreichen, eine Linksohrsuppression hervorzurufen (Pollmann et al. 2002; Sugishita et al. 1995).

Noch ungeklärt ist jedoch die Funktion des Spleniums in diesem Zusammenhang. Das Splenium mag Fasern enthalten, die zwischen den primären oder sekundären auditiven Cortices verlaufen, und seine Durchtrennung damit den Transfer des auditiven Signals von der linken zur rechten Hemisphäre unterbrechen. Dagegen spricht, dass diese auditiven Fasern beim Affen etwas weiter anterior verlaufen. Allerdings ist nicht bekannt, wo die homologen Fasern beim Menschen verlaufen. Alternativ kann das Splenium auch Fasern enthalten, die vom temporoparietalen Grenzbereich ausgehen und die Präsenz eines Reizes auf dem linken Ohr signalisieren, ohne jedoch das auditive Signal selbst zu übermitteln. Für ein solches attentionales Signal sprechen analoge Befunde aus visuellen Aufmerksamkeitsstudien bei Patienten (Pollmann et al. 2004) sowie erste Befunde mit dem neuen Verfahren der Diffusionstensor-Bildgebung, die das nichtinvasive Verfolgen von menschlichen Nervenfasern ermöglicht. Diese Befunde haben gezeigt, dass Fasern vom inferioren Parietalcortex durch den vorderen (inneren) Anteil des Spleniums verlaufen (Conturo et al. 1999).

In der Regel ist unsere Wahrnehmung multimodal, wir erfassen unsere Umwelt **McGurk-Effekt** mit mehreren Sinnen gleichzeitig. Ein besonders frappierendes Beispiel, wie sich dabei visuelle und auditive Wahrnehmung beeinflussen können, ist der McGurk-Effekt.

Wenn Sie den Effekt selbst überprüfen wollen, schauen Sie sich eine Demonstration unter folgender Internetadresse an, bevor Sie weiterlesen: www.youtube.com/watch?v=aFPtc8BVdJk.

Die Probanden hören die Silbe / ba /, sehen aber gleichzeitig ein Video, auf dem der Sprecher die Lippenbewegungen für / ga / macht. Bei den meisten Hörern erzeugt dies den Wahrnehmungseindruck / da /.

Der McGurk-Effekt zeigt, wie auditive und visuelle Wahrnehmung miteinander integriert werden. Während dies beim McGurk-Effekt zu einem falschen Ergebnis führt, so ist diese Integration in normalen Alltagssituationen in aller Regel nützlich, etwa beim Verstehen gesprochener Sprache in verrauschter Umgebung oder bei Beeinträchtigung des Gehörs.

höhere auditive Areale Wie im visuellen System, so ist auch die neuronale Verarbeitung auditiver Reize nicht auf die frühen auditiven Areale beschränkt, sondern bezieht eine große Anzahl weiterer Hirnareale mit ein. Aufgrund der besonderen Bedeutung des Hörens für die sprachliche Kommunikation sind dies z. T. Areale der Sprachverarbeitung, auf die wir in den Kapiteln 2.5 und 2.6 näher eingehen werden. Eine Vorstufe dieser sprachlichen Verarbeitung findet man in Arealen, deren Neurone spezifisch auf auditive Reize reagieren, die eine kommunikative Bedeutung haben.

„Was"- und „Wo"-Pfade Analog zu den visuellen „Was"- und „Wo"- oder „Wie"-Pfaden (Kap. 1.3) gibt es auch Anhaltspunkte für getrennte Verarbeitungspfade für auditive Objekterkennung und Lokalisation, wobei allerdings die Datenlage zurzeit noch weniger eindeutig ist als im visuellen System.

Fragen zu Kapitel 1.5

Überprüfen Sie Ihr Wissen!

42. Wie ist die Cochlea aufgebaut? Wodurch werden die Zilien der Haarzellen ausgelenkt?
43. Was unterscheidet die inneren von den äußeren Haarzellen?
44. Nennen Sie die Stationen der Hörbahn. In welcher Struktur laufen die Nervenfasern von beiden Ohren das erste Mal zusammen?
45. Wie wird die Lautheit zweier Töne unterschiedlicher Frequenz gemessen? Was ist die Maßeinheit?
46. Was ist der Unterschied zwischen dB (A) und dB (SPL)?
47. Welches Organisationsprinzip findet man im auditiven Cortex?
48. Welche Faktoren bestimmen die Klangfarbe eines Musikinstruments?
49. Welche Bedeutung hat die Ohrmuschel für das Hören?
50. Was ist der McGurk-Effekt?

1.6   Riechen und Schmecken

Die Erinnerung an den leckeren Weihnachtsbraten ruft auch die entsprechenden Gerüche wieder ins Bewusstsein. Umgekehrt schmeckt ein guter Wein nicht, wenn die Nase durch einen Schnupfen verstopft ist. Diese Beispiele zeigen, dass Riechen und Schmecken, obwohl durch getrennte Sinnessysteme vermittelt, oft eng zusammenwirken.

Geruch und Geschmack sind chemische Sinne, ihre Sinneszellen sind Chemorezeptoren, die durch geeignete Moleküle erregt werden. Dies sind für das Riechen gasförmige Moleküle, die an die Riechschleimhäute gelangen, für das Schmecken gelöste Moleküle, die sich an die Rezeptoren in den Geschmackspapillen der Zunge anlegen. Beides geht häufig zusammen: Beim Trinken aus einer Kaffeetasse gelangt der Kaffee etwa zeitgleich in den Mundraum, wie die Moleküle aus dem Kaffeedampf in den Nasenraum gelangen. Die Lage der Rezeptoren im

chemische Sinne

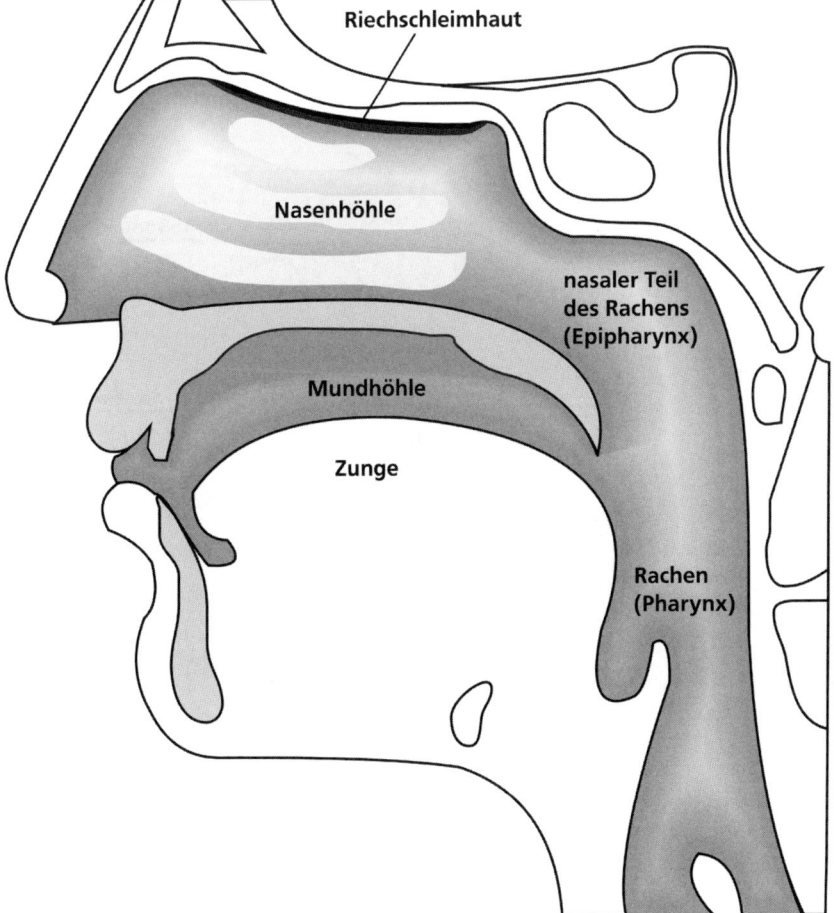

Abb. 1.6.1: Der Nasen-Rachen-Raum

Mund- und Nasen-Rachen-Raum weist den Geschmacks- und Geruchsrezeptoren auch eine Wächterfunktion über die Nahrungsaufnahme und die Atmung zu. Im Unterschied zum Geschmack ist der Geruch auch ein Fernsinn, in entsprechender Konzentration können wir Duftstoffe über größere Distanzen riechen, vom Zigarette rauchenden Nachbarn im Restaurant bis zum Klärwerk ein paar Straßen weiter.

1.6.1   Der Geruchssinn

Makrosmaten   Zwischen den Spezies gibt es große Unterschiede in den Geruchsschwellen. So riechen Hunde bis zu 10.000-mal geringere Konzentrationen, je nach Geruchsstoff. Man spricht von Makrosmaten und Mikrosmaten, wobei Erstere Spezies mit hoher, Letztere mit niedriger Geruchsempfindlichkeit bezeichnen. Diese Unterschiede beruhen auf stark unterschiedlichen Anzahlen von Geruchssinneszellen, wobei die Empfindlichkeit der einzelnen Zellen sich zwischen den Spezies nicht grundlegend unterscheidet. Menschliche Riechsinneszellen können durch ein ein-

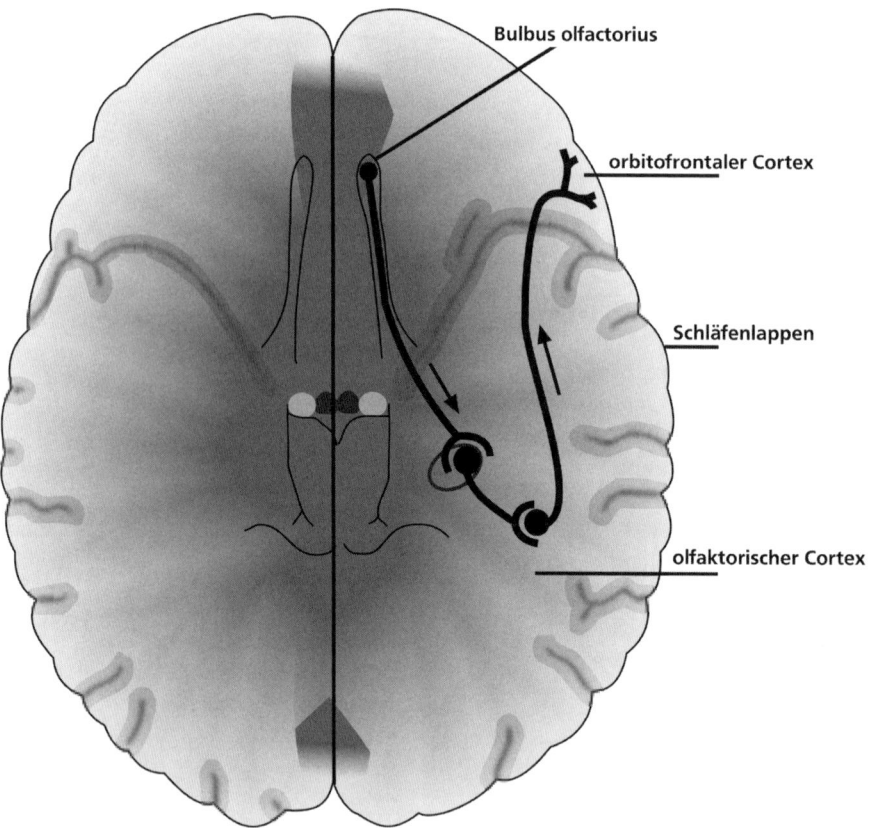

Abb. 1.6.2: Die Riechbahn

zelnes Molekül eines Geruchsstoffes erregt werden und haben damit eine Empfindlichkeit, die nicht mehr gesteigert werden kann (De Vries / Stuiver 1961).

Die Fähigkeit, unterschiedliche Gerüche zu differenzieren, hängt mit der An- **Geruchs-**
zahl der funktionellen Geruchsrezeptorgene zusammen. Beim Menschen sind dies **rezeptorgene**
etwa 350 verschiedene funktionell aktive Gene (aus einer größeren Zahl von etwa
1.000 Geruchsgenen, von denen die meisten aber funktionell inaktiv sind) – relativ
wenig im Vergleich zu etwa 1.000 funktionellen Geruchsrezeptorgenen der Maus
(Keller / Vosshall 2004). Dabei variiert das Repertoire dieser Gene zwischen Individuen beträchtlich. Für einzelne dieser Gene konnte inzwischen ein Zusammenhang zwischen Genotyp und Geruchspräferenzen nachgewiesen werden (Keller et
al. 2007)

In der menschlichen Riechschleimhaut befinden sich mehrere Millionen Riechsinneszellen, von denen jede eines der etwa 350 Geruchsrezeptorgene exprimiert.
Das jeweilige Gen bestimmt, welche Moleküle an den Rezeptor binden. Dabei
unterscheiden sich die Rezeptoren stark in der Bindungsspezifität an einige wenige oder aber eine große Anzahl verschiedener Moleküle. Umgekehrt gibt es auch
Moleküle, die nur spezifisch an einen Rezeptortyp binden, und andere, die Bin-
dungen mit mehreren Rezeptortypen eingehen. Diese Variabilität macht es sehr
schwer, eine Systematik zu erkennen, wie das Spektrum der Geruchsempfin-
dungen in den Rezeptoren kodiert ist.

Die Riechschleimhaut befindet sich an der Decke des Nasenraumes, nur durch **Riechschleimhaut**
die knöcherne Schädelbasis vom Bulbus olfactorius getrennt (Abb. 1.6.1). Von
diesem ziehen Nervenfasern (Fila olfactoria) durch Kanäle im Schädelknochen
(der aufgrund der vielen Kanäle Siebbein heißt) zu den Rezeptorzellen in der
Riechschleimhaut. Die Rezeptoren tragen haarförmige Fortsätze, die Zilien, auf
denen sich die Rezeptormoleküle befinden. Ihre Bindung mit Geruchsmolekülen
setzt den Transduktionsprozess in Gang.

Über die Fila olfactoria werden Signale von den Rezeptorneuronen der Riech- **Riechbahn**
schleimhaut zum Bulbus olfactorius geleitet (Abb. 1.6.2). Vom Bulbus olfactorius
zieht dann der Tractus olfactorius zur primären Riechrinde in der Area praepirifor-
mis und zum Lobus piriformis im rostralen Bereich des Gyrus parahippocampalis.
Von dort ziehen Fasern weiter zum Orbitofrontalcortex. Weitere Fasern ziehen
u. a. zum Hippocampus und zur Amygdala, Strukturen, die eine zentrale Rolle für
Gedächtnisfunktion und emotionale Verarbeitung haben.

Menschliche Probanden können bis zu 10.000 verschiedene Gerüche unter- **Geruchsqualitäten**
scheiden, wozu allerdings Training vonnöten ist. Typischerweise unterscheiden
wir allerdings sehr viel weniger Gerüche; Parfumhersteller verwenden etwa 150
verschiedene Geruchsrichtungen. Anders als etwa im visuellen und auditiven System ist es schwierig, eine Systematik der Gerüche zu geben (s. Kasten).

Versuche einer Systematik der Gerüche

Das Geruchsprisma von Henning (1915) setzt die Geruchsqualitäten blumig, faulig,
fruchtig, würzig, brenzlig und harzig an die Ecken eines Prismas. Alle spezifischen
Gerüche sollen sich entlang der Kanten des Prismas anordnen lassen.

Später schlug Amoore (1970) eine stereochemische Theorie der Geruchswahrnehmung vor, mit den sieben Primärgerüchen blumig, ätherisch, moschusartig, kampferartig, schweißig, faulig und minzig als Prototypen von Duftstoffen. Amoore nahm an, dass den Primärgerüchen Geruchsrezeptoren zugeordnet sind, an die Moleküle einer bestimmten Form andocken. Diese Annahme hat sich allerdings nicht bestätigt. Das Henning'sche Prisma wie die Amoore'sche Theorie haben heute nur noch historische Bedeutung (Goldstein 2002). Auch moderne Versuche der multidimensionalen Klassifikation von Gerüchen leiden darunter, dass es keine allgemein anerkannten Referenzgerüche gibt und daher die Wahl des Referenzsystems die Ergebnisse der Geruchszuordnung beeinflusst. Man kann aber versuchen, diesem Problem durch Untersuchung von Ähnlichkeiten zu begegnen. Ähnlichkeiten von Gerüchen können etwa untersucht werden, indem drei Substanzen präsentiert werden und die Probanden aufgefordert werden, den am wenigsten passenden Geruch auszusortieren.

Moderne Methoden der Duftcharakterisierung benutzen Geruchsprofile, die aus bis zu 150 verschiedenen Gerüchen bestehen (Dravnieks 1982) und trainierte Beurteiler erfordern. Wenn man Gerüche von einer Gruppe von Beurteilern einschätzen lässt, kommt man so zu stabilen durchschnittlichen Geruchsprofilen. Ein Nachteil der Methode ist jedoch, dass man durch die Mittelung Informationen über potenziell interessante individuelle Unterschiede verliert.

Geruchsschwellen Die Detektionsschwelle wird für verschiedene Gerüche bei sehr unterschiedlichen Konzentrationen des Duftstoffes in einem Bereich von 0,00001 bis 500.000 Teile / 1 Mrd. Teile erreicht. Ferner unterscheiden sich menschliche Probanden individuell stark in ihren Detektionsschwellen für verschiedene Duftstoffe, was zumindest für einzelne Gerüche mit unterschiedlichen Genotypen von Geruchsrezeptorgenen zusammenhängt (Keller et al. 2007). Eine reduzierte Sensitivität für moschusartige Gerüche ist relativ häufig und hat eine genetische Basis. Man spricht bei einer reduzierten Sensitivität für spezifische Gerüche von einer spezifischen Anosmie.

Die Identifikation eines Geruchs erfordert meist deutlich höhere Konzentrationen als die Detektion. Ein weiteres Problem bei der Charakterisierung von Gerüchen ist ihre Abhängigkeit von der Intensität. Zwei Substanzen, die bei niedriger Intensität gleich riechen, können sich bei höherer Intensität unterscheiden.

Geruchsmischung Der Duft einer Rose setzt sich aus etwa 260 Duftstoffen zusammen. Beinahe alle alltäglichen Gerüche sind aus mehreren, meist vielen, Duftstoffen zusammengesetzt. Anders als etwa bei der Mischung von Licht mehrerer Wellenlängen oder Tönen verschiedener Frequenzen besteht bei der Mischung von Duftstoffen keine einfache Additivität. Ein ganzes Spektrum von Interaktionen zwischen Duftstoffen wurde beobachtet: Die Mischung zweier Duftstoffe kann zu einem Duft führen, der intensiver als der intensivste Teilduft riecht, dessen Intensität zwischen den Intensitäten der Einzelsubstanzen liegt, oder der sogar weniger intensiv als der schwächere Duft der einzelnen Duftstoffe riecht. Diese Effekte beruhen darauf, dass manche Duftstoffe antagonistische Wirkungen an den Duftrezeptoren haben (Keller / Vosshall 2004).

Wenn zwei Duftstoffe gemischt werden, so kann es, in Abhängigkeit von den **analytisch vs.** jeweiligen Substanzen, zu analytischer oder synthetischer Geruchswahrnehmung **synthetisch** kommen. Damit ist gemeint, dass in ersterem Fall die Einzeldüfte erkannt werden, während sich in letzterem Fall die Düfte zu einem Gesamteindruck verbinden und die Einzelkomponenten nicht mehr gerochen werden können. Analytische Wahrnehmung tritt i. d. R. bei sehr unterschiedlichen Ausgangsdüften auf, es existiert aber noch kein Modell, das analytische oder synthetische Wahrnehmung bestimmter Mischungen aufgrund bestimmter Prinzipien vorhersagen könnte.

Wie Reize aus anderen Modalitäten unterliegen auch Gerüche der Adaptation. **Adaptation** Wiederholte oder zeitlich ausgedehnte Präsentation eines Duftstoffes führt zu erhöhten Detektions- und Identifikationsschwellen. Es gibt auch eine Kreuzadaptation zwischen verschiedenen Duftstoffen, wobei diese nicht immer reziprok ist. So führt die sauer-ranzig riechende Propionsäure nicht zu Adaptation des aromatischen Geruchs von Carvon (u. a. enthalten in Kümmelöl), umgekehrt führt aber Carvon zu Adaptation des Geruchs der Propionsäure.

Die Geruchswahrnehmung kann stark von Kontextfaktoren beeinflusst werden, **Kontexteffekt** sowohl vom aktuellen Kontext, etwa anderen Gerüchen, denen man gerade ausgesetzt war, oder auch zurückliegenden Paarungen eines Geruchs mit anderen Gerüchen (Lawless et al. 1991). Kontexteffekte können auch über andere Sinnesmodalitäten, also multimodal, vermittelt werden.

Ein besonders eindrucksvolles Beispiel für einen multimodalen Kontexteffekt wurde von Morrot und Kollegen (1991) beschrieben, die Studenten der Oenologie (Weinkunde) an der Universität von Bordeaux den Duft von Weinen charakterisieren ließen. Die Studenten beschrieben zunächst den Duft von jeweils einem Weißwein und einem Rotwein. Eine Analyse der verbalen Beschreibungen ergab eine klare Trennung der Beschreibungen, die dem Weißwein (etwa Honig, Zitrone, Banane) und dem Rotwein (etwa Kirsche, Zimt, Tabak) zugeordnet waren. In einer späteren Sitzung wurde den Studenten der gleiche Weißwein vorgesetzt, den sie eine Woche zuvor bereits beurteilt hatten. Diesmal jedoch war der Wein mit einem roten Farbstoff versetzt. In einem Kontrollexperiment war zuvor festgestellt worden, dass der Farbstoff selbst nicht zu einer Veränderung der Geruchswahrnehmung führt. Die Studenten beschrieben den Duft des eingefärbten Weißweins mit den Begriffen, die sie zuvor für den Rotwein verwendet hatten. Die Begriffe, die sie zuvor für den Weißwein verwendet hatten, wurden dagegen nicht mehr verwendet.

Diese Untersuchung wurde angeregt durch eine lexikalisch-statistische Untersuchung mehrerer tausend Urteile über das Bouquet von Weinen, veröffentlicht von vier professionellen Weintestern. Bei dieser Analyse fiel auf, dass die Begriffe nur eine klare Zuordnung zu Weiß- und Rotweinen zuließen. Das Experiment von Morrot und Mitarbeitern legt nahe, dass diese Beschreibungen weniger vom Geruch als von der Farbe der Weine beeinflusst sind.

Kognitive Bewertung von Gerüchen

In einer bildgebenden Studie wurden englischen Probanden Geruchsproben präsentiert, die nach Käse rochen. Gleichzeitig wurde entweder die visuelle Information „Cheddar-Käse" oder „Körpergeruch" eingeblendet. Der Geruch wurde als unan-

genehmer bewertet, wenn „Körpergeruch" eingeblendet wurde. Der als angenehmer empfundene „Cheddar-Käse"-Geruch ging einher mit einer höheren Aktivierung des rostralen anterioren cingulären Cortex, des benachbarten medialen
Orbitofrontalcortex und der Amygdala – Hirnarealen, die in anderen Experimenten
mit emotionalen und motivationalen Prozessen assoziiert waren (Kap. 4.3 und 4.4).

**soziale
Kommunikation**

Evolutionär ist es von großer Bedeutung, zu erkennen, in welchem Verwandt-
schaftsverhältnis andere Individuen zu einem selbst stehen. Individuelle Unterschiede im Geruch können als Indikator für bestimmte Genotypen verwendet werden und damit als Signale für die Erkennung von Verwandtschaftsverhältnissen
genutzt werden.

Partnerwahl

Moleküle des Haupthistokompatibilitätskomplexes (*major histocompatibility
complex*, MHC) sitzen auf der Zelloberfläche und regeln die Immunerkennung
und damit die Erkennung zum Körper gehöriger Zellen. Seit langem ist bekannt,
dass die MHC-Gene, die die MHC-Moleküle exprimieren, in einer Reihe von Spezies, inclusive des Menschen, über den Geruch auch das Verhalten beeinflussen
können.

So beurteilten etwa weibliche Probanden den Geruch von zuvor zwei Nächte
lang von männlichen Probanden getragenen T-Shirts als angenehmer, wenn sich
die männlichen Träger in ihren MHC-Genen von den weiblichen Beurteilerinnen
unterschieden, als wenn sie ähnliche MHC-Gene hatten (Wedekind et al. 1995).
Weiterhin gaben die Probandinnen an, dass die angenehmer riechenden T-Shirts
sie eher an den Geruch ihrer früheren Partner erinnerten. Die Autoren kamen zu
dem Schluss, dass die Ausstattung mit MHC-Genen auch beim heutigen Menschen noch Auswirkungen auf die Partnerwahl hat. Diese Annahme wurde durch
eine neuere Studie bestätigt. Sie zeigte, dass Frauen weniger sexuell responsiv
waren und stärkeres Verlangen nach (und eine größere Wahrscheinlichkeit von)
Sex mit anderen Partnern hatten, wenn ihre Partner einen ihnen ähnlichen MHC-
Genotyp hatten (Garver-Apgar et al. 2006).

Die Bevorzugung von Individuen mit vom eigenen MHC-Genotyp möglichst
verschiedenen Genotypen könnte sich im Laufe der Evolution als adaptiv erwie-
sen haben: Damit wird Inzucht vermieden, oder die Nachkommen werden mit
MHC-Molekülen ausgestattet, die eine größere Anzahl potenziell pathogener
Fremdpeptide erkennen und damit über eine bessere Immunabwehr verfügen
(Penn/Potts 1999).

1.6.2   Der Geschmackssinn

Wenn man sieht, wie ein Kleinkind bei einem Löffel bitterer Medizin das Gesicht
verzieht oder bei einer Süßspeise nach mehr verlangt, wird man daran erinnert, dass
der Geschmack eine überlebenswichtige Rolle spielt: Er gibt, gekoppelt an starke
Emotionen, Hinweise auf genießbare oder ungenießbare Speisen und Getränke. In
Zeiten von standardisiertem, mit Haltbarkeitsdatum versehenem Essen aus dem
Supermarkt mag diese Funktion etwas in den Hintergrund getreten sein, aber für

unsere Vorfahren, die bei Nahrungsmangel auch auf unbekannte Früchte aus Feld und Wald zurückgreifen mussten, war der Geschmack ein wichtiger Indikator. Heute, in Zeiten industrialisierter Speisenherstellung, verdienen Heerscharen von Lebensmittelingenieuren ihr Geld damit, mit Geschmacksdesign dafür zu sorgen, dass ihr Produkt immer wieder (und oft viel zu häufig) von uns konsumiert wird.

Geschmacksrezeption auf der Zunge

Auf der Zunge befinden sich vier Arten von Papillen: die Pilzpapillen an der Zungenspitze und am Zungenrand, die Fadenpapillen, die auf der gesamten Oberfläche der Zunge vorkommen, die Blätterpapillen am Zungenrand und die Wallpapillen an der Zungenwurzel. Alle Papillen außer den Fadenpapillen enthalten Geschmacksknospen, deren Anzahl von etwa 100 in den Wallpapillen, über 50 in den Blätterpapillen bis zu 3–4 in den Pilzpapillen variiert. Insgesamt enthält die Zunge etwa 4.000–5.000 Geschmacksknospen. Eine Geschmacksknospe enthält wiederum 50–100 Geschmackssinneszellen, die in Mikrovilli enden, die in den Porus, einen flüssigkeitsgefüllten Trichter, hineinragen. Auf den Mikrovilli befinden sich die Geschmacksrezeptoren.

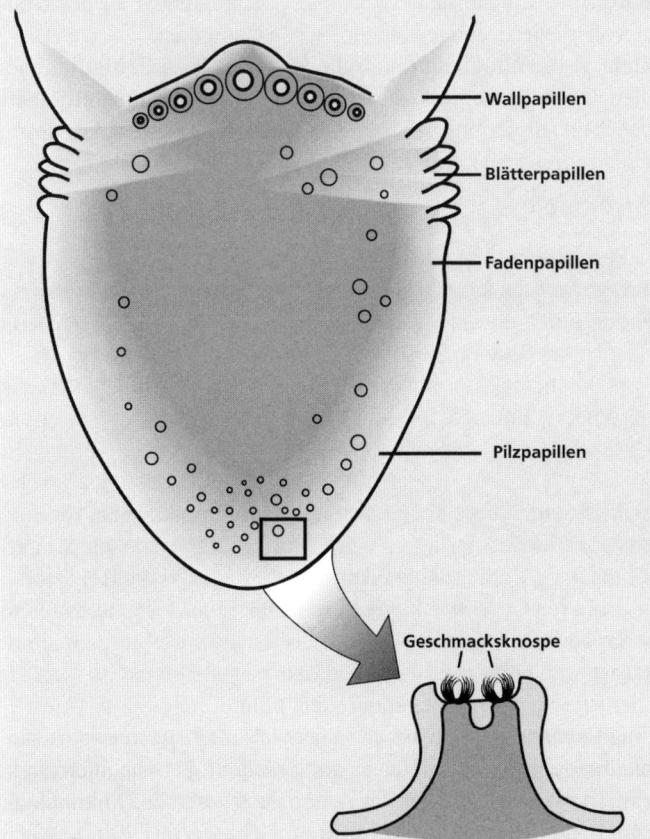

Abb. 1.6.3: Verteilung der Geschmackspapillen auf der Zunge

primäre Geschmacks- richtungen

Es gibt fünf primäre Geschmacksrichtungen: süß, sauer, salzig, bitter und umami. „Umami" ist ein japanisches Wort, das einen herzhaften Geschmack kennzeichnet, wie er etwa durch Glutamat hervorgerufen wird. Diese Geschmacksrichtungen werden über die Geschmacksknospen in der Zunge aufgenommen.

multisensorische Geschmacks- wahrnehmung

Neben dem Geschmack spielt aber auch die Textur (Oberflächenbeschaffenheit), das Gewicht und die Temperatur einer Speise eine wichtige Rolle für das Geschmacksempfinden im weiteren Sinne. Diese werden über weitere Sinnesrezeptoren vermittelt, die, teils als Chemo- teils als Mechanorezeptoren, sich im Mundraum befinden und ihre Signale hauptsächlich über den Nervus trigeminus an das Gehirn weiterleiten (Simon et al. 2006). Es handelt sich hier teils um spezialisierte Rezeptoren des somatosensorischen Systems, das wir im nächsten Kapitel ausführlich besprechen. Es gibt Nervenendigungen, die zunächst auf physikalische Eigenschaften von Speisen wie Temperatur, Gewicht oder Textur reagieren, die aber auch durch spezifische Substanzen erregt werden. Dazu gehören Neurone, die sowohl auf Wärme wie auch auf die Substanz Capsaicin, die in Chilischoten vorkommt, reagieren und ein Gefühl der Wärme auslösen (im Englischen kommt die Gemeinsamkeit in dem Wort *hot* – heiß und scharf – zum Ausdruck). Andere Nervenendigungen werden durch Menthol gereizt und lösen eine Empfindung der Kühle aus. Ähnlich führt auch Ethanol (Alkohol) über die Reizung somatosensorischer Nervenendigungen zu der brennenden Empfindung von hochprozentigen alkoholischen Getränken.

Geschmack entsteht also nicht allein durch die Reizung der spezifischen Geschmackssinneszellen in den Geschmacksknospen, sondern über multisensorische Signale gustatorischer und somatosensorischer Rezeptoren aus dem Mundraum.

Molekulare Gastronomie

Molekulare Gastronomie nennt sich eine gastronomische Richtung, die wissenschaftliche Erkenntnisse zur Kreation neuer Gerichte einsetzt. Aus der molekularen Gastronomie entwickelte sich die „dekonstruktivistische Küche" des spanischen Kochs Ferran Adrià Acosta, dessen Ziel es ist, „unerwartete Kontraste von Geschmack, Textur und Temperatur zu schaffen". Dazu gehören etwa Karottenschaum oder Gemüsegelee.

neuronale Geschmacks- kodierung

Werden Geschmacksrichtungen über spezifische Rezeptoren vermittelt, die ihre Signale auf ebenfalls spezifischen Bahnen an das zentrale Nervensystem weiterleiten, oder ist Geschmack in den überlappenden Aktivierungen vieler Rezeptoren verteilt kodiert? Die primären Geschmacksrichtungen süß, sauer, bitter und umami werden in nicht überlappenden Populationen von Geschmacksrezeptoren kodiert. Mit dieser Spezifität ist aber noch nicht gesagt, dass Erregung etwa eines „süß"-Rezeptors auch zu der subjektiven Empfindung „süß" führt.

Um sich dieser Frage zu nähern, wurden im Tierversuch mit gentechnologischen Methoden Geschmacksrezeptoren von Mäusen so verändert, dass sie auch einen Opiatrezeptor exprimierten. Somit wurden die Zellen auch durch die Ankopplung von opiatartigen Molekülen (Opiatagonisten) erregt (Zhao et al. 2003). Wenn diese Genmanipulation an „süß"-Rezeptoren durchgeführt wurde und den Tieren eine Substanz mit einem geschmacklosen Opiatagonisten angeboten wurde, dann nahmen die Tiere die Substanz auf. Wurde dieselbe Genmanipulation an „bitter"-Rezeptoren durchgeführt, so verweigerten die Tiere die Aufnahme. Damit wurde eine direkte Assoziation zwischen der Aktivität der spezifischen Geschmacks-rezeptoren mit dem geschmackstypischen Verhalten der Tiere gezeigt. Da der Opiatagonist an sich keine süße oder bittere Geschmacksqualität hatte, konnten die Reaktionen nicht über andere Geschmacksrezeptoren vermittelt worden sein.

Diese Ergebnisse beweisen natürlich noch nicht, dass die Tiere bei Reizung eines bestimmten Geschmacksrezeptors auch die entsprechende Geschmacks-empfindung haben. Die spezifischen Aktivationsmuster der Rezeptoren müssen nicht einmal zwingend bis ins zentrale Nervensystem weitervermittelt werden, um entsprechende Reaktionen hervorzurufen. Letzteres belegen Experimente an decerebrierten Ratten (Ratten, bei denen das Großhirn abgetragen wurde): Sie akzeptierten süße Geschmacksstoffe, wiesen bittere aber zurück (Grill/Norgren 1978). Hirnstammreflexe scheinen also zumindest für reflexhafte Reaktionen auf süße und saure Substanzen auszureichen.

Zentrale Geschmacksbahn

Die Axone der Geschmackssinneszellen konvergieren auf Neurone im rostralen An-teil des Nucleus tractus solitarii (rNTS) in der Medulla oblongata. Der gleiche Kern erhält aber auch Signale von somatosensorischen Neuronen aus dem Mundbereich wie auch viscerale Signale aus dem Magen-Darm-Bereich. Bereits im rNTS liegen damit die Voraussetzungen für eine Integration all dieser Informationen vor. Physio-logische Experimente haben denn auch gezeigt, dass die Aktivität geschmacks-sensitiver Neurone im rNTS in Abhängigkeit vom Füllungszustand des Magens vari-iert (Glenn/Erickson 1976).

Vom rNTS aus ziehen die Fasern geschmackssensitiver Neurone zur nächsten Umschaltstation im Nucleus ventralis posteromedialis des Thalamus (VPM) und von dort weiter in den primären gustatorischen Cortex, der sich im Bereich der anteri-oren Insel und des benachbarten frontalen Operculums befindet.

Vom VPM-Kern gehen weiterhin auch Fasern in corticale Areale in der Umge-bung der somatosensorischen Repräsentationsareale des Gesichts und der Mund-höhle (s. Kap. 1.7). Vom primären gustatorischen Cortex ziehen Bahnen zum Nu-cleus centralis der Amygdala, von wo weitere Verbindungen zum lateralen Hypo-thalamus und zu dopaminergen Strukturen des Mittelhirns ziehen, die u. a. in Belohnungslernen involviert sind (s. Kap. 4.4). Vom primären gustatorischen Cor-tex ziehen weiterhin Bahnen zum caudolateralen Anteil des Orbitofrontalcortex, dem sekundären gustatorischen Cortex. Dieser Bereich erhält auch olfaktorische Signale, was für die Aromawahrnehmung von Bedeutung sein mag. Weiterhin ziehen Bahnen vom lateralen Hypothalamus zum sekundären gustatorischen Cortex, die eine Modulation der Geschmacksverarbeitung durch den Sättigungs-zustand erlauben. Wie in den anderen Sinnesmodalitäten, so existieren auch rekur-rente Geschmacksbahnen, von den corticalen Geschmackscortices zum rNTS, die eine Top-down-Modulation der Geschmacksverarbeitung erlauben.

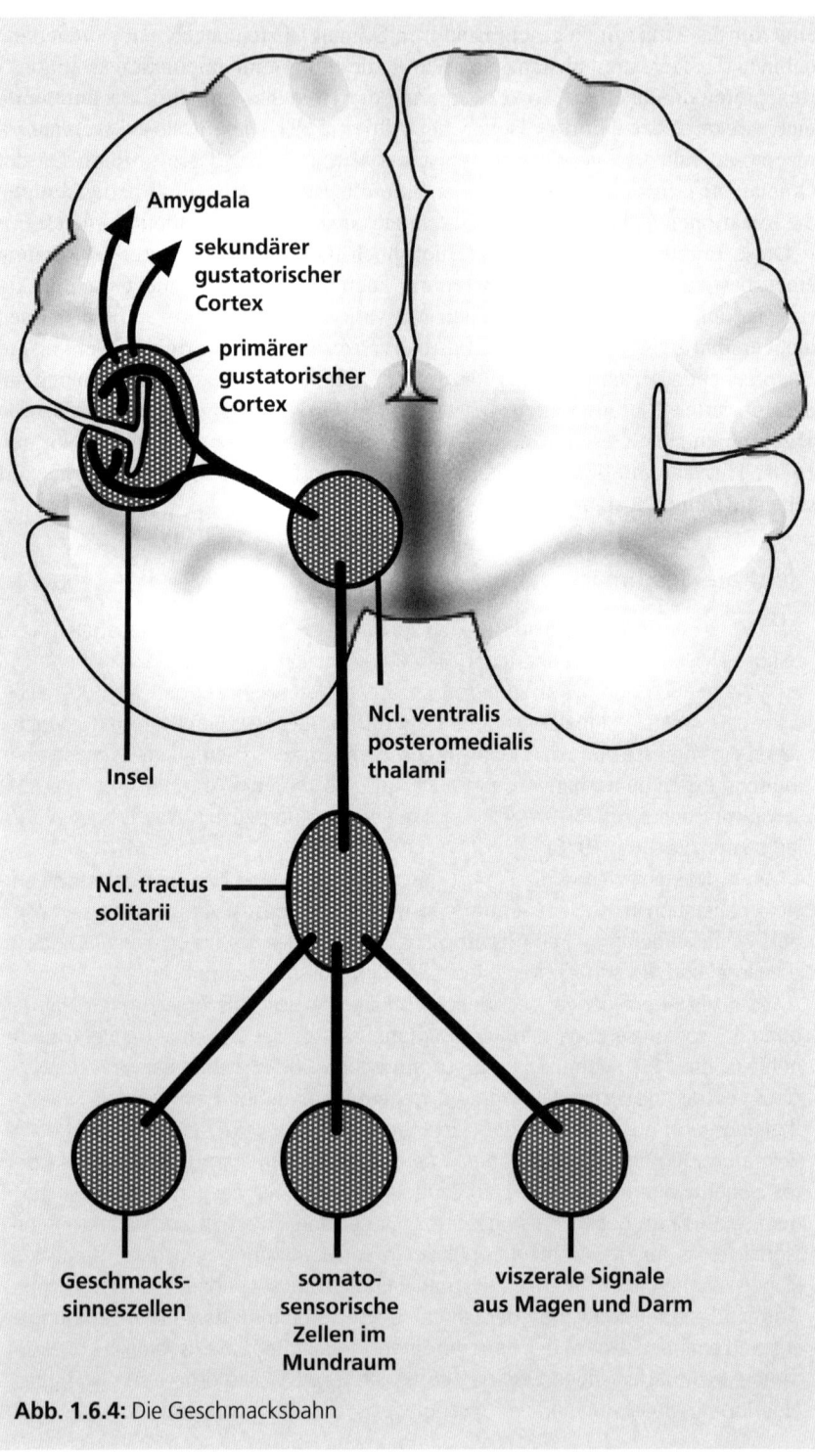

Abb. 1.6.4: Die Geschmacksbahn

Ableitungen vom primären gustatorischen Cortex haben gezeigt, dass chemosen-   **corticale Kodierung**
sorische Signale bereits 150 ms nach der Aufnahme eines Geschmacksstoffes auftraten. Damit ist die Geschmacksverarbeitung erheblich schneller, als lange Zeit
angenommen. Die Neurone zeigten allerdings ein recht breites Tuning, insofern
als sie teilweise sowohl auf süße wie auf bittere Reize reagierten. Allerdings gibt
es auch Neurone im gustatorischen Cortex, die spezifisch auf süße, salzige, bittere,
saure und Umami-Geschmacksreize reagieren. Damit scheint die Geschmacksko-
dierung im gustatorischen Cortex eine Mischung aus spezifischen und verteilten
Repräsentationen zu sein. Die Neurone des gustatorischen Cortex sind häufig
multimodal, sie reagieren neben gustatorischen auch auf somatosensorische Reize
aus der Mundregion sowie auf olfaktorische Reize.

Auf die Bedeutung des Riechens für die Geschmackswahrnehmung sind wir   **Aromawahr-**
bereits im einleitenden Beispiel am Anfang des Kapitels eingegangen. Die   **nehmung**
Kombination von Geschmack und Geruch wird auch als Aromawahrnehmung bezeichnet.

> Sie können den Beitrag des Riechens zur Aromawahrnehmung selbst auspro-
> bieren, indem Sie sich die Nase zuhalten und einige Schlucke Fruchtsaft trinken.
> Wenn Sie den Versuch anschließend mit geöffneter Nase wiederholen, sollten
> Sie Unterschiede im wahrgenommenen Aroma feststellen. Wenn Sie den Ver-
> such zu zweit durchführen, dann können Sie auch versuchen zu erraten, welchen
> Saft Ihnen Ihr Partner eingegossen hat.

Experimente nach diesem Schema haben ergeben, dass es Probanden tatsächlich
leichter fiel, Lebensmittel oder künstliche Aromen zu identifizieren, wenn sie
diese nicht nur schmecken, sondern auch riechen konnten (Mozell et al. 1969;
Hettinger et al. 1990).

Der Anreiz einer Speise kann sich stark ändern, wenn man zu viel davon isst. In   **spezifische**
Tierversuchen wurde gefunden, dass erst die Neuronen des sekundären gustato-   **sensorische**
rischen Cortex durch die Sättigung des Organismus moduliert werden. Dagegen   **Sättigung**
kodieren Neurone in früheren Stationen der Geschmacksverarbeitung wie dem
primären gustatorischen Cortex oder dem rNTS weiter die sensorischen Qualitäten der Geschmacksreize (Rolls 2007). Die im sekundären gustatorischen Cortex beobachtete Abnahme der Feuerrate bei zunehmender Sättigung ist relativ spezifisch für den jeweiligen Reiz und generalisiert nicht auf andere Speisen. Diese
spezifische sensorische Sättigung bewirkt, dass man bei entsprechender Speisen-
folge mehr Gänge essen kann, auch wenn man nach den einzelnen Gängen bereits
gesättigt war. Während dies bei einem Festmahl erwünscht sein kann, so kann die
Verfügbarkeit von Lebensmitteln mit unterschiedlichen sensorischen Eigenschaften auch leicht zu Übergewicht und Fettleibigkeit beitragen.

Der Appetit bleibt insbesondere für Speisen erhalten, die sich in ihren sensorischen Eigenschaften wie Geschmacksrichtung und Textur von der gesättigten
Speise unterscheiden. Man spricht deshalb auch von sensorisch spezifischer Sättigung. Einzelne Neurone im Orbitofrontalcortex reagieren unterschiedlich auf verschiedene Texturen der gleichen Substanz, wie feste oder pürierte Nahrung (Rolls
et al. 1999). Daraus lässt sich wohl folgern, dass auch die Kreationen der „dekon-

struktivistischen Küche" (s. Kasten „Molekulare Gastronomie") unseren Orbitofrontalcortex anregen.

Alloästhesie   Die spezifische sensorische Sättigung ist zu unterscheiden von der Alloästhesie,
der Verringerung des Genusses, der sich mit zunehmendem Verzehr einer Speise
einstellen kann. Die Alloästhesie hängt mit einer veränderten Empfindung zusammen, die durch metabolische Vorgänge wie der Zuckerverwertung hervorgerufen
wird (Cabanac/Duclaux 1970).

Fragen zu Kapitel 1.6

Überprüfen Sie Ihr Wissen!

51. Was determiniert die Empfindlichkeit eines Individuums für einen bestimmten
Geruchsstoff?
52. Wie hängen Geruchsrezeptorgene und Rezeptortypen zusammen?
53. Skizzieren Sie die Stationen der Riechbahn. Welche funktionellen Charakteristika
zeichnen die einzelnen Stationen aus?
54. Welche Besonderheiten treten bei der Mischung von Geruchsstoffen auf?
55. Wie kann Geruch die Partnerwahl beeinflussen?
56. Beschreiben Sie die menschlichen Geschmacksrezeptoren.
57. Was sind die primären Geschmacksrichtungen?
58. Welche verschiedenen Rezeptorarten sind an der Geschmacksempfindung im
weiteren Sinne beteiligt?
59. Was ist spezifische sensorische Sättigung? Welches neuronale Korrelat geht mit
ihr einher?
60. Welche anderen Sättigungssignale gibt es?

1.7   Sensomotorik

Die Haut ist unser größtes Sinnesorgan. Im Unterschied zum Sehen, Hören und
Riechen ist sie kein Fernsinn, sondern informiert uns über den Kontakt mit der
unmittelbaren Umgebung. Die Reizqualitäten reichen vom angenehmen Strei-
cheln bis zum Schmerzreiz und haben dementsprechend neben informativen
auch emotionale Konnotationen. Die Somatosensorik ist eng mit der Motorik
verbunden. Zum einen benötigen wir somatosensorische Informationen zur korrekten Steuerung motorischer Prozesse. Ohne solche Rückmeldung würden wir
so manches Glas zerdrücken, weil wir die Kraft unseres Griffs nicht steuern
könnten. Weiterhin benötigen wir Rückmeldungen über die Stellung unserer
Gliedmaßen, um unsere Motorik kontrollieren zu können. Umgekehrt hilft uns
die Motorik, aktive Tastbewegungen auszuführen, um unsere Umwelt zu explorieren.

1.7.1 Somatosensorik

Hautrezeptoren

Die Hautsinne werden auch Somatosensorik genannt. Sie werden weiter untergliedert in die taktile Wahrnehmung, womit alle durch mechanische Reizung der Hautsinne vermittelten Wahrnehmungsprozesse außer dem Schmerz gemeint sind, die Schmerz- und die Temperaturwahrnehmung.

taktile Rezeptoren

Die wichtigsten taktilen Rezeptoren sind die Merkelzellen, die Meissner-, Ruffini- und Vater-Pacini-Körperchen. Sie unterscheiden sich insbesondere hinsichtlich ihrer optimalen Reizfrequenz und der Geschwindigkeit, mit der sie an einen andauernden Reiz adaptieren. So werden Sie alle durch Druck auf die Haut erregt. Während aber Merkel-Zellen langsam adaptieren, anhaltenden Druck also dauerhaft signalisieren, so adaptieren Meissner-Körperchen schnell und sind daher besser für die Signalisierung von schnell wiederkehrenden Drücken wie bei Bewegungen über die Haut oder Zittern geeignet. Ruffini- und Vater-Pacini-Körperchen erfassen noch höhere Reizfrequenzen, wobei die Ruffini-Körperchen langsam, die Vater-Pacini-Körperchen dagegen schnell adaptieren. Sie kodieren damit Intensität bzw. Geschwindigkeitsänderungen (Beschleunigung) von Vibrationsreizen (Tab. 1.7.1).

Thermorezeptoren

Temperaturempfindung wird durch Warm- und Kalt-Thermorezeptoren vermittelt, die auf überlappende Temperaturbereiche von 20–45 °C und 30–48 °C reagieren. Dabei steigt die Erregung der Warmrezeptoren mit zunehmender Temperatur, während umgekehrt die Kaltrezeptoren bei niedrigeren Temperaturen stärker feuern. Bei einer Temperaturänderung reagieren die Thermorezeptoren zunächst überschießend, um sich dann auf die für die neue Temperatur spezifische Erregungsfrequenz einzustellen.

Schmerzrezeptoren

Schmerzrezeptoren regieren auf mechanische, thermische oder chemische Reize. Die Rezeptoren haben sehr hohe Schwellen, so dass sie nur durch Reize erregt werden, die das Gewebe zu schädigen drohen oder bereits schädigen. Schmerzrezeptoren adaptieren nicht. Bei anhaltender Gewebeschädigung kommt

Tab. 1.7.1: Taktile Rezeptortypen

Rezeptoren	Optimale Reizfrequenz (Hz)		Detektortyp	
Merkel-Zellen	0,3–3	Druck, Textur, Form	Intensität	Langsam III
Meissner-Körperchen	3–40	Zittern, Bewegung	Geschwindig-keit	Schnell I
Ruffini-Körperchen	15–400	Vibration	Intensität	Langsam II
Vater-Pacini-Körperchen	10–500	Vibration	Beschleuni-gung	Sehr schnell

es zu einer Sensibilisierung, die zu einer erhöhten Schmerzempfindung führt. Die Signale werden über den spinothalamischen Trakt zum Cortex weitergeleitet (Abb. 1.7.1). Schmerzreize werden in einem Netzwerk corticaler Areale verarbeitet, der „Schmerzmatrix" (Melzack 1990). Diese besteht im Kern aus den somatosensorischen Cortices, präfrontalen Arealen, dem cingulären Cortex, der Insel, der Amygdala, dem Hippocampus sowie den Basalganglien. Die Funktion dieser Hirnareale in emotional negativ-valenten Situationen (wie dem Schmerz) wird in späteren Kapiteln erläutert (insbesondere Kap. 4.1 und 4.3).

Der Placebo-Effekt

Der Placebo-Effekt beschreibt die Wirkung eines Medikaments, der keinen pharmakologischen Wirkstoff enthält. So kann etwa die Gabe von Kochsalz schmerzlindernde Wirkung entfalten. Das Interesse an den neurobiologischen Grundlagen des Placebo-Effekts wurde sehr durch eine Studie befördert, die die schmerzlindernde Wirkung eines Placebos durch die Gabe von Naloxon aufhob (Levine et al. 1978). Naloxon ist ein Opiatantagonist. Die Tatsache, dass die Schmerzlinderung durch Naloxon aufgehoben wurde, zeigte, dass die schmerzlindernde Wirkung des Placebos durch die Freisetzung endogener Opiate (Endorphine) verursacht war.

Placebo-Wirkungen sind allerdings vielfältig, so sind heute opiatabhängige und -unabhängige Placebo-Wirkungen bekannt. Ein spezifisches neuronales Korrelat einer Placebo-Wirkung wurde in Parkinson-Patienten gefunden, die aus therapeutischen Gründen eine Elektrode im Nucleus subthalamicus liegen hatten. Der Ncl. subthalamicus ist ein Kern der Basalganglien, der in die Steuerung motorischer Prozesse eingebunden ist, die wiederum bei den Parkinson-Patienten gestört ist. Ableitungen von dieser Elektrode während der Gabe eines Placebos zeigten Aktivitätsänderungen der Ncl.-subthalamicus-Neurone, die eng mit dem subjektiven Besserungsempfinden der Patienten wie auch der Symptombeurteilung durch den Neurologen korrelierten (Benedetti et al. 2004).

Neben dem Placebo gibt es auch den Nocebo-Effekt, bei dem Probanden über schädliche Auswirkungen einer zugeführten Substanz oder einer sonstigen physikalischen Einwirkung klagen, obwohl die Substanz/Einwirkung objektiv nicht gegeben ist (Barsky et al. 2002). Problematisch ist der Nocebo-Effekt etwa bei Doppelblindstudien zur Medikamentenerprobung. Hier führt die Aufklärung über mögliche Nebenwirkungen häufig dazu, dass die Nebenwirkungen von einer signifikanten Anzahl von Probanden berichtet werden, die die Tabletten ohne Wirkstoff bekommen haben.

Reizweiterleitung

sensorische Bahnen Von den Hautrezeptoren ziehen Axone zu den Spinalganglien der Hinterwurzel (1. Synapse). Von dort ziehen Fasern über den ipsilateralen Hinterstrang zu den Hinterstrangkernen der Medulla oblongata (2. Synapse). Erst in der Medulla oblongata kreuzen die Fasern auf die contralaterale Seite und ziehen über den Tractus lemniscus medialis (mediale Schleifenbahn) zum Ventrobasalkern des Thalamus

(3. Synapse). Vom Thalamus ziehen Fasern zu den somatosensorischen Arealen S1 und S2 im Gyrus postcentralis des Cortex. Die sensible Innervation des Gesichts zieht in analoger Weise über den Trigeminusnerv und den Trigeminuskern zum Thalamus. Der Vollständigkeit halber sei ein weiteres System der sensiblen Erregungsleitung erwähnt, der Tractus spinothalamicus, der duch den Vorderseitenstrang verläuft (Abb. 1.7.1) und nur gering zur taktilen Reizweiterleitung an den Thalamus und Cortex beiträgt, aber für die Schmerzweiterleitung zentral ist. Aufgrund der unterschiedlichen Kreuzungsebenen – der Tractus spinothalamicus kreuzt im Eintrittssegment auf die contralaterale Seite – kann es bei einer halbseitigen Schädigung des Rückenmarks zu einer Dissoziation zwischen taktiler und Schmerzwahrnehmung kommen.

Aus dem somatosensorischen Cortex ziehen Efferenzen zu anderen ipsi- und contralateralen Cortexarealen, aber auch absteigend zum Thalamus, der Brücke, dem Kleinhirn, den Basalganglien und dem Rückenmark. Es gibt auch somatosensorische Efferenzen, die mit den motorischen Fasern durch die Pyramidenbahn ziehen (s. u.).

Die Körperoberfläche ist in S1 in Form eines Homunculus (Männleins) repräsentiert, wobei Areale mit einer besonders dichten Innervation wie die Fingerspitzen mehr Platz einnehmen als Flächen mit einer geringeren Innervationsdichte (s. Abb. 1.7.2). Diese Unterschiede spiegeln sich auch in Unterschieden der räumlichen Auflösung für somatosensorische Reize wider. Die räumliche Auflösung wird über Stimulation mit feinen Haaren gemessen. Dabei wird die räumliche Grenze bestimmt, ab der man zwei räumlich voneinander verschiedene Stimulationspunkte unterscheiden kann.

Sensorische Repräsentation

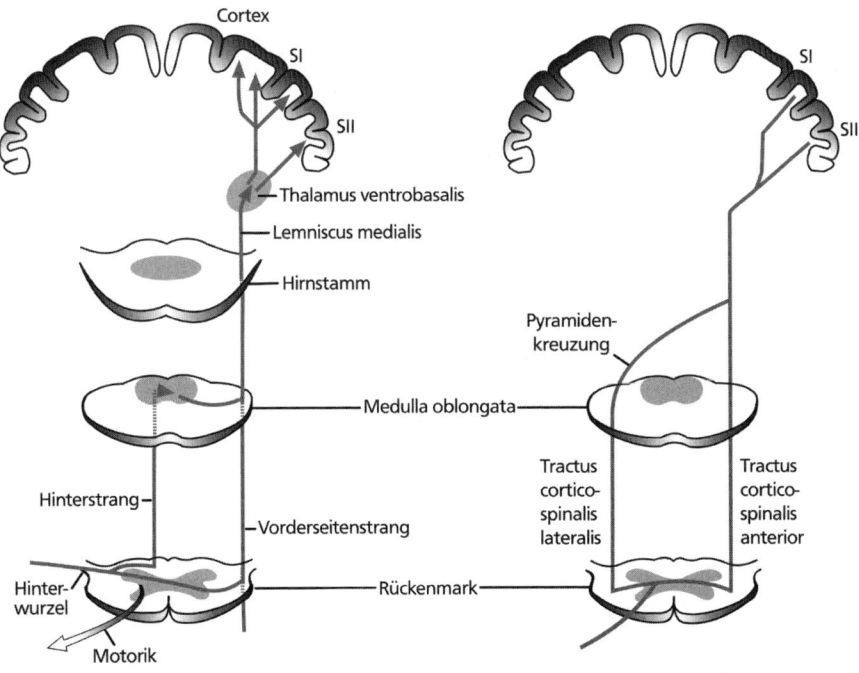

Abb. 1.7.1: Sensomotorische Bahnen

Die peripheren somatosensorischen Nerven erreichen das Rückenmark in bestimmten Segmenten, die nach den benachbarten Wirbeln benannt sind. Beim Menschen gibt es 8 cervicale (Halswirbel; C1–8), 12 thorakale (Brustwirbel; T1–12), 5 lumbale (Lendenwirbel; L1–5), 5 sakrale (Kreuzwirbel) Segmente und 1 Coccygealsegment (rudimentär ausgebildet).

1.7.2   Motorik

Motorcortex

Der motorische Cortex befindet sich im Gyrus praecentralis (BA4, angrenzend an den primären somatosensorischen Cortex, S1, im Gyrus postcentralis; s. Abb. 1.7.1). Motoneurone im motorischen Cortex (oberes Motoneuron) senden Signale über motorische Bahnen (s. u.) an die unteren Motoneurone im Vorderhorn der jeweiligen Rückenmarkssegmente. Die Axone der unteren Motoneurone ziehen zu den motorischen Endplatten der Zielmuskeln.

Die meisten absteigenden motorischen Bahnen kreuzen im Hirnstamm in der Pyramidenkreuzung auf die Gegenseite. Daher haben Schädigungen des Motorcortex motorische Störungen in den contralateralen Extremitäten (Gliedmaßen) zur Folge. Dabei sind die Ausfallerscheinungen in der distalen (rumpffernen) Muskulatur meist ausgeprägter als in der proximalen (rumpfnahen) Muskulatur, da letztere zu einem größeren Anteil aus beiden Motorcortices innerviert wird. Ausfallerscheinungen können in Minus-Symptome, wie Paresen (Minderung der Muskelkraft) und Beeinträchtigung selektiver Bewegungen, und Plus-Symptome, wie vermehrtem Widerstand bei passiver Bewegung (Spastik), Mitbewegungen und gesteigerten Reflexen unterschieden werden.

Wie der somatosensorische Cortex (S1) zeichnet sich auch der Motorcortex (M1) durch eine funktionelle Organisation in Form eines Homunculus aus. Die motorischen Neurone, die die einzelnen Körperteile innervieren, sind in Form einer verzerrten menschlichen Figur angeordnet, die auf dem Kopf steht.

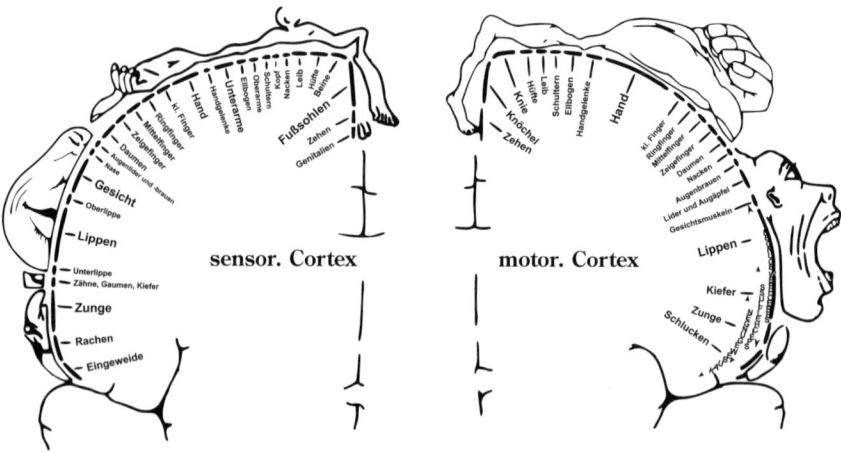

Abb. 1.7.2: Sensorischer und motorischer Homunculus (aus Wikipedia, freigegeben)

Läsionen des motorischen Cortex führen zu Lähmungen der betreffenden Gebiete. Allerdings ist die Abgrenzung von motorischem und somatosensorischem Cortex nicht so eindeutig, wie es auf den ersten Blick scheint. Nervenzellableitungen in beiden Arealen zeigen, dass Neurone im motorischen Cortex auch auf sensorische Stimulation des entsprechenden Körperteils reagieren können sowie Neurone im somatosensorischen Cortex während motorischer Reaktionen aktiv sind. Statistisch reagieren die Neurone im motorischen Cortex jedoch überwiegend während der Ausführung motorischer Reaktionen und umgekehrt die Neurone im somatosensorischen Cortex auf sensorische Stimulation. Die motorischen Cortices sind contralateral organisiert, dies gilt insbesondere für die distalen (d. h. vom Körper entfernten) Extremitäten, weniger für die proximalen Anteile. So führt eine Läsion des linken motorischen Handareals zu einer Lähmung der rechten Hand, während eine Lähmung der Schultermuskulatur noch z. T. durch den ipsilateralen (gleichseitigen) Motorcortex kompensiert werden kann.

Lähmungen

Direkt anterior zum motorischen Cortex befindet sich lateral der prämotorische Cortex und medial das supplementärmotorische Areal. Beide sind in die Vorbereitung komplexerer Handlungsketten einbezogen. Es gibt jedoch Hinweise, dass der prämotorische Cortex besonders komplexe Handlungen unterstützt, bei denen es um die Manipulation externer Stimuli geht. Das supplementärmotorische Areal ist hingegen aktiv, wenn komplexe intern generierte oder aus dem Gedächtnis abgerufene Sequenzen ausgeführt werden (Halsband et al. 1994). Der prämotorische

prämotorische Areale

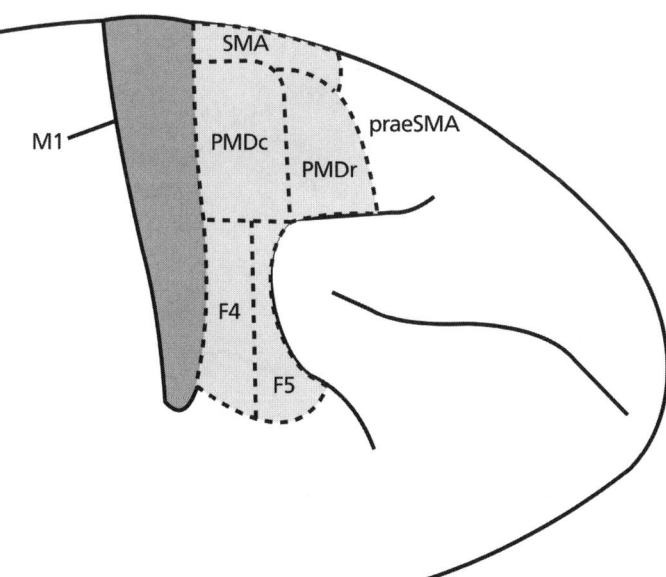

Abb. 1.7.3: Motorische Cortexareale. Der motorische Cortex (M1), der prämotorische Cortex und der SMA-präSMA-Komplex. SMA: supplementärmotorisches Areal; PMD: dorsaler prämotorischer Cortex; c: caudal; r: rostral; F4–5: Sektionen des ventralen prämotorischen Cortex (nach Graziano 2006, bearbeitet)

Cortex ist in dorsale und ventrale Anteile unterteilt, die wiederum in caudale und rostrale Anteile unterteilt sind (Abb. 1.7.3).

Präfrontalcortex   Der prämotorische Cortex geht anterior in den präfrontalen Cortex über. Die Bezeichnung „präfrontal" ist nicht logisch, da der Präfrontalcortex ein Teil des Frontallappens ist und nicht etwa vor diesem liegt, wie das Präfix „prä" eigentlich andeutet. Der Präfrontalcortex gliedert sich in drei Furchen: den Gyrus frontalis superior, medius und inferior. Präfrontale Neurone kommen ins Spiel, wenn motorische Reaktionen nicht einfach durch externe Reizkonstellationen ausgelöst oder mit automatisierten Routinen ausgeführt werden.

Parietalcortex   Auch der Parietallappen ist für die Motorik von großer Bedeutung. Die Grenze zwischen Frontal- und Parietallappen verläuft im Sulcus centralis. Posterior des Gyrus postcentralis, der den schon genannten somatosensorischen Cortex enthält, beginnt der posteriore Parietalcortex. Dieser enthält den Sulcus intraparietalis, der umgekehrt U-förmig vom Sulcus postcentralis bis in den Occipitallappen verläuft (Abb. 1.7.4). Entlang dieses Sulcus liegen einige Hirnareale, deren Neurone eine große Rolle bei der Umrechnung räumlicher Koordinaten aus den verschiedenen Sinnessystemen in Raumkoordinaten spielen. Sie erlauben es uns, aus den an sich sehr unterschiedlichen Informationen – etwa den retinotopen Koordinaten des Sehsystems und den Laufzeitdifferenzen des auditiven Systems – eine übereinstimmende Raumrepräsentation zu erstellen, die es uns ermöglicht, visuelle und auditive Ereignisse räumlich einander zuzuordnen.

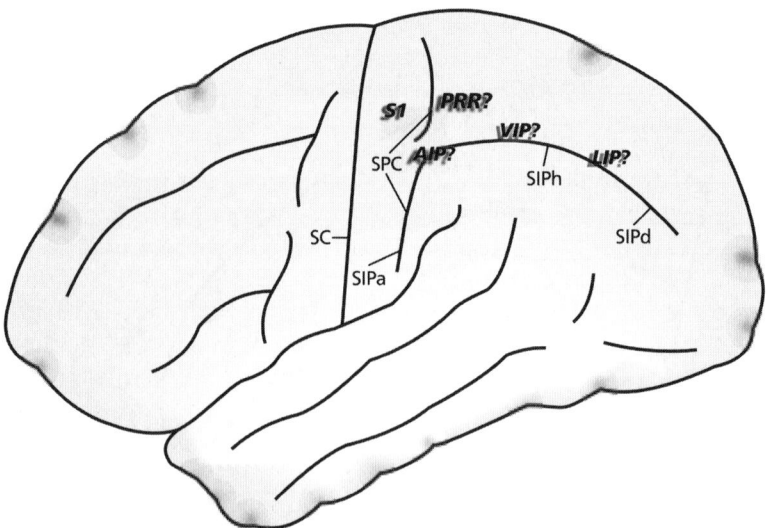

Abb. 1.7.4: Der posteriore Parietalcortex. SC: Sulcus centralis; SPC: Sulcus postcentralis; S1: primärer somatosensorischer Cortex; AIP, VIP, LIP: anteriores, ventrales, laterales intraparietales Areal; PRR: *parietal reach region;* ?: mögliche humane homologe Areale zu den entsprechenden neurophysiologisch definierten Gebieten im Gehirn des Affen; SIPa, h, d: Sulcus intraparietalis, aszendierendes, horizontales und deszendierendes Segment. SIPa ist identisch mit dem inferioren Anteil des SPC.

Parietale Neurone haben jedoch nicht nur spezifische Verbindungen zu den einzelnen Sinnessystemen, sie sind auch in spezifischer Weise mit den prämotorischen Arealen verbunden. Dabei lassen sich drei funktionelle Systeme unterscheiden: je eines für Blickbewegungen, für motorische Bewegungen zur Erreichung einer bestimmten Position (*reach*) und zum Ergreifen von Objekten (*grasp*). Die Unterscheidung zwischen den letzten beiden Bewegungsarten mag zunächst ungewöhnlich erscheinen, sie wird jedoch schnell einleuchtend, wenn man sich die benötigten Informationen für ihre erfolgreiche Ausführung anschaut. Um eine Bewegung auf ein bestimmtes Objekt hin auszuführen, etwa eine Zeigebewegung, brauche ich eine möglichst exakte räumliche Ortsbestimmung des Zielobjekts. Um das Objekt zu ergreifen, benötige ich zusätzlich eine genaue Repräsentation seiner Form, zuzüglich weiterer Informationen, wie dem Schwerpunkt.

Fritsch und Hitzig stimulierten 1870 den Motorcortex eines anästhesierten Hundes (die Untersuchung fand auf Frau Fritschs Ankleidekommode statt) und berichteten, dass elektrische Reizung frontaler Areale je nach Reizort zu Zuckungen unterschiedlicher Muskeln führte. Ähnliche Experimente führten etwa zu Beginn des 20. Jahrhunderts zu der Auffassung zweier motorischer Areale: eines höheren, prämotorischen Areals, das ein niedrigeres Areal, den motorischen Cortex, kontrollierte. Reizungen des prämotorischen Cortex führten zu komplexen motorischen Reaktionen, während Reizungen des motorischen Cortex nur zu einzelnen Muskelzuckungen führten.

Funktionen des Motorcortex

Diese Einteilung in „höhere" prämotorische Areale und den „niederen" motorischen Cortex wird bis heute vertreten, wenn auch in differenzierterer Weise, wie Abbildung 1.7.3 zeigt. Dieses Bild des motorischen Cortex als einer einfachen Muskelkarte, in hierarchischer Abhängigkeit angesteuert von prämotorischen Neuronen, ist jedoch durch neuere Befunde erschüttert worden.

Nach frühen anekdotischen Berichten über komplexe Bewegungsmuster, die durch elektrische Reizung des Motorcortex ausgelöst wurden, fand eine erste systematische Studie, dass anhaltende elektrische Reizung der motorischen Mundregion des Affen Kaubewegungen auslöste (Huang et al. 1989, zit. n. Graziano 2006). Der Unterschied dieser Studie zu früheren Studien, die nur vereinzelte Muskelzuckungen, aber keine komplexen Bewegungen wie das Kauen hervorriefen, war die Dauer der Stimulation. Die Kaubewegungen wurden durch 3 s dauernde Reizung hervorgerufen, während frühere Studien nur Reizungen im Bereich von wenigen Millisekunden verwendet hatten. Spätere Studien bestätigten, dass elektrische Reizungen des Motorcortex dann komplexe Bewegungsmuster hervorriefen, wenn sie lange genug für die Ausführung dieser Bewegungen andauerten. In einer Serie von Experimenten zeigten Graziano und Mitarbeiter, dass kurze Reizung des Motorcortex wie zuvor berichtet Muskelzuckungen hervorrief, während Reizsequenzen von 500 ms komplexe Bewegungen auslösten.

Reizdauer und Komplexität der Bewegung

Reizungen in benachbarten Arealen des motorischen und prämotorischen Cortex führten zu Bewegungsmustern, die sich bestimmten Kategorien zuordnen ließen. Dazu gehörten defensive Bewegungen, wie sie ausgeführt werden, wenn ein Gegenstand auf uns zufliegt (Abb. 1.7.5a), Handbewegungen zum Mund (b),

Handbewegungen vor der Körpermitte (c) und zielgerichtete Armbewegungen (d). Die Areale, in denen diese verschiedenen Bewegungsmuster gefunden wurden, deckten sich nur z.T. mit den klassischen Unterteilungen des motorischen und prämotorischen Cortex.

Populationscode   Ob es eine gemeinsame Karte gibt, in der all diese Charakteristika der motorischen Neurone repräsentiert sind, ist bisher unklar. Vieles spricht dafür, dass bewegungsrelevante Merkmale in einem Populationscode, d.h. verteilt auf viele Neurone, repräsentiert sind. So kann die Bewegungsrichtung aus der Aktivität einer Population von motorischen Neuronen herausgelesen werden, während die bevorzugte Bewegungsrichtung einzelner Neurone in Abhängigkeit von der jeweiligen Armposition variieren kann.

Der Motorcortex allein verfügt aber nicht über genügend Flexibilität für die Ausführung situationsangepasster Bewegungen. So kann zwar eine Handbewegung zum Mund ausgelöst werden, wenn aber ein Hindernis in die Bewegungsbahn gebracht wird, so rammt die Hand das Hindernis.

Visuomotorische Kopplung

Spiegel-Neurone   Vor einigen Jahren wurden Neurone gefunden, die nicht nur feuerten, wenn das Versuchstier eine Bewegung ausführte, sondern auch, wenn es ein anderes Individuum dabei beobachtete, wie dieses sich bewegt. Diese „Spiegelneurone" wurden zunächst im ventralen prämotorischen Cortex (F5) gefunden (Rizzolatti/Craighero 2004), aber auch entlang des anterioren Segments des Sulcus intraparietalis (Abb. 1.7.3, 1.7.4). Spiegelneurone feuern auf beobachtbare Handlungen nur, wenn ein Handlungsziel erkennbar ist. So feuern sie, wenn ein Objekt ergriffen wird, aber nicht, wenn dieselbe Greifbewegung ohne ein Zielobjekt ausgeführt wird (Gallese et al. 1996).

Die Bedeutung des Handlungsziels wird durch weitere Befunde unterstrichen: Spiegelneurone feuerten, wenn der Affe das Ergreifen einer Erdnuss beobachtete, auch dann, wenn die Erdnuss vorher für den Affen sichtbar hinter einer Sichtbarriere abgelegt wurde und die Hand dann zum Ergreifen der Erdnuss hinter der Bar-

a)   b)   c)   d)

Abb. 1.7.5a–d: Kategorien von Bewegungen nach anhaltenden elektrischen Reizungen des prämotorischen und motorischen Cortex (nach Graziano 2006, eigene Zeichnungen)

riere verschwand (Umiltà et al. 2001). Nicht die Beobachtung einer Bewegung an sich, sondern die Erkennbarkeit eines Handlungsziels ist also eine Voraussetzung für die Aktivität von Spiegelneuronen. Damit verbunden ist natürlich auch die Frage, inwieweit die Affen in der Lage sind, die Intentionen ihrer Gegenüber zu verstehen (Lyons et al. 2006).

Bildgebende Untersuchungen des menschlichen Gehirns zeigen analog zum Affen Aktivierungen im posterioren inferioren Frontalcortex und im anterioren inferioren Parietalcortex, die dem Aktivitätsmuster der Spiegelneurone entsprechen (Iacoboni/Dapretto 2006). Sie sind sowohl bei Handlungsbeobachtung als auch bei der Ausführung einer Handlung aktiv, wobei die Aktivierung im letzteren Fall stärker ist. Die stärkste Aktivierung wird bei Handlungsimitation beobachtet, vermutlich als Summe der Aktivität, die durch Beobachtung und eigene Handlung ausgelöst wird. Eine Metaanalyse hat weiterhin ergeben, dass es zwei voneinander abgrenzbare Areale im posterioren Gyrus frontalis inferior gibt: Der dorsale Teil der Pars opercularis ist sowohl bei Beobachtung einer Handlung als auch (stärker) bei Imitation aktiviert. Dagegen ist der ventrale Teil derselben Struktur nur bei Imitation, aber nicht bei einer nichtimitativen Handlung aktiviert (Molnar-Szakacs et al. 2006).

humane Spiegelneurone

Die inferiore frontale Aktivität hängt auch von der Intention ab, mit der eine Handlung ausgeführt wird (Iacoboni et al. 2005). Der Griff nach einer Kaffeetasse kann etwa erfolgen, um daraus zu trinken oder um die Tasse nach beendetem Frühstück in die Spülmaschine zu stellen. Diese Intentionen wurden durch Bilder nahegelegt, in denen die Tasse sich auf einem frisch gedeckten Frühstückstisch befand oder auf einem Tisch, dem man die Spuren des bereits beendeten Frühstücks deutlich ansah (Krümel auf dem Teller, leere Milchflasche etc.). Der Vergleich der Bedingungen, in denen die Handlungsintention ablesbar war, mit einer Kontrollbedingung, in der die gleiche Handlung vor einem bis auf die Tasse leeren Hintergrund stattfand, ergab eine höhere Aktivierung in der Pars opercularis in der Intentionsbedingung.

Handlungsintention

Fragen zu Kapitel 1.6

Überprüfen Sie Ihr Wissen!

61. Nennen Sie die taktilen Hautrezeptoren. Was ist ihre optimale Reizfrequenz? Wie schnell adaptieren sie? Was bedeutet das für die resultierende Empfindung?

62. Wie reagieren die Thermorezeptoren, wenn Sie im Sommer in einen kühlen Badesee springen?

63. Wodurch weiß man, dass Placebo-Effekte auf der Ausschüttung endogener Opiate beruhen können?

64. Was ist der Nocebo-Effekt?

65. Was ist die Pyramidenbahn? Woher hat sie ihren Namen? Was folgt daraus funktionell?

66. Welche drei funktionellen motorischen Systeme verlaufen vom posterioren Parietalcortex zum prämotorischen Cortex?

67. Was beobachtet man nach kurzer bzw. längerer elektrischer Reizung des Motorcortex?

68. Kann man an der Aktivierung eines einzelnen Motoneurons ablesen, welche Bewegung das Individuum gerade ausführt?

69. Was sind Spiegelneurone? Wo findet man sie?

70. Inwieweit reflektiert die Aktivität von Spiegelneuronen intentionales Handeln?

2 Kognition

2.1   Selektive Aufmerksamkeit

Wir können nur schlecht zwei Gesprächspartnern gleichzeitig zuhören, gleichzeitig Musik hören und fernsehen, lesen oder Nachrichten hören. Am besten sind wir, wenn wir uns einer Reizquelle in unserer Umgebung zuwenden und störende Reize ausblenden können. Wir können auch nur einem Gedanken zu einer Zeit anhängen und sind beeinträchtigt, wenn wir zwei Handlungen gleichzeitig ausführen müssen. Diese Beschränkungen unserer Kapazität, die uns in einem Moment auf möglichst eine Reizkonstellation und eine Aufgabe festlegen, wird sich wie ein roter Faden durch die nächsten Kapitel ziehen. Während wir in diesem Kapitel, aufbauend auf den vorangegangenen Wahrnehmungskapiteln, die Selektion von Reizen in unserer Umwelt besprechen, wird es in den nächsten Kapiteln um die Selektion von Handlungen gehen.

2.1.1   Aufmerksamkeit als Selektionsprozess

Wenn wir etwas betrachten, so rückt dieser Gegenstand ins Zentrum der Aufmerksamkeit, andere Dinge in unserer Umgebung werden demgegenüber vernachlässigt. Eine wichtige Rolle der Aufmerksamkeit ist damit die Selektion von Teilen unserer Umwelt. Wie geschieht nun diese Selektion? Ein einflussreiches Modell wurde 1958 von Donald Broadbent vorgeschlagen.

Broadbent hatte, angeregt durch praktische Probleme der Telekommunikation und Sprachübermittlung, sogenannte *shadowing*-Experimente durchgeführt. Das Prinzip dieser Experimente war, dass den Versuchspersonen über Kopfhörer verschiedene Texte auf dem linken und dem rechten Ohr präsentiert wurden. Die Probanden waren instruiert, sich auf ein Ohr zu konzentrieren und den dort präsentierten Text nachzusprechen. Broadbent beobachtete, dass die Probanden die dem unbeachteten Ohr präsentierten Texte nicht behielten. Mehr noch, sie merkten nicht einmal, wenn der Text auf dem nicht beachteten Ohr plötzlich vom Englischen ins Deutsche wechselte. Nur deutliche Veränderungen der physikalischen Lautstruktur, wie ein Wechsel von einer männlichen zu einer weiblichen Sprecherstimme oder eingefügte Piep-Laute wurden bemerkt.

Filtermodell   Broadbent erklärte diese Daten mit seiner Filter-Theorie (1958). Ausgehend von informationstheoretischen Modellen zur Signalübertragung nahm er an, dass die Vielzahl sensorischer Reize, die parallel von unseren Sinnesorganen aufgenommen werden, nur kurz in einem sensorischen Speicher (Kap. 3.4) gehalten und dann so gefiltert werden, dass nur ein Bruchteil der Reize eine weitergehende Verarbeitung erfährt. Broadbent dachte, dass nur die sensorische Verarbeitung über parallele Sinneskanäle läuft, während hinter dem Filter ein einheitlicher „Kanal" die weitere Verarbeitung übernimmt. Das Modell war stark von technischen Vorstellungen geprägt und versuchte nicht, die Verarbeitung im menschlichen Gehirn konkret abzubilden.

frühe Selektion   Seine Befunde ergaben, dass nur auffällige physikalische Eigenschaften der nicht beachteten Quelle die Aufmerksamkeitsselektion durchbrechen konnten, nicht aber ebenso gravierende semantische oder syntaktische Aspekte des Textes.

Deswegen nahm er an, dass der nicht beachtete Text erst gar keine weitergehende Verarbeitung erfuhr. Damit wurde Broadbents Filter-Theorie zum klassischen Beispiel einer Theorie der frühen Selektion (*early selection*).

Bald schon wurden jedoch Befunde berichtet, die mit früher Selektion nicht in Einklang standen. Moray (1959) führte *shadowing*-Experimente durch, in denen er zeigen konnte, dass selbst bis zu 30-mal wiederholte Wörter auf dem unbeachteten Ohr von den Probanden im Anschluss an das Experiment nicht benannt werden konnten. Insofern bestätigte er Broadbents Befunde. Moray fand jedoch auch, dass hochrelevante Wörter, wie etwa der eigene Name, auf dem nicht beachteten Ohr entdeckt wurden (s. a. Wood / Cowan 1995). Dies sprach nun gegen die Annahme, dass die dem nicht beachteten Ohr präsentierten Wörter überhaupt nicht semantisch verarbeitet wurden.

In den 1960er Jahren führte Anne Treisman eine Reihe von Experimenten durch, die auch gegen eine strikte frühe Selektion sprachen. Treisman präsentierte je eine Geschichte auf dem linken und dem rechten Ohr und instruierte ihre Probanden, sich auf ein Ohr zu konzentrieren. Nach einer Weile wechselte jedoch die Geschichte abrupt zum jeweils anderen Ohr. Treisman konnte zeigen, dass ihre Probanden diesem Wechsel für die Dauer von einigen Wörtern folgten, bevor sie wieder instruktionsgemäß zu dem ursprünglich beachteten Ohr zurückwechselten.

Weitere Experimente zeigten, dass den Probanden das *shadowing* einer Geschichte am leichtesten fiel, wenn auf dem nicht beachteten Ohr sinnlose Silben präsentiert wurden. Etwas schwieriger wurde die Aufgabe, wenn ein technischer Text präsentiert wurde, der sich stark von dem zu beachtenden Text unterschied. Am schwierigsten war die Aufgabe, wenn sich beide Texte stark ähnelten. Dennoch konnten die Versuchsteilnehmer im Nachhinein nicht berichten, welchen Inhalts der nicht beachtete Text war. Treisman stellte auch fest, dass sich der „Durchbruch des Nichtbeachteten" selbst bei hochrelevanten Wörtern nur zu etwa 6 % vollzog. Sie hielt deshalb an Broadbents Filter-Konzept fest, schloss jedoch, dass dieser Filter nicht so ausschließlich über physikalische Reizmerkmale funktioniert wie in Broadbents ursprünglicher Konzeption.

späte Selektion Dem stellten Deutsch und Deutsch (1963) eine völlig andere Konzeption der Aufmerksamkeitsselektion entgegen. Sie postulierten, dass alle vom Individuum aufgenommenen Reize vollständig verarbeitet werden und erst dann, gemäß den Anforderungen der Situation, relevante Information ausgewählt wird. Dies war der Prototyp einer Theorie der späten Selektion (*late selection*).

flexible Filterung Während die Vertreter der frühen oder späten Selektion lange Zeit darüber stritten, wer die besseren Argumente hätte, reifte schließlich die Einsicht, dass dieser Streit um einen künstlich aufgebauten Widerspruch entbrannt war. Kahneman und Treisman (1984) hatten darauf hingewiesen, dass in der Aufmerksamkeitsliteratur zwei Klassen von Experimenten unterschieden werden konnten, die unterschiedliche Anforderungen an Aufmerksamkeitsprozesse stellen. Auf der einen Seite fanden sie Experimente wie *shadowing* oder die Teilberichtsaufgabe, in denen eine große Zahl von Reizen präsentiert werden und die korrekte Reaktion aus einer Vielzahl von Alternativen ausgewählt werden muss, etwa durch Benennung eines Reizes. Hierbei sahen sie die Aufmerksamkeitsanforderung als selektives Filtern. Auf der anderen Seite standen Experimente, die wenige Stimuli verwendeten und in denen die Antwortmöglichkeiten eng begrenzt waren, etwa bei der Messung von Reaktionszeiten bei Einfachwahlreaktionen. Bei dieser Art von Aufgaben bestand die Aufmerksamkeitsleistung in einer selektiven Voreinstellung (selective set), etwa auf bestimmte Reizcharakteristika oder räumliche Positionen.

Ressourcen-verteilung

Kahneman und Treisman folgerten daraus, dass eine frühe Filterung dann durchgeführt wird, wenn die Verarbeitung aufgrund der Vielzahl von Stimuli und / oder Antwortanforderungen ohne Filter überlastet würde. Sind jedoch nur wenige Reize zu verarbeiten und auch die Antwortanforderungen begrenzt, so erübrigt sich eine frühe Selektion. Anknüpfend an diese Überlegung konnte Lavie (1995) empirisch nachweisen, dass eine frühe Selektion nur bei hoher perzeptueller Belastung auftrat. Für die Bearbeitung der Aufgabe wurden irrelevante Reize also früh gefiltert, wenn die Aufgabenbearbeitung die Beachtung einer größeren Zahl von Reizen (oder weniger komplexer Reize) verlangte. War dies nicht der Fall, wurden die irrelevanten Reize auch (unbewusst) relativ weitgehend analysiert.

negatives Priming

Ein weiterer empirischer Beleg für späte Selektion ist negatives *Priming*. In diesen Experimenten werden Reize präsentiert, von denen einer als aufgabenrelevant, der andere als irrelevant gekennzeichnet ist. Die Probanden werden aufgefordert, die irrelevanten Reize nicht zu beachten. Dennoch zeigt sich, dass die irrelevanten Reize, wenn sie in späteren Durchgängen als relevanter Reiz verwendet werden, längere Verarbeitungszeiten verursachen. Daher weiß man, dass die irrelevanten Reize nicht einfach ignoriert werden, sondern eine weitergehende Verarbeitung erfahren (Tipper 1985). Wird jedoch die Anzahl der relevanten Reize erhöht, verringert sich das negative Priming (Lavie / Fox 2000). Daraus wurde geschlossen, dass die Selektion in Abhängigkeit von der Aufgabe früher oder später erfolgte. War nur ein relevanter Reiz zu beachten, bestand keine Notwendigkeit für eine frühe Selektion und die einzige Selektion, die erfolgte, war die Auswahl der richtigen Reaktion. Steigt die perzeptuelle Last jedoch, wird bereits eine frühe Selektion auf der Stufe perzeptueller Prozesse durchgeführt, um die optimale Erkennung der Zielreize zu gewährleisten.

2.1.2 Modelle der visuellen Suche

Wir haben bisher auf einer recht abstrakten Ebene diskutiert, an welcher Stelle der Informationsverarbeitung eine Selektion relevanter Inhalte entstehen kann. Der folgende Abschnitt soll nun anhand von Modellen der visuellen Suche darstellen, wie man sich die Umsetzung dieser Vorstellungen denken kann.

Merkmalsintegrationstheorie / FIT: Eine der einflussreichsten Theorien der visuellen Suche ist die Merkmalsintegrationstheorie (*feature-integration-theory*, FIT) von Treisman und Gelade (1980). Die Grundidee dieser Theorie ist Folgende: Es gibt basale visuelle Merkmale, die so etwas wie die „Atome" der Wahrnehmung sind und von uns automatisch verarbeitet werden, also ohne dass wir begrenzte Ressourcen für die Erkennung dieser Merkmale aufwenden müssen. Man spricht daher auch von präattentiver Verarbeitung. Natürlich gibt es auch komplexere Stimuli, die aus mehreren Merkmalen zusammengesetzt sind und deren Auffinden in Suchdisplays Aufmerksamkeit verlangt.

Guided search: Ein weiteres einflussreiches Modell der visuellen Suche ist *guided search* (Cave/Wolfe 1990; Wolfe et al. 1989). Während die FIT ursprünglich davon ausging, dass die Verarbeitung von Merkmalen parallel, die Verarbeitung von Konjunktionen hingegen seriell ablief, wies Wolfe darauf hin, dass die Suche nach Konjunktionsreizen häufig zu schnell für eine vollständig serielle Suche verlief. Im Unterschied zu FIT ging er davon aus, dass die „präattentive" Verarbeitung die anschließende attentive Verarbeitung lenken könne. So kann zwar die Verknüpfung einer Farbe (z.B. rot) und einer Ausrichtung (vertikal) nicht auf der Stufe der Merkmalskarten gefunden werden, aber die durch den Reiz ausgelösten Aktivierungen in den Merkmalskarten können zu einer Gewichtung führen, die den nachfolgenden attentiven Suchprozess zu allen roten und vertikalen Reizen, und damit zum Zielreiz, führt. Ein solcher Lenkungsmechanismus kann natürlich auch gut erklären, warum die Suche bei heterogenen Ablenkern schwieriger wird. Je heterogener die Ablenker sind, umso mehr verteilt sich die Aktivierung in den Merkmalskarten auf verschiedene Merkmale und umso weniger kann der Suchprozess auf bestimmte Merkmale eingeengt werden.

Attentional Engagement Theory (AET): Die attentional engagement-Theorie (AET) von Duncan und Humphreys (1992) unterscheidet sich von der FIT einerseits darin, dass die Unterscheidung in parallele und serielle Suche keine zentrale Rolle spielt. Andererseits hängt die Effizienz der Suche in ihrem Modell nicht direkt von Reizmerkmalen ab, sondern vielmehr von der Ähnlichkeit oder Unähnlichkeit der Reize.

Die Effizienz der Suche hängt nicht nur von der Zahl der Ablenker, sondern auch von ihrer Heterogenität ab. Duncan und Humphreys (1989) haben diesen Zusammenhang untersucht und festgestellt, dass die Sucheffizienz sowohl von der Ähnlichkeit zwischen Zielreiz und Ablenkern wie auch von der Ähnlichkeit der Ablenker untereinander abhängt (s. Abb. 1.2.5 zur Veranschaulichung). Die Suche ist besonders effizient, wenn Zielreiz und Ablenker sehr unähnlich und die Ablenker untereinander sehr ähnlich sind. Steigt die Ähnlichkeit von Zielreiz und Ablenkern, und sinkt die Ähnlichkeit zwischen den Ablenkern, so wird die Suche schwieriger.

Bei der Betrachtung der Ähnlichkeitsverhältnisse zwischen Stimuli muss auf zwei Aspekte geachtet werden. Zum einen, welche Ähnlichkeiten zwischen den Reizen des Displays bestehen, das gerade abgesucht wird. Zum anderen muss aber auch berücksichtigt werden, welche Ähnlichkeiten ein konkreter Reiz zu allen möglichen, d.h. zu irgendeinem Zeitpunkt im Experiment verwendeten Reizen hat. Wenn der Betrachter etwa die Aufgabe hat, nach den Buchstaben O und Q zu suchen, so wird ihr die Klassifizierung eines R als Ablenker dadurch erschwert, dass Q und R ein gemeinsames Merkmal (den schrägen Strich) haben, auch wenn im aktuellen Display gar kein Q enthalten ist (Pashler 1987). Andererseits sind die in einem Display enthaltenen Reize und ihre räumliche Nachbarschaft entscheidend für die Gruppierung von Reizen, ein Faktor, der die Sucheffizienz entscheidend beeinflussen kann.

Die AET geht davon aus, dass alle von den Sinnesorganen aufgenommenen Reize sehr weitgehend verarbeitet werden, bis hin zu Assoziationen mit Gedächtnisinhalten. Auf dieser Ebene der perzeptuellen Deskription erfolgt auch eine Gruppierung von Reizen, wie sie etwa durch die Gestaltgesetze beschrieben werden. Diese Segmentierung erfolgt auf mehreren Maßstabsebenen, und das Ergebnis sind hierarchisch strukturierte Einheiten. Der Sprung in die bewusste Wahrnehmung gelingt jedoch nur den Informationen, die in das visuelle Arbeitsgedächtnis aufgenommen werden (s. Kap. 3.4 für weitere Konzepte zum Zusammenhang von Aufmerksamkeitsfokus und Arbeitsgedächtnis). Entscheidend für die Aufnahme in das Arbeitsgedächtnis ist die Übereinstimmung mit Schablonen, die die Erwartung des Individuums widerspiegeln. Die AET gehört damit zu den Theorien der späten Selektion.

Merkmals-verknüpfung

Eine Grundannahme der FIT ist, dass die Verknüpfung von Merkmalen zu einem Reiz Aufmerksamkeit erfordert. Dies soll über Merkmalskarten und eine zentrale Ortskarte geschehen (Abb. 2.1.1). Präsentation eines Stimulus führt zu Aktivierungen in den jeweiligen Merkmalskarten. Um zu erkennen, dass ein präsentierter Reiz sowohl vertikal ausgerichtet wie auch rot ist, müssen die Aktivierungen in den entsprechenden Merkmalskarten – vertikal, rot – über die zentrale Ortskarte miteinander verknüpft werden. Dies erfordert Aufmerksamkeit. Treisman kam zu dieser Aussage insbesondere über die Beobachtung „illusionärer Verknüpfungen". Merkmale unterschiedlicher Reize eines Displays werden irrtümlich miteinander verknüpft (etwa grünes O aus grünem X und rotem O), wenn die Aufmerksamkeit durch eine simultane Zweitaufgabe gebunden war (Treisman / Schmidt 1982).

Wie wir gesehen haben, werden die Charakteristika eines Reizes gemäß FIT erst in einer Reihe von getrennten Karten analysiert, bevor sie unter Verwendung von Aufmerksamkeit wieder zusammengefügt werden. Diese Architektur erscheint zunächst kontraproduktiv. Allerdings haben wir gesehen, dass es für visuelle Merkmale wie Farbe und Bewegung im Gehirn eine gewisse Spezialisierung gibt, in dem Sinne, dass diese Merkmale zwar zunächst parallel, etwa in V1, verarbeitet werden, dann aber auch in spezialisierten Arealen wie hMT+ oder V4 (Kap. 1.3 und 1.4). Wenn einzelne Merkmale zuerst getrennt analysiert werden, dann müssen sie auch wieder aufwendig, unter Verwendung limitierter Ressourcen, zusammengefügt werden. Als möglichen Mechanismus für dieses „Binding" wurde die zeitliche Synchronisierung der neuronalen Aktivität in verschiedenen Hirnarealen vorgeschlagen, die Aspekte des gleichen Reizes bearbeiten. Eine sehr präzise Synchronisierung neuronaler Feuerraten in weit voneinander entfernten Hirnarealen wurde tatsächlich in einer Reihe von tierexperimentellen Untersuchungen gefunden (Engel / Singer 2001).

gelernte „basale" Merkmale

Die Frage, was ein Merkmal ist, ist damit von der Diskriminationsfähigkeit des Gehirns abhängig. Schon bald nach der ursprünglichen Formulierung der FIT wurden eine Reihe von Experimenten berichtet, in denen Konjunktionsreize, also Stimuli, die sich von den Ablenkerreizen nur in der Verknüpfung physikalischer Merkmale unterschieden, flache Suchzeiten hervorriefen. Dies betraf etwa dreidimensionale, würfelförmige Stimuli oder durch Schattierung hervorgerufene Eindrücke konkaver oder konvexer Elemente. Diese Befunde wurden als Widerlegung der FIT angesehen. Treisman erweiterte ihre Theorie daraufhin um die Annahme, dass wir in der Lage sind, auch physikalisch komplexe Reize wie Merkmale zu verarbeiten, insbesondere dann, wenn wir eine lange Lernerfahrung mit den jeweiligen Reizen haben.

Diese Annahme wurde später in einem Experiment überprüft, in dem die Technik der transkraniellen Magnetstimulation eingesetzt wurde, um Neurone des posterioren Parietallappens kurzzeitig in ihrer Funktionalität zu stören (Walsh et al. 1998). Die Probanden suchten nach einem grünen vertikalen Balken unter grünen horizontalen und blauen vertikalen Ablenkern. Das ist eine typische Konjunktionssuchaufgabe, die zu ineffizienter Suche führt, mit ansteigenden Suchzeiten

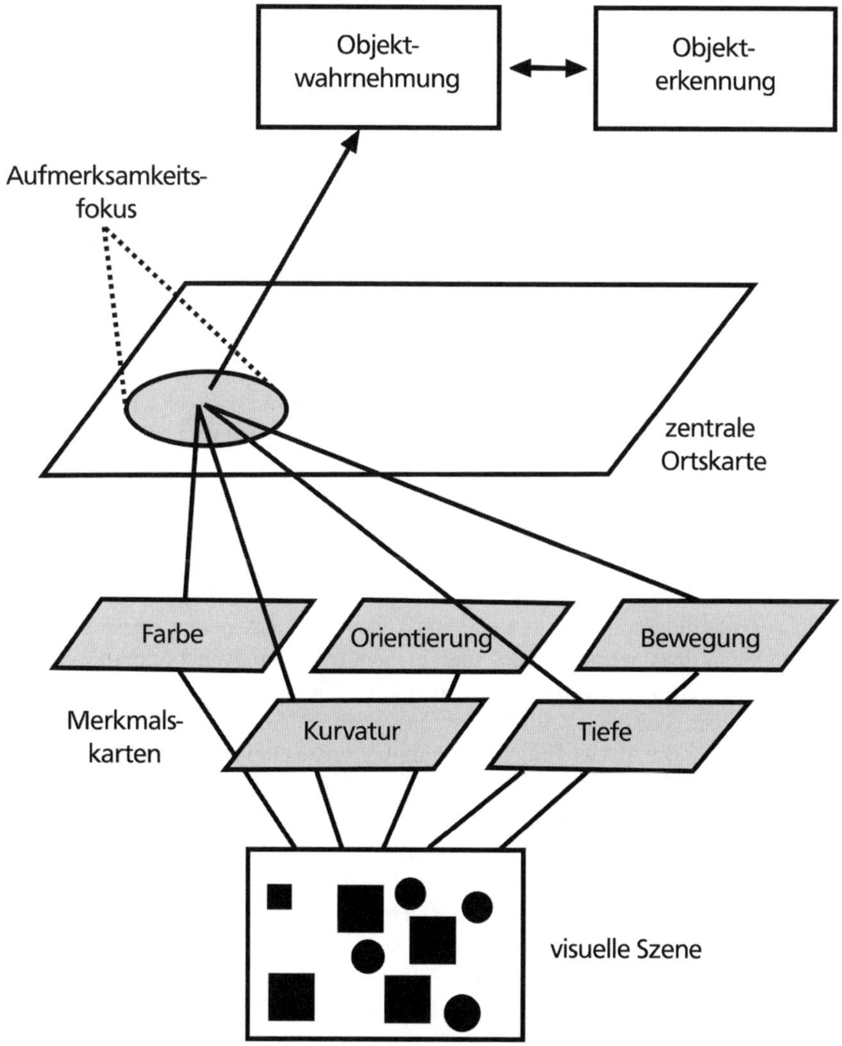

Abb. 2.1.1: Skizze der Merkmalsintegrationstheorie (FIT)

mit steigender Displaygröße (Kap. 1.1). Wurde kurz nach der Präsentation des Suchdisplays ein Magnetpuls über dem posterioren Parietallappen gegeben, so verlängerte sich die Suchzeit – ein Zeichen dafür, dass parietale Neurone offenbar in die Suche involviert waren. Die Probanden übten dann die Suchaufgabe so lange (im Durchschnitt 2.500 Versuchsdurchgänge), bis ihre Suchzeiten mit steigender Displaygröße nicht mehr anstiegen – ein Zeichen dafür, dass die Probanden die Zielreize in den Displays mit einem Blick erfassten (*pop out*), eines der Kriterien für ein basales visuelles Merkmal. Wurden nun nach dieser Trainingsphase wieder parietale TMS-Pulse gegeben, so beeinflusste das die Suchzeiten nicht mehr. Die Studie zeigte also nicht nur, dass anhaltendes Training zu einer automatischen Detektion von zuvor nur mit Hilfe aufmerksamkeitsfordernder Suche auffindbaren Konjunktionsreizen führte. Sie zeigte auch, dass der posteriore Parietalcortex in die aufmerksamkeitsfordernde Suche eingebunden war, aber nicht in die automatische Detektion basaler visueller Reize.

zentrale Ortskarte   Ist der posteriore Parietalcortex damit der Ort der zentralen Ortskarte nach der FIT, also eine Struktur, in dem die in den visuellen Arealen verteilt kodierten Merkmale wieder zu einem Objekt zusammengefügt werden? Mehrere bildgebende Studien haben sich dieser Frage gewidmet, bisher jedoch ohne eindeutiges Ergebnis. Die Logik dieser Studien bestand darin, eine Konjunktionssuche mit einer einfachen Merkmalssuche zu vergleichen. Hirnareale, die bei der Konjunktionssuche stärker aktiviert werden, könnten in die Verknüpfung der Merkmale zu dem gesuchten Zielreiz involviert sein. Dieser Vergleich ist aber problematisch, weil Konjunktionssuchen i.d.R. schwieriger als Merkmalssuchaufgaben sind. Damit könnten stärkere Aktivierungen bei der Konjunktionssuche auf andere Faktoren als auf die Merkmalsverknüpfung zurückzuführen sein.

Eine Studie, die die Suchschwierigkeit unabhängig von der Merkmalsverküpfung variiert hatte, fand kein parietales Areal, das allein durch die Merkmalsverknüpfung stärker aktiviert wurde (Nobre et al. 2003). Eine weitere Studie nach demselben Schema fand ebenfalls eine weitgehende Überlappung zwischen den Arealen, die auf Suchschwierigkeit einerseits und auf die Anforderung der Merkmalsverknüpfung andererseits reagierten. Nur kleine Areale entlang des deszendierenden Sulcus intraparietalis und in den frontalen Augenfeldern schienen primär auf Merkmalsverknüpfung zu reagieren (Donner et al. 2002).

Ein Problem bei diesen Studien ist, dass man die Aufgabenschwierigkeit zwischen einer Merkmals- und einer Konjunktionssuche nur vergleichbar halten kann, indem man sehr untypische Reize verwendet. Wenn eine Verknüpfung leicht gelingt, wie zwischen Größe und Farbe (Nobre et al. 2003), mag das ein Zeichen dafür sein, dass die Probanden schnell lernten, die Zielreize als ein basales Merkmal zu verarbeiten, wie in der Studie von Walsh und Kollegen (1998). Umgekehrt verwendeten Donner und Mitarbeiter sehr ähnlich aussehende Reize, um die Schwierigkeit der Merkmalssuche zu erhöhen. Vielleicht führt auch das dazu, zusätzliche Suchprozesse zu aktivieren, die bei einer einfachen Merkmalssuche nicht benötigt werden. Zusammenfassend lässt sich festhalten, dass das Lernexperiment von Walsh und Kollegen noch am ehesten einen Hinweis darauf gab, dass der posteriore Parietalcortex die Funktion hat, im Occipitalcortex verteilt kodierte Merkmalsrepräsentationen miteinander zu verknüpfen.

2.1.3 Frontoparietales Aufmerksamkeitsnetzwerk

Mit großer Übereinstimmung wurde bei räumlichen Aufmerksamkeitsanforde- **Frontalcortex**
rungen ein frontoparietales Netzwerk gefunden, das im Kern aus folgenden Strukturen besteht (Abb. 2.1.2): Im Frontallappen wurden insbesondere Areale aktiviert, die den prä- und supplementärmotorischen Cortices angehören und die
speziell die Steuerung von Augenbewegungen unterstützen. Im frontomedianen
Cortex ist dies das supplementäre Augenfeld. Es befindet sich im medialen

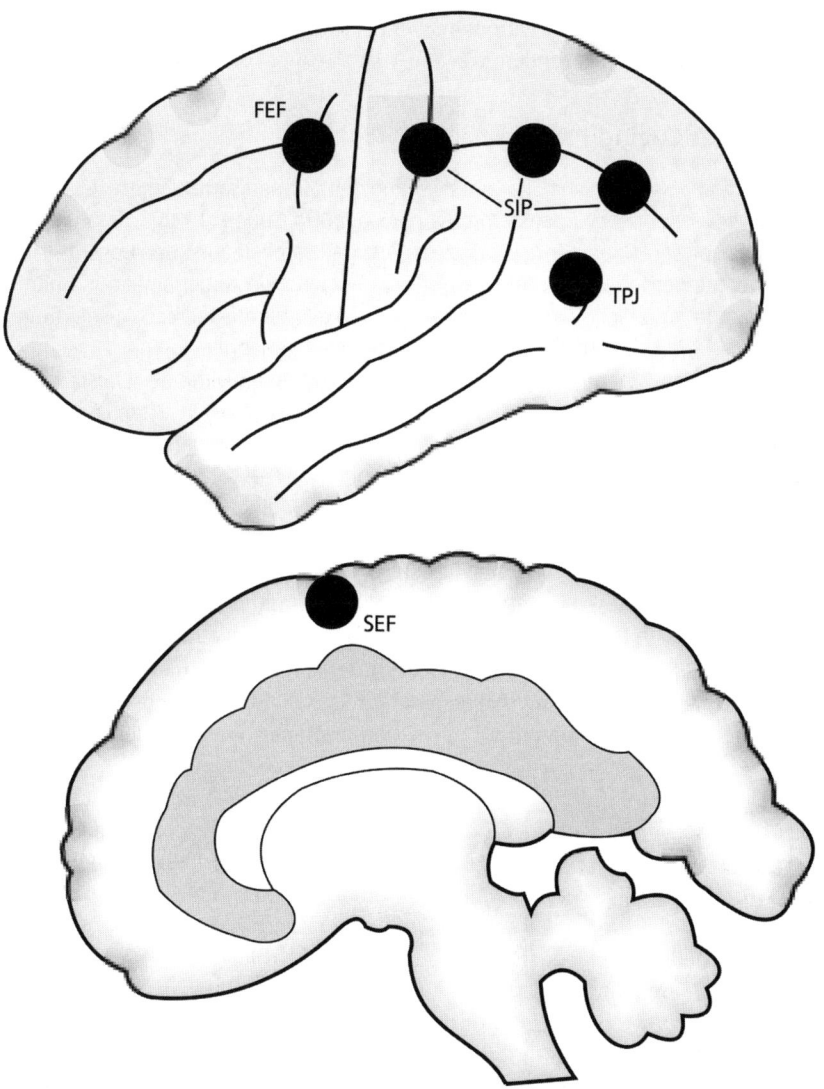

Abb. 2.1.2: Das frontoparietale Aufmerksamkeitsnetzwerk. FEF: frontales Augenfeld; SEF: supplementäres Augenfeld; SIP: Sulcus intraparietalis; TPJ: temporoparietale Grenzregion

Frontalcortex im Bereich der Mantelkante, genau posterior zu einer gedachten coronaren Schnittebene durch die Commissura anterior und anterior zum motorischen Cortex. Weiter lateral, an der Mündung des Sulcus frontalis superior in den Sulcus praecentralis, befindet sich das frontale Augenfeld. Dieses wird reliabel aktiviert, zusammen mit einem weiter ventral an den Ufern des inferioren Abschnitts des Sulcus praecentralis gelegenen Areal, wenn die Versuchspersonen Sakkaden ausführen. Diese Areale, die alle in die Steuerung offener Augenbewegungen involviert sind, werden gleichermaßen aktiviert, wenn verdeckte Aufmerksamkeitsverlagerungen vorgenommen werden. Überhaupt wurden nur geringe Unterschiede im Aktivationsmuster bei offenen und verdeckten Aufmerksamkeitsverlagerungen gefunden.

Räumliches Cueing-Paradigma

Das Paradigma, welches zur Charakterisierung des Aufmerksamkeitsnetzwerks am häufigsten verwendet wurde, stammt von Posner und Cohen (1984). Die grundlegende Idee dieser Experimente ist, dass die Aufmerksamkeit auf einen bestimmten Ort gerichtet werden kann, ohne dass es eine begleitende Augenbewegung gibt. Man beachtet also einen Ort „aus den Augenwinkeln heraus". Diese Ausrichtung der Aufmerksamkeit wird verdeckte Aufmerksamkeit genannt.

Im Experiment fixieren die Probanden einen Punkt in der Mitte des Bildschirms. Ein Lichtreiz, den es zu entdecken gilt, kann an gekennzeichneten Orten links oder rechts des Fixationspunktes aufleuchten. Vor der Präsentation dieses Zielreizes erscheint ein Hinweisreiz, der einen der beiden möglichen Präsentationsorte markiert. Der grundlegende Befund ist, dass unter bestimmten Bedingungen die Entdeckung des Zielreizes erleichtert wird, wenn der Hinweisreiz den Präsentationsort des Zielreizes markiert hat. Dieser „Gewinn" zeigt, dass der Hinweisreiz die Entdeckung des Zielreizes erleichtert hat, dass es also möglich ist, Aufmerksamkeit auf eine extrafoveale Lokation zu verschieben. Entsprechend findet man auch eine Reaktionszeitverlängerung („Kosten"), wenn der Zielreiz nicht an dem durch den Hinweisreiz markierten Ort erscheint. Die Reaktionszeit ist dann länger, als wenn überhaupt kein Hinweisreiz gegeben wird.

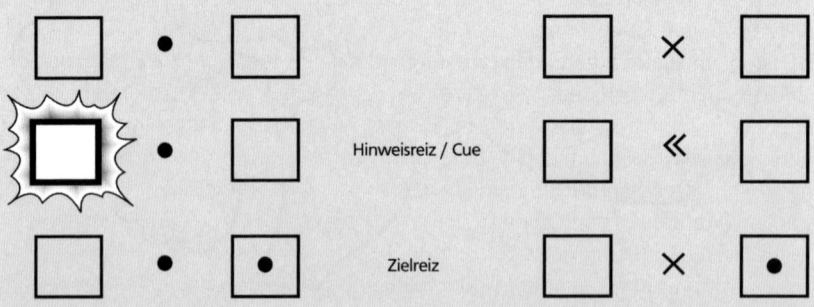

Abb. 2.1.3: Versuchsablauf beim räumlichen Cueing-Paradigma. Links: peripherer Cue. Rechts: zentraler Cue. In den Beispielen sind die Cues invalide.

Interessanter als diese Befunde sind die Rahmenbedingungen, unter denen diese Effekte auftreten. Zunächst kann man zwei Arten von Hinweisreizen unterscheiden: Der Hinweisreiz kann darin bestehen, dass direkt einer der potenziellen peripheren Präsentationsorte des Zielreizes markiert wird (Abb. 2.1.3 links). Ein solcher peripherer Hinweisreiz – i. d. R. das Aufleuchten eines Rahmens um einen potenziellen Präsentationsort – führt dazu, dass die Aufmerksamkeit automatisch, also durch den Reiz getrieben, auf den Ort des Hinweisreizes ausgerichtet wird. Diese Schlussfolgerung beruht auf folgenden Befunden. Zum einen entfalten periphere Hinweisreize ihre Wirkung selbst dann, wenn man eine willentliche Ausrichtung der Aufmerksamkeit dadurch unwahrscheinlich macht, dass die Hinweisreize genauso häufig den falschen wie den richtigen Reizort markieren. Man spricht dann davon, dass sich die Validität des Reizes auf dem Zufallsniveau befindet. Weiterhin spricht für eine automatische Aufmerksamkeitsauslenkung, dass die Reaktionszeit auf einen Zielreiz am zuvor markierten Ort nur dann verkürzt ist, wenn der Zielreiz sehr schnell (in einem Zeitfenster von etwa 250 ms) auf den Hinweisreiz folgt.

Dies kontrastiert mit einer willentlichen (endogenen) Aufmerksamkeitsausrichtung als Reaktion auf einen symbolischen Hinweisreiz (Abb. 2.1.3 rechts). In diesem Fall wird nicht der Reizort selbst markiert, sondern ein Hinweisreiz – typischerweise ein nach links oder rechts weisender Pfeil in der Mitte des Bildschirms – gibt einen indirekten Hinweis auf den wahrscheinlichen Präsentationsort des Zielreizes. Diese Art von Hinweisreiz ist nur dann effektiv, wenn die Validität des Hinweisreizes recht hoch ist (typisch sind 70–100 % valide Reize). Weiterhin beobachtet man Gewinne und Kosten erst ab ca. 300 ms nach Präsentation des Hinweisreizes. Beides, die Abhängigkeit von der Validität des Hinweisreizes und der verzögerte Zeitverlauf, deutet darauf hin, dass symbolische Hinweisreize ihre Wirkung nicht durch reizgetriebene Aufmerksamkeitsauslenkung, sondern durch eine endogene Aufmerksamkeitsauslenkung erzielen, die gegenüber der automatischen Aufmerksamkeitsauslenkung verzögert ist.

Im Parietallappen unterstützen mehrere Areale entlang des Sulcus intraparietalis **SIP** räumliche Aufmerksamkeitsfunktionen. Der Sulcus intraparietalis (SIP) ist eine U-förmig gebogene Struktur, die anterior in den Sulcus postcentralis mündet und posterior in den Sulcus intraoccipitalis übergeht (Abb. 2.1.2, s. a. Abb. 1.7.4). Der SIP ist in einen aszendierenden (aufsteigenden; anterioren), horizontalen und deszendierenden (absteigenden; posterioren) Ast gegliedert. Aufmerksamkeitsbezogene Aktivierungen finden sich insbesondere im horizontalen und im deszendierenden Ast. Manchmal tritt eine dritte Aktivierung im aszendierenden Ast hinzu. Der aszendierende Ast ist jedoch insbesondere für die räumliche Koordination von Greifbewegungen von Bedeutung (Binkofski et al. 1998). Auch im inferioren Parietalcortex, an der Grenze zum Temporalcortex, findet sich häufig eine weitere Aktivierung. Occipital findet man eine großflächige Modulation visueller Areale durch gerichtete Aufmerksamkeit, insbesondere contralateral zur beachteten Seite.

2.1.4 Aufmerksamkeitssteuerung

vorbereitende und reizbezogene Aktivierung

Die zeitliche Auflösung der fMRT erlaubt eine ereigniskorrelierte Auswertung, d. h. eine Zuordnung von Aktivierungen zu auslösenden Ereignissen. In einigen Studien wurde untersucht, welche Hirnareale durch Präsentation eines räumlichen Hinweisreizes aktiviert wurden und welche Areale infolge der Entdeckung des nachfolgenden Zielreizes aktiviert wurden. Dabei zeigte sich, dass die frontalen Anteile des Netzwerks und der horizontale SIP bereits dann aktiviert wurden, wenn der Hinweisreiz gegeben wurde, so dass die Probanden ihre Aufmerksamkeit auf den angegebenen Ort ausrichten konnten. Im Gegensatz dazu wurden der Cortex um den deszendierenden Ast des SIP, an der Grenze zum Occipitallappen, sowie die visuellen occipitalen Areale erst mit Präsentation des Zielreizes aktiviert (Kastner et al. 1999).

Dieses Aktivierungsmuster bestätigte die Vorstellung, dass die anterioren Anteile des Netzwerkes – insbesondere die frontalen, in die Steuerung offener Augenbewegungen involvierten Augenfelder – auch an der Steuerung verdeckter Augenbewegungen partizipieren. Dagegen ist die Aktivierung der visuellen Areale des Occipitalcortex stärker an die physische Präsenz visueller Stimuli gebunden. Das Areal um den deszendierenden Ast des SIP scheint dabei eine Ausnahme zu sein, da es eher eine reizbezogene Aktivierung zeigte, analog zu den occipitalen Arealen.

Reize außerhalb des Aufmerksamkeitsfokus

Die zeitliche Trennung von Aktivierungen, die durch Hinweisreiz und Zielreiz ausgelöst wurden, ergab auch einen weiteren interessanten Befund. In der Grenzregion zwischen Parietallappen und Temporallappen wurde sowohl in tierexperimentellen Untersuchungen (Steinmetz/Constantinidis 1995), Patientenstudien (Friedrich et al. 1998) wie in bildgebenden Untersuchungen (Corbetta et al. 2000) eine zielreizbezogene Aktivierung gefunden, die besonders stark war, wenn der Zielreiz an einem anderen als dem durch den Hinweisreiz angezeigten Ort präsentiert wurde. In diesen Studien wurden Varianten des räumlichen Cueing-Paradigmas verwendet, wobei das Augenmerk insbesondere darauf lag, wie schnell sich die Probanden von einem Aufmerksamkeitsfokus lösen konnten, wenn der Cue in die Irre führte und der Zielreiz an einem anderen als dem angezeigten Ort erschien.

Beispielhaft sei kurz die Patientenstudie beschrieben. Es wurden zwei Gruppen von Patienten untersucht: eine, deren Läsionen primär den superioren Parietalcortex betrafen, und eine zweite, deren Läsionen im temporoparietalen Übergangscortex zentriert waren. Beide Gruppen wurden mit dem Posner-Paradigma (s. Kasten „Räumliches Cueing-Paradigma") getestet, wobei durch periphere Hinweisreize eine automatische Aufmerksamkeitsauslenkung hervorgerufen wurde. Beide Patientengruppen profitierten von den Hinweisreizen, indem sie schnellere Reaktionszeiten zeigten, wenn der Zielreiz am Ort des Hinweisreizes präsentiert wurde. Nur die zweite Patientengruppe, mit Läsionen der temporoparietalen Übergangsregion, zeigte stark verlängerte Reaktionszeiten, wenn der Hinweisreiz die Aufmerksamkeit auf einen Ort im ipsiläsionalen Halbfeld lenkte, der Zielreiz aber contraläsional präsentiert wurde. Dieses Reaktionsmuster wurde als Unfähigkeit interpretiert, die Aufmerksamkeit von einem Reizort zu lösen, um sie neu auszurichten.

Dass die temporoparietale Übergangsregion für die Entdeckung von Reizen, insbesondere an unerwarteten Orten, von Bedeutung sei, passt gut dazu, dass nach Läsionen dieses Gebiets Aufmerksamkeitsstörungen wie Neglect (Mort et al. 2003) oder Extinktion (Karnath et al. 2003) beschrieben wurden, denen gemeinsam ist, dass die Patienten Anteile ihrer Umgebung vernachlässigen (Kap. 1.3).

Das Auftreten eines Reizes außerhalb des Aufmerksamkeitsfokus kann zu einer Neuausrichtung der Aufmerksamkeit führen, wie wir gerade gesehen haben. Aber auch ohne das Auftreten solcher Reize ist es sinnvoll, die Aufmerksamkeit nicht zu lange auf einen Ort zu konzentrieren, um für neue Reize an anderen Orten des Gesichtsfeldes wieder aufnahmebereit zu sein. Tatsächlich scheint ein solcher Mechanismus fest in unser Aufmerksamkeitssystem „eingebaut" zu sein. Wenn die Aufmerksamkeit durch einen auffälligen Reiz, etwa das Aufleuchten eines Rahmens, auf einen Ort ausgelenkt wird, so ist die Erkennung eines Zielreizes an diesem Ort nur in einem Zeitfenster von etwa 250 ms beschleunigt. Wird der zeitliche Abstand zwischen Hinweisreiz und Zielreiz größer, dann beobachtet man das paradoxe Phänomen, dass die Reaktionszeit sogar verlängert ist gegenüber der Entdeckung eines gleichartigen Reizes an einem neutralen Ort. Aus dem Gewinn durch den Hinweisreiz innerhalb der ersten 250 ms werden also im weiteren Verlauf Kosten. Dieses Phänomen nennt man *inhibition of return* (IOR, Posner/Cohen 1984; Klein 2000). Eine mögliche Funktion von IOR mag sein, dass Aufmerksamkeitsressourcen für die Beachtung anderer Aspekte der Umwelt freigesetzt werden, wenn am attendierten Ort kein relevantes Ereignis stattfindet (Klein 2000).

Inhibition of return

IOR hängt von intakten Colliculi superiores ab (Sapir et al. 1999). In einer fMRT-Studie haben wir gefunden, dass neben der temporoparietalen Übergangsregion insbesondere die frontalen und supplementären Augenfelder bei IOR aktiviert waren (Lepsien/Pollmann 2002). Diese Areale sind primär in die Steuerung offener Augenbewegungen involviert. Kurzzeitige Ausschaltung der frontalen Augenfelder durch einen transkraniellen Magnetpuls reduzierte IOR (Ro et al. 2003). Zusammengenommen zeigen die Befunde eine deutliche Involvierung okulomotorischer Hirnareale in die Generierung von IOR.

2.1.5   Auswirkungen von Aufmerksamkeit

Wir haben gesehen, dass ein komplexes Netzwerk von Hirnarealen aktiviert wird, wenn wir unsere Aufmerksamkeit auf einen bestimmten Reizort oder ein bestimmtes Reizmerkmal richten. Worin besteht aber nun das neuronale Äquivalent von „Aufmerksamkeit", was wird im Gehirn bewirkt, wenn wir einen bestimmten Aspekt unserer Umwelt besonders beachten?

Retinotopie der Aufmerksamkeit

Eine Antwort auf diese Frage geben Studien, die die attentionale Modulation des fMRT-Signals in den retinotopen visuellen Arealen des Occipitallappens untersucht haben (Brefczynski/DeYoe 1999; Tootell et al. 1998). Die Vorgehensweise war analog zu den Studien, mit denen die Retinotopie der visuellen Areale zunächst bestimmt wurde (Kap. 1.3). Anstelle eines Reizes, der nacheinander an verschiedenen Stellen des Gesichtsfeldes präsentiert wurde, sollten die Probanden sukzessiv ihre Aufmerksamkeit auf verschiedene Stellen des Gesichtsfeldes richten, wobei sie stets den gleichen Punkt fixierten. Die Übereinstimmung zwischen den Aktivierungsmustern, die durch Reizpräsentation einerseits und reine Aufmerksamkeitsausrichtung andererseits hervorgerufen wurde, war sehr hoch. Aufmerksamkeitsausrichtung auf einen Ort im Gesichtsfeld führt also zu einem erhöhten Sauerstoffverbrauch in den gleichen Arealen wie die Präsentation eines visuellen Reizes am gleichen Ort.

Damit haben wir einen indirekten Hinweis auf eine erhöhte Aktivität retinotoper Neurone. Welche funktionelle Bedeutung hat aber nun diese erhöhte Aktivität? Tierexperimentelle Studien zeigen zwei Mechanismen, mit denen Aufmerksamkeit zu einer erhöhten Sensitivität für alle Reize, damit also auch für die schwachen, führt. Ein solcher Mechanismus ist in tierexperimentellen Studien im Areal V4 des Affen beschrieben worden (McAdams/Maunsell 1999). Eine andere Möglichkeit ist eine spezifisch für die schwachen Reize erhöhte Sensitivität. Ein solcher Mechanismus ist ebenfalls tierexperimentell in V4 beschrieben worden (Reynolds et al. 2000). Bildgebende Studien, die sich dieser Frage gewidmet haben, fanden zum einen, dass Aktivierungssteigerungen bereits vor der Präsentation des Reizes auftraten, also eher in Übereinstimmung mit einer allgemeinen Erhöhung der neuronalen Aktivität (Chawla et al. 1999). Zum anderen fanden sie aber auch selektiv erhöhte Aktivierung für die attendierten Stimuli (Murray/Wojciulik 2004). Inwieweit diese beiden Mechanismen, die sich nicht gegenseitig ausschließen, in spezifische Aufmerksamkeitsleistungen einfließen, bleibt der Gegenstand zukünftiger Untersuchungen.

Fragen zu Kapitel 2.1

Überprüfen Sie Ihr Wissen!

71. Was sind die Annahmen von Broadbents Filtermodell? Welche empirischen Daten unterstützen es? Welche nicht?
72. Unter welchen Umständen findet man Anzeichen von früher oder später Selektion? Nennen Sie empirische Studien.
73. Beschreiben Sie das Merkmalsintegrationsmodell.
74. Welche Kritik wurde am Merkmalsintegrationsmodell geäußert? Wie wurde das Modell daraufhin angepasst?
75. Wie unterscheidet sich das *guided search*-Modell vom Merkmalsintegrationsmodell?
76. Was sind die Grundannahmen der *attentional engagement*-Theorie?
77. Welche Evidenz gibt es für und gegen eine Beteiligung parietaler Neurone an der Merkmalsverknüpfung?
78. Welche Hirnareale gehören zum frontoparietalen Aufmerksamkeitsnetzwerk?
79. Was it *inhibition of return*? Was weiß man über die neuronalen Korrelate?

2.2   Exekutivfunktionen I

2.2.1   Handlungskontrolle

Im Alltag sind wir ständig mit der Aufgabe konfrontiert, Handlungen auszuwählen, zu koordinieren oder in eine bestimmte Reihenfolge zu bringen. Manchmal genügt es, mehr oder weniger gut gelernte Routinehandlungen auszuführen, dann und wann aber müssen diese Handlungen unterbrochen werden, um durch eine Verhaltensänderung dafür zu sorgen, dass das angestrebte Ziel nicht aus den Augen verloren wird. Morgens auf dem Weg zur Uni zu einer bestimmten Zeit an einem bestimmten Ort auf die Straßenbahn zu warten, an einer bestimmten Zielhaltestelle wieder auszusteigen, dann an verschiedenen Wochentagen zu verschiedenen Hörsälen zu gehen und dort die bevorzugte Bankreihe aufzusuchen – das alles ist eine komplexe Folge von Handlungen, die uns aber nach einiger Zeit keinerlei Mühe mehr bereitet. Man spricht in einem solchen Fall davon, dass ein Handlungsschema vorhanden ist, dessen Ausführung relativ automatisch erfolgt. Ich kann mich in der Mensa mit den Tischnachbarn unterhalten, während ich meine Suppe löffele – aber nicht gleichzeitig. Es erfordert aber i.d.R. keinen großen Kontrollaufwand, Essen und Reden so aufeinanderfolgen zu lassen, dass sich beides nicht stört.

Handlungsschema

In einem einflussreichen Handlungskontrollmodell von Norman und Shallice (1980) wird diese Koordinierung inkompatibler Routinehandlungen *contention scheduling* genannt. Wir haben bereits als Kinder gelernt: „Mit vollem Munde spricht man nicht." Dies ist Bestandteil einer Reihe von Verhaltensweisen, die in einer bestimmten Situation (gemeinsames Essen) häufig zusammen auftreten und ein Schema bilden. Entscheidend ist hierbei, dass die Koordinierung auch komplexer Handlungen nach solchen Schemata abläuft, ohne dass wir bewusst eingreifen müssen.

contention scheduling

Es gibt aber auch Situationen, in denen diese automatische Koordination nicht weiterhilft. Dies ist der Fall, wenn noch kein Schema verfügbar ist (denken Sie an die erste Woche des ersten Semesters), wenn ein vorhandenes Schema abgeändert werden muss, wenn gefährliche Handlungen ausgeführt werden müssen, wenn Handlungen entgegen inkompatibler gewohnter Handlungsweisen erfolgen oder auch gewohnte Handlungen unterlassen werden sollen (Rauchen abgewöhnen; Diät). In diesen Fällen greift nach Norman und Shallice (1986; Shallice 1988) eine übergeordnete Kontrollinstanz ein, das *supervisory attentional system* (SAS). Eine solche Kontrollinstanz ist also nötig, wenn wir nicht zum Spielball unserer Umwelt oder unserer Gewohnheiten werden sollen.

supervisory attentional system (SAS)

Nach Läsionen des Präfrontalcortex wurde eine Außengeleitetheit des Verhaltens beobachtet, die auf den Ausfall einer solchen Kontrollinstanz hindeutet. In einem klassischen Fall versuchte der Patient, eine Brille, die vor ihm auf dem Tisch liegt, aufzusetzen, obwohl er seine Brille bereits trägt. Der bloße Anblick einer Kaffeekanne genügt, dass sich die Patienten eine Tasse eingießen und trinken, auch wenn sie eigentlich etwas ganz anderes vorhatten. In abgeschwächter Form mag uns allen schon Ähnliches passiert sein (Rauchen beim Anblick einer Zigarettenpackung, Essen von Erdnüssen, die auf dem Tisch stehen usw.).

Exekutivprozesse   Für aktive Handlungskontrollprozesse hat sich die Bezeichnung Exekutiv-prozesse eingebürgert. Störungen dieser Kontrollprozesse werden in der Neuro-psychologie unter dem Begriff „dysexekutives Syndrom" zusammengefasst. Kennzeichen der Exekutivfunktionen ist, dass sie aufmerksamkeitsfordernd sind. Während überlernte Schemata nahezu automatisch ablaufen können (Morgen-toilette, Frühstück und Fahrt zur Uni gelingen auch nach sehr wenig Schlaf), er-fordern exekutive Kontrollprozesse ihren Anteil an den begrenzten attentionalen Ressourcen (aktive Teilnahme am Seminar).

Schon früh wurden Störungen exekutiver Funktionen nach präfrontalen Läsi-onen gefunden. Begriffe wie dysexekutives Syndrom, SAS oder zentrale Exekutive (Baddeley 1986; zu seinem Arbeitsgedächtniskonzept mehr in Kap. 3.1) suggerie-ren zunächst einmal eine einheitliche Kontrollinstanz, deren neuronales Substrat der Präfrontalcortex bildet. In diesem und dem nächsten Kapitel werden wir sehen, dass darin einerseits ein Körnchen Wahrheit steckt, andererseits aber durchaus ein-zelne Prozesse verschiedenen neuronalen Substraten zugeordnet werden können.

Wir beginnen zunächst mit der Frage, an welche Grenzen wir stoßen, wenn wir zwei Handlungen gleichzeitig ausführen wollen. Dann beschäftigen wir uns mit der Frage, welche „Kosten" entstehen, wenn wir von einer Aufgabe zu einer ande-ren wechseln. Im nächsten Kapitel werden wir uns der Fehlerkontrolle und der Planung und Ausführung komplexerer Handlungsfolgen zuwenden.

2.2.2   Koordination mehrerer Handlungen

Das Benutzen eines Handys beim Autofahren ist verboten. Der Gesetzgeber geht davon aus, dass die Bedienung des Handys die Fahrtüchtigkeit beeinträchtigt. Das Führen eines Gesprächs über die Freisprecheinrichtung ist dem Autofahrer dage-gen erlaubt. Kann man hier davon ausgehen, dass sich dies nicht negativ auf un-sere Fahrtüchtigkeit auswirkt? Wie ist es, wenn wir uns angeregt mit der Beifah-rerin unterhalten? Manche Autos ermöglichen es, während der Fahrt über den Bordcomputer E-Mails zu schreiben, und das auch bei 200 km/h. Ist dies wirklich sinnvoll – oder sogar gefährlich?

Die beiden experimentellen Paradigmen, denen wir viele grundlegende Er-kenntnisse bezüglich dieser Fragen verdanken, sind das Doppelaufgaben- und das Aufgabenwechselparadigma. Wir wenden uns zunächst dem Doppelaufgabenpa-radigma zu.

Doppelaufgaben

SOA   Im Doppelaufgabenparadigma bearbeiten die Probanden in jedem Experimental-durchgang zwei Aufgaben, wobei der Grad der zeitlichen Überlappung variiert wird. Wie in Abbildung 2.2.1 dargestellt, gibt es i.d.R. zwei Stimuli (S1 und S2), auf die zwei Reaktionen (R1 und R2) abgegeben werden müssen. Die Zweitauf-gabe beginnt mit einer Verzögerung, dem SOA (*stimulus onset asynchrony*), deren Dauer variiert wird. (Von Interesse ist insbesondere, inwieweit sich die Überlap-pung mit der Erstaufgabe auf die Reaktionszeit S2 der Zweitaufgabe auswirkt.)

Wie die Beispiele zu Beginn des Abschnitts nahelegen, könnte es durchaus sein, dass nur bestimmte Prozesse, auf die beide Aufgaben angewiesen sind und die nur mit begrenzter Kapazität verfügbar sind, zu einer Interferenz in der Aufgabenbearbeitung führen. Andere Prozesse mit genügender Kapazität stünden dagegen für beide Aufgaben zur Verfügung.

Für die Prozesse, die nur begrenzt zur Verfügung stehen, nimmt man an, dass die Zweitaufgabe auf deren Verfügbarkeit so lange warten muss, bis die Erstaufgabe diese Prozesse nicht mehr benötigt. Man spricht in diesem Fall bildlich von einem „Flaschenhals" (*response-selection-bottleneck*, RSB; Welford 1952): Durch diesen können pro Zeiteinheit nur eine begrenzte Menge von Prozessen abgearbeitet werden, so dass andere anstehende Prozesse vor dem „Flaschenhals" warten müssen. **Flaschenhals / RSB**

Die Verzögerung, die dabei entsteht, wird auch als psychologische Refraktärperiode (PRP; Telford 1931) bezeichnet, in Anlehnung an die physiologische Refraktärperiode (etwa eines Neurons, das nach einem Aktionspotenzial für kurze Zeit kein neues Aktionspotenzial generieren kann, bis die intra- / extrazelluläre Ionenverteilung sich wieder dem Ausgangszustand angenähert hat). Grob kann man bei der Aufgabenbearbeitung folgende Prozesse unterscheiden: **psychologische Refraktärperiode (PRP)**

- perzeptuelle Prozesse,
- Prozesse der Reiz-Reaktions-Auswahl,
- Prozesse der „Übersetzung" und Reaktionsauswahl und
- Prozesse der motorischen Reaktion (Pashler 1994).

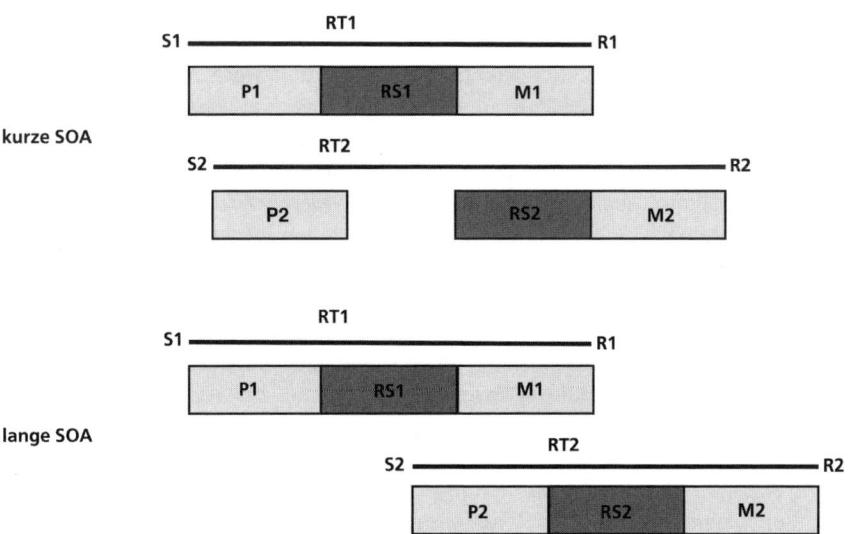

Abb. 2.2.1: Das Doppelaufgabenparadigma. S1 und S2 bezeichnen die Reize (Stimuli), auf die in der Erst- und Zweitaufgabe reagiert werden muss. Dementsprechend bezeichnen RT1 und RT2 die zugehörigen Reaktionszeiten. P1 und P2 bezeichnen die perzeptuellen Prozesse, RS1 und RS2 die Reaktionsauswahl und M1 und M2 die motorischen Reaktionen beider Aufgaben.

Für die Frage der Doppelaufgabenbearbeitung werden die perzeptuellen und motorischen Prozesse häufig als periphere Prozesse angesehen. Dagegen gelten die Prozesse, die zwischen Reiz und Reaktion vermitteln, als zentrale Prozesse. Dies spiegelt in gewissem Maße den Blickwinkel der an der Aufgabenkoordinierung interessierten Forscher wider. Schließlich haben wir in Kapitel 2.1 bereits gesehen, dass die Ähnlichkeit von Ziel- und Ablenkerreizen sich sehr stark auf die benötigten Aufmerksamkeitsressourcen auswirkt und erhöhte corticale (also zentralnervöse) Aktivierung mit sich bringt. Ähnliches gilt natürlich auch, wenn die Zielreize für die Erst- und Zweitaufgabe sehr ähnlich oder unähnlich sind. Weiterhin interferieren sehr ähnliche Reaktionen mehr als sehr unähnliche. In diesem Abschnitt soll es aber darum gehen, ob bei sehr verschiedenen, wenig interferierenden Wahrnehmungs- und Reaktionsanforderungen dennoch Kosten entstehen, wenn zwei Aufgaben zeitgleich ausgeführt werden.

B

Betrachten wir zwei Aufgaben, die sich hinsichtlich der perzeptuellen und motorischen Anforderungen stark unterscheiden: etwa dadurch, dass in S1 ein visueller Reiz, S2 dagegen ein auditiver Reiz ist, R1 eine Reaktion mit der linken und R2 eine Reaktion mit der rechten Hand erfordert. In dem Fall würden wir wenig oder keine Interferenz perzeptueller oder motorischer Prozesse erwarten. Wie würde sich nun eine Interferenz der zentralen Reaktionsauswahlprozesse auf die Reaktionszeiten auswirken? Wenn Aufgabe 1 zuerst die Stufe der Reaktionsauswahl erreicht und die dortigen Prozesse bindet, dann muss die Bearbeitung von Aufgabe 2 so lange warten, bis die Reaktionsauswahl in Aufgabe 1 abgeschlossen ist und die Auswahlprozesse wieder verfügbar werden. Dementsprechend sollte sich R2 um die Zeit verlängern, die Aufgabe 2 bis zum Beginn von RA2 warten muss. Nun ist aber noch zu berücksichtigen, dass während der Wartezeit die nicht interferierenden perzeptuellen Prozesse P2 ausgeführt werden können. Je mehr die interferierenden Stufen RA1 und RA2 überlappen, je länger wird R2 verzögert. Das heißt aber auch, dass ein Anstieg der perzeptuellen Verarbeitungsdauer P2 (z. B. aufgrund verringerter Reizintensität; Pashler/Johnston 1989) sich in diesem Fall erst einmal nicht weiter auf R2 auswirkt – wenn die Aufgabenbearbeitung sowieso warten muss, können in der Zeit noch weitere perzeptuelle Prozesse ablaufen, ohne dass es zu einer zusätzlichen Reaktionsverzögerung in Aufgabe 2 kommt.

Anders ist es bei Variationen der motorischen Anforderungen. Da diese in beiden Aufgaben hinter der kritischen interferierenden Stufe liegen, führen Verlängerungen der motorischen Anforderungen jeweils nur zu Reaktionszeitverlängerungen in der jeweiligen Aufgabe und wirken sich nicht auf die andere Aufgabe aus.

Interferenz bei Reaktionsauswahl

Mit Hilfe dieser Aufgabenlogik wurde gefunden, dass insbesondere Prozesse der Reaktionsauswahl und -initiierung zu ausgeprägten Interferenzen führen. So führt etwa eine Erhöhung der Reaktionsalternativen in Aufgabe 1 nicht nur zu einer Verlängerung von R1, sondern auch von R2 (Karlin/Kestenbaum 1968; Smith 1969). Demgegenüber führt eine komplexere Reaktion (motorische Stufe) in Aufgabe 1 zwar zu einer erhöhten R1, beeinflusst R2 aber nicht wesentlich.

Was aber bedeutet es eigentlich, wenn wir von einer Interferenz auf der Stufe der Reaktionsauswahl sprechen? Geht es darum, dass der „Flaschenhals" in der Zuordnung der Reize S1 und S2 zu den Reaktionen R1 und R2 besteht? Dies

scheint eher nicht der Fall zu sein: Die Reaktionszeit in der Erstaufgabe ist nämlich kürzer, wenn die Reaktionen in beiden Aufgaben miteinander kompatibel
sind, wie etwa bei R1: Tastendruck links und R2: verbale Antwort „links", als
wenn die Antworten inkompatibel sind (Hommel 1998). Dieser Effekt ist nur zu
erklären, wenn die „Übersetzung" von S2 in R2 schon vor oder während der Übersetzung von S1 zu R1 erfolgt. Somit ist es wahrscheinlich, dass der „Flaschenhals"
der Reaktionsauswahl in der eigentlichen Koordinierung der Reaktionen liegt.
Auch wenn die Zuordnung von Reiz zu Reaktion in beiden Aufgaben schon abgeschlossen ist, so müssen die Reaktionen noch in eine Handlungssequenz gebracht
werden. Dabei sollen die Probanden i.d.R. eine bestimmte Reihenfolge (R1 vor
R2) einhalten.

Daran hat sich die weitere Frage entzündet, ob der PRP-Effekt auf einen sozusa- **Lernen**
gen „fest verdrahteten" strukturellen „Flaschenhals" zurückgeht oder nach ausreichender Erfahrung mit der primär meist recht künstlichen Aufgabensituation in
den Doppelaufgabenexperimenten verschwindet. Eine Mehrheit der Studien hat
einen stabilen RSB auch nach längerer Übung gefunden (Karlin/Kestenbaum
1968; van Selst/Jolicoeur 1997). In Einzelfällen ist jedoch auch eine deutliche
Minimierung des RSB beobachtet worden. Diese trat besonders dann auf, wenn
die geforderten Reaktionen sehr unterschiedlich waren (van Selst et al. 1999: ver-
bal/manuell) und weniger bei ähnlichen Reaktionen (Ruthruff et al. 2001).

Funktionell bildgebende Experimente deuten auf eine zentrale Rolle des poste- **inferiorer frontaler**
rioren Segments des linken Gyrus frontalis medius bei der Doppelaufgabenkoor- **Knotenpunkt/IFJ**
dination hin (z.B. Schubert/Szameitat 2003). Dieses Hirnareal grenzt posterior an
den Sulcus praecentralis und ventral an den Sulcus frontalis inferior an und wird

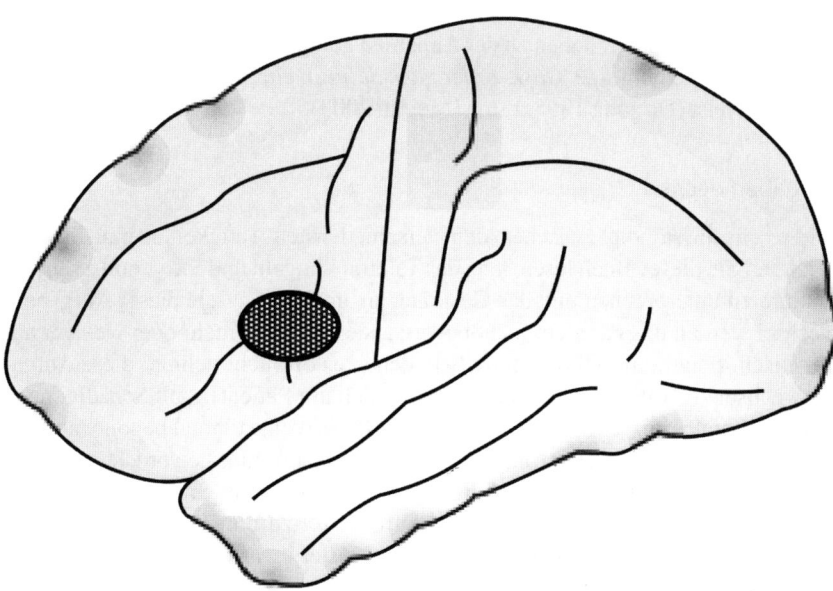

Abb. 2.2.2: Doppelaufgaben aktivieren den posterioren inferioren Präfrontalcortex

daher auch inferiorer frontaler Knotenpunkt genannt (IFJ: *inferior frontal junction*; Abb. 2.2.2). Es ist bei Doppelaufgaben stärker aktiviert als in der Addition der Aktivierungen, die man misst, wenn die beiden Aufgaben, die in der Doppelaufgabe kombiniert wurden, einzeln durchgeführt werden.

Superadditivität

Eine solche superadditive Aktivierung kann also nicht einfach dadurch erklärt werden, dass beide Teilaufgaben Ressourcen benötigen. Sie zeigt einen zusätzlichen Ressourcenbedarf, der spezifisch durch die Doppelaufgabensituation hervorgerufen wird. Welcher Art dieser zusätzliche Bedarf ist, zeigt die Aktivierung jedoch nicht. Neben Prozessen der Reaktionsauswahl kommen auch etwa höhere Arbeitsgedächtnisanforderungen in Frage, dadurch, dass die Probanden die Instruktionen für beide Aufgaben aktiv halten müssen.

Eine neuere Studie fand ein weiteres Indiz dafür, dass das linkshemisphärische IFJ spezifisch in Reaktionsauswahlprozesse eingebunden wird (Dux et al. 2006). Der Zeitverlauf der IFJ-Aktivierung folgte dem Zeitbedarf für die zentrale Reaktionsauswahlphase, während er unabhängig von der Reaktionszeit war.

Aufgabenreihenfolge

Bisher haben wir angenommen, dass Doppelaufgaben immer in der gleichen Reihenfolge bearbeitet werden, beginnend mit Aufgabe 1, gefolgt von Aufgabe 2. Die Verzögerung des fMRT-Signals in dem Experiment von Dux und Kollegen könnte auch tatsächlich mit einem solchen passiven Warten erklärt werden. Andere Daten zeigen jedoch, dass das IFJ-Areal Funktionen unterstützt, die darüber hinausgehen. So wurde im linken IFJ eine erhöhte Aktivierung gefunden, wenn die Reihenfolge der Teilaufgaben unvorhersehbar war (Szameit et al. 2006). Dabei begannen blockweise die Versuchsdurchgänge entweder immer mit A1, überlappend gefolgt von A2, die Reihenfolge war umgekehrt A2 gefolgt von A1, oder die Reihenfolge variierte zufällig. Wenn die Reihenfolge unvorsehbar ist, steigen sowohl Reaktionszeiten wie auch Fehlerraten in beiden Aufgaben an. Beobachtungen dieser Art haben zu der Annahme geführt, dass die zeitliche Planung der Aufgabenreihenfolge (*task order scheduling*) ein Prozess mit limitierten Ressourcen ist (De Jong 1995; Luria/Meiran 2003).

Aufgabenwechsel

Perseveration

Wir wechseln ständig zwischen den verschiedensten Tätigkeiten hin und her. Während Sie dieses Buch lesen, mag das Telefon klingeln und Sie veranlassen, die Lektüre zu unterbrechen und das Gespräch anzunehmen. Viele dieser Aufgabenwechsel werden uns gar nicht recht bewusst, sie verlaufen mehr oder weniger automatisch. Es gibt allerdings Menschen, denen es oft nicht gelingt, diese Aufgabenwechsel zu vollziehen. Dabei handelt es sich um Patienten mit Schädigungen des Präfrontalcortex. Sie fallen dadurch auf, dass sie eine einmal begonnene Aufgabe immer weiter fortsetzen, auch wenn diese längst sinnlos geworden ist. Dieses Symptom einer präfrontalen Schädigung nennt man Perseveration. Gibt es eine solche Tendenz, eine einmal begonnene Aufgabe fortzuführen, in geringerer Ausprägung auch bei hirngesunden Menschen? Kostet es uns mentale Ressourcen, einen Aufgabenwechsel zu vollziehen?

Eine klassische Versuchsanordnung zu diesem Thema stammt von Jersild (1927). Er präsentierte seinen Versuchspersonen Ziffernfolgen wie diese:

444

33333

2222

5

11

Die Probanden erhielten dann in aufeinanderfolgenden Aufgabenblöcken unterschiedliche Instruktionen, wie sie mit diesen Ziffern verfahren sollten. Ein Beispiel: Benennen Sie zunächst die Ziffern, ohne auf die Anzahl zu achten (also 4, 3, 2, 5, 1). Benennen Sie dann die Anzahl, ohne auf die Ziffern zu achten, also 3, 5, 4, 1, 2. Wechseln Sie schließlich in jeder Zeile zwischen den beiden Aufgaben, beginnen Sie mit der Ziffer (Lösung: 4, 5, 2, 1, 1).

Sie werden bemerkt haben, dass das Wechseln zwischen den Aufgaben deutlich mehr Zeit erfordert als die Einzelaufgaben. Worin ist dieser höhere Zeitbedarf aber nun begründet? Liegt es daran, dass wir eine Tendenz haben, eine einmal begonnene Aufgabe weiterzuführen, die aktiv gehemmt werden muss, um eine neue Aufgabe auszuführen? Oder benötigen wir einfach Zeit, uns auf die neue Aufgabe einzustellen? Dazu kommt, dass wir bei obigem Beispiel in der Wechselaufgabe beide Instruktionen verfügbar halten müssen, während dies bei den Einzelaufgaben nicht erforderlich ist. **Aufgabenwechselkosten**

Vielleicht liegt der erhöhte Zeitbedarf aber auch daran, dass wir überlegen müssen, welche Aufgabe wir als Nächstes ausführen sollen. Dieser Einwand wurde von Spector und Biederman (1976) untersucht. Sie präsentierten ihren Probanden in einer ähnlichen Aufgabe jeweils zu den Ziffern auch das Symbol der arithmetischen Operation, die ausgeführt werden sollte (z.B. +,–). Diese Hinweisreize reduzierten die Wechselkosten (d.h. die Verlängerung der Reaktionszeit in Aufgabenwechsel- gegenüber Nichtwechselblöcken) teilweise, aber nicht vollständig. **Aufgabenunsicherheit**

Die erhöhte Arbeitsgedächtnisbelastung (zum Konzept Arbeitsgedächtnis s. Kap. 3.1) in den Wechselblocks wurde von Rogers / Monsell (1995) als konfundierende Variable eliminiert, indem sie Wechsel- und Nichtwechseldurchgänge in einem gemeinsamen Block untersuchten. Hierzu wurden die Probanden instruiert, zwei Aufgaben im Wechsel nach dem Schema ABBAAB … auszuführen. Verglichen wurden nun die Reaktionen in Wechseldurchgängen (AB und BA) mit denen in Nichtwechseldurchgängen (AA und BB). Auch in diesem *alternating runs*-Paradigma wurden Wechselkosten beobachtet, ein deutlicher Hinweis darauf, dass Aufgabenwechsel genuine Verarbeitungskosten verursachen. **Arbeitsgedächtnisbelastung**

Die Bearbeitung einer Aufgabe erfordert i.d.R., dass auf einen bestimmten Satz von Reizen nach festgelegten Regeln reagiert wird. Dieser Satz von Regeln (*task set*) konfiguriert unsere Reaktionen. Ausgehend von dem klinischen Bild der Perseveration könnte man auf den Gedanken kommen, dass eine einmal durchgeführte Aufgabenkonfiguration eine gewisse Trägheit besitzt (*task set inertia;* Allport et al. 1994). Tatsächlich werden die Wechselkosten kleiner, wenn man den Probanden mehr Zeit zwischen der Ausführung einer Aufgabe und dem Wechsel zur nächsten Aufgabe lässt. Hierzu variiert man das Intervall zwischen der letzten Reaktion und der Präsentation des nächsten handlungsbestimmenden („imperativen") Reizes (Reaktions-Stimulus-Intervall: RSI; Abb. 2.2.3). **Trägheit der Aufgabenkonfiguration**

Aufgaben-Cueing-Paradigma

proaktive Hemmung

In der Regel führt eine Verlängerung des RSI bis zu etwa 600 ms zu einer Reduktion der Wechselkosten. Brauchen wir diese Zeit, um uns von der alten Aufgabenkonfiguration zu lösen, oder nutzen wir die Zeit, um uns auf die neue Aufgabe vorzubereiten? Um diese Frage zu untersuchen, muss das RSI unabhängig von dem Intervall variiert werden, in dem die neue Aufgabe vorbereitet werden kann. Zu diesem Zweck wurde das Aufgaben-Cueing-Paradigma entwickelt. Anders als in den bisher besprochenen Experimenten wird in diesem Paradigma die Reihenfolge der Aufgaben zufällig variiert. Welche Aufgabe als Nächstes ausgeführt werden soll, wird durch einen Hinweisreiz (Cue) angezeigt. Mit dieser Technik kann das RSI, in dem die alte Aufgabenkonfiguration „verblassen" kann, unabhängig vom Cue-Stimulus-Intervall (CSI) variiert werden, in dem die Vorbereitung auf die neue Aufgabe stattfindet. Mit dieser Versuchsanordnung wurden zum einen „echte" Vorbereitungseffekte gefunden, die nur mit dem CSI variieren. Zum anderen nahmen die Wechselkosten aber auch bei konstantem CSI ab, wenn nur das RCI (Reaktions-Cue-Intervall) variiert wurde. Damit ist also eine proaktive störende Wirkung der vorangegangenen Aufgabe belegt (Meiran 1996; Meiran et al. 2000).

Proaktive, hemmende Einflüsse der vorangegangenen Aufgaben wurden sogar über längere Zeiträume beobachtet. In einem Experiment wurden drei verschiedene Aufgaben in zufälliger Reihenfolge bearbeitet (Mayr / Keele 2000). Die hemmende Wirkung der vorangegangenen Aufgaben war umso geringer, je länger diese Aufgabe zurücklag. Was kann der Grund für diese Interferenz sein? Verschiedene Faktoren scheinen hier eine Rolle zu spielen. Um zu einem möglichst reinen Maß für die Aufgabenwechselprozesse zu gelangen, werden i. d. R. die verwendeten Stimuli

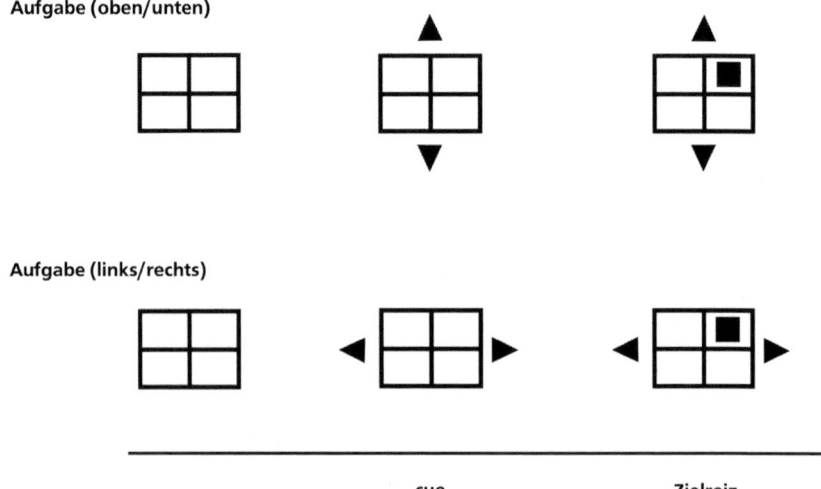

Abb. 2.2.3: Das Aufgaben-Cueing-Paradigma. Die auszuführende Aufgabe wird vor Präsentation des imperativen Reizes (S) durch einen Hinweisreiz (Cue) angezeigt. Die Zeitintervalle zwischen Cue und Reiz (CSI) und letzter Reaktion und Reiz (RSI) können unabhängig voneinander variiert werden, um den Anteil von Vorbereitungsprozessen einerseits und der zuletzt gewählten Aufgabenkonfiguration andererseits zu untersuchen (nach Brass et al. 2003, adaptiert).

konstant gehalten und nur die Instruktionen zwischen den Aufgaben variiert. Das bedeutet, dass dieselben Reize mit verschiedenen Reaktionen gekoppelt werden. Wenn ein Reiz in verschiedenen Aufgaben mit verschiedenen Reaktionen assoziiert ist, dann liegt es nahe, dass die irrelevanten Reaktionszuordnungen jeweils unterdrückt werden, um die aktuell aufgabenkonforme Reaktion auszuwählen.

Belege für einen solchen inhibitorischen Mechanismus wurden von Wylie und **Stroop-Paradigma** Allport (2000) berichtet. Sie verwendeten für ihre Untersuchung das Stroop-Paradigma. Diese klassische Versuchsanordnung ist in Farbabbildung 6 illustriert.

> Benennen Sie die Farben der Wörter. (Es geht darum, die Druckfarben zu benennen, nicht die Wörter zu lesen!)

Sie werden bemerkt haben, dass die Benennung der Wortfarbe Ihnen recht schwer- **Inhibition** fiel, wenn diese nicht mit der Wortbedeutung übereinstimmte. Diese Schwierigkeit **dominanter** ist darauf zurückzuführen, dass Sie das Lesen von Wörtern durch jahrelange Praxis **Reaktionen** so automatisiert haben, dass Sie es auch dann nicht unterdrücken können, wenn es, wie im vorliegenden Fall, kontraproduktiv ist. Sie müssen also in der kritischen Bedingung der Stroop-Aufgabe eine stark überlernte, dominante Aufgabe (Lesen) unterdrücken, um eine wenig geübte Aufgabe (Farbbenennung) auszuführen.

> Dass die beiden Aufgaben unterschiedlich dominant sind, können Sie sich leicht vor Augen führen, indem Sie die Wörter in der rechten Spalte einmal lesen. Sie werden sehen, dass die „falsche" Druckfarbe der Wörter kaum mit dem Lesen interferiert. Überlegen Sie einmal, was wohl höhere Wechselkosten verursacht – der Wechsel von der leichten Lese- zur schwierigen Benennungsaufgabe oder umgekehrt?

Wylie und Allport beobachteten, dass der Wechsel von der schwierigen Farbbenennungs- zu der leichteren Wortleseaufgabe im Stroop-Paradigma zu höheren Kosten führte (in beiden Fällen ging es um Wörter mit inkongruenter Wortbedeutung und Druckfarbe). Es mag zunächst paradox erscheinen, dass nach dem Wechsel zur leichten Aufgabe die größeren Kosten auftraten. Die Autoren erklärten dies damit, dass die Probanden für die ungewohnte Farbbenennung die natürliche, überlernte Worterkennung viel stärker inhibieren mussten als im umgekehrten Fall die Farbbenennung. Diese Inhibition schien sich auch dann noch auszuwirken, wenn zur zuvor inhibierten Aufgabe gewechselt wurde (also von der Farbbenennung zum Wortlesen).

Frühe fMRT-Experimente haben gezeigt, dass Aufgabenwechsel mit Aktivie- **neuronale Korrelate** rungssteigerungen in einem weiten Netzwerk von Hirnarealen korrelieren (z. B. **des Aufgaben-** Dove et al. 2000). Diese wechselkorrelierten Aktivierungssteigerungen vollziehen **wechsels** sich aber i. d. R. in Hirnarealen, die auch in Nichtwechseldurchgängen, wenn auch weniger stark, aktiviert sind. Aufgabenwechsel gehen also eher mit zusätzlicher neuronaler Aktivität in den Netzwerken einher, die die Aufgabenbearbeitung unterstützen, als dass zusätzliche Areale „eingeschaltet" werden.

Wir haben gesehen, dass die Reaktionszeitkosten für Wechseldurchgänge mit zunehmendem CSI sinken. Wenn dies auf einem aktiven Umkonfigurierungsprozess beruht, so sollten längere CSI auch mit erhöhter Aktivierung einhergehen. Dies entspricht aber nicht den Beobachtungen. Im Gegenteil gehen lange CSI mit geringerer präfrontaler Aktivierung einher als kurze CSI, oder es wird kein Unterschied in der Aktivierungsstärke beobachtet (Abb. 2.2.5; Badre/Wagner 2006; Ruge et al. 2005).

residuale Wechsel-kosten

Obwohl vorab präsentierte Aufgaben-Cues die Wechselkosten senken, so werden auch nach langen CSI (und langen RSI) noch residuale Wechselkosten beobachtet. Es scheint also Gründe zu geben, die eine perfekte Vorbereitung auf die neue Aufgabe (oder eine perfekte Unterdrückung von Interferenzen durch frühere Aufgaben) verhindern. Eine Sichtweise ist, dass die Präsentation der Stimuli Erinnerungen an den alten, jetzt interferierenden *task set* hervorrufen, die bei aller Vorbereitung auf die neue Aufgabe deren Bearbeitung verzögern. Die Aktivierungsdaten sprechen eher für diese Hypothese als für das Konzept einer längeren aktiven Umkodierung bei langen CSI. Nach dieser Sichtweise dominieren bei kurzem CSI die alten über die neuen Aufgabenkonfigurationen und fordern eine aufwendigere Umstellung als bei langen CSI, bei denen die neue Konfiguration einen zeitlichen Vorsprung hat.

Diese Beispiele zeigen, dass Hirnaktivierungsstudien nicht nur dazu genutzt werden können, mit kognitiven Prozessen korrelierte neuronale Aktivität im Gehirn zu lokalisieren, sondern auch dazu, kognitive Prozessannahmen an sich zu überprüfen. Dabei haben Aktivierungsdaten den gleichen Status wie Verhaltensdaten. Aktivierungsänderungen können indirekt Informationen über Prozesse

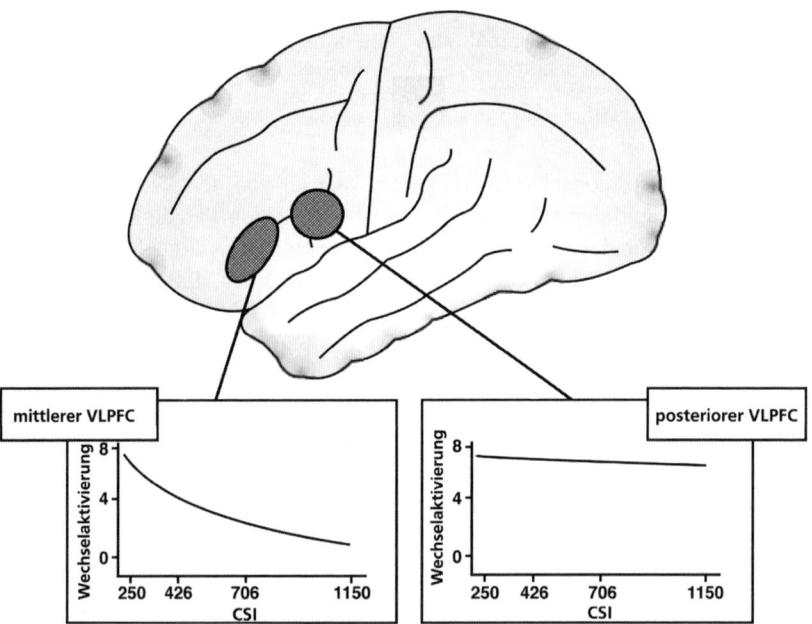

Abb. 2.2.5: Präfrontale Aktivierung bei variablem Cue-Stimulus-Intervall. Im mittleren Segment des lateralen Präfrontalcortex nimmt die Aktivierung mit steigendem CSI ab, während sie im posterioren Segment (IFJ) gleich bleibt (adaptiert aus Badre/Wagner 2006).

liefern, die sich nicht direkt im Verhalten niederschlagen. In beiden Fällen, bei Verhaltens- wie bei Aktivierungsstudien, kommt es letztlich entscheidend auf das experimentelle Design an, wie viel wir aus den Experimenten über die neuronale Basis kognitiver Prozesse lernen können.

Zurück zu unserer Ausgangsfrage: Stört ein Gespräch, über die Freisprechanlage des Telefons oder mit dem Beifahrer, unsere Fahrzeugbeherrschung im Autoverkehr? Wir haben gesehen, dass es gleich mehrere Gründe gibt, dies zu bejahen. So entstehen auch dann Kosten für die Handlungssequenzierung, wenn perzeptuelle Prozesse – Beobachtung der Straße und Zuhören – und Reaktionen – Lenken und Sprechen – nicht interferieren. Dies umso mehr, als die Reihenfolge der Handlungen stets neu getaktet werden muss. In anderen Alltagssituationen mögen Aufgabenwechselkosten im Vordergrund stehen, etwa bei der Bedienung von Displays mit Tastenmehrfachbelegungen. Man mag einwenden, dass die experimentell ermittelten „Kosten" meist nur Sekundenbruchteile ausmachen. Diese Sekundenbruchteile können aber in vielen Situationen, gerade im Straßenverkehr, den entscheidenden Unterschied machen. Eine fundierte psychologische Auskunft zu konkreten Alltagsfragen kann sicher am besten durch konkrete am Problem orientierte Untersuchungen gewährleistet werden. Dabei können die besprochenen allgemeinpsychologischen Befunde aber eine wertvolle Orientierungshilfe geben.

Fragen zu Kapitel 2.2

Überprüfen Sie Ihr Wissen!

81. In welchen Situationen greift das *supervisory attentional system* ein?

82. Definieren Sie den Begriff SOA.

83. Worin besteht der „Flaschenhals" bei der simultanen Aufgabenbearbeitung? Geben Sie ein Beispiel und benennen Sie die Prozessstufen.

84. Geben Sie an, wie sich die Reaktionszeiten einer Erst- und einer Zweitaufgabe verändern, wenn das SOA zwischen beiden Aufgaben verringert wird.

85. Wie heißen die Areale der Hirnrinde, die sich in der lateralen und medialen Großhirnrinde anterior vom Motorcortex befinden? Welche Aufgaben haben sie?

86. Wie heißt der umgekehrt U-förmig verlaufende Sulcus im posterioren Parietalcortex? Welche Funktionen haben die Areale an seinen Ufern?

87. Nennen Sie mindestens drei mögliche Ursachen für erhöhte Reaktionszeiten bei Aufgabenwechseln.

88. Welches Hirnareal scheint spezifisch sowohl in die Doppelaufgabenbearbeitung wie in Aufgabenwechsel involviert zu sein?

89. Geben Sie ein Beispiel, wie bildgebende Daten zur Aufklärung von Prozessannahmen im Aufgabenwechselparadigma herangezogen wurden.

90. Stellen Sie sich vor, Sie seien für das Design einer neuen Flugzeugpilotenkanzel verantwortlich. Worauf würden Sie achten, damit der Pilot möglichst wenige Ressourcen für die Handlungskontrolle aufwenden muss?

2.3   Exekutivfunktionen II

2.3.1   Fehlerkontrolle

Fehler sind meist ärgerlich. Wer hat sich nicht schon über einen „dummen" Fehler geärgert, der, kurz nachdem er begangen wurde, leicht vermeidbar schien. Manchmal erkennt man Fehler aber auch erst, wenn man von anderen darauf hingewiesen wird oder zukünftige Entwicklungen zeigen, dass man sich besser anders verhalten hätte. Man kann Fehler machen, indem man handelt (*error of commission*) oder indem man eine Handlung unterlässt (*error of omission*).

Das Erkennen von Fehlern bietet die Chance, zu lernen, wie man sein zukünftiges Handeln optimieren kann. Dabei kann die Fehlerrückmeldung in manchen Situationen eindeutig (deterministisch) sein – für eine falsch übersetzte Vokabel gibt es eine richtige Lösung –, manchmal aber auch nur eine Wahrscheinlichkeit anzeigen, es in Zukunft besser zu machen – etwa beim Kauf von Aktien.

Fehlersignale enthalten also auch wichtige Informationen. Um diese Informationen nutzbar zu machen, bedarf es oft kognitiver Kontrollmechanismen, die eine Verhaltensänderung erst möglich machen. Wir werden uns daher in diesem Kapitel mit vielen verschiedenen Fragen beschäftigen, von der Detektion von Fehlern bis zu den Prozessen, die eine Umsteuerung des Verhaltens und eine zukünftige Vermeidung von Fehlern ermöglichen.

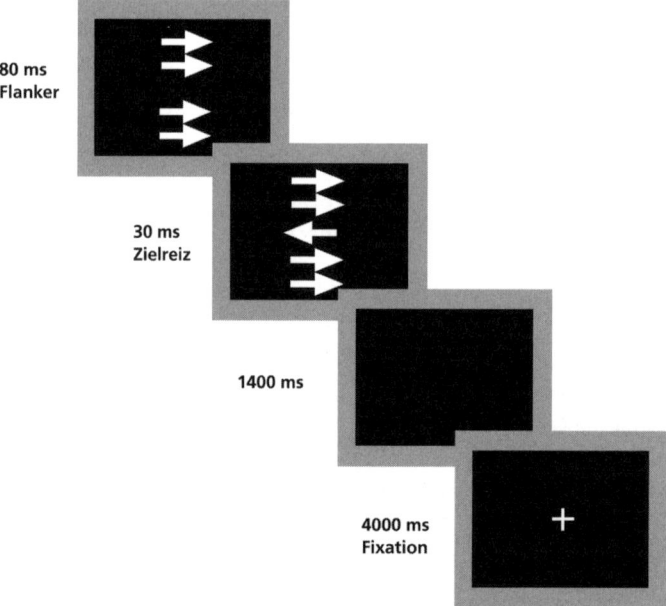

Abb. 2.3.1: Schematische Darstellung eines Versuchsdurchgangs im Eriksen-Flanker-Paradigma. Im Beispiel interferieren die flankierenden Pfeile mit der Richtung des zentralen Pfeils. Die Probanden haben nur begrenzt Zeit für die Abgabe ihrer Reaktion.

In EEG-Untersuchungen wurde eine fehlerkorrelierte negative Potenzialänderung gefunden, die ERN (*error-related negativity*) genannt wird. Die ERN wird besonders dann beobachtet, wenn Probanden unter Zeitdruck Fehler machen (Falkenstein et al. 1990; 2000; Gehring et al. 1993). **error-related negativity (ERN)**

Ein Paradigma, mit dem man eine erhöhte Zahl von Fehlern auslösen kann, ist das Eriksen-Flanker-Paradigma. Hierbei werden die Probanden instruiert, eine manuelle Wahlreaktion auszuführen, indem sie eine linke oder rechte Taste drücken, abhängig davon, ob ein zentral im Gesichtsfeld präsentierter Pfeil nach links oder rechts zeigt. Kurz bevor der zentrale Pfeil erscheint, werden jedoch flankierende Pfeile gezeigt, die in die gleiche oder entgegengesetzte Richtung zeigen können wie der zentrale Pfeil. Wenn die Richtung der Pfeile nicht übereinstimmt, steigt die Wahrscheinlichkeit, die falsche Reaktion auszulösen, und insbesondere dann, wenn die Probanden nur begrenzte Zeit für ihre Reaktion zur Verfügung haben (Abb. 2.3.1).

Die ERN ist nicht an bestimmte Reaktionen (z.B. Hand- oder Augenbewegungen) gebunden. Diese Potenzialänderung beginnt zu dem Zeitpunkt, zu dem die falsche Reaktion begonnen wird, und erreicht ihr Maximum etwa 100 ms später. Zu diesem Zeitpunkt können die Neurone, die die ERN generieren, bereits über die Ausführung der fehlerhaften Reaktion „informiert" sein. Dies geschieht über eine „Efferenzkopie" des motorischen Signals. Dabei handelt es sich um ein Signal, das dem entspricht, welches an die Muskelgruppen gesendet wird, um eine bestimmte Reaktion auszulösen. Diese Kopie wird an das Zentralnervensystem zurückgeleitet und ermöglicht den Vergleich der gerade initiierten Handlung mit der Handlungsabsicht des Organismus (Abb. 2.3.2). **Efferenzkopie**

Eine ähnliche fehlerkorrelierte Signaländerung wird auch zu einem späteren Zeitpunkt beobachtet, wenn der Proband eine negative Rückmeldung erhält. Man spricht demgemäß von Reaktions- und Rückmeldungs-ERN (*response- and feedback-ERN*). **Fehlerrückmeldung**

FMRT-Untersuchungen zur ERN fanden wiederholt Aktivierungen im frontomedianen Cortex, die eine Lokalisation des ERN-Generators in der rostralen cingulären Zone (RCZ) wahrscheinlich machen. Diese Annahme war allerdings mit einer gewissen Unsicherheit verbunden, weil EEG und fMRT unterschiedliche Signale messen – nämlich elektrische Entladungen der Nervenzellen einerseits und die Reaktion des Gefäßsystems auf den damit verbundenen Energieverbrauch andererseits. Eine kürzlich veröffentlichte Studie hat jedoch überzeugende Belege dafür erbracht, dass die ERN tatsächlich in der RCZ ihren Ursprung hat (Debener et al. 2005). In der Regel werden sowohl in EEG- wie auch in fMRT-Untersuchungen die erhaltenen Signale über alle Durchgänge einer Versuchsbedingung gemittelt (hier etwa über alle Fehlerdurchgänge), um ein möglichst rauschfreies Signal zu erhalten. Im Gegensatz dazu gelang es Debener und Kollegen, EEG- und fMRT-Signaländerungen in jedem einzelnen Durchgang des Experiments miteinander in Beziehung zu setzen. Sie fanden, dass die Höhe der ERN-Signaländerung in der RCZ eng mit der fMRT-Signaländerung am gleichen Ort zusammenhing. **rostrale cinguläre Zone (RCZ)**

Nach einer einflussreichen Theorie wird die Aktivität der RCZ durch dopaminerge Neurone des Mittelhirns beeinflusst (Holroyd/Coles 2002). Diese Neurone, die den Botenstoff Dopamin ausschütten, sind Teil eines „Belohnungssystems" **dopaminerges System**

des Gehirns: Es meldet dem Organismus zurück, ob seine Erwartungen hinsichtlich positiver oder negativer Handlungsfolgen bestätigt werden oder nicht. Die
diesbezüglichen Befunde werden in Kap. 4.4 ausführlich dargestellt. Nach der
Theorie von Holroyd und Coles werden Fehlerrückmeldungen wie das Ausbleiben
einer erwarteten Belohnung verarbeitet.

Fehler-Monitoring-kosten

Eine konkurrierende Sichtweise hebt die Bedeutung von Fehler-Monitoring
hervor (Carter et al. 1998). Nach dieser Theorie spiegeln die fehlerrelatierten
Aktivierungen in der RCZ und benachbarter Regionen des dorsalen anterioren
cingulären Cortex (ACC) nicht so sehr die Rückmeldung über eine fehlerhafte
Reaktion, sondern die Feststellung (Monitoring) von Reaktionskonflikten. Diese
Reaktionskonflikte liegen etwa vor, wenn eine gut geübte, geläufige Reaktion
unterdrückt werden muss, um eine weniger automatisierte Reaktion auszuführen,
wie es etwa in der Stroop-Aufgabe der Fall ist (s. voriges Kapitel). In solchen
Fällen kommt es, bildhaft gesprochen, zu einem Wettlauf zwischen der automa-

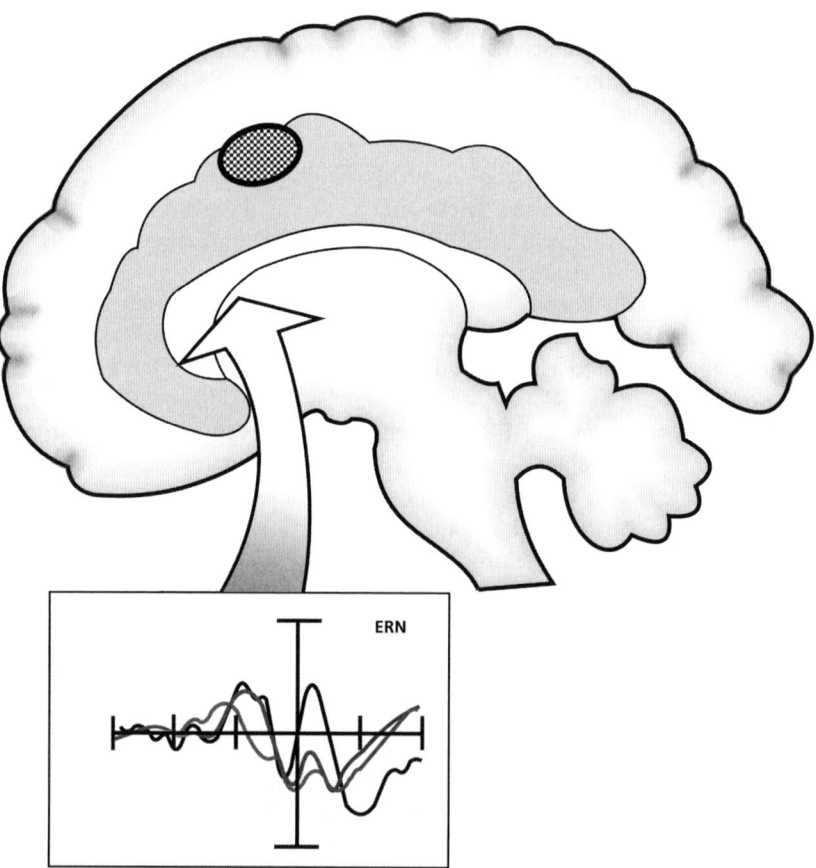

Abb. 2.3.2: Die *error-related negativity*. Zeitlicher Verlauf (schwarze Linie) und
Lokalisation der vermutlichen Quelle in der rostralen cingulären Zone mit Hilfe von
fMRT (nach Debener et al. 2005, bearbeitet)

tischen, aber der Situation unangemessenen Reaktion und der korrekten Reaktion. Steht die Versuchsperson unter Zeitdruck, steigt die Wahrscheinlichkeit, dass die automatisierte falsche Reaktion ausgeführt wird. Dabei werden sich die Versuchspersonen häufig nach Abgabe der Reaktion des Fehlers durchaus bewusst.

Reaktionskonflikt besteht aber auch durchaus in den Durchgängen, in denen die Versuchsperson sich gegen die automatisierte Reaktion entscheidet und die korrekte Reaktion ausführt. In diesem Fall wird der Konflikt bereits vor der Reaktion ausgetragen. Die Fehler-Monitoring-Hypothese sagt auch für diesen Fall eine neuronale Aktivierung voraus. Diese Vorhersage wurde in vielen Studien bestätigt (Abb. 2.3.3). Reaktionskonflikte können weiterhin in Situationen entstehen, in denen keine eindeutig richtige Antwort erkennbar ist – etwa in probabilistischen Lernsituationen, wo die Korrektheit der Antwort nur mit einer gewissen Wahrscheinlichkeit zurückgemeldet wird. **Prä-Reaktions-konflikt**

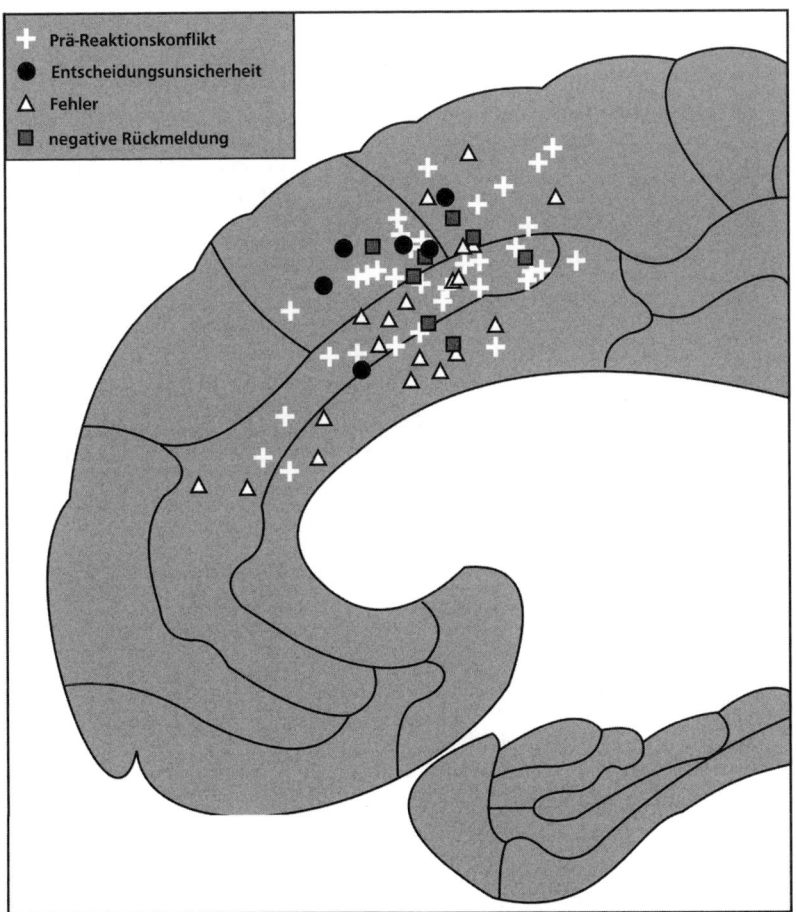

Abb. 2.3.3: Aktivierungen im frontomedianen Cortex, die mit Fehlern oder Konflikt-situationen einhergehen (nach Ridderinkhof et al. 2004, bearbeitet)

Rolle des ACC

Welche Verallgemeinerungen für die Rolle des ACC und benachbarter Gebiete können nun aus diesen Studien gezogen werden? Die hohe Überlappung der Aktivierungen (Abb. 2.3.3), die bei Auftreten von Reaktionskonflikt (vor der Reaktion), von Fehlern, ohne oder mit negativer Rückmeldung, und in Situationen mit hoher Reaktionsunsicherheit gefunden wurden, könnten zu der Annahme veranlassen, dass in all diesen Situationen ein gemeinsamer Mechanismus am Werk ist. Dem steht die Beobachtung entgegen, dass die gemessenen Aktivierungen doch über einen recht großen Bereich streuen. Dabei ist zumindest ansatzweise zu erkennen, dass der Aktivationsschwerpunkt bei Prä-Reaktionskonflikt etwas weiter dorsal liegt als die Schwerpunkte für Fehler- und Rückmeldungs-Monitoring. Auch innerhalb eines Hirnareals zeigen benachbarte Neurone innerhalb des posterioren frontomedianen Cortex Reaktionen auf unterschiedliche Aspekte, die bei der Fehlerverarbeitung eine Rolle spielen mögen, wie das Ausbleiben einer erwarteten positiven Konsequenz, aber auch das Eintreffen einer unerwarteten Konsequenz (Ito et al. 2003).

Evaluation von Verhaltenskonsequenzen

Die Daten sprechen also für eine bedeutende Rolle des frontomedianen Cortex, und dort insbesondere des anterioren cingulären Cortex, für die Kontrolle unseres Verhaltens. Diese Kontrolle äußert sich im Speziellen in der Vermeidung oder Korrektur von Fehlern, scheint aber im weiteren Sinne in die Evaluation positiver und negativer Verhaltenskonsequenzen eingebunden zu sein. Dabei signalisieren Prä-Reaktionskonflikt und Entscheidungsunsicherheit jeweils reduzierte Belohnungserwartungen, während Fehler und unerwartete negative Rückmeldungen mit dem Ausbleiben erwarteter Belohnungen verbunden sind (Ridderinkhof et al. 2004).

Optimierung des Verhaltens

Bisher haben wir von der Erkennung von Fehlern gesprochen, vom Monitoring positiver und negativer Handlungskonsequenzen oder vom Verhältnis von erwarteten und tatsächlichen Konsequenzen. All dies zielt natürlich darauf ab, unser Verhalten zu optimieren, um in Zukunft Fehler zu vermeiden oder positivere Verhaltenskonsequenzen zu erzielen. Im Kontext experimenteller Untersuchungen können solche Verhaltensänderungen daran gemessen werden, wie sich die Versuchsperson im nächsten Durchgang verhält, nachdem sie gerade eine Rückmeldung über ihr Verhalten bekommen hat.

post-error slowing

Nach einer Fehlerrückmeldung zeigen Probanden häufig im nächsten Durchgang eine verlangsamte Reaktion (*post-error slowing;* Rabbitt 1966). Die Verlangsamung der Reaktionszeit im Folgedurchgang korreliert mit der Stärke der ERN einerseits und der ACC-Aktivierung andererseits (Gehring et al. 1993; Garavan et al. 2002; Kerns et al. 2004; Debener et al. 2005). Diese Befunde sprechen dafür, dass der posteriore frontomediane Cortex (inclusive des ACC) tatsächlich Informationen liefert, die zu einer Verhaltensänderung führen. Wo aber spiegeln sich diese Verhaltensänderungen im Gehirn wider?

Monitoring und Kontrolle

Während die frontomediane Aktivität prädiktiv für die Reaktionszeit im Folgedurchgang ist, wurden im lateralen Präfrontalcortex Aktivitätsänderungen in eben jenem Folgedurchgang gefunden, die mit der gleichzeitigen Reaktionszeitveränderung korrelieren (Kerns et al. 2004). Diese Befunde sprechen für eine Aufgabenteilung zwischen dem frontomedianen Cortex als Monitoring-Instanz und dem lateralen Präfrontalcortex als Kontrollinstanz. In dieser führen die Signale des frontomedianen Cortex zur Implementierung von Kontrollprozessen, die zukünftige Fehlervermeidung begünstigen.

2.3.2   Exekutive Funktionen des lateralen Präfrontalcortex

Im letzten Kapitel haben wir die Frage aufgeworfen, ob es eine einheitliche „zentrale Exekutive" gebe oder verschiedene Exekutivprozesse mit unterschiedlichen neuronalen Substraten. Inzwischen haben wir gesehen, dass es zumindest Evidenz für eine Aufgabenteilung zwischen frontomedianem Cortex und lateralem Präfrontalcortex gibt, im Sinne einer Monitoring- und einer Kontrollinstanz. Innerhalb des lateralen Präfrontalcortex hat es einige Versuche gegeben, eine weitere Kartierung voneinander abgrenzbarer funktionaler Module vorzunehmen (hier werden nur exekutive Funktionen behandelt; für andere präfrontale Funktionen, etwa in der Sprachverarbeitung oder der sozialen Kognition, s. Kap. 2.6 und 4.5).

Frühe tierexperimentelle Studien (Wilson et al. 1993) sprachen für eine Unterscheidung getrennter Arbeitsgedächtnissysteme für räumliche und figurale Information. Dahinter steckte die Vorstellung, die „Was"- und „Wo"-Pfade (s. Kap. 1.3) ließen sich bis in den Präfrontalcortex weiterverfolgen. Metaanalysen von fMRT-Arbeitsgedächtnisexperimenten konnten eine solche Trennung jedoch nicht bestätigen (D'Esposito et al. 1998; Wager/Smith 2003). Weitere tierexperimentelle Untersuchungen fanden auch im Affen, dass präfrontale Neurone oft räumliche und figurale Aspekte von Arbeitsgedächtnisleistungen integrieren (Rainer et al. 1998).

„Was" und „Wo"

Ein anderes Konzept postuliert eine Unterscheidung zwischen ventralem und dorsalem Präfrontalcortex im Hinblick darauf, ob bei Arbeitsgedächtnisfunktionen allein das Halten von Information im Arbeitsgedächtnis im Vordergrund steht oder mit diesen Arbeitsgedächtnisinhalten noch exekutive „Manipulationen" ausgeführt werden (Owen et al. 1996).

Halten und Manipulieren

In frühen Metaanalysen von fMRT-Studien konnte dieses Konzept bestätigt werden, wobei die Trennung zwischen reiner „Haltefunktion" und Manipulation jedoch eher graduell als absolut verlief und nicht in allen Aufgaben beobachtet wurde (D'Esposito et al. 1998; Smith/Jonides 1999). Eine neuere Metaanalyse hat dies spezifiziert: Nicht alle „Manipulationen", sondern spezifisch *updating* (wie etwa in der n-*back*-Aufgabe, in der bei sequenzieller Reizdarbietung jeweils der aktuelle Reiz mit dem n-Stellen vorher gezeigten Reiz verglichen werden muss) und Anforderungen an das Reihenfolgegedächtnis führen eher zu dorsalen lateral-präfrontalen Aktivierungen (Wager/Smith 2003).

Einen gänzlich anderen Standpunkt vertreten Duncan und Owen (2000). Sie untersuchten 20 fMRT-Studien, die recht disparate Prozessanforderungen hatten. Die gefundenen frontalen Aktivierungen gruppierten sich lateral um den Sulcus frontalis inferior sowie medial im Bereich des posterioren frontomedianen Cortex (Abb. 2.3.4). Entlang des Sulcus frontalis inferior erstreckten sich die Aktivierungen etwa über das posteriore und mittlere Drittel. Innerhalb dieser Areale wurde keine funktionelle Differenzierung gefunden.

Zu dieser Studie kann man einige kritische Anmerkungen machen. Zum einen handelt es sich um eine Post-hoc-Analyse von Studien, die ursprünglich zur Untersuchung anderer Fragestellungen entwickelt wurden. Weiterhin sind die Auswahlkriterien schwer nachvollziehbar. Dass mit gezieltem hypothesengeleiteten Vorgehen feinere Prozessunterschiede und damit assoziierte Unterschiede der funktionellen Neuroanatomie gefunden werden können, belegen die oben beschriebenen Studien zu Fehler-Monitoring und Fehlerkontrolle sowie die Metaanalysen. Dennoch ist die Studie von Duncan und Owen nicht uninteressant. Sie zeigt zumindest, dass sich die Aktivierungen nicht gleichmäßig über den gesamten Präfrontalcortex verteilen. Sie treten gehäuft in bestimmten präfrontalen Arealen auf, obwohl die untersuchten Aufgaben recht unterschiedlich waren.

fMRT-Aktivierung und Aufgabenspezifität

Ähnliche fMRT-Aktivierungen für verschiedene Aufgaben sind noch kein Beleg dafür, dass die Neurone in dem aktivierten Gebiet in beiden Aufgaben die gleiche Funktion unterstützen. Ein Beispiel: Wir haben gesehen, dass der primäre visuelle Cortex Neurone enthält, die selektiv auf Bewegung, andere, die selektiv auf Wellenlängenunterschiede reagieren (Kap. 1.1 und 1.3). Sowohl bewegte Reize wie Wellenlängenänderungen können aufgrund der geringeren räumlichen Auflösung der fMRT zu ununterscheidbaren V1-Aktivierungen führen.

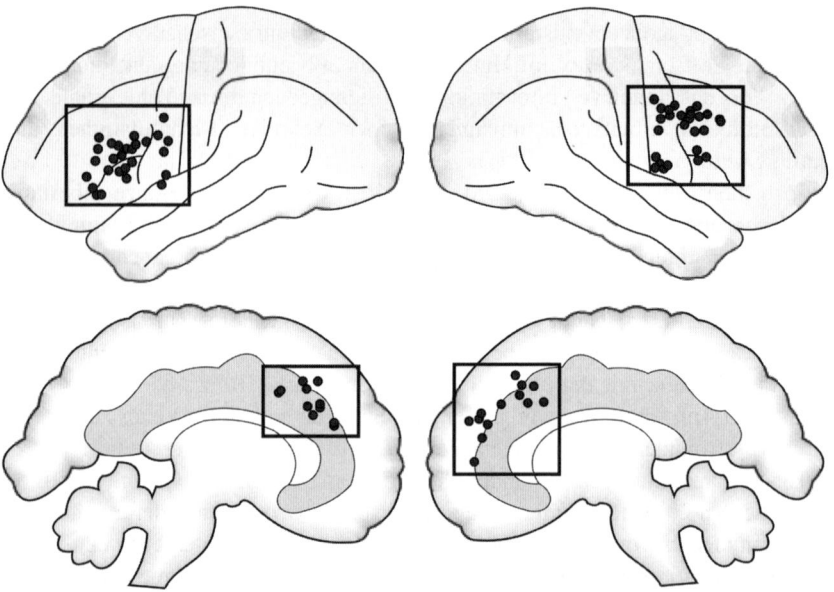

Abb. 2.3.4: Gemeinsame präfrontale Aktivierungen in Aufgaben mit unterschiedlichen Anforderungen (nach Duncan/Owen 2000, bearbeitet)

Verhält es sich im Präfrontalcortex vielleicht auch so, dass überlappende Aktivie-rungen in verschiedenen Studien dadurch zustande kommen, dass der Präfrontal-cortex verschiedene Funktionen räumlich so dicht beieinander unterstützt, dass die Unterschiede mit der begrenzten Auflösung nichtinvasiver Bildgebungsme-thoden nicht sichtbar werden? Dagegen spricht, dass Ableitungen von einzelnen präfrontalen Neuronen häufig zeigen, dass einzelne Neurone auf verschiedene Anforderungen reagieren. Hierbei handelt es sich nicht einfach um unspezifische Reaktionen, wie eine Studie von Freedman und Kollegen (2001) zeigt.

In diesem Experiment wurden Affen Bilder von Tieren gezeigt, die sie als Hunde und Katzen kategorisieren sollten. Neben eindeutigen Vertretern der jeweiligen Kategorie wurden auch Bilder gezeigt, die „Morphs" aus beiden Kate-gorien waren, etwa 60/40 % Hund/Katze. Die Ableitungen wurden in zwei Hirnarealen durchgeführt, im inferotemporalen Cortex (IT) und im lateralen Präfrontalcortex (lPFC). Die Hypothese von Freedman und Kollegen war, dass die inferotemporalen Neurone selektiv auf bestimmte Tierbilder reagieren würden (wobei manche Neurone eher auf Merkmale der Katzen, andere auf bestimmte Hundemerkmale reagieren würden), aber nicht auf bestimmte Kategorien. Dage-gen würden die lateral-präfrontalen Neurone die Kategorien abbilden. Die Hypo-these wurde bestätigt – die inferotemporalen Neurone zeigten ein Kontinuum von Reaktionen, das dem Kontinuum der gezeigten Tierbilder entsprach. Die Reak-tionen der lateral-präfrontalen Neurone hingegen zeigten eine deutliche Kate-goriengrenze. Manche Neurone reagierten stärker auf Hunde als auf Katzen, andere umgekehrt stärker auf Katzen als auf Hunde. Dabei war die Varianz der Reaktionen auf Bilder innerhalb der Kategorie sehr viel geringer als zwischen den Kategorien.

Für die Funktionsweise der lateral-präfrontalen Neurone war folgender Befund von besonderer Bedeutung: Nachdem die Affen die Hund/Katze-Unterscheidung gelernt hatten, wurde ihnen eine andere Kategorisierung antrainiert. Die gleichen Tierbilder sollten jetzt nach neuen Kategorien gruppiert werden, wobei gleich viele „Hunde" wie „Katzen" in die neuen Kategorien fielen (die neuen Kategorien waren orthogonal zu den alten Kategorien). Die gleichen lateral-präfrontalen Neu-rone, deren Reaktionen zuvor die Hund/Katze-Kategorien repräsentiert hatten, repräsentierten jetzt die neuen Kategorien. Die inferotemporalen Neurone dagegen reagierten nach wie vor auf die gleichen individuellen Tierbilder, auf die sie auch zuvor reagiert hatten. Die Autoren schlossen daraus, dass die lateral-präfrontalen Neurone in der Lage waren, unterschiedliche Klassifikationsgrenzen zu erlernen, während dies bei den inferotemporalen Neuronen nicht der Fall war.

Ähnliche Befunde stammen aus der Literatur zu konditionalem Assoziations-lernen. Bei dieser Lernform (s.a. Kap. 3.5–3.7) werden nicht einfach Asso-ziationen zwischen Reiz und Reaktion erlernt, sondern kontextabhängige, be-dingte Assoziationen zwischen Reiz und Reaktion. So signalisiert etwa ein bestimmter Ton nur dann Futter, wenn zuvor eine Lampe aufleuchtet. Viele Expe-rimente haben gezeigt, dass konditionales Assoziationslernen nach präfrontalen Läsionen gestört ist (Miller et al. 2002). Dabei lernen gesunde Affen diese kontextabhängigen Zusammenhänge sehr schnell. In einer Studie etwa wechsel-ten täglich die Assoziationen: Reize, auf die zu reagieren an einem Tag belohnt

**konditionales
Assoziationslernen**

wurde, waren am nächsten Tag Ablenkerreize, auf die keine Belohnung erfolgte (Bichot / Schall 1999).

In einem weiteren Experiment lernten Affen innerhalb von 5–15 Versuchs-durchgängen, auf welche Reize sie reagieren mussten, um eine Belohnung zu er-halten. Ihre PFC-Neurone zeigten während dieser Durchgänge eine mit der kor-rekten Reaktion assoziierte Aktivierung: Sie trat zunächst nur unmittelbar vor der Reaktion auf, dann aber immer früher, als wenn die Neurone eine Erwartung repräsentieren würden (mehr zur Kodierung von Erwartung in Kap. 4.4). Präfron-tale Neurone des Affen kodieren darüber hinaus auch verschiedene Aufgabenin-struktionen in Aufgabenwechselexperimenten (Hoshi et al. 1998; White / Wise 1999; Asaad et al. 2000).

adaptive Kodierung   Aus solcherart Experimenten entstand die Vorstellung einer adaptiven Kodie-rung im Präfrontalcortex (Duncan 2001; Miller et al. 2002). Danach sind präfron-tale Neurone in der Lage, im Gegensatz zu der Verarbeitung in posterioren Hirnarealen, sich an verschiedene Aufgabenanforderungen anzupassen und die verschiedensten Aufgabenanforderungen zu kodieren.

Bedeutet diese Adaptivität des Präfrontalcortex, dass es keinerlei Unterschied in der neuronalen Kodierung verschiedener exekutiver Prozesse gibt? Dies wäre ein voreiliger Schluss. Der große Vorteil der Einzelzellableitungen beim Affen, die große räumliche Auflösung, wird mit einem Nachteil erkauft, dass nur ein kleines Areal (oder wenige Areale) des Gehirns untersucht werden kann. Für die Frage, ob es doch bestimmte Areale des, insbesondere lateralen, PFC gibt, die mit spezi-fischen Klassen von Aufgabenanforderungen assoziiert sind, wenden wir uns wie-der den bildgebenden Studien zu.

hierarchisches Kontrollmodell   Wir haben eine Vielzahl kognitiver Kontrollprozesse kennengelernt. Weiterhin haben wir gesehen, dass diese Kontrollprozesse mit einer Reihe verschiedener Hirnaktivierungsmuster einhergehen. In diesen sind zwar einige Konstanten er-kennbar, wie etwa die Involvierung des medialen frontomedianen Cortex in das Fehler-Monitoring oder des lateralen inferioren frontalen Knotenpunkts bei Auf-gabenwechselprozessen. Dennoch stellt sich die Frage, ob es eine übergreifende Organisation exekutiver Kontrollprozesse gibt, die es erlaubt, Klassen von Aufga-ben (und von ihnen geforderter Kontrollprozesse) zu unterscheiden, die dann auch ein zugehöriges neuronales Korrelat haben. Ein interessanter Vorschlag in dieser Richtung (Koechlin et al. 2003; Koechlin / Summerfield 2007) unterscheidet drei Arten von Prozessen:
(1) Reaktionen auf einen Stimulus,
(2) Reaktionen auf einen Stimulus, die vom Aufgabenkontext (*task set*) abhängen, und
(3) die episodische Kontrolle dieser *task sets*.

Damit ist gemeint, dass, wenn der gleiche Reiz in Abhängigkeit vom Aufgaben-kontext verschiedene Reaktionen verlangt, stets die aktuelle Aufgabenkonfigura-tion beibehalten und andere, zuvor gültige Aufgabenkonfigurationen unterdrückt werden müssen (zum Begriff „episodisches Gedächtnis" s. Kap. 3.3, Kasten „Am-nesien").

Am Beispiel der Stroop-Aufgabe veranschaulicht, bedeutet das:

B

(1) Lies das Wort (stimulusabhängige Reaktion),
(2) lies das Wort oder benenne die Farbe, abhängig vom Aufgaben-Cue (kontextuelle Kontrolle), und
(3) inhibiere das (zuvor verlangte) Lesen des Worts zugunsten der Farbbenennung (wenn aktuell die Benennung gefordert ist).

In einem Experiment konnten Koechlin und Kollegen (2003) zeigen, dass diese Verarbeitungsstufen mit einer ebenfalls gestuften Aktivierung des lateralen Frontalcortex einhergehen (Abb. 2.3.5). Einfache stimulusabhängige Reaktionen führten zu einer Aktivierung prämotorischer Areale (an der posterioren Grenze des Präfrontalcortex), kontextabhängige Reaktionen führten zur zusätzlichen Aktivierung des posterioren Präfrontalcortex und episodische Kontrolle zur wiederum zusätzlichen Aktivierung des anterioren Präfrontalcortex.

Das hierarchische Modell passt zu der bereits vorgestellten Hypothese, dass der posteriore lPFC eine bedeutsame Rolle bei der Aufgabenkonfigurierung spielt. Es bleibt abzuwarten, ob dieses Konzept einer hierarchischen Repräsentation exekutiver Kontrollprozesse im Frontalcortex in weiteren Studien, insbesondere unter Verwendung anderer experimenteller Paradigmen, repliziert werden wird. Solange dies nicht geschehen ist, bleibt der Anwendungsbereich des hierarchischen Modells unklar. Es bildet aber in jedem Fall eines der interessantesten Konzepte für die funktionelle Organisation des Präfrontalcortex.

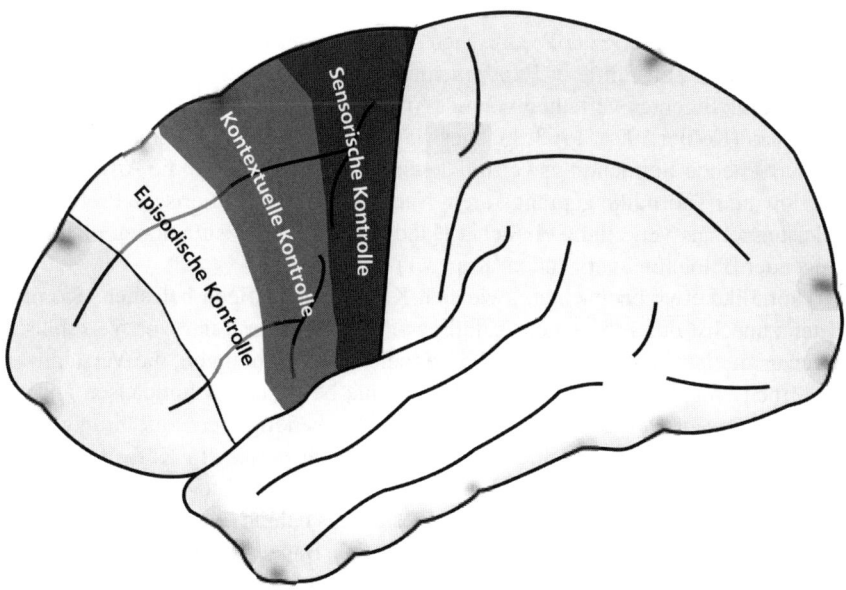

Abb. 2.3.5: Das hierarchische Kontrollmodell von Koechlin et al. (2003)

Fragen zu Kapitel 2.3

Überprüfen Sie Ihr Wissen!

91. In welchen Situationen tritt die *error-related negativity* auf?
92. Nennen Sie einige neuroanatomische Strukturen des frontomedianen Cortex und skizzieren Sie ihre Lage.
93. Welche Bedeutung wird dem Botenstoff Dopamin für die Fehlerverarbeitung nach der Theorie von Holroyd und Coles zugesprochen?
94. Was unterscheidet die Fehler-Monitoring-Theorie von der Vorstellung, Neurone im anterioren cingulären Cortex detektierten Fehler?
95. Welche Belege gibt es für eine Arbeitsteilung zwischen frontomedianem und lateralem präfrontalen Cortex bei der Reaktion auf Fehler?
96. Welche Belege sprechen für oder gegen eine räumliche Trennung von Arbeitsgedächtnisfunktionen im lateralen Präfrontalcortex?
97. Was besagt das Konzept der adaptiven Kodierung?
98. Was ist konditionales Assoziationslernen? Welche neuronalen Korrelate hat es?
99. Skizzieren Sie das Modell hierarchischer Kontrollprozesse im Präfrontalcortex.
100. Entwerfen Sie ein Experiment, mit dem Sie eine vermutete Einschränkung der Fehlerkontrolle in einer Patientenpopulation untersuchen könnten.

2.4   Problemlösen

In den Jahren 1913–1920 leitete der Psychologe Wolfgang Köhler die Anthropoiden-Forschungsstation der Preußischen Akademie der Wissenschaften auf Teneriffa. In dieser Zeit führte er Experimente mit Schimpansen durch, die zum Ziel hatten, „intelligentes Verhalten von der Art des am Menschen bekannten" zu untersuchen (Köhler 1921 / 1963, 1). Dies war zu der Zeit durchaus unüblich, da die vorherrschende Betrachtungsweise tierischen Verhaltens durch die Arbeiten von Pawlow und Thorndike geprägt waren. Nach diesen wurden tierische Problemlöseleistungen als Verkettung einfacher Handlungen und Reizsituationen mit nachfolgender Belohnung verstanden (Kap. 3.1).

Thorndike etwa beobachtete, wie sich Katzen aus Käfigen befreiten: Sie öffneten zunächst durch scheinbar zufälliges Probieren eine Reihe von Verschlussmechanismen und lernten erst im Laufe vieler Wiederholungen, die Verschlüsse zu öffnen, um sich zu befreien. Köhler machte bei seinen Schimpansen andere Beobachtungen. Der Schimpanse „Sultan" etwa benötigte ca. eine Stunde, um verschiedene Stöcke zusammenzustecken, die sich in seinem Käfig befanden. Nachdem ihm dies gelungen war, benutzte er den langen Stock sofort, um eine Banane zu erreichen, die sich außerhalb des Käfigs befand. Andere Affen, vor die Aufgabe gestellt, eine über ihren Köpfen hängende Banane zu erreichen, bewegten sich zunächst scheinbar ziellos in ihrem Käfig, türmten dann aber plötzlich mehrere Kisten aufeinander, um auf diese zu klettern und schließlich die Banane zu erreichen.

Köhler argumentierte, dass der zeitliche Ablauf des Verhaltens seiner Affen nicht durch graduelles Versuch-und-Irrtum-Lernen zu erklären sei. Er zeige, dass die Affen „Einsicht" zeigten.

2.4.1   Problemdeterminanten

Das Beispiel der problemlösenden Affen zeigt einige Charakteristika, die auch für das menschliche Problemlösen gelten. Der Problemlöser befindet sich in einer „Start"-Position, er möchte ein Ziel erreichen. Um vom Start zum Ziel zu gelangen, müssen jedoch (gedankliche) Barrieren überwunden werden. Oft gelingt die Überwindung der Barrieren erst nach einiger Zeit, dann jedoch einer plötzlichen Eingebung folgend.

Von der Gestaltpsychologie, einer Richtung der deutschen Psychologie, zu deren Begründern auch Wolfgang Köhler gehörte, wurde der Problemlöseprozess als eine Abfolge von Phasen beschrieben: zunächst eine Vorbereitungsphase, in der man sich mit dem Problem vertraut macht, sodann eine Inkubationsphase, in der mögliche Lösungen des Problems heranreifen, gefolgt von einer Illumination (Aha-Erlebnis) und der anschließenden Verifikationsphase, in der die Brauchbarkeit der Lösungsidee überprüft wird (Wallas 1926). **Gestaltpsychologie**

Ein zentrales Postulat der Gestaltpsychologie war die Bedeutung „produktiven Denkens". Danach vollzieht sich erfolgreiche Problemlösung nicht primär durch die Reproduktion bereits bekannter Lösungswege in neuen Situationen, sondern durch die Schaffung neuer Lösungswege. Umgekehrt behindert uns unser Wissen um Lösungsstrategien, die in anderen Situationen erfolgreich waren, manchmal bei der Lösung neuer Probleme. **produktives Denken**

Ein frühes Beispiel für solch eine Beschränkung stammt von dem deutschen Psychologen Karl Duncker, ebenfalls ein Vertreter der Gestaltpsychologie. Duncker (1945) stellte seine Probanden vor die Aufgabe, eine Kerze so an der Wand anzubringen, dass sie aufrecht steht und angezündet werden kann. Als Hilfsmittel fanden die Probanden neben der Kerze eine Schachtel mit Reißzwecken und ein Streichholzheftchen.

Überlegen Sie zunächst einmal selbst, wie Sie das Problem lösen könnten.

Nur wenige kamen auf die Idee, die Schachtel zu leeren und als Podest für die Kerze an die Wand zu heften. Duncker sah den Grund für die Schwierigkeit, diese Lösung zu finden, in der „funktionellen Gebundenheit". Eine Schachtel ist zunächst ein Behälter. Es bereitet uns Schwierigkeiten, von dieser Funktion zu abstrahieren und mögliche andere Nutzungen zu finden.

Auf systematischere Weise wurde der Einfluss von Vorerfahrung durch Luchins (1942; Luchins/Luchins 1959) untersucht. Hierbei wurde die Vorerfahrung der Probanden durch die Art der Aufgaben direkt variiert. Das Problem bestand darin, in einem Krug eine bestimmte Menge Wasser herzustellen. Dazu standen Krüge verschiedener Größe bereit.

Tab. 2.4.1: Beispiel für eine Umfüllaufgabe nach Luchins (1942)

Problem	Größe der Krüge			Ziel
1.	29	3		20
2.	21	127	3	100
3.	14	163	25	99
4.	18	43	10	5
5.	9	42	6	21
6.	20	59	4	31
7.	23	49	3	20
8.	15	39	3	18
9.	28	76	3	25
10.	18	48	4	22
11.	14	36	8	6

> Versuchen Sie einmal selbst, Problem 1 aus Tabelle 2.4.1 zu lösen, bevor Sie weiterlesen. Die Lösung ist, zunächst den Krug, der 29 Liter fasst, zu füllen und dann dreimal 3 Liter mit dem kleinen Krug abzuschöpfen. Bearbeiten Sie jetzt bitte die restlichen Umfüllaufgaben aus der Tabelle.

Wenn Sie die Aufgaben bearbeitet haben, werden Sie schnell bemerkt haben, dass sie sich nach einem bestimmten Schema lösen lassen, nämlich den großen Krug B zu füllen, dann einmal mit Krug A abzuschöpfen, gefolgt von zweimaligem Abschöpfen mit Krug C. Ist Ihnen auch aufgefallen, dass es ab dem 7. Problem auch eine einfachere Lösungsmöglichkeit gibt, nämlich durch einmaliges Schöpfen bzw. Umgießen? Wenn Sie die einfachere Lösung gefunden haben, ist Ihnen dies bereits bei Problem 7 oder 8 gelungen oder erst bei Problem 9? Problem 9 ist so konstruiert, dass die ursprüngliche Lösung (Krug B – Krug A – 2 x Krug C) nicht mehr aufgeht.

Damit sollten die Probanden angeregt werden, neue Lösungswege zu suchen. Luchins und Luchins berichteten, dass nur ein Viertel ihrer Probanden die einfachere Lösung fanden, wenn auch die Einstellungslösung gültig war. Auch das Einstreuen von Problemen, für die die Einstellungslösung nicht galt (wie Problem 9), führte selten zu einer Änderung der Strategie. Im Vergleich dazu wurde die einfachere Lösung in einer Kontrollgruppe zu 100 % gefunden. Diese Gruppe bearbeitete Probleme, die von Anfang an die einfache Lösung neben der komplexeren Lösung ermöglichten.

> Versuchen Sie einmal, Ihr bisheriges Wissen über erfolgreiche Problemlösestrategien auf folgendes Problem anzuwenden. In Abbildung 2.4.1 sehen Sie Rechenaufgaben, die mit Streichhölzern dargestellt sind. In der dargestellten Form gehen die Gleichungen nicht auf. Sie sollen nun durch Umlegen nur eines

Streichholzes eine gültige Gleichung herstellen. Die Gleichungen dürfen nur römische Zahlen, Plus-, Minus- und Gleichheitszeichen enthalten (also z. B. keine Ungleichung).

Problem A wurde in einer Studie von etwa 75 % der Probanden innerhalb einer Minute gelöst, während dies bei Problem B nur etwa 5 % der Teilnehmer schafften. Die beiden Probleme unterscheiden sich darin, dass Problem A durch Veränderung der Zahlenwerte gelöst werden kann (7 = 6 + 1), während das für Problem B nicht gilt. Zur Lösung von Problem B müssen die Operatoren verändert werden (4 – 3 = 1). Warum fällt uns das schwerer als eine Veränderung der Zahlenwerte? Knoblich und Kollegen argumentierten, dass wir häufiger damit konfrontiert werden, dass strukturell gleiche Aufgaben mit variablen Werten gelöst werden sollen und daher die Zahlen eher als die Operatoren als variabel ansehen. Blickmessungen während der Aufgabenbearbeitung zeigten denn auch, dass die Probanden zunächst fast ausschließlich die Zahlen betrachteten (Knoblich et al. 1999). Auch hier hängt die erfolgreiche Problemlösung also davon ab, sich von mentalen Einstellungen zu lösen, die in der Vergangenheit zur Aufgabenstrukturierung beigetragen haben, im konkreten Fall aber die Problemlösung behindern.

Hinweisreize

Es liegt in der Natur des Problemlösens, dass die Einsicht in die Problemstruktur oft auf sich warten lässt und ihr Eintreten kaum planbar ist. Das ist insbesondere ein Problem für die Untersuchung neuronaler Korrelate des Problemlösens, da die Analyse bildgebender Daten auf eine genaue Kenntnis des Zeitverlaufs kognitiver Prozesse angewiesen ist. Ein Ansatz, dieses Problem in den Griff zu bekommen, ist die Verwendung von Hinweisreizen, die die „Einsicht" erleichtern (und beschleunigen) sollen.

In einer solchen Studie wurden den Probanden Sätze vorgegeben, die zunächst keinen Sinn zu ergeben schienen, wie: „Der Heuhaufen war wichtig, weil das Tuch riss." Sodann wurde ein Hinweisreiz präsentiert, der das Verständnis des Satzes

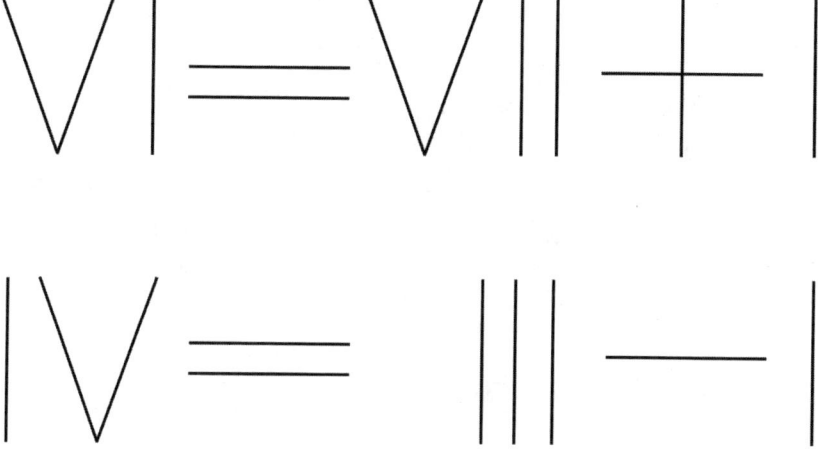

Abb. 2.4.1: Streichholz-Arithmetikprobleme nach Knoblich et al. (1999). Bilden Sie durch Umlegen nur eines Hölzchens eine gültige Gleichung!

ermöglichen sollte: „Fallschirm" (Luo et al. 2004). Die meisten Probanden erfassten zunächst die Bedeutung des Satzes nicht, weil sie mit „Tuch" ein Klei-
dungsstück assoziierten. Der Hinweisreiz führte jedoch meist zu einem Verständnis des Zusammenhangs zwischen zerrissenem Fallschirm und der Bedeutung des
Heuhaufens.

Als Kontrollbedingung wurden leicht verständliche Sätze präsentiert wie: „Die
Zugabe des Pulvers versüßte den Kaffee" – „Zucker." Der Vergleich der beiden
Bedingungen ergab eine erhöhte Aktivierung des anterioren cingulären Cortex
und des linken lateralen Präfrontalcortex. Wir hatten in Kapitel 2.2 gesehen, wie
diese beiden Hirnareale in der Signalisierung von kognitivem Kontrollbedarf und
der Umsetzung kognitiver Kontrolle zusammenwirken. Aktivität im ACC signalisierte den Bedarf für erhöhte kognitive Kontrolle, etwa, nachdem ein Fehler auf-
getreten war. Die Aktivierung im lateralen Präfrontalcortex korrelierte dann mit
dem Grad der kognitiven Kontrolle. Bei plötzlicher Einsicht in die Problemstruktur sind wir in einer ähnlichen Situation. Die bisherigen Lösungsversuche haben

Abb. 2.4.2: Das Problem des unvollständigen Schachbretts. Können die 62 Felder mit
31 Dominosteinen vollständig bedeckt werden?

sich als unzureichend erwiesen, mit der Einsicht geht die Implementierung eines neuen Lösungsansatzes einher, die zunächst kognitive Kontrolle erfordert.

2.4.2 Problemrepräsentation

Oft ist es für eine erfolgreiche Problemlösung entscheidend, wie das Problem mental repräsentiert wird.

> Versuchen Sie folgendes Problem zu lösen: In Abbildung 2.4.2 sehen Sie ein Schachbrett, in dem zwei Felder fehlen, in der linken oberen und der rechten unteren Ecke. Können Sie die 62 Felder mit 31 Dominosteinen (die jeweils zwei Felder abdecken) bedecken? Begründen Sie Ihre Antwort.

Manche Probanden sollen tagelang nach der Lösung gesucht haben, was auch nicht verwunderlich ist, da es 758.148 mögliche Permutationen der Dominosteine gibt. Durch mentales Legen der Dominosteine eine Lösung zu finden ist daher aussichtslos. Das Problem wird erheblich einfacher, wenn man sich vor Augen führt, dass jeder Dominostein, egal wie er verlegt wird, jeweils ein weißes und ein schwarzes Feld bedeckt. Das unvollständige Schachbrett enthält 32 weiße, aber nur 30 schwarze Felder. Es ist daher nicht möglich, alle Felder des unvollständigen Schachbretts mit 31 Dominosteinen zu bedecken.

Die Frage der Repräsentation wurde insbesondere von Forschern aufgegriffen, **Problemraum** die Computermodelle des Problemlösens entwickelt haben. Hier sind insbesondere Allen Newell und Herbert Simon zu nennen, die seit den 1950er Jahren an solchen Computermodellen gearbeitet haben und mit dem *general problem solver* (1972) ein allgemeines, auf Computern implementierbares Modell des Problemlösens vorgelegt haben. Für dieses Modell entwickelten sie das Konzept des Problemraums. Der Problemraum umfasst den Anfangs- und den Zielzustand eines Problems sowie alle Zwischenschritte, die mit den verfügbaren mentalen Operatoren erreicht werden können.

Das Konzept des Problemraums lässt sich am besten an gut definierten Problemen wie dem „Turm von Hanoi" illustrieren. Dabei handelt es sich um ein Spiel, bei dem eine Reihe von Scheiben der Größe nach geordnet auf einem Stab aufgereiht sind und auf einen anderen Stab bewegt werden müssen, so dass sie am **Turm von Hanoi** Ende wiederum nach der Größe geordnet auf diesem Zielstab liegen. Dabei darf jeweils nur eine Scheibe bewegt werden und es darf nie eine größere auf eine kleinere Scheibe gelegt werden (Abb. 2.4.3). Das Vorgehen eines Problemlösers kann damit durch die Operation beschrieben werden, die er gerade ausgeführt hat und durch den Zustand, den er damit erreicht hat (die Verteilung der Scheiben auf den drei Stäben).

Nach Newell und Simon besteht eine allgemeingültige Beschreibung des Problemlösens in der Anwendung von Algorithmen und Heuristiken. **Algorithmen** sind Prozesse, die mit Sicherheit zu einem bestimmten Ergebnis führen. **Heuristiken** dagegen sind Daumenregeln.

Eine solche Heuristik ist die Mittel-Ziel-Analyse. Diese besteht aus einer Abfolge **Mittel-Ziel-Analyse** von drei Schritten: (1.) Beschreibe die Differenz zwischen dem jetzigen Zustand und dem Zielzustand. (2.) Formuliere ein Zwischenziel, das die Differenz zwischen dem Jetztzustand und dem Zielzustand verringert. (3.) Wähle einen mentalen Operator aus, der die Erreichung dieses Zwischenziels erreicht. Diese Vorgehensweise wird dann so lange wiederholt, bis der Zielzustand erreicht ist (sofern das möglich ist).

hill climbing   Eine andere Heuristik heißt im Englischen *hill climbing*. Sie besagt, wenn man einen Berg besteigen will und den Weg nicht kennt, so sollte man einen Weg wählen, bei dem es aufwärtsgeht. Dieses Beispiel zeigt deutlich den Unterschied zwischen einem Algorithmus, der immer zum Ziel führt, und einer Heuristik. Es ist nicht sicher, dass uns ein ansteigender Weg zum gewünschten Gipfel führt, der Weg könnte zu einem anderen Gipfel führen, von dem wir erst wieder absteigen müssen, um zum gewünschten Gipfel zu gelangen. Dennoch ist die *hill-climbing-*Methode ein vernünftiger Ansatz zur Problemlösung, wenn wir keine weiteren Informationen über den richtigen Weg haben.

Der Informationsverarbeitungsansatz des Problemlösens kann recht gut auf einige wohldefinierte Probleme, wie den Turm von Hanoi, angewendet werden. Ein Vorteil ist, dass eine formale Problemanalyse zunächst einmal definiert, was der optimale Lösungsweg ist, woran dann menschliche Problemlösestrategien gemessen werden können. Es wurden aber auch Unterschiede zwischen dem Vorgehen des *general problem solver* (Newell/Simon 1972; 1961/1995), einem Problemlöseprogramm, das die Mittel-Ziel-Analyse und das Problemraumkonzept enthält, und menschlichem Problemlösen gefunden. Zum einen vergessen Menschen manchmal vorherige Züge und wiederholen diese. In einigen Untersuchungen wurde gefunden, dass Strategien zur Vermeidung solcher Wiederholungen einigen Aufwand beanspruchen (Anzai/Simon 1979). Zum anderen planen Menschen meist weiter als nur einen Zug in die Zukunft (Greeno 1974), im Unterschied zur Konzeption der Mittel-Ziel-Analyse. Vor allem aber ist die Anwendbarkeit doch recht eingeschränkt, insofern als viele Probleme des Alltags nur schlecht definiert sind und sich damit einer formalen Problemraumanalyse weitgehend entziehen. Das Konzept der Teilzielbildung ist auch nicht auf alle Probleme gleich gut anwendbar, man denke an die oben beschriebenen „Einsichts"-Probleme.

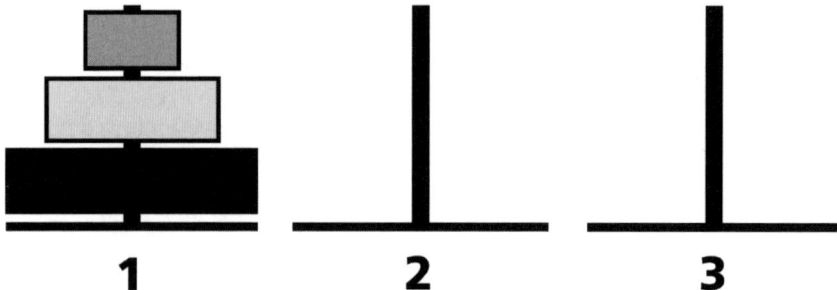

Abb. 2.4.3: Der Turm von Hanoi. Die Scheiben müssen von Stab 1 auf Stab 3 versetzt werden, so dass sie dort wieder „pyramidenförmig" aufeinanderliegen. Dabei darf immer nur eine Scheibe versetzt werden, und es darf nie eine größere Scheibe auf einer kleineren liegen.

2.4.3 Präfrontale Funktionen

Planungsprozesse sind oft bei hirngeschädigten Patienten mit präfrontalen **präfrontale** Läsionen schwer gestört (Damasio/Anderson 1993). Eine Studie zeigte, dass **Läsionen** linkspräfrontale Läsionen zu deutlichen Einbußen im Turm von London (einer Variante des Turms von Hanoi) führten (Shallice 1982). Während die Läsionsstudien nur eingeschränkte Funktionslokalisationen innerhalb des Präfrontalcortex zuließen, ergaben neuere bildgebende Untersuchungen hier Fortschritte. Bearbeitung des Turms von Hanoi ging einher mit Aktivierungen in einem weiten Netzwerk von Hirnarealen.

Während jedoch die meisten dieser Areale auch durch Arbeitsgedächtnisaufga- **rostraler** ben ohne spezifische Planungsanforderungen aktiviert wurden, so war ein Areal, **Präfrontalcortex** der rostrale Präfrontalcortex, spezifisch in der Turm-von-Hanoi-Aufgabe aktiviert (Baker et al. 1996). Die rostral-präfrontale Aktivierung stieg zudem mit zuneh-

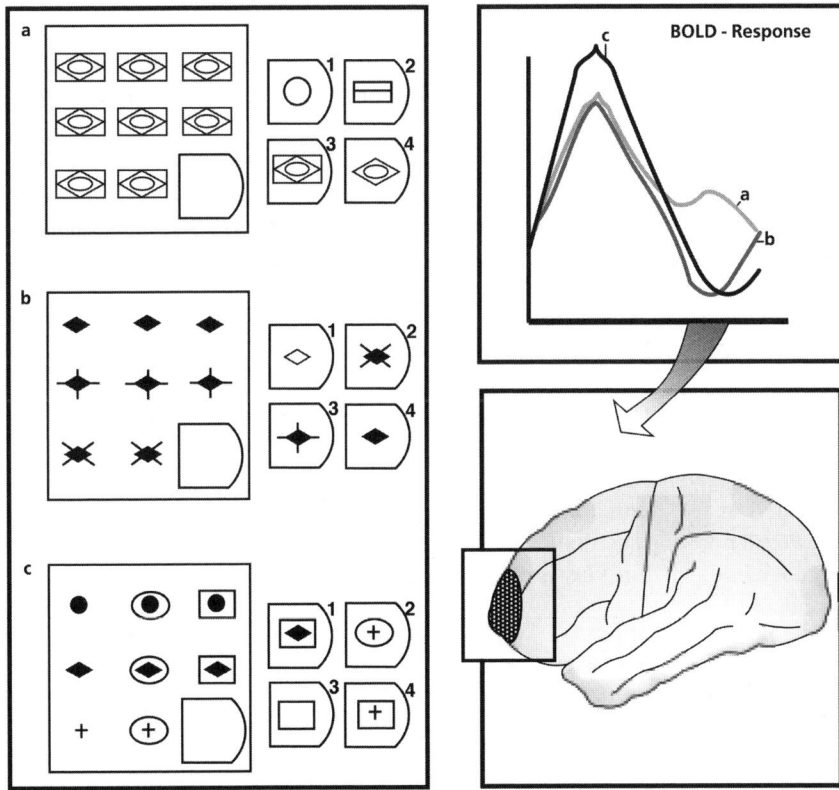

Abb. 2.4.4: Rostral-präfrontale Aktivierung bei der Integration mehrdimensionaler Information. Links: Beispiele aus den Raven-Matrizen, a) 0-relational; b) 1-relational; c) 2-relational. Rechts: Rostral-präfrontale Aktivierung in der gleichen Studie, oben: Zeitverlauf des fMRT-Signals; unten: Lage des frontopolaren Cortex (nach Christoff et al. 2001, bearbeitet)

mender Zahl vorauszuplanender Züge an. Spätere Untersuchungen haben den rostralen Präfrontalcortex in Verbindung mit der Bildung von Unterzielen gebracht (Braver / Bongiolatti 2002). Die genaue Funktion (oder die Funktionen) dieses Teils des Präfrontalcortex ist jedoch noch nicht abschließend geklärt.

Raven-Matrizen

Eine direkte Beteiligung des rostralen Präfrontalcortex an Problemlöseprozessen wurde in einer Studie nachgewiesen, die verschiedene Varianten der Raven-Matrizen untersucht hat (Abb. 2.4.4; Christoff et al. 2001). Die Raven-Matrizen (Raven 1938) gehören zu einem Intelligenztest. Bei diesem geht es darum, Regelmäßigkeiten in graphischen Displays zu erkennen, um anhand dieser Regularitäten dann ein fehlendes Element der Matrix zu ergänzen.

In der obersten Matrix in Abbildung 2.4.4 links variieren die Elemente der Matrix weder entlang der Zeilen noch der Spalten (0-relational). In der mittleren Matrix muss die Variation in den Spalten berücksichtigt werden (1-relational). In der unteren Matrix variieren die Elemente sowohl über die Zeilen als auch die Spalten und müssen für die Lösung integriert werden (2-relational). Im linken rostralen Präfrontalcortex war die Aktivierung selektiv in der 2-relationalen Bedingung erhöht. Dies könnte möglicherweise aber mit der erhöhten Schwierigkeit dieser Bedingung zusammenhängen und nicht spezifisch mit der Beachtung und Integration zweier Stimulusdimensionen. Es zeigte sich aber, dass die selektiv erhöhte Aktivierung auch dann noch Bestand hatte, wenn nur Versuchsdurchgänge ausgewertet wurden, in denen die mittlere Reaktionszeit nicht höher war als in den 1- oder 0-relationalen Bedingungen. Damit konnte ausgeschlossen werden, dass andere Faktoren, wie etwa visuelle Komplexität der Reize, zu der erhöhten rostralen Aktivität beitrugen.

2.4.4   Analogiebildung und Expertise

Analogiebildung

Im Laufe des Kapitels haben wir viele Beispiele kennengelernt, bei der die Vorerfahrung der Probanden die Problemlösung behinderte. In der Fachsprache wird dies als „negativer Transfer" bezeichnet. Gibt es nicht auch Beispiele für positiven Transfer? Schließlich sollte es doch möglich sein, eine einmal erfolgreiche Problemlösung auf ähnlich gelagerte Probleme zu übertragen, im Sinne einer Analogiebildung. Ein klassisches Beispiel dafür ist das Duncker'sche Tumorproblem.

> Stellen Sie sich vor, Sie seien ein Arzt und wollten eine Strahlentherapie zur Tumorbehandlung durchführen. Das Problem liegt darin, dass der Tumor von gesundem Gewebe umgeben ist und die Strahlendosis, die benötigt wird, um den Tumor zu zerstören, auch das gesunde Gewebe zerstören würde. Finden Sie einen Weg, eine erfolgreiche Behandlung durchzuführen? Denken Sie zunächst einmal darüber nach, bevor Sie weiterlesen.
> Wenn Ihnen noch keine Lösung eingefallen ist, lesen Sie zunächst einmal die Geschichte im Kasten „Problemlösen über Analogien".

Problemlösen über Analogien

„Eine Festung befand sich mitten im Land. Viele Wege gingen sternförmig von der Festung aus. Ein General wollte die Festung mit seiner Armee erobern. Der General wollte aber vermeiden, dass Minen auf den Straßen seine Armee und die umliegenden Dörfer zerstörten. Deshalb konnte nicht die gesamte Armee über eine Straße angreifen. Der General benötigte aber die gesamte Armee, um die Festung zu erobern. Der Angriff einer kleinen Gruppe von Soldaten würde nicht ausreichen. Der General teilte seine Armee daher in mehrere Gruppen auf. Er postierte die Gruppen an den Anfang mehrerer Straßen. Die Gruppen stürmten dann gleichzeitig die Festung. Auf diese Weise gelang es ihm, die Festung einzunehmen." (nach Gick/Holyoak 1980)

Gick und Holyoak (1980) fanden, dass von ihren Probanden zunächst nur etwa 10 % das Tumorproblem lösen konnten. Wenn ihnen jedoch gesagt wurde, dass der Belagerungstext für die Problemlösung von Bedeutung sei, dann fanden 80 % der Probanden die Lösung des Tumorproblems: nämlich Strahlen geringer Dosierung von mehreren Seiten auf den Tumor zu richten, so dass die Strahlendosis nur im Treffpunkt der Strahlen, also im Tumorgewebe, die nötige zerstörerische Wirkung entfaltet. Einer weiteren Gruppe von Probanden wurde zwar der Belagerungstext zu lesen gegeben, es wurde aber nicht gesagt, dass der Text für die Lösung des Tumorproblems von Bedeutung sei (wie im vorliegenden Buch). In dieser Gruppe fanden nur etwa 40 % die Lösung. An dieser Studie zeigen sich exemplarisch mehrere Aspekte des Problemlösens per Analogie: Analogien können hilfreich sein, werden aber nicht immer genutzt. Einer Nutzung im Wege stehen kann semantische Unähnlichkeit des Analogieproblems (Keane 1987). Fördernd dagegen wirkt, wenn die Analogie eher unter strukturellen Aspekten gelesen wird als unter der Instruktion, möglichst viele Details zu memorieren.

Anders als die bisher behandelten Probleme erfordern manche Probleme beträchtliches Vorwissen. Die Rolle von Expertise beim Problemlösen wurde insbesondere an Schachproblemen studiert. Worin unterscheiden sich Schachgroßmeister von Anfängern? **Expertise**

In einer frühen Studie untersuchte de Groot (1965), wie viele Figuren Großmeister und Anfänger korrekt nachstellen konnten, nachdem sie ein Schachbrett mit einer Spielposition wenige Sekunden gesehen hatten. Er fand, dass die Experten mehr als doppelt so viele Positionen nachstellen konnten. Für dieses Ergebnis sind nun mehrere Erklärungen denkbar. Vielleicht haben Schachexperten generell ein größeres Arbeitsgedächtnis? Dies scheint nicht der Fall zu sein – der Vorsprung der Experten schrumpft deutlich dahin, wenn nicht tatsächliche Spielsituationen nachgestellt werden sollen, sondern zufällige Figurenanordnungen (Gobet/Simon 1996). Der verbleibende Vorteil der Schachexperten ist wahrscheinlich auch kein Indiz für ein größeres Arbeitsgedächtnis, sondern dafür, dass auch Zufallskombinationen in einer kleinen Prozentzahl realen Spielkonstellationen ähneln können. (Gobet/Waters 2003). Weitere Untersuchungen zeigten, dass es weniger ein ausgeprägtes Gedächtnis für die Position der Figuren ist als vielmehr die Evaluation von Figurenkonstellationen wie Angriff, Verteidigung oder Bedrohung. Die Schachexperten merkten weit eher, wenn eine Figur aus einer solchen Konstellation verändert wurde – wobei die Angriffs- oder Verteidigungsqualität der Konstellation verändert wurde –, als wenn die gesamte Szene um ein Feld verschoben wurde (McGregor/Howes 2002).

Schachexpertise scheint also zumindest z.T. darin zu bestehen, schnell für das Spiel bedeutende Figurenkonstellationen zu erkennen. Dabei geschieht dies vermutlich über einen Abgleich mit im Langzeitgedächtnis (s. Kap. 3) gespeicherten Spielsituationen. Auf diese Weise sind Experten viel eher als Anfänger in der Lage, unter Zeitdruck oder im Simultanspiel gegen mehrere Gegner optimale Züge zu finden. Vermutlich wirken sich diese Vorteile vor allem in Routinesituationen aus, in denen auf bekannte Situationen reagiert werden muss.

Fragen zu Kapitel 2.4

Überprüfen Sie Ihr Wissen!

101. Nennen Sie einige Beiträge der Gestaltpsychologie zur Problemlöseforschung.
102. Was enthält der „Problemraum"?
103. Definieren Sie die Begriffe „Algorithmus" und „Heuristik".
104. Aus welchen Schritten besteht die Technik der Mittel-Ziel-Analyse?
105. Nennen Sie Vor- und Nachteile der Simulation menschlicher Problemlöseprozesse mit Programmen wie dem *general problem solver.*
106. Welchen Problemlöseprozess unterstützt der rostrale Präfrontalcortex?
107. Welche Bedingungen fördern Problemlösung durch Analogiebildung?
108. Wenn Sie als Berater in ein Unternehmen gerufen würden, welche Rahmenbedingungen würden Sie herstellen, um mit den Experten des Unternehmens zu einer möglichst guten Problemlösung zu gelangen?
109. Welche Aspekte von Expertise fördern die Problemlösung? Welche können sie hemmen?
110. Lösen Tiere Probleme nur durch Versuch und Irrtum?

2.5   Sprache I

2.5.1   Wortverständnis und -produktion

mentales Lexikon

Ein erwachsener Sprecher des Deutschen mit akademischer Bildung hat im Laufe der Sprachentwicklung einen Wortschatz von 100.000–200.000 Einträgen erworben, von denen allerdings i.d.R. nur 30.000–50.000 Wörter aktiv genutzt werden (Zwitserlood/Bölte 2002). Natürlich hängen diese Zahlen stark vom Bildungsgrad ab. Um diese Wörter nutzen zu können, müssen mindestens zwei Aspekte erfüllt sein: Zum einen müssen wir die Bedeutung eines Wortes kennen. Zum anderen müssen wir aber auch wissen, wie ein Wort im Satzzusammenhang benutzt wird (etwa als Substantiv, Verb etc.) und wie die Wortform angepasst werden muss, um einen wohlgeformten Satz zu bilden. Beide Aspekte, semantische Bedeutung und syntaktische Struktur, sind dauerhaft im Langzeitgedächtnis repräsentiert. Wir werden aber sehen, dass es viele Hinweise darauf gibt, dass der Zugriff auf Semantik und Syntax zumindest zu einem gewissen Grad voneinander unabhängig sind. Der Teil des Langzeitgedächtnisses, in dem die linguistischen Aspekte der Wörter gespeichert sind, wird mentales Lexikon genannt.

Konzepte und Wortformen

Das mentale Lexikon enthält die phonologischen und die visuellen Wortformen, die uns das Verständnis und die Produktion gesprochener und geschriebener Sprache ermöglichen. Die Trennung von Wortbedeutung – repräsentiert im Langzeitgedächtnis – und Wortform – im mentalen Lexikon – folgt der Tatsache, dass Konzepte unabhängig von Sprache existieren können. Sicherlich ist die Entwicklung besonders abstrakter Konzepte in Abwesenheit von Sprache stark eingeschränkt, allerdings verlieren Menschen, die aufgrund einer Hirnschädigung eine Aphasie erlitten haben, nicht die Verfügbarkeit über semantische Konzepte. So konnte bei Patienten mit schwerer Aphasie (Sprachstörung, s.u.) nachgewiesen werden, dass sie noch über die Fähigkeit verfügen, kausale Zusammenhänge zu verstehen und sich in das Denken anderer (s. kognitive Empathie, Kap. 4.6) hineinzuversetzen (Varley / Siegal 2000).

Beim Sprachverstehen stehen wir vor der Aufgabe, Wortformen und deren strukturelle Eigenschaften mit semantischen Konzepten zu verknüpfen. Bei der Sprachproduktion müssen wir umgekehrt Konzepte in Wortformen mit adäquaten strukturellen Eigenschaften umsetzen. Die psycholinguistische Forschung interessiert, neben der Analyse der einzelnen Verarbeitungsebenen, in welcher Reihenfolge diese Prozesse ablaufen. Prinzipiell besteht die Möglichkeit, dass eine streng serielle Prozessabfolge vorliegt, dass sich die Prozesse teilweise überlappen oder dass sogar eine parallele Verarbeitung erfolgt.

phonologische Worterkennung

Auf der Ebene der phonologischen Worterkennung gibt es zwei grundsätzliche Probleme, das Segmentierungs- und das Variabilitätsproblem. Die Mühelosigkeit,

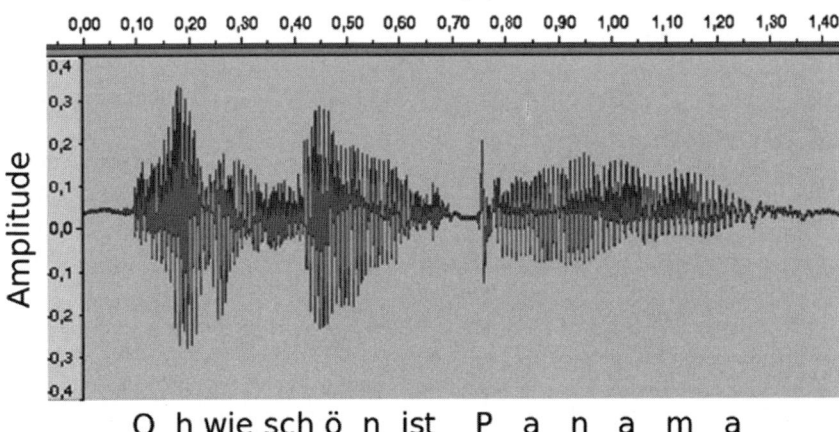

Abb. 2.5.1: Das phonologische Segmentierungsproblem, illustriert an einem Beispielsatz

Tab. 2.5.1: Sprachliche Einheiten

Phonem	Kleinste bedeutungsunterscheidende lautliche Spracheinheit.
Morphem	Kleinste bedeutungstragende Spracheinheit.
Lemma	Die strukturell-syntaktischen Merkmale eines Wortes.
Proposition	Kleinste Spracheinheit, deren Wahrheitswert man überprüfen kann.

mit der wir sprachliche Äußerungen in unserer Muttersprache als eine Abfolge von Wörtern erkennen, steht im Widerspruch zu der Schwierigkeit, objektive phonologische Wortgrenzen zu bestimmen. Eine akustische Analyse eines gesprochenen Satzes lässt keine Wortgrenzen erkennen (Abb. 2.5.1).

Wortsegmentierung Die phonologische Wortsegmentierung hängt von unserem sprachlichen Vorwissen ab oder anders ausgedrückt von den phonologischen Wortformen, die uns zum Vergleich mit dem auditiven Reizangebot zur Verfügung stehen. Dieser Prozess muss sehr schnell sein. Allerdings stehen uns auch Segmentierungsstrategien zur Verfügung, die unabhängig von der individuellen Worterkennung sprachliche Regelhaftigkeiten nutzen. So beginnt die Wortsegmentierung im Englischen vorzugsweise mit Silben mit vollem Vokal (z. B. **wo**man), während dies im Französischen nicht der Fall ist (Zwitserlood/Bölte 2002, 561). Interessanterweise werden Zweitsprachen wie die Muttersprache segmentiert, was darauf hinweist, dass die Segmentierungsstrategie in der frühen Sprachentwicklung erworben wird und später relativ invariant ist.

Variabilitätsproblem Das Variabilitätsproblem bezeichnet den Umstand, dass ein und dasselbe Wort sehr unterschiedlich ausgesprochen werden kann, abhängig von der regionalen Herkunft des Sprechers, seinem Geschlecht, seinem aktuellen Gemütszustand und vielen weiteren Faktoren, wie etwa auch technischen Übertragungseinschränkungen (z. B. Telefon).

Koartikulation Ein spezifisches Problem ist die Koartikulation: Die Artikulation eines Phonems wird durch das vorhergehende und auch das nachfolgende Phonem beeinflusst (Tab. 2.5.1).

Das Variabilitätsproblem besteht also darin, dass mehrere Ausprägungen eines Sprachsignals korrekt mit derselben lexikalischen Repräsentation verknüpft werden müssen. Andererseits müssen wir aber auch „minimale Paare" unterscheiden können. Minimale Paare sind Äußerungen, die bis auf ein Phonem gleich sind, aber unterschiedliche Wortbedeutungen tragen (z. B. laufen/raufen).

Phonem-diskrimination Das Beispiel macht deutlich, dass eine optimale Segmentierung die Trennung aller Phoneme einer Sprache ermöglicht, während sie Variabilität, die nicht zu einer Phonemunterscheidung führt, vernachlässigt. Dies scheinen wir auch tatsächlich in der Sprachentwicklung zu lernen. Neugeborene haben noch die Fähigkeit, Phoneme unterschiedlicher Sprachen zu differenzieren. Dagegen geht diese Differenzierungsfähigkeit in der späteren Entwicklung für Phoneme, die nicht der Muttersprache angehören, verloren (Goto 1971; Eimas 1975; Miyawaki et al. 1975; Werker/Tees 1984a, b).

Eine Studie mit finnischen und estischen Probanden belegt diesen Verlust ein-drucksvoll (Näätänen et al. 1997). Beiden Probandengruppen wurden die gleichen Sprachstimuli vorgespielt, dabei wurde die *mismatch-negativity* (MMN) unter-sucht. Dieses ereigniskorrelierte Potenzial tritt auf, wenn in einer Reihe gleicher Stimuli ein abweichender Reiz präsentiert wird. Es zeigte sich nun, dass physika-lisch abweichende Reize nur dann eine MMN auslösten, wenn die Abweichung ein Phonem der jeweiligen Sprache war. In anderen Worten, die MMN trat bei demselben Reiz nur bei den finnischen oder den estischen Probanden auf, je nach-dem, ob die Abweichung einen phonematischen Unterschied zu den Standard-reizen in der jeweiligen Sprache darstellte oder nicht.

Fremdsprachen-lernen

Diese Zusammenhänge sind auch von Bedeutung für das Erlernen von Fremd-sprachen. Korrekte, akzentfreie Aussprache kann am besten in frühen Lebens-jahren erlernt werden, bevor die Anpassung an die verwendete Phonemstruktur abgeschlossen ist. Allerdings wurde eine reduzierte Sensitivität für nicht genutzte Phonemunterschiede bereits nach dem ersten Lebensjahr beobachtet (Werker / Tees 1984a), so dass eine direkt nach der Geburt beginnende bilinguale Erziehung in dieser Hinsicht wohl optimal ist.

Segmentierungs-modelle

Es gibt neuronale Netzwerkmodelle, die versuchen, die Wortsegmentierung abzubilden. Eines dieser Modelle, das Trace-Modell (McClelland / Elman 1986), besteht aus drei Ebenen, in denen jeweils phonologische Merkmale, Phoneme und Wörter durch verteilte Aktivationsmuster in neuronalen Netzen repräsentiert werden. Die Aktivationsmuster entstehen in einem Lernprozess, in dem das Mo-dell zunächst trainiert wird, Wörter zu unterscheiden. Dabei stehen die Knoten-punkte in einem Netz (als vereinfachtem Modell der neuronalen Konnektivität) über laterale Verbindungen mit den anderen Knoten der gleichen Ebene sowie über horizontale Verbindungen mit den über- bzw. untergeordneten Ebenen in Verbindung.

2.5.2   Lesen

Das Lesen nimmt eine besondere Stellung ein, weil es sich sowohl phylogenetisch später entwickelt hat als die gesprochene Sprache als auch ontogenetisch, in der individuellen Entwicklung später, im Grundschulalter, erlernt wird.

Großen Anteil an unserem Verständnis der Leseprozesse haben neuropsycho-logische Untersuchungen von Lesestörungen in Patienten mit Hirnläsionen. Nach einem Vorschlag von Shallice und Warrington (1980) können zentrale und periphere Dyslexien unterschieden werden, je nachdem, ob zentrale Leseprozesse oder periphere Eingabe und Ausgabeprozesse gestört sind.

Periphere Dyslexien

Die **reine Alexie** ist die bekannteste periphere Lesestörung. Mit **peripher** ist gemeint, dass diese Störung nicht zentrale sprachliche Prozesse betrifft, sondern die Wahrnehmung visuell präsentierter Wörter. Die Kernsymptomatik der reinen Alexie ist das *letter-by-letter-reading*. Die Patienten sind nicht in der Lage, Wörter

reine Alexie

als Ganzes zu lesen, sondern können Texte nur mühsam Buchstabe für Buchstabe lesen und bemühen sich dann, diese zu Wörtern und Sätzen zu verketten. Das Lesen ist dementsprechend langsam und fehleranfällig. Die Fehlerzahl steigt mit der Wortlänge, was bei der geschilderten Symptomatik nicht verwunderlich ist. Die Lesefehler zeigen aber keine Abhängigkeit von semantischen oder linguistischen Wortmerkmalen. Weiterhin ist das auditive Wortverständnis der Patienten intakt. All dies sind also deutliche Indizien, dass es sich bei der reinen Alexie um eine isolierte Störung in der Analyse des auditiven Inputs handelt, bei intakter zentraler sprachlicher Verarbeitung.

Alexie mit Agraphie

Die funktionell-neuroanatomische Ursache der reinen Alexie ist recht gut bekannt. Der französische Neurologe Joseph Jules Déjerine beschrieb 1892 zwei Patienten. Einer der Patienten wies nach einer Läsion des linken Gyrus angularis eine kombinierte Lese- und Schreibstörung auf (Alexie mit Agraphie). Im Unterschied dazu zeigte der andere Patient eine isolierte Lesestörung, bei erhaltener Fähigkeit zu schreiben (Alexie ohne Agraphie). Ersterer Patient hatte Läsionen im linken Occipitallappen und im Splenium des Corpus callosum. Déjerine interpretierte seine Fallbeschreibungen dahingehend, dass der linke Gyrus angularis ein optisches Bild (heute würden wir wohl sagen, eine visuelle Repräsentation) der Schrift enthalte, auf die sowohl beim Lesen wie beim Schreiben zurückgegriffen werde. Nach einer Läsion des Gyrus angularis wären dementsprechend Lesen und Schreiben gestört.

Alexie ohne Agraphie

Die Alexie ohne Agraphie hingegen interpretierte Déjerine als Diskonnektionsstörung, bei der die Faserverbindungen zwischen dem visuellen Cortex und dem Gyrus angularis unterbrochen sind und somit eine isolierte Lesestörung bedingen. Die Vorstellung Déjerines von der reinen Alexie als einem Diskonnektionssyndrom wurde in den 1960er Jahren von dem amerikanischen Neurologen Norman Geschwind wiederaufgegriffen (Geschwind 1965a, b) und in der Folge präzisiert. Heute wissen wir, dass verschiedene Schädigungen der weißen Substanz (also der Nervenfasern) im Bereich des linken Occipitallappens und/oder des Spleniums zu einer reinen Alexie führen können (Damasio/Damasio 1983; Binder/Mohr 1992).

Diskonnektion

Läsionen, die den linken Occipitallappen betreffen, führen dabei entweder direkt zu einer Unterbrechung der visuellen Verarbeitung oder zu einer Unterbrechung der Reizweiterleitung. Greift die Läsion auf die Kommissurenfasern über, die die visuellen Areale der rechten Hemisphäre mit der linken Hemisphäre verbinden (insbesondere das Splenium), so ist die Diskonnektion der visuellen Areale von den weiter anterior gelegenen linkshemisphärischen Spracharealen komplett. (Im Prinzip könnte eine reine Alexie auch durch eine bilaterale Läsion visueller Areale entstehen, nur ist die Wahrscheinlichkeit glücklicherweise gering, zwei unabhängige Läsionen in homologen Arealen der linken und rechten Hemisphäre zu erleiden.)

halbseitige reine Alexie

Die reine Alexie kann auch als halbseitige Lesestörung auftreten, wenn nur das Splenium von einer Läsion betroffen ist (Suzuki et al. 1998).

> Überlegen Sie einmal zur Übung, in welcher Gesichtsfeldhälfte die Lesestörung dann auftritt (Berücksichtigen Sie dazu die Retinotopie der visuellen Areale, Kap. 1.3; Auflösung am Ende des Kapitels).

Die reine Alexie ist ein klassisches Beispiel für ein Diskonnektionssyndrom, an dem man sehr gut die Logik der Interpretation neuropsychologischer Patientenstudien nachvollziehen kann. Allerdings ist die bisherige Darstellung noch etwas zu schematisch. Die Diskonnektion zwischen visuellem System und sprachverarbeitenden Arealen kann nicht vollständig sein – schließlich können die Patienten ja i.d.R. noch Buchstaben lesen und diese, wenn auch mühsam, zu Wörtern zusammenfügen. Was ihnen allerdings fehlt, ist die Fähigkeit, Wörter als Ganzes zu erfassen.

Es war daher naheliegend, nach einem Hirnareal zu suchen, das den Zugriff auf ganzheitliche visuelle Wortformen ermöglicht. Nach den Läsionsstudien muss dieses Areal in der linken Hemisphäre liegen, da es sonst nach einer rechtshemisphärischen oder splenialen Läsion zu einer reinen Alexie in beiden Halbfeldern kommen müsste. Weiterhin suchen wir nach einem „höheren" Areal in der visuellen Verarbeitungskette, das auf komplexere Reize reagiert als die frühen visuellen Areale, die primär auf visuelle Kanten bestimmter Vorzugsrichtungen reagieren (Kap. 1.1) und damit nur Merkmale einzelner Buchstaben repräsentieren können. **visuelles Wortformareal (VWFA)**

Tatsächlich haben bildgebende Untersuchungen wiederholt Aktivierungen im linken ventralen Occipitalcortex, genauer im Gyrus fusiformis, gefunden, die bei der passiven Betrachtung von Wörtern stärker ausfielen als bei der Präsentation zufälliger Buchstabenketten (Cohen et al. 2000). Eine Besonderheit dieses Areals ist, dass es von Wörtern im linken wie im rechten Halbfeld aktiviert wird, im Gegensatz zu anderen occipitalen Arealen, die nur durch contralaterale Wortpräsentation aktiviert werden. Die Aktivierung durch ipsi- wie contralaterale Wörter spricht dafür, dass der linke Gyrus fusiformis eine zentrale Funktion für die Wortverarbeitung ausfüllt, die nicht von einem homologen rechtshemisphärischen Areal übernommen werden kann. Diese Aktivierung ist von der physikalischen Form der Buchstaben (wie Groß- und Kleinschreibung) weitgehend unabhängig und kann selbst bei maskierter Präsentation hervorgerufen werden, die keine bewusste Wahrnehmung der Wörter zulässt. Andererseits kommt es in diesem Areal nicht zu einer Aktivierung durch gesprochene Wörter. Zusammengenommen ergeben diese Befunde recht starke Evidenz dafür, dass es sich bei diesem Areal im linken Gyrus fusiformis um das gesuchte visuelle Wortformareal (VWFA) handelt, welches spezifisch den automatischen Abruf visueller Wortformen ermöglicht (Cohen et al. 2000; McCandliss et al. 2003; Abb. 2.5.2).

Zu einer reinen Alexie kommt es demnach, wenn dieses Areal selbst durch eine Läsion zerstört wird oder wenn es durch die Zerstörung von Faserverbindungen von den vorgeschalteten visuellen Arealen der linken und/oder rechten Hemisphäre getrennt wird (Molko et al. 2002).

Es ist zunächst naheliegend anzunehmen, dass die Wortverarbeitung sequenziell abläuft, indem zunächst Buchstaben identifiziert werden und danach die Buchstaben zu Wörtern zusammengesetzt werden. Diese Vorstellung ist aber zu einfach. Zwar haben wir gesehen, dass Patienten mit einer reinen Alexie noch Buchstaben lesen können, auch gibt es visuelle Areale, die selektiv durch Buchstaben aktiviert werden (Gauthier et al. 2000; Polk et al. 2002; Puce et al. 1996). Im intakten Gehirn ist die Erkennung von Buchstaben aber erleichtert, wenn diese **word superiority effect** innerhalb eines Wortes präsentiert werden, im Vergleich zu Buchstaben aus einer Buchstabenkette, die ein nicht aussprechbares Nichtwort ergibt.

Dieser *word superiority effect* wurde beschrieben, wenn Probanden angeben sollten, welcher Buchstabe an einer bestimmten Position (z. B. dritter Buchstabe von links) einer kurzzeitig präsentierten und anschließend maskierten Buchstabenkette (Wort oder Nichtwort) präsentiert wurde (Reicher 1969). Die Buchstaben wurden auch besser entdeckt, wenn aussprechbare mit nicht aussprechbaren Nichtwörtern verglichen wurden (Carr et al. 1978). Beide Befunde sprechen dafür,

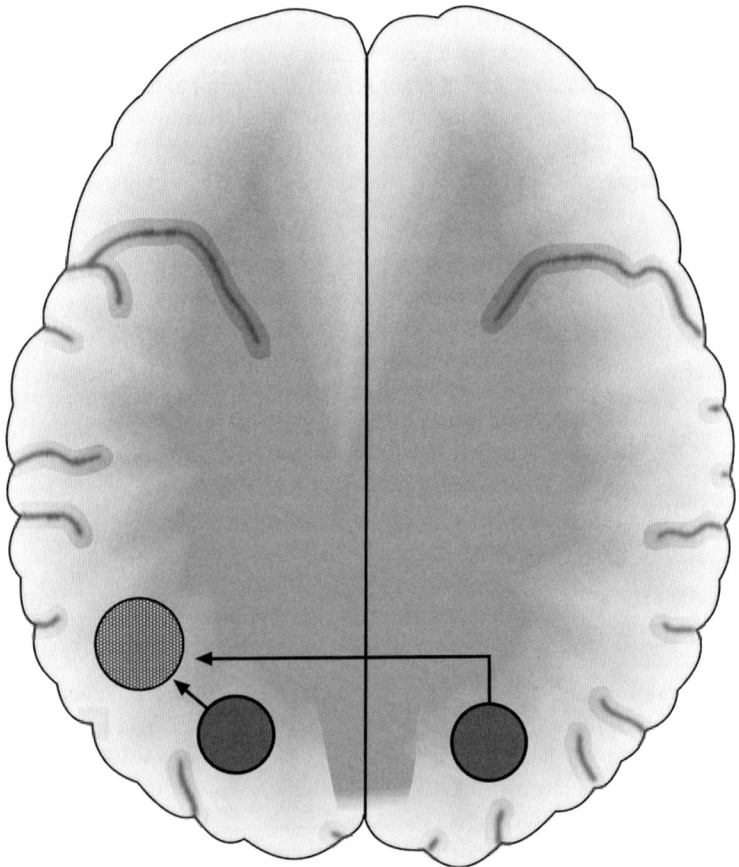

Abb. 2.5.2: Das visuelle Wortformareal (VWFA). Schematische Darstellung der Bahnen, über die visuelle Reize (geschriebene Sprache) aus der linken und rechten Gesichtsfeldhälfte das VWFA erreichen. Die dunkelgrauen Kreise stehen für frühe visuelle Verarbeitungsareale (Kantendetektion in V1 etc., s. Kap. 1.1). Der hellgraue Kreis steht für das linkshemisphärische visuelle Wortformareal. Schrift aus der rechten Gesichtsfeldhälfte erreicht das VWFA über die vorgeschalteten linkshemisphärischen visuellen Areale (Kap. 1.3). Schrift aus der linken Gesichtsfeldhälfte wird zunächst im rechten visuellen Cortex verarbeitet und muss über das Splenium des Corpus callosum kreuzen, um das VWFA zu erreichen.

dass beim Lesen Bottom-up- und Top-down-Prozesse zwischen den Ebenen der Buchstaben- und Wortverarbeitung miteinander interagieren, ähnlich, wie dies auch für nonverbale visuelle Verarbeitung gefunden wurde (Kap. 1.2).

Zentrale Dyslexien

Zentrale Dyslexien sind Lesestörungen, denen im Gegensatz zu peripheren Dyslexien – als deren Hauptvertreter wir die reine Alexie kennengelernt haben – zentrale Prozesse der Transformation des orthographischen Inputs in die phonologische und semantische Wortrepräsentation zugrunde liegen.

Die frühen neurologischen Modelle der Dyslexie hatten es sich zum Ziel gesetzt, ein funktionell-neuroanatomisches Bild des Lesens (und Schreibens) zu erstellen. Eine andere Betrachtungsweise der Dyslexien versucht von der Art der Lesefehler auf zugrundeliegende prozessuale Störungen zu schließen. **kognitive Dyslexie-Modelle**

Marshall und Newcombe (1966; 1973) beschrieben auffällige systematische Unterschiede in der Art der Lesefehler, die sie bei ihren Dyslexie-Patienten beobachteten. Beim Lesen einzelner Wörter traten in einem Patienten (J. C.) vor allem Paralexien (Fehlbenennungen) auf, die auf phonologischen oder visuellen Verwechslungen beruhten. Ein anderer Patient (G. B.) hingegen produzierte semantische Paralexien, d. h. Wörter, die mit dem zu lesenden Wort semantisch verwandt waren. Weiterhin hatte er auffällige Schwierigkeiten im Lesen bedeutungsleerer, wenn auch aussprechbarer Buchstabenfolgen (sogenannte Nichtwörter wie „Gupo").

Marshall und Newcombe interpretierten diese Fehlermuster als Ausdruck einer Störung der oberflächlichen orthographisch-phonologischen Verarbeitung bei J. C., im Gegensatz zu einer Störung tieferer semantischer Verarbeitungsschritte bei G. B. Dies führte zu den Begriffen Oberflächen- und Tiefendyslexie (*surface dyslexia*, *deep dyslexia*). Diese Interpretation ging über die Vorstellung hinaus, Lesen könne als einfacher Graphem-Phonem-Konversionsprozess verstanden werden. **Oberflächen- und Tiefendyslexie**

Kognitive Modelle des Lesens fallen in zwei grobe Kategorien: Dual-Route- und Single-Route-Modelle. Am weitesten verbreitet sind die Dual-Route-Modelle (Coltheart et al. 2001). Die Grundannahme dieser Modelle ist, dass es zwei grundlegend verschiedene Wege von der Wahrnehmung des geschriebenen Wortes bis zum Wortverständnis gibt (Abb. 2.5.3). **Dual-Route-Modelle**

Ein Weg, der lexikalische, führt von einem orthographischen Eingabelexikon (der VWFA), in dem Repräsentationen aller (dem Individuum bekannten) geschriebenen Worte enthalten sind, über eindeutige Verbindungen zu einem semantischen System sowie, unabhängig von dem semantischen Pfad, zu einem phonologischen Ausgabelexikon. Damit kann die phonologische Form eines Wortes direkt von seiner orthographischen Form „adressiert" werden. Dual-Route-Modelle nehmen oft jedoch noch einen weiteren, eigentlich dritten, Weg an, nämlich vom orthographischen Eingabelexikon über das semantische System zum phonologischen Ausgabelexikon. **lexikalische Route**

Neben dem lexikalischen Weg postulieren Dual-Route-Modelle einen zweiten Weg über einen vom jeweils gelesenen Wort unabhängigen, allgemeinen Mechanismus der Graphem-Phonem-Konversion. Mit Hilfe dieses Weges können reguläre, **nichtlexikalische Route** d.h. den Standardregeln der Aussprache gehorchende Wörter (Haus, Baum) sowie auch unbekannte Wörter oder aussprechbare Nichtwörter (Homd) gelesen werden. Irreguläre Wörter (Garage, Spaghetti) können jedoch nur über den lexikalischen Weg korrekt ausgesprochen werden. Das Dual-Route-Modell entstand u.a. als Erklärungsversuch für die unterschiedlichen Fehlermuster, die in zentralen Dyslexien gefunden wurden.

Tiefendyslexie: Zu den zentralen Dyslexien gehört die Tiefendyslexie (*deep dyslexia*). Patienten mit einer Tiefendyslexie haben schwere Störungen im Lesen von Nichtwörtern und zeigen beim Lesen von Wörtern charakteristische Fehler:

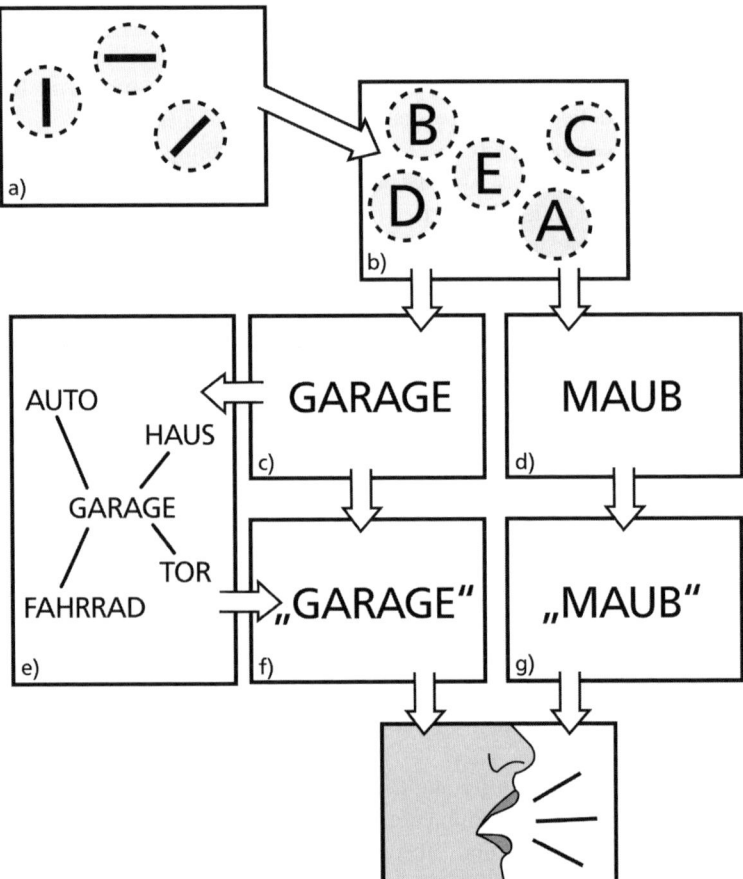

Abb. 2.5.3: Dual-Route-Modell des Lesens. Nach anfänglicher visueller Vorverarbeitung, etwa von Kanten (a) oder ganzen Buchstaben (b) können bekannte Wörter im orthographischen Eingabelexikon (c) Einträge ganzer Wörter aktivieren, die dann direkt, oder über den semantischen Eintrag im Langzeitgedächtnis (e) die Aussprache im phonologischen Ausgabelexikon (f) aktivieren. Dieser lexikalische Weg ist insbesondere für unregelmäßig ausgesprochene Wörter essentiell. Unbekannte Wörter (und Kunstwörter, (d)), für die es keinen Eintrag in (c) gibt, können über Graphem-Phonem-Konversion (g) ausgesprochen werden.

- Semantische Fehler: Semantisch assoziierte Wörter werden genannt.
- Visuelle Fehler: Visuell ähnliche Wörter werden produziert.
- Visuelle und semantische Fehler können auch gemeinsam auftreten.
- Ableitungsfehler: morphologisch ähnliche Wörter, falsche Verbformen.

Konkrete Wörter werden besser als abstrakte gelesen, Substantive besser als Adjektive, Adjektive besser als Verben und Funktionswörter (und, auch für etc.).

Die Tiefendyslexie ist meist mit großen linkshemisphärischen Läsionen verbunden, die zu einer Störung der nichtlexikalischen (Nichtwörter) und lexikalisch-semantischen (semantische Fehler) Lesepfade führen. Die Tiefendyslexie geht im Allgemeinen mit einer nichtflüssigen Aphasie (s. Kap. 2.6) einher. Semantische Fehler treten nur auf, wenn der nichtlexikalische Lesepfad (Graphem-Phonem-Konversion) nachhaltig gestört ist. Sie treten auch eher in Sprachen mit „tiefer" Orthographie (d.h. vielen unregelmäßig ausgesprochenen Wörtern) auf, wie Englisch, dagegen selten in Sprachen mit überwiegend regelmäßiger Aussprache, wie Italienisch, Spanisch, Serbokroatisch oder Deutsch.

Direkte Dyslexie: Von einer direkten Dyslexie spricht man bei Patienten, die sowohl reguläre wie irreguläre Wörter korrekt lesen können, aber ihre Bedeutung nicht verstehen. Über Graphem-Phonem-Konversion können zwar reguläre, aber keine irregulären Wörter gelesen werden. Daher spricht die direkte Dyslexie für die Existenz eines direkten lexikalischen Pfades von der Orthographie zur Phonologie, ohne den Umweg über die Semantik, die bei diesen Patienten ja gestört ist.

Phonologische Dyslexie: Das Merkmal der phonologischen Dyslexie ist eine Beeinträchtigung des Lesens von Nichtwörtern, bei erhaltenem Lesen von Wörtern. Als Ursache wird daher eine Störung des nichtlexikalischen Pfades angenommen. Die Fähigkeit zum Wortlesen kann individuell stark variieren. Das Lesen von Nichtwörtern wird durch ihre graphemische Komplexität und ihre Homophonie zu realen Wörtern beeinflusst.

Graphemische Komplexität bedeutet, dass ein Phonem durch eine längere Kette von Buchstaben repräsentiert wird. **Homophonie** liegt vor, wenn ein Nichtwort wie ein reales Wort ausgesprochen wird.

Oberflächendyslexie: Eine Oberflächendyslexie ist charakterisiert durch Folgendes:

- Intaktes Lesen einzelner Buchstaben.
- Das Lesen regulärer Wörter und Nichtwörter ist deutlich besser als das Lesen irregulärer Wörter.
- Irreguläre Wörter werden wie reguläre Wörter ausgesprochen.
- Nicht homographische Homophone werden verwechselt.

Die Oberflächendyslexie ist im Allgemeinen mit einer flüssigen Aphasie und einer lexikalischen Agraphie assoziiert. Insbesondere die Regularisierungsfehler werden als symptomatisch für die Oberflächendyslexie angesehen. Sie werden dahingehend interpretiert, dass die Patienten auf die nichtlexikalische Graphem-Phonem-Konversion angewiesen sind. Oberflächendyslexien werden besonders in Sprachen mit tiefer Orthographie beobachtet.

Single-Route-Modelle

Trotz der dominanten Stellung der Dual-Route-Modelle soll nicht verschwiegen werden, dass es auch Modelle gibt, die ohne die Aufteilung in einen lexikalischen und einen nichtlexikalischen Pfad auskommen. Schon vor dem Dual-Route-Modell von Coltheart und Kollegen (2001) hatten Plaut und Kollegen (1996) ein solches Single-Route-Modell vorgestellt. Es besteht aus einer neuronalen Netzwerkarchitektur mit drei Ebenen. Eine Ebene enthält „Phonem-Knoten", eine weitere „Graphem-Knoten". Zwischen beiden ist eine weitere, vermittelnde, Ebene mit versteckten Knoten (*hidden layer*) angesiedelt, die mit allen Knoten der Phonem- und Graphem-Ebene verknüpft sind. Zunächst muss das Netzwerk lernen, dem graphemischen Input den korrekten phonematischen Output zuzuordnen. Dies geschieht über *back-propagation*, eine Rückmeldungstechnik, bei der der aktuelle System-Output mit dem gewünschten Output verglichen wird. Bei Abweichungen werden die Gewichte der Knoten im *hidden layer* in vielen Lerndurchgängen so lange verändert, bis der gewünschte Output erreicht ist. Die Information über die korrekte Graphem-Phonem-Konversion ist dann als verteiltes Muster in den Gewichtungen aller Knoten des *hidden layer* gespeichert.

Plaut und Kollegen trainierten das Netzwerk mit annähernd 300 Wörtern. Sie nahmen an, dass diese Form des Lernens dem natürlichen Spracherwerb ähnelte und insbesondere zwei Aspekte realisierte: Zum einen basiert die Aussprache eines Wortes (oder auch eines Nichtwortes) stark auf der Aussprache ähnlicher Wörter, und zum anderen beeinflussen häufige Wörter die Aussprache mehr als seltene Wörter. Nach der Lernphase simulierte das Netzwerk einige Eigenschaften menschlicher Leser. Unregelmäßige, genauso wie seltene Wörter benötigten mehr Zeit, um korrekt „ausgesprochen" zu werden. Dabei fiel unregelmäßige Aussprache bei seltenen Wörtern mehr ins Gewicht als bei häufigen Wörtern. Das Netzwerk konnte darüber hinaus auch in etwa 90 % der angebotenen Nichtwörter den korrekten Phonemen zuordnen, vergleichbar mit der Leistung menschlicher Probanden. Varianten des Modells konnten die Hauptsymptome der Oberflächen- und Tiefendyslexie simulieren.

In der Abwägung ist das Dual-Route-Modell in seinen Vorhersagen präziser als das Single-Route-Modell. Das Single-Route-Modell kommt dagegen mit nur sehr wenigen Annahmen aus. Zwei bedeutende Einschränkungen sind jedoch, dass nur einsilbige Wörter simuliert wurden und dass die Grapheme, die den Input in das Modell darstellen, bereits vorstrukturiert sein müssen (Eysenck/Keane 2005, 336).

Fragen zu Kapitel 2.5

Überprüfen Sie Ihr Wissen!

111. Wie sind Wortformen und semantische Konzepte repräsentiert?

112. Was ist das phonologische Segmentierungsproblem? Was das Variabilitätsproblem?

113. Was ist der Unterschied zwischen einem Phonem und einem Morphem?
114. Warum können wir die Phoneme einer Fremdsprache nicht so gut unterscheiden wie die unserer Muttersprache? Was folgt daraus für das Sprachenlernen?
115. Woran erkennt man eine reine Alexie?
116. Welche Eigenschaften definieren das visuelle Wortformareal?
117. Durch welche Läsionen kann eine reine Hemialexie im a) linken und b) rechten visuellen Halbfeld entstehen?
118. Was ist der *word superiority effect*, wie wird er geprüft?
119. Nennen Sie die Symptome, die für eine Störung der a) lexikalischen und b) nicht-lexikalischen Route sprechen.
120. Was sind die Symptome einer direkten Dyslexie, was kann man daraus über die Lesepfade schließen?

Auflösung der Frage von S. 144: Nach einer isolierten Schädigung des Spleniums wurde eine Hemialexie in der linken Gesichtsfeldhälfte beobachtet.

2.6 Sprache II

2.6.1 Satzverständnis

Im letzten Kapitel haben wir uns mit den Prozessen beschäftigt, die ein Verständnis einzelner Wörter ermöglichen. Meistens verwenden wir Wörter jedoch in größeren Zusammenhängen, in Sätzen oder längeren Texten. Um einen bestimmten Bedeutungszusammenhang in einem Satz auszudrücken, kommt es nicht nur darauf an, geeignete Wörter zu verwenden, sondern auch darauf, diese in einer bestimmten Weise miteinander zu verbinden. Dabei können Änderungen in der Wortreihenfolge, der Wortendungen usw. zu einem veränderten Sinnzusammenhang führen.

Weiterhin hat jede Sprache gewisse grammatische Regeln, die korrekte und inkorrekte Sätze unterscheiden. Diese Regeln können von Sprache zu Sprache sehr unterschiedlich sein. So werden im Deutschen Zusammenhänge häufig über Wortendungen signalisiert, die im Englischen über die Wortreihenfolge indiziert werden. Während im Englischen wie im Deutschen das Tempus über entsprechende Verbformen signalisiert wird, wird es im Chinesischen nur über Begriffe wie „Heute", „Gestern" etc. angezeigt. Inwieweit sind diese unterschiedlichen Grammatiken auf eine gemeinsame Grundlage zurückführbar? Sind die Unterschiede in den Grammatiken verschiedener Sprachen nur oberflächliche Unterschiede, die sich zumindest im Kern auf eine gemeinsame Tiefenstruktur abbilden lassen (Chomsky 1965)? **Grammatik**

Wir sind aus der Mathematik oder den Naturwissenschaften gewöhnt, dass Regeln allgemeingültigen Charakter haben. In der Sprache ist es aber häufig so, dass Regeln an bestimmte Wörter gebunden sind. Im Wörterbuch können wir nicht nur die Bedeutung eines Wortes nachschlagen, sondern auch bestimmte strukturelle Merkmale, z. B. ob das Wort transitiv oder intransitiv verwendet wird. Moderne linguistische Grammatiken bedienen sich häufig dieses Prinzips, indem sie viele Regeln mit dem jeweiligen Eintrag im mentalen Lexikon verbinden und nur noch wenige allgemeingültige Regeln vorsehen. Man spricht dann von lexikalisierten Grammatiken. **lexikalisierte Grammatik**

Parsing

Wie wird nun die Bedeutung eines Satzes erschlossen? Unabhängig davon, ob wir den Satz hören oder lesen, verfügen wir zunächst über die Informationen, die der Satzanfang verfügbar macht. Diese Informationen werden dann mit jedem weiteren gelesenen oder gehörten Wort erweitert. Es gibt jedoch unterschiedliche Modelle für das Parsing (damit ist die syntaktische Analyse des Satzes gemeint) eines Satzes, die davon ausgehen, dass entweder die Wörter eines Satzes ihrer Reihenfolge nach zur Satzanalyse herangezogen werden oder dass bestimmte zentrale Bestandteile des Satzes die Analyse bestimmen.

Garden-Path-Modell

Ein einflussreiches Modell wurde von Frazier und Rayner (1982) Garden-Path-Modell genannt. Die Bezeichnung rührt von dem Ausdruck *to send someone up the garden path* (jemanden auf den Holzweg schicken) und bezieht sich darauf, dass Sätze nicht immer eindeutig sind und daher manchmal zunächst falsch verstanden werden. Diese „Garden-Path"-Sätze wurden genutzt, um die Satzanalyse zu untersuchen. Frazier und Rayner postulierten, dass bei Ambiguität zunächst eine Alternative ausgewählt werde. Die Auswahl erfolgt nach syntaktischen Aspekten, Bedeutung spielt für die initiale Auswahl keine Rolle. Die syntaktische Auswahl stützt sich dabei auf zwei Prinzipien, *minimal attachment* und *late closure*, die zunächst zur Auswahl der einfachsten syntaktischen Struktur führen.

minimal attachment

Minimal attachment besagt, dass die einfachste syntaktische Struktur ausgewählt wird. Rayner und Pollatsek (1989) führen als Beispiel die Sätze "The girl knew the answer by heart" und "The girl knew the answer was wrong" an. Das *minimal attachment*-Prinzip führt dazu, dass „the answer" als direktes Objekt des Verbs „knew" aufgefasst wird. Dies ist jedoch nur im ersten Satz richtig und führt im zweiten Satz auf den „Holzweg".

late closure

Late closure meint, dass während des Parsings neue Wörter so lange wie möglich an die bestehende Struktur angehängt werden. Ein Beispielsatz, wieder von Rayner und Pollatsek (1989), lautet „Since Jay always jogs a mile seems like a short distance". *Late closure* führt dazu, dass „a mile" zunächst der ersten Phrase angehängt wird, anstatt an den Beginn der zweiten Phrase. Erst nach Abschluss der syntaktischen Analyse folgt eine Bewertung nach semantischen und pragmatischen Kriterien, die gegebenenfalls eine neue syntaktische Analyse nötig macht.

Die Garden-Path-Theorie wurde von vielen Studien bestätigt, darunter sowohl Reaktionszeit- wie auch Blickbewegungsstudien (Breedin/Saffran 1999; Frazier/Rayner 1982; Osterhout/Nicol 1999). Es wurde allerdings auch gefunden, dass Parsing-Strategien ebenso von weiteren Faktoren wie dem Kontext (Tanenhaus et al. 1995), der Intonation (Spivey et al. 2002) oder der Interpunktion (bei geschriebener Sprache) und der Prosodie abhängen. Die Allgemeingültigkeit der Prinzipien von *minimal attachment* und *late closure* wurde in einer Weiterentwicklung der Garden-Path-Theorie eingeschränkt (Frazier/Clifton 1996).

Alternative Parsing-Modelle störten sich insbesondere an dem Postulat, dass semantische Bedeutung zunächst nicht zur Satzanalyse herangezogen werden sollte. Als Alternative wurde die *constraint-based theory* (MacDonald et al. 1994) vorgeschlagen. Ihr Kern ist die Annahme, dass alle verfügbaren Informationen sofort verwertet werden. Einige Arbeiten stützten diese Annahme, so wurde etwa eine Tendenz gefunden, Verben zunächst so zu verwenden, wie sie am häufigsten eingesetzt werden (z.B. mit direktem Objekt; Garnsey et al. 1997). Allerdings beeinflussten die nichtsyntaktischen Randbedingungen die Satzanalyse manchmal erst später als erwartet (Boland / Blodgett 2001).

Parsing-Modelle wie die Garden-Path-Theorie gehen davon aus, dass wir ein **Heuristiken** komplettes und detailliertes Verständnis von Sätzen generieren. Das scheint aber nicht immer der Fall zu sein.

> Beantworten Sie folgende Frage: Wie viele Tiere von jeder Art ließ Moses auf die Arche? Wenn Sie gerade „zwei" gedacht haben, denken Sie noch einmal darüber nach, die richtige Antwort ist natürlich „keine".

Diese „Moses-Illusion" (Erickson / Mattson 1981) ist nur ein Beispiel dafür, dass wir häufig Heuristiken anstelle von vollständigen Analysen nutzen, um den Sinn sprachlicher Äußerungen zu erschließen (Ferreira et al. 2002).

Diese Beispiele zeigen, dass die Verwendung von Heuristiken das Potenzial für fehlerhafte Kommunikation beinhaltet. Dagegen haben Heuristiken den Vorteil, dass sie in der Mehrzahl der Fälle mit geringem Verarbeitungsaufwand zum richtigen Ergebnis führen.

2.6.2   Neuronale Korrelate der Sprache

Wir haben gesehen, dass die Garden-Path-Theorie davon ausgeht, dass zunächst **ereigniskorrelierte** eine syntaktische Analyse stattfindet, die erst anschließend von einer semantischen **Potenziale (EKPs)** Analyse gefolgt wird. Solche Annahmen sind mit Verhaltensmaßen wie der Reaktionszeit allein nur schwer zu prüfen, weil die Reaktionszeit immer nur das Endprodukt vieler möglicher Prozesse darstellt. Um Fragen nach der Abfolge sprachlicher Prozesse zu untersuchen, werden daher auch ereigniskorrelierte Hirnpotenziale (EKPs) herangezogen. Insofern als EKPs den Aktivierungsverlauf in bestimmten neuronalen Ensembles reflektieren, erlauben sie im günstigen Fall, den Zeitverlauf kognitiver Teilprozesse zu analysieren.

Eine der bedeutendsten EKPs in der psycholinguistischen Forschung ist die **N400** N400 – eine negative Potenzialänderung, die etwa 400 ms nach Präsentation des auslösenden Ereignisses eintritt. Die N400 wird durch Probleme der semantischen Integration hervorgerufen.

Eine typische experimentelle Bedingung, mit der eine N400 hervorgerufen werden kann, ist eine Satzvervollständigung mit einem semantisch unpassenden Wort. Der Satz „Das Gewitter wurde gebügelt" erzeugt im Hörer eine höhere N400 als der semantisch unauffällige Vergleichssatz „Das Hemd wurde gebügelt" (Abb. 2.6.1; dieses und folgende Beispiele nach Friederici 2002). Die Mittelung der EKPs beginnt in diesen Untersuchungen immer mit dem Beginn des kritischen Wortes, im Beispiel also „gebügelt", so dass Unterschiede zu Beginn des Satzes „Das Gewitter … " im Vergleich zu „Das Hemd …" nicht in die Mittelung eingehen sollten. Der Satz „Das Gewitter wurde gebügelt" ist natürlich eine unsinnige Aussage, enthält aber keine syntaktische Verletzung.

Wie verhält es sich nun mit syntaktisch inkorrekten Sätzen, wie „Die Bluse **Verletzungen der** wurde am gebügelt"? Solche syntaktischen Verletzungen rufen eine Reihe von **Syntax**

EKP-Änderungen hervor, die zu unterschiedlichen Zeiten ihr Maximum über verschiedenen Ableitelektroden haben. Die früheste Potenzialänderung tritt bereits nach gut 100 ms über linksfrontalen Ableitorten auf. Aufgrund ihrer zeitlichen und räumlichen Charakteristika wird sie *early left anterior negativity* (ELAN) genannt. Im Beispiel wird sie gefolgt von einer späteren EKP, die nach etwa 600 ms über zentral-parietalen Elektroden ihre maximale Auslenkung erreicht (P600). Während die ELAN insbesondere durch Wortkategoriefehler hervorgerufen wird, so tritt die P600 nach syntaktischen Verletzungen in komplexen Sätzen auf.

Zumindest die Abfolge von ELAN und N400 könnte als Beleg dafür angesehen werden, dass die syntaktische Verarbeitung der semantischen vorangeht. Aufgrund der Latenzen dieser EKPs allein kann aber nicht ausgeschlossen werden, dass syntaktische und semantische Verarbeitung simultan beginnen und unabhängig voneinander verlaufen. Das spätere Maximum der N400 könnte dann einfach darauf zurückzuführen sein, dass die semantische Verarbeitung länger anhält.

Um die Frage einer seriellen Verarbeitung von Syntax und Semantik zu untersuchen, wurden Sätze mit einer syntaktischen Verletzung mit Sätzen kontrastiert, die sowohl eine syntaktische als auch eine semantische Verletzung enthielten („Das Gewitter wurde im gebügelt"; Friederici 2002). In beiden Fällen trat eine ELAN auf. Die Sätze mit kombinierter syntaktischer und semantischer Verletzung riefen aber keine N400 hervor. Die Ergebnisse sprachen also dafür, dass nach der Detektion der syntaktischen Verletzung keine weitere semantische Verarbeitung stattfand.

cloze value   Weitere Untersuchungen zeigten jedoch auch, dass es kein generelles Primat der syntaktischen vor der semantischen Verarbeitung gab. In einer Studie von Gunter und Kollegen (2000) wurden Sätze präsentiert, in denen morphosyntaktische Verletzungen, wie „Sie bereist den Land …" auftreten konnten. Unabhängig davon wurde das Auftreten der N400 variiert. Die N400 wurde durch Sätze wie „Sie befährt das Land mit einem alten Wartburg" hervorgerufen. Der Satzanfang „Sie befährt das Land …" ist sowohl syntaktisch wie semantisch korrekt. Dagegen ist die Wahrscheinlichkeit, dass nach „Sie befährt…" das Wort „Land" kommt, sehr viel geringer als nach „Sie bereist…". Die Wahrscheinlichkeit des Auftretens

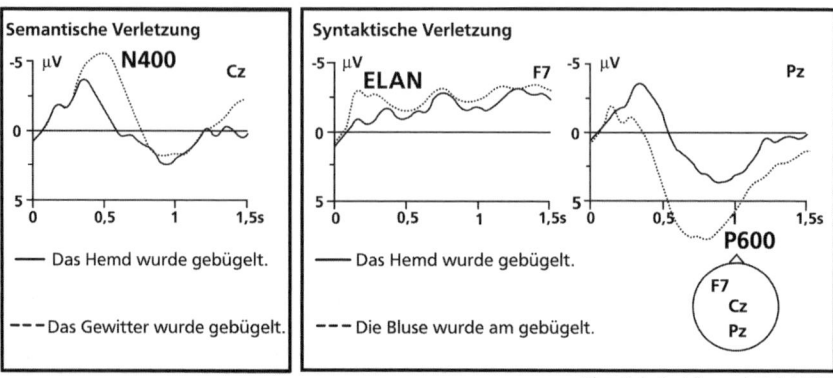

Schematische Darstellung nach Friederici, 2002

Abb. 2.6.1: EKP-Änderungen auf verschiedene Typen sprachlicher Verletzungen (nach Friederici 2002)

eines Wortes wird als *cloze value* bezeichnet. Wörter mit einem niedrigen *cloze value* rufen eine höhere N400 hervor.

Morphosyntaktische Verletzungen führten zu einer linksfrontalen Negativität (LAN), mit einem Maximum nach etwa 400 ms, und einer etwa zeitgleichen N400 an zentralen Ableitelektroden. Die noch spätere P600 wurde sowohl durch die syntaktische wie die semantische Variation beeinflusst. Diese Ergebnisse führten zu einem Drei-Stufen-Modell der Sprachverarbeitung, in dem Wortkategoriefehler früh detektiert werden und die weitere (semantische) Verarbeitung unterbrechen. In einer zweiten Phase hingegen werden Syntax und Semantik parallel verarbeitet. In Phase drei schließlich interagieren syntaktische und semantische Verarbeitung. **Drei-Stufen-Modell**

Ein Zusammenhang zwischen Hirnfunktion und Sprachprozessen wurde bereits in der zweiten Hälfte des 19. Jahrhunderts hergestellt, als zunächst Paul Broca (1861) einen Patienten vorstellte, der nur unter Schwierigkeit einzelne Wörter aussprechen konnte. Nach seinem Tod wurde eine Läsion des linken inferioren Frontalcortex gefunden. Wenig später, im Jahr 1874, veröffentlichte Carl Wernicke eine einflussreiche Studie (Reprint 1974), in der er Läsionen im posterioren superioren Temporalcortex mit Sprachverständnisstörungen assoziierte. **Broca-Aphasie**

Wernicke-Aphasie

Aus diesen Arbeiten entwickelte sich die Vorstellung eines motorischen (Broca) und eines sensorischen (Wernicke) Sprachzentrums, deren Läsion jeweils zu einer nichtflüssigen (Broca) bzw. flüssigen (Wernicke) Aphasie führte. Damit ist gemeint, dass das charakteristische Merkmal der Broca-Aphasie die geringe Wortproduktion ist, während Patienten mit einer Wernicke-Aphasie flüssige Sätze normaler Länge bilden können, die aber sinnleer sind. Eine dritte klassische Aphasieform ist die Überleitungsaphasie, bei der sowohl Sprachverständnis wie Sprachproduktion relativ gut erhalten sind, die Fähigkeit zur Wiederholung jedoch stark defizitär ist. Diese Form wurde einer Zerstörung der Faserverbindungen zwischen Broca- und Wernicke-Areal zugeschrieben. Spätere Studien haben jedoch gezeigt, dass dieses Bild zu schematisch ist. So gehen schwere Formen der Broca-Aphasie oft mit zusätzlichen Basalganglienläsionen einher. Das Bild der Überleitungsaphasie wurde auch nach Läsionen gefunden, die die Nervenfasern zwischen Broca- und Wernicke-Areal nicht berührten. **Broca- u. Wernicke-Aphasie**

Kognitiv-neuropsychologische Experimente zeigten, dass auch die Vorstellung einer selektiven Störung der Sprachproduktion (motorische Aphasie) zu einfach ist. So legten Caramazza und Zurif (1976) Broca-Aphasikern Sätze der folgenden Art vor:

1. The apple that the boy is eating is red.
2. The horse that the bear is kicking is brown.
3. The man that the horse is riding is fat.

Die Sätze unterscheiden sich dahingehend, dass beim ersten Satz Syntax und Semantik übereinstimmend zur Analyse der Satzbedeutung herangezogen werden können. Beim zweiten Typ gibt nur die Syntax Auskunft über Subjekt und Objekt. Sätze der dritten Art schließlich enthalten einen Widerspruch zwischen Syntax und Semantik. Die untersuchten Broca-Aphasiker fanden die korrekte Satzbedeutung nur bei Sätzen des Typs 1 problemlos, während ihre Analyse bei Sätzen des Typs 2 auf Zufallsniveau lag und sie bei Sätzen des Typs 3 gar fast immer der Semantik, und damit der inkorrekten Alternative, folgten. Damit war gezeigt, dass Broca-Aphasiker nicht nur in der Sprachproduktion, sondern auch im Sprachverständnis ein syntaktisches Defizit aufweisen.

Die Differenzierung der neuronalen Korrelate ist mit der Einführung bildgebender Verfahren vorangeschritten. Eine Metaanalyse bildgebender Studien hat zu der Vorstellung geführt, dass es innerhalb des linken inferioren Präfrontalcortex einen posterior-anterioren Gradienten von phonologischer (BA44, BA6), syntaktischer (BA45, BA44) und semantischer (BA47, BA45) Verarbeitung gibt. Dabei überlappen sich die einzelnen Verarbeitungsareale allerdings deutlich (Bookheimer 2002; Abb. 2.6.2). Auch im Temporallappen wurden Differenzierungen innerhalb der durch Sprache aktivierten Areale gefunden. Phonologische / phonetische Analysen gehen mit erhöhter Aktivierung im posterioren Anteil des Gyrus temporalis superior und entlang des benachbarten Sulcus temporalis superior einher. Semantische Analyseprozesse involvieren u.a. Teile des linken Gyrus temporalis medius und inferior (Hagoort 2005).

Es gibt bisher noch keine allgemein anerkannte funktionell-neuroanatomische Theorie der Sprache. Allerdings gibt es Übereinstimmungen zwischen den vorhandenen Modellen (Friederici 2002; Hagoort 2005), bezüglich der Rolle der beiden hauptsächlich an der Sprachverarbeitung beteiligten Areale, dem inferioren Frontalcortex und dem Temporalcortex, insbesondere der linken Hemisphäre. Dem Temporalcortex wird eine Funktion bei der Identifikation sprachlicher Einheiten und, verbunden damit, der Interaktion mit dem Langzeitgedächtnis zugeschrieben. Dem inferioren Frontalcortex kommt dagegen eine Rolle bei der Integration sprachlicher Einheiten zu. Diese Integration ist in den drei zentralen Bereichen sprachlicher Analyse nötig. Auf der phonologischen Ebene werden Sätze durch die Intonationskontur charakterisiert, z.B. steigende Intonation bei Fragen. Auf der syntaktischen Ebene ist der Bedarf an Integration lexikalischer Einheiten zu einem

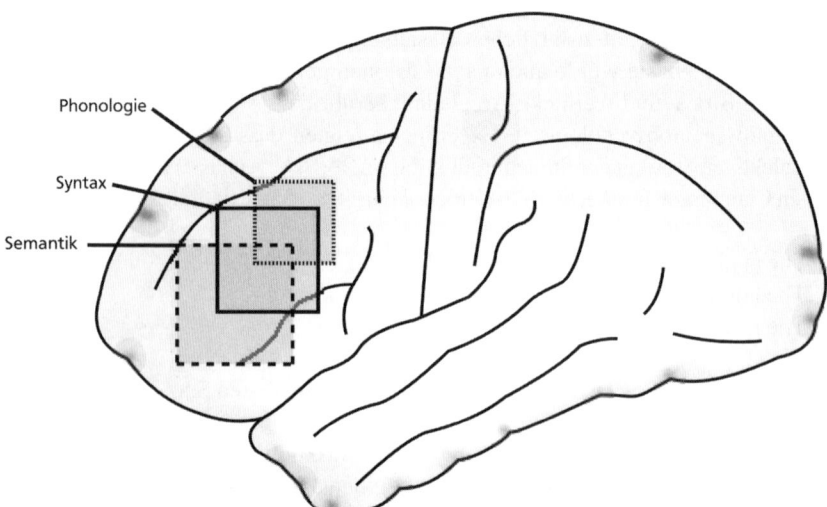

Abb. 2.6.2: Aktivierung des linken Frontalcortex durch phonologische, syntaktische und semantische Anforderungen (nach Bookheimer 2002, bearbeitet)

Satzgefüge vielleicht am augenfälligsten und am besten untersucht (s. o.). Aber auch in der semantischen Analyse treten oft Ambiguitäten auf, die erst durch Integration mit vorgehenden Sätzen, dem sprachlichen Kontext, aufgelöst werden können.

Ein Experiment mit künstlichen Grammatiken hat gezeigt, dass ein Teil des linken inferioren Frontalcortex (Brodmann-Areal 44) selektiv aktiviert wurde, wenn die Probanden Phrasenstrukturgrammatiken lernten, im Gegensatz zu einfacheren *finite state*-Grammatiken (Friederici et al. 2006). Die Probanden hatten Abfolgen wie „de bo gi to" daraufhin zu beurteilen, ob sie korrekte Sätze einer Grammatik waren. Die grammatischen Regeln mussten durch Versuch und Irrtum herausgefunden werden. Die „Sätze" hatten natürlich keine semantische Bedeutung, außerdem wurden für beide Grammatiken die gleichen Sequenzen verwendet. Die Grammatiken unterschieden sich hinsichtlich der Komplexität der Regeln. Während die Regeln der *finite state*-Grammatik vollständig auf den lokalen Abfolgen der aufeinanderfolgenden Buchstaben beruhen, so erlaubt die Phrasenstrukturgrammatik auch hierarchisch strukturierte Regeln (s. Abb. 2.6.3 für Beispiele).

Syntax und inferiorer Frontalcortex

Die *finite state*-Grammatik wird im Deutschen auch Grammatik mit endlich vielen Zuständen genannt. *Finite state*-Grammatiken sind für die Beschreibung natürlicher Sprachen nicht ausreichend, weil es auch Abhängigkeiten zwischen nicht direkt aufeinanderfolgenden Elementen gibt (s. o.). Weiterhin wurde gefunden, dass Affen *finite state*-Grammatiken erlernen können, an Phrasenstrukturgrammatiken aber scheitern (Fitch / Hauser 2004). Die selektive BA44-Aktivierung kann also als Beleg für die Hypothese gelten, dass der linke inferiore Frontalcortex die Integration sprachlicher Einheiten unterstützt. Sie zeigt aber zugleich, dass geeignete Experimente Aussagen erlauben, die noch weit präzisere Unterscheidungen innerhalb eines Gebietes wie dem inferioren Frontalcortex ermöglichen.

finite state-Grammatik

Ein weiteres funktionell-neuroanatomisches Modell der Sprache geht einen besonderen Weg, indem es auf Gemeinsamkeiten zwischen Sprache und Gedächtnis hinweist (Ullman 2001). Die kurze Besprechung der klassischen Aphasieformen und der Dyslexien zeigt schon, dass Sprache von einer großen Zahl von Hirnarealen unterstützt wird, die vom Frontalcortex bis zum Occipitalcortex reichen. Damit stellt sich die Frage, ob all diese Hirnareale selektiv Sprachprozesse unterstützen oder ob es Gemeinsamkeiten zwischen sprachlichen und nichtsprachlichen Prozessen gibt. Einerseits sollte man annehmen, dass das Gehirn über spezifische Strukturen oder Verschaltungen verfügt, über die etwa nichtmenschliche Primaten, deren Sprachfähigkeiten nur rudimentär ausgebildet sind, nicht verfügen. Ein Beispiel dafür mag die frontale Aktivierung durch Phrasenstrukturgrammatiken sein (s. o.; Friederici et al. 2006). Andererseits ist es unwahrscheinlich, dass ein so weitverzweigtes Netzwerk von Hirnarealen selektiv eine entwicklungsgeschichtlich so neue Funktion wie die Sprache unterstützt.

Sprache und Gedächtnis

Von Ullman (2001) wurde ein Modell vorgestellt, dass auf Gemeinsamkeiten zwischen Sprache und Gedächtnis verweist. Sein deklarativ / prozedurales Modell der Sprache postuliert, dass Aspekte des mentalen Lexikons und der Grammatik an die deklarativen und prozeduralen Gedächtnissysteme gebunden sind. Wie in den Kapiteln 3.1–3.3 näher beschrieben, ist das deklarative Gedächtnis in der Lage, Fakten und Ereignisse zu speichern, auch wenn diese arbiträr (assoziativ oder kontextuell) miteinander verbunden sind. Die Konsolidierung des deklara-

deklarativ / prozedurales Sprachmodell

tiven Wissens erfolgt über den medialen Temporallappen, insbesondere den Hippocampus. Das prozedurale Gedächtnissystem hingegen ermöglicht das Lernen neuer (und die Kontrolle erlernter) motorischer und kognitiver Fertigkeiten. Das prozedurale Gedächtnis involviert prämotorische Areale, wie das supplementärmotorische Areal, aber auch den linken inferioren Frontalcortex sowie die Basalganglien, parietale Areale und das Cerebellum.

Ullman postuliert nun, dass das deklarative Gedächtnis dem mentalen Lexikon zugrunde liegt, während das prozedurale Gedächtnis Aspekte der Grammatik unterstützt. Wie bereits im Zusammenhang mit den Dyslexien (Kap. 2.5) und Aphasien besprochen, werden verschiedene Wege zur Wortbildung angenommen. Der lexikalische Weg ermöglicht die Perzeption und Produktion von Wörtern über das mentale Lexikon, in dem für jedes gelernte Wort ein Eintrag zu finden ist. Daneben wird ein regelbasierter Pfad angenommen, der auf allgemeinen Graphem-Phonem/Phonem-Graphem-Konversionsregeln beruht. Ullman nimmt an, dass das mentale Lexikon ein Teil des deklarativen Gedächtnisses ist, das nun neben Fakten und Ereignissen auch Wortbedeutungen und Wortklänge (für die Aussprache) enthält. Dagegen entsprechen grammatische Regeln, etwa zur Bildung regelmäßiger Vergangenheitsformen, dem prozeduralen Gedächtnis.

Belege für das Sprachmodell

Empirische Unterstützung für das Modell kommt aus verschiedenen Bereichen. Psycholinguistische Daten zeigen, dass die Worthäufigkeit die Bildung irregulärer, aber nicht regulärer Wortformen beeinflusst. Dies wird als ein Hinweis darauf interpretiert, dass irreguläre Wortformen aus einem Gedächtnis abgerufen werden, während dies für reguläre Formen nicht gilt.

Neuropsychologische Daten zeigen, dass bei Patienten mit einer nichtflüssigen Aphasie nach anteriorer Hirnschädigung Störungen der Grammatik im Vordergrund stehen, während sie durchaus noch in der Lage sind, einzelne Wörter aus dem Gedächtnis abzurufen. Hierbei zeigen sie jedoch häufiger Fehler bei der Bildung regulärer Wortformen als bei irregulären Wortformen. Umgekehrt verhält es sich bei Patienten mit einer flüssigen Aphasie nach posteriorer Hirnschädigung. Bei diesen Patienten stehen allgemein Schwierigkeiten in der semantisch korrekten Verwendung von Wörtern im Vordergrund, während syntaktische Strukturen intakt sind und reguläre Wortformen korrekt gebildet werden.

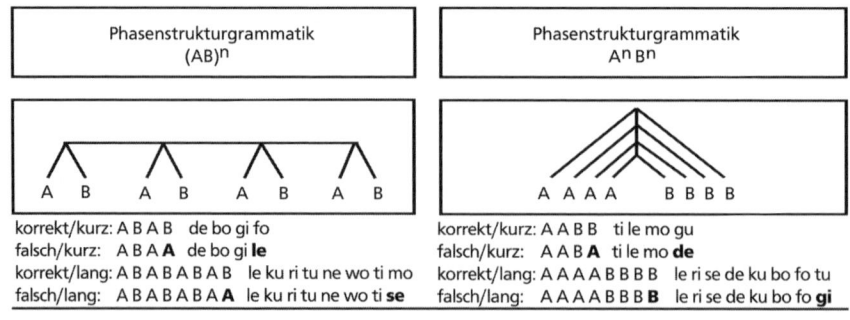

Abb. 2.6.3: Beispiel für künstliche „Sätze", die der *finite-state*-Grammatik oder der Phrasenstrukturgrammatik gehorchen (nach Friederici et al. 2006, bearbeitet)

Weitere Belege für das Modell kommen aus dem Bereich der neurodegenerativen Erkrankungen. Bei der Alzheimer-Erkrankung, die mit Degenerationen im Temporallappen (insbesondere im MTL) beginnt, die sich dann zunächst auf angrenzende Bereiche des Parietallappens ausdehnen, stehen Störungen des deklarativen Gedächtnisses im Mittelpunkt. Dagegen bleibt prozedurales Gedächtnis lange intakt. Defizite in der Objektbenennung und im Abruf von Fakten korrelieren mit sprachlichen Defiziten in der Bildung irregulärer Wortformen, während dies für reguläre Wortformen nicht gefunden wurde.

Bei der Parkinson-Krankheit hingegen stehen motorische Störungen (Hypokinesie, Ruhetremor, Rigor, Gang- und Bewegungsstörungen) im Vordergrund. Diese Störungen werden durch den Verlust dopaminerger Neurone in der Substantia nigra hervorgerufen. Solange die Patienten keine Parkinson-Demenz entwickeln, bleibt der Temporallappen relativ wenig betroffen, dementsprechend ist auch das deklarative Gedächtnis relativ intakt. Sprachlich zeigen die Parkinson-Patienten ein umgekehrtes Muster im Vergleich zur Alzheimer-Krankheit, indem sie eher Fehler bei der Bildung regulärer als irregulärer Wortformen machen. Im Frühstadium sind die Basalganglien meist einseitig stärker betroffen. Rechtsseitige Hypokinese, die durch linksseitige Basalganglienschädigung hervorgerufen wird, korreliert mit der Anzahl der Fehler bei der Bildung regulärer, aber nicht irregulärer Wortformen. Eine ähnliche Korrelation wurde nicht für linksseitige Hypokinese gefunden, was für eine besondere Bedeutung linkshemisphärischer Strukturen bei der Nutzung grammatikalischer Regeln spricht.

Bei der Huntington'schen Krankheit wiederum – einer erblichen Krankheit, die im Gegensatz zur Parkinson-Krankheit nicht zu Hypokinese, sondern (u.a.) zu überschießenden motorischen Bewegungen (Chorea Huntington) führt – wurde eine ebenfalls überschießende Produktion regulärer Endungen (z.B. im Englischen *walked-ed*) gefunden.

Diese Befunde sprechen recht deutlich dafür, dass die Basalganglien und frontale Strukturen in die Produktion regulärer Wortformen eingebunden sind, während irreguläre Wortformen aus einem deklarativen Speicher abgerufen werden. Dazu werden insbesondere der Temporallappen und der inferiore Parietallappen benötigt (sowie insbesondere der mediale Temporallappen, soweit der Speicherinhalt noch nicht konsolidiert ist). Ullman nimmt an, dass die Bildung regelhafter grammatischer Strukturen in *real-time* von den Basalganglien im Zusammenspiel mit Arealen des dorsalen corticalen Pfads (frontale und parictale Strukturen) geschieht, in ähnlicher Weise, wie der dorsale Pfad auch die *on-line* Berechnung räumlicher Orientierungskoordinaten ermöglicht. Dabei soll es zu einer gegenseitigen Inhibition zwischen dem prozeduralen und deklarativen System kommen, indem etwa das Auffinden einer irregulären Wortform im deklarativen Speicher die Bildung der regulären Form durch das prozedurale System verhindert. Es mag sein, dass dieses Modell zu einfach ist, um der ganzen Vielfalt sprachlicher Prozesse gerecht zu werden, aber es stellt zumindest einen guten Ansatz dar, über Gemeinsamkeiten zwischen sprachlichen und nichtsprachlichen Prozessen nachzudenken.

Fragen zu Kapitel 2.6

Überprüfen Sie Ihr Wissen!

121. Was ist eine lexikalisierte Grammatik?

122. Was besagt das Prinzip des *minimal attachment*? Geben Sie ein Beispiel (möglichst ein neues).

123. Was ist *late closure*? Generieren Sie auch hier ein Beispiel.

124. Welche Kritik gab es am Garden-Path-Modell? Welche Alternativen wurden vorgeschlagen?

125. Was ist eine N400? Unter welchen Umständen tritt sie auf? Welche funktionellen Aussagen lässt ihr Auftreten zu?

126. Welche EKPs werden nach syntaktischen Verletzungen beobachtet? Wie unterscheiden sie sich?

127. Welche Schlüsse über die syntaktische und semantische Sprachverarbeitung kann man aufgrund von EKP-Daten ziehen?

128. Wodurch ist eine Broca-Aphasie gekennzeichnet? Welche Kritik gibt es am klassischen Konzept der Broca-Aphasie? Aufgrund welcher Befunde?

129. Welche sprachliche Funktion hat der linke inferiore Frontalcortex?

130. Welche Gemeinsamkeiten gibt es zwischen Sprach- und Gedächtnisfunktionen?

2.7   Mentale Arithmetik

2.7.1   Numerosität

mentale Arithmetik und Sprache

Von 1998–2003 bereiste der französische Forscher Pierre Pica mehrfach ein Dschungelgebiet im nördlichen Brasilien. Das Ziel dieser Reisen war ungewöhnlich. Pica suchte Indianer vom Stamm der Munduruku auf, um ihr Konzept der Numerosität zu untersuchen (Pica et al. 2004). Eine Besonderheit der Munduruku ist, dass ihre Sprache nur Zahlwörter von 1–5 hat.

Sie konnten damit zur Klärung der langanhaltenden Frage beitragen, ob mentale Arithmetik auf Sprache angewiesen ist. Einige Forscher vertraten die Ansicht, dass Arithmetik eine abstrakte Variante sprachlicher Fähigkeiten ist (Chomsky 1988, 169; Hurford 1987). Andere wiederum argumentierten, dass es einen angeborenen „Zahlensinn" (*number sense*) gebe. Dieser ermögliche auch in Abwesenheit exakter Zahlen zumindest numerische Schätzoperationen, die unabhängig von anderen Merkmalen wie Gewicht oder Dichte durchgeführt werden könnten (Dehaene 1997).

Pica bereiste nun mit einem mit Solarzellen betriebenen Laptop den Dschungel, um den Munduruku verschiedene arithmetische Aufgaben zu stellen. Zunächst konnte er zeigen, dass die Munduruku exakte Zähloperationen meist nur bis zur Quantität 3 oder 4 durchführten, selten darüber, wie etwa bis 10, durch stilles Abzählen der Finger. Wie aber würden sie sich verhalten, wenn größere Quantitäten verglichen werden sollten? Dazu sollten größere Punktwolken („Erbsen") miteinander verglichen werden (Abb. 2.7.1).

Die Munduruku zeigten hier den gleichen Distanzeffekt, den auch Sprecher un- **numerischer**
serer Sprache zeigen: Je größer der Unterschied zwischen den Quantitäten, umso **Distanzeffekt**
schneller und fehlerfreier kann die größere (oder kleinere) Quantität bestimmt
werden. Die Munduruku unterschieden sich hinsichtlich des numerischen Distanz-
effekts nicht von französischen Probanden, die mit der gleichen Aufgabe getestet
wurden. Dabei kommt es nicht auf den absoluten Unterschied an, sondern auf das
Verhältnis der Anzahl der Elemente der (kleineren) Menge und der Differenz zur
Vergleichsmenge.

Die gleiche Sicherheit, mit der eine Menge von 12 Erbsen als größer als eine **Weber-Bruch**
Menge von 10 Erbsen erkannt wird, stellt sich im erst im Vergleich von 120 zu 100
Erbsen ein (und nicht von 102 zu 100). Dieses Verhältnis wird nach dem deutschen
Physiker Wilhelm Weber als Weber-Bruch benannt und hat die Form $\Delta S / S = k$,
wobei ΔS die Unterschiedsschwelle und S die „Stimulus-Intensität" bezeichnet
(der Bruch wurde ursprünglich zur Beschreibung von Lichtintensitätsvergleichen
herangezogen). Im vorliegenden Fall bezeichnet S die Menge der Punkte. Die
Konstante betrug für die Munduruku $k = 0{,}17$ und war damit nur marginal größer
als für die französischen Probanden mit $k = 0{,}12$. Konkret bedeutet dies, dass die
Munduruku beispielsweise eine Menge von 100 gerade noch von einer Menge von
117 „Erbsen" unterscheiden konnten, während bei den Franzosen die Schwelle bei
100 und 112 lag.

Dass die Munduruku diese Aufgabe lösen konnten, zeigte, dass sie große Anzahlen auch ohne exakte Zahlbegriffe, also analog, repräsentieren konnten und
über ein Konzept relativer Größe verfügten. Die nur geringfügig größere Konstante zeigt, dass die Munduruku den Vergleich der Quantitäten mit ähnlicher Präzision bewerkstelligten.

Die Munduruku konnten auch ungefähre Additions- und Subtraktionsaufgaben
mit gleicher Präzision wie die französischen Kontrollprobanden bearbeiten.
Konkret ging es darum, dass zwei Mengen von „Erbsen" in einen Behälter ge-
schüttet wurden (Abb. 2.7.1). Dann sollte entschieden werden, ob die (unsicht-
bare) Menge im Behälter größer oder kleiner als eine Vergleichsmenge war. Die
Subtraktionsaufgabe war analog dazu so gestaltet, dass „Erbsen" aus dem Behälter
entnommen wurden.

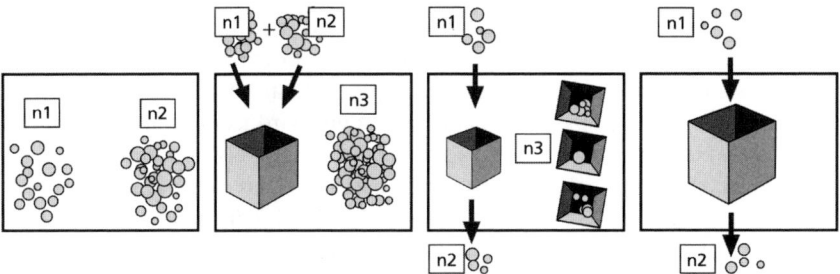

Abb. 2.7.1: Schematische Versuchsanordnung zur Untersuchung der numerischen
Fähigkeiten der Munduruku. Von links nach rechts: ungefährer Mengenvergleich,
ungefähre Addition, exakte Subtraktion (zeige auf die Differenz n1 – n2), exakte
Subtraktion (benenne die Differenz n1 – n2; nach Pica et al. 2004, bearbeitet)

exakte Berechnung

Schließlich wurde untersucht, inwieweit die Munduruku in der Lage sind, exakte Berechnungen auszuführen. Dazu wurden aus einer initialen Menge von maximal 8 „Erbsen" einige entnommen, und zwar immer so viele, dass das Resultat im Bereich von 1–4 lag und somit benannt werden konnte. Die Ausgangszahlen lagen aber z. T. außerhalb des benennbaren Bereichs. Wenn Letzteres zutraf, brach die Leistung der Munduruku schnell zusammen. Dagegen waren die Lösungen fast zu 100 % korrekt, wenn der Minuend ≤ 4 war. Die Untersuchungen bestätigten damit die Existenz zweier unterschiedlicher Systeme mentaler Arithmetik. In der Abwesenheit exakter Zahlenbegriffe > 5 waren die Munduruku in der Lage, approximative Größenschätzungen in vergleichbarer Präzision wie Kontrollprobanden mit einem elaborierten Zahlensystem auszuführen. Auch die Konzepte von Addition und Subtraktion waren ihnen verständlich. Exakte Arithmetik dagegen war ihnen nur in sehr begrenztem Rahmen möglich.

analoge Repräsentation

Belege für eine analoge mentale Repräsentation von Quantität wurden in vielen Studien gefunden, sowohl bei Tieren wie bei Kindern und erwachsenen Menschen. Man könnte hier einwenden, dass es sehr schwierig ist, Numerositätskonzepte bei Tieren nachzuweisen – ist doch jede Menge, die sich durch eine unterschiedliche Anzahl von Elementen unterscheidet, unweigerlich auch physikalisch unterschiedlich. Die verschiedene Anzahl der Elemente geht i. d. R. auch mit unterschiedlicher Dichte oder unterschiedlicher Ausdehnung der Menge einher. Mehr Punkte in einer Menge führen (bei gleicher Größe) zu unterschiedlicher Helligkeit der Fläche usw. Bei der Untersuchung von Studien zur Numerosität müssen diese Konfundierungen sehr sorgfältig vermieden werden. Mit cleverem Experimentieren hat man jedoch recht überzeugende Belege dafür gefunden, dass auch Tiere ein Numerositätskonzept haben.

Numerositätskonzept bei Tieren

Ratten, die initial in der visuellen oder auditiven Modalität trainiert wurden, konnten später Numerositäten zwischen den Modalitäten diskriminieren (Church / Meck 1984). Andere Experimente, ebenfalls mit Ratten, zeigten, dass ein initiales Diskriminationstraining zwischen kurzen 2-Ton-und langen 8-Ton-Sequenzen (die auch aufgrund der Reizdauer unterschieden werden konnten) später auf 2- und 8-Ton-Sequenzen generalisierten, die sich nicht mehr in der Präsentationsdauer unterschieden (Meck / Church 1983).

Entwicklung des Numerositätskonzepts

Ähnliche Befunde wurden auch von Kleinkindern im vorsprachlichen Alter berichtet. Bei diesen Untersuchungen macht man sich den Umstand zunutze, dass Kleinkinder auf die wiederholte Darbietung ähnlicher Dinge habituieren (s. Kap. 3.5). Dies äußert sich in einer verminderten Betrachtungsdauer, wenn wiederholt gleiche oder ähnliche Objekte präsentiert werden. Wird jedoch ein neues Objekt gezeigt, so betrachten die Kinder dieses Objekt länger, als ob ihre Neugier geweckt wäre. Xu und Spelke (2000) konnten zeigen, dass dies auch für Mengen ungleicher Numerosität gilt, auch dann, wenn konfundierende Variablen wie Dichte und Helligkeit sorgfältig kontrolliert werden (s. Abb. 2.7.5).

> Tiere und Menschen haben gemeinsam, dass Numerositätsschätzungen dem bereits vorgestellten Weber'schen Gesetz gehorchen. Um einen Eindruck davon zu bekommen, können Sie mit einem Freund folgenden Selbstversuch durchführen: Murmeln Sie leise das Wort „Lokomotivführer" vor sich hin, wobei Sie das Wort ständig wiederholen (dies verhindert verbales Zählen). Der Mitspieler

> sagt dann eine Zahl zwischen 7 und 25, die Sie dann so schnell wie möglich in eine Anzahl von Tastendrücken auf einer Taste der Computertastatur umsetzen. Wenn Sie einen Texteditor eingeschaltet haben, können Sie anschließend die Tastendrücke einfach anhand der eingegebenen Symbole abzählen. Sie sollten dann bemerken, dass die Abweichung von der vorgegebenen Anzahl im Verhältnis zu der vorgegebenen Zielzahl wächst.

Dies wurde zumindest in einer Untersuchung von Whalen und Kollegen (1999) gefunden. Ähnliche Befunde wurden auch für die Schätzung von Preisen und die Approximation komplexer Rechenaufgaben berichtet. Aber nicht nur beim Vergleich von Mengen, sondern auch beim Vergleich von numerischen Zahlen zeigt sich ein Effekt der Größe. Der Größenvergleich zwischen den Zahlen 5 und 6 gelingt im Mittel schneller als der Vergleich von 555 und 556 (Moyer/Landauer 1967). Abbildung 2.7.2 illustriert den dem Weber-Bruch folgenden Zusammenhang zwischen Ausgangsgröße und Schätzgenauigkeit anhand eines Experiments mit Ratten, die darauf konditioniert wurden, bestimmte Anzahlen von Tastendrücken abzugeben. Je größer die Anzahl war, umso größer war auch die Streuung der abgegebenen Tastendrücke.

2.7.2   Neuronale Korrelate der Numerosität

Die Unterscheidung in zwei mental-arithmetische Systeme – ein exaktes System verbaler Arithmetik und ein approximatives, nonverbales System – sollte sich auch in verschiedenen neuronalen Korrelaten dieser Systeme widerspiegeln, zumal die Übereinstimmung zwischen den tier- und humanexperimentellen Befun-

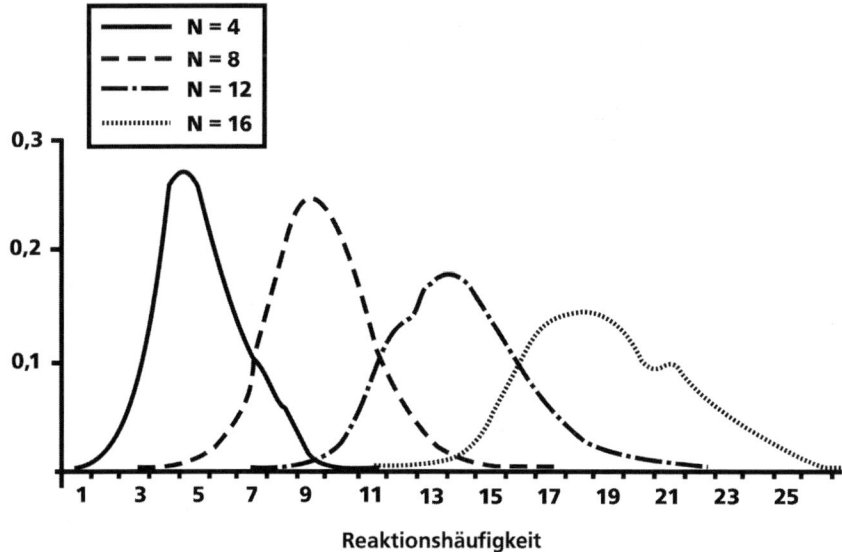

Abb. 2.7.2: Antwortverteilung bei Konditionierung auf bestimmte Anzahl von Tastendrücken von Ratten (nach Piazza/Dehaene 2004, bearbeitet)

**posteriorer
Parietalcortex**

den nahelegt, dass es sich bei dem analogen System um ein phylogenetisch älteres System als das sprachliche System handelt.

Der Vergleich bildgebender Studien ergibt denn auch mehrere Areale des Gehirns, die durch verschiedene mental-arithmetische Aufgaben aktiviert werden. Insbesondere drei abgrenzbare Aktivationsherde im posterioren Parietalcortex wurden wiederholt gefunden. Eines dieser Areale liegt an den Ufern des horizontalen Segments des Sulcus intraparietalis (HIPS), ein weiteres im posterioren Lobulus parietalis superior (pSPL). Während diese beiden Aktivierungen bilateral beobachtet wurden, so tritt eine dritte Aktivierung spezifisch im Gyrus angularis (AG) der linken Hemisphäre auf (Abb. 2.7.3).

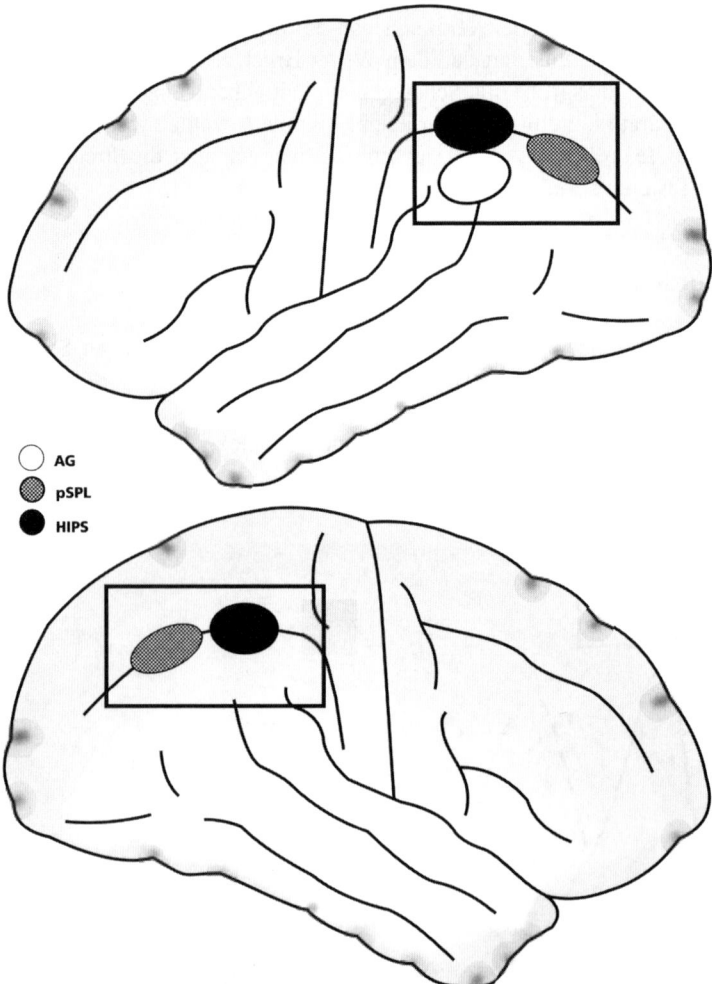

Abb. 2.7.3: Hirnareale im posterioren Parietalcortex, die mental-arithmetische Funktionen unterstützen. AG: Gyrus angularis; HIPS: horizontales Segment des Sulcus intraparietalis; pSPL: posteriorer Lobulus parietalis superior (nach Piazza/Dehaene 2004, bearbeitet)

Aus der Neuropsychologie ist schon seit langem bekannt, dass eine Läsion des linken Gyrus angularis häufig mit einer Lese- und Schreibstörung einhergeht (Alexie mit Agraphie; Déjerine 1892, s. Kap. 2.5). Tatsächlich ist der linke Gyrus angularis auch stärker bei exakter Berechnung als bei Schätzung aktiviert. Weiterhin findet man hier stärkere Aktivierung bei Multiplikation als bei Subtraktion. Der Zusammenhang mag zunächst verwundern. Tatsächlich gibt es aber Hinweise darauf, dass Multiplikation stärker auf verbalem Abruf aus dem Arbeitsgedächtnis beruht als Subtraktion. Diese beansprucht demgegenüber mehr visuell-räumliche Prozesse, im Sinne eines mentalen Zahlenstrahls.

verbale und visuell-räumliche Prozesse

Diese Zusammenhänge wurden exemplarisch in einer Studie von Lee und Kang (2002) untersucht. Sie ließen ihre Probanden Multiplikations- und Subtraktionsaufgaben rechnen, während sie gleichzeitig eine Zweitaufgabe bearbeiten mussten. Eine dieser Zweitaufgaben bestand darin, in ständiger Wiederholung ein sinnloses aussprechbares Nichtwort (Kap. 2.6) auszusprechen. Diese Technik der artikulatorischen Suppression (Kap. 3.1) dient dazu, den phonologischen Arbeitsspeicher auszulasten. Die alternative Zweitaufgabe bestand darin, sich die Form und Lage einer abstrakten visuellen Figur zu merken. Die Hypothese der Autoren betraf die Form der Interferenz zwischen den arithmetischen Aufgaben und den Zweitaufgaben. Wenn Multiplikation primär sprachliche Prozesse beansprucht, so sollte sie durch die phonologische Aufgabe gestört werden, aber nicht durch die visuell-räumliche Aufgabe. Umgekehrt sollte die Subtraktion, wenn diese primär auf visuell-räumlichen Prozessen beruht, primär durch die simultane visuell-räumliche Aufgabe, aber nicht durch die phonologische Aufgabe gestört werden. Genau diese doppelte Dissoziation zwischen den arithmetischen Aufgaben und Zweitaufgaben wurde gefunden: Die Bearbeitungszeiten für die Multiplikation waren bei gleichzeitiger phonologischer Arbeitsgedächtnisbelastung signifikant verlängert,

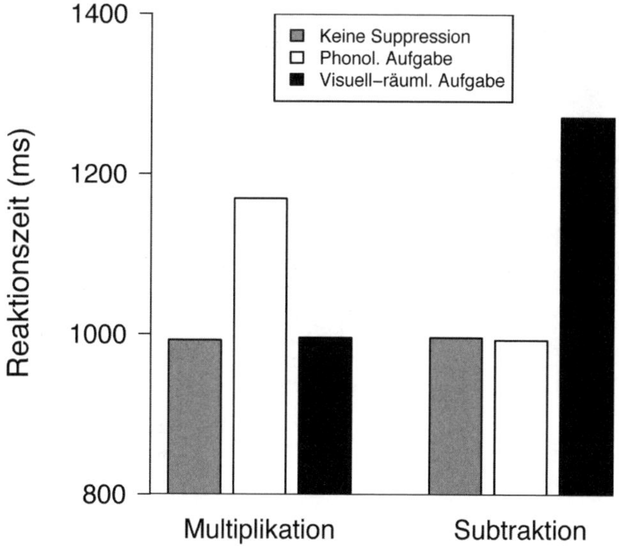

Abb. 2.7.4: Differenzielle Interferenz von Multiplikation und Subtraktion mit verbaler und visuell-räumlicher Arbeitsgedächtnisbelastung (nach Lee / Kang 2002, bearbeitet)

jedoch nicht bei visuell-räumlicher Arbeitsgedächtnisbelastung. Umgekehrt verhielt es sich mit der Subtraktion (Abb. 2.7.4).

Auch die neuronalen Korrelate von Multiplikation und Subtraktion scheinen verschieden zu sein. Wie bereits berichtet, wurde bei der Multiplikation eine Aktivierung des linken Gyrus angularis gefunden. Bei Subtraktionsaufgaben dagegen fand man eher eine Aktivierung entlang des pSPL (Übereinstimmung mit anderen, nichtnumerischen visuell-räumlichen Prozessen?) wie auch im HIPS.

Differenzielle Aktivierung entlang des horizontalen Segments des Sulcus intraparietalis (HIPS) in mentalen Arithmetikaufgaben (nach Piazza/Dehaene 2004)

HIPS ist stärker aktiviert

■ bei Ergebnisschätzung als bei exakter Lösung,
■ bei Subtraktion als bei Multiplikation,
■ bei Operationen mit großen als mit kleinen Zahlen,
■ bei Operationen, die eine numerische Skala benötigen,
■ bei numerischen im Vergleich zu nichtnumerischen Vergleichen (wie Wildheit von Tieren, Raumbeziehungen von Körperteilen usw.).

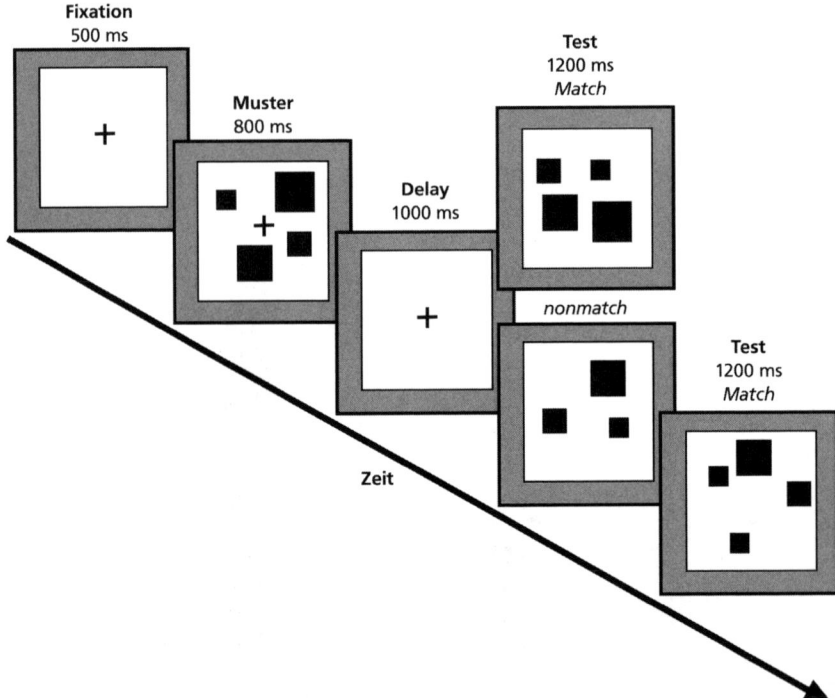

Abb. 2.7.5: Schematischer Versuchsdurchgang zur Untersuchung numerischer Kodierung im Gehirn des Affen (nach Nieder/Miller 2004, bearbeitet)

Kasten „Differenzielle Aktivierung" zeigt, dass der HIPS ein Kandidat für die Re- **HIPS**
präsentation von Numerosität ist. Bei exakter Rechnung ist er stärker bei der Subtraktion aktiviert, die weniger über verbalen Gedächtnisabruf gelöst wird. Stärkere
Aktivierung bei Ergebnisschätzung und Operationen mit großen Zahlen sprechen
für eine Rolle in der analogen Numerositätsverarbeitung. Der HIPS ist bei Ver-
gleichsprozessen stärker involviert, wenn der Vergleich numerischer Natur ist, als
bei nichtnumerischen Vergleichen. Dies betrifft sogar Vergleiche zwischen Zahlen
relativ zu Buchstaben- oder Farbenvergleichen (Eger et al. 2003). Buchstaben und
Farben zeigen beide auch einen Distanzeffekt. Buchstaben sind ebenfalls symbolische Repräsentationen und haben darüber hinaus wie Ziffern eine klare Reihenfolge. Allerdings konnte eine stärkere Aktivierung durch Numerositätsschätzung
nicht immer repliziert werden (Shuman / Kanwisher 2004). Eine spezifische Rolle
von Neuronen entlang des HIPS in der Numerositätsschätzung muss nicht unbe-
dingt bedeuten, dass im gleichen Areal nicht auch andere Funktionen beheimatet
sind. Aus vielen Untersuchungen wissen wir, dass dieses Gebiet eine bedeutende
Rolle bei der räumlichen Orientierung spielt (Kap. 1.3).

In einer weiteren Studie wurde die Hirnaktivierung bei Kindern im Vorschul-
alter mit der von Erwachsenen verglichen (Cantlon et al. 2006). Schon bei den
4-jährigen Kindern wurden parietale Aktivierungen entlang oder in der Nähe des
Sulcus intraparietalis in einer Quantitätsschätzaufgabe beobachtet. Die Daten unterstützen die Hypothese, dass parietale Neurone eine analoge Form der Nume-
rositätsrepräsentation unterstützen, da die verbale Repräsentation bei den Kindern
noch sehr rudimentär war (Zahlenraum bis 10, darüber hinaus unsicher).

Einen wichtigen Einblick in die neuronalen Grundlagen der Numerositätsreprä- **neuronale Numero-**
sentation haben Einzelzellableitungen beim Affen ergeben. Mittels multipler Ab- **sitätskodierung**
leitungen wurden numerositätssensitive Neurone im posterioren Parietalcortex
und im ventrolateralen Präfrontalcortex des Affen gefunden (Nieder / Miller 2004).
Die Affen bearbeiteten eine Delayed-Matching-Aufgabe, bei der sie lernten, einen

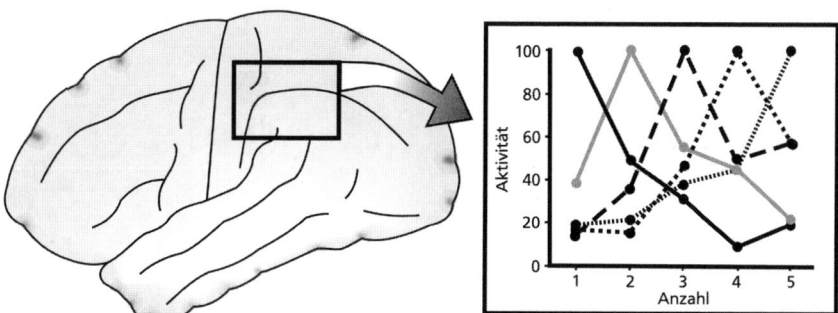

Abb. 2.7.6: Numerositätskodierung in posterioren parietalen Neuronen des Affen.
Die Numerositäten von 1–5 werden durch eine Reihe von Neuronen mit unterschiedlicher Numerositätsspezifität abgedeckt. Den Neuronen ist gemeinsam, dass sie auf
abweichende Numerositäten nur gering reagieren (nach Nieder / Miller 2004, bearbeitet).

Test- und Vergleichsreiz auf gleiche Numerosität zu beurteilen. Konkret sahen sie Punktmuster, bei denen Größe, Lage und Anzahl der Punkte variiert wurden. Sie lernten, positiv auf Muster mit gleicher Punktanzahl zu reagieren, unabhängig von Größe und Lage der Punkte (Abb. 2.7.5).

Von den abgeleiteten Nervenzellen in den genannten Gebieten kodierten einige die Anzahl der Punkte. Einzelne Neurone kodierten jeweils eine bestimmte Numerosität (Abb. 2.7.6). So reagierten einige maximal auf Muster mit 3 Punkten, deutlich weniger auf Muster mit 2 oder 4 Punkten und noch weniger auf Muster mit 1 oder 5 Punkten. Andere Neurone feuerten maximal bei 2 Punkten, wieder andere bei 1 Punkt usw. Auf diese Weise wurde der untersuchte Zahlenbereich (von 1–5) durch Neurone kodiert, die jeweils maximal auf eine Numerosität reagierten. Die Neurone zeigten recht steile Tuningkurven, die gut mit dem Verhalten der Affen übereinstimmten – insofern als falsch-positive Antworten eher bei Mengen auftraten, deren Numerosität nur gering von der gesuchten Numerosität abwich.

Im posterioren Parietalcortex wurde die größte Dichte an numerositätskodierenden Neuronen im Fundus des Sulcus intraparietalis gefunden, in Übereinstimmung mit den bildgebenden Befunden im menschlichen Gehirn. In diesem wurde der HIPS insbesondere bei analogen Quantitätsschätzungen aktiviert gefunden. Die parietalen Neurone reagierten früher auf Numerosität als die präfrontalen Neurone, was für einen Informationsfluss vom Parietallappen zum Frontallappen spricht.

Damit ergänzen sich die bildgebenden Untersuchungen des menschlichen Gehirns und die Einzelzellableitungen am Affengehirn zu einem Bild der Numerositätskodierung, bei dem zumindest die Numerositäten von 1–5 zellulär kodiert sind. In beiden Spezies spielt der posteriore parietale Cortex eine wichtige Rolle für die Numerositätskodierung. Die komplexeren mental-arithmetischen Fähigkeiten des Menschen gehen einher mit einer Differenzierung arithmetischer Prozesse in benachbarten posterioren parietalen Arealen. Inwieweit es vom Affen zum Menschen zu einer Verlagerung der mentalen Arithmetik vom präfrontalen zum posterioren parietalen Cortex gekommen ist oder dieser Unterschied auf Unterschiede in den verwendeten experimentellen Paradigmata zurückzuführen ist, bleibt noch zu untersuchen.

Fragen zu Kapitel 2.7

Überprüfen Sie Ihr Wissen!

131. Was beschreibt der numerische Distanzeffekt?

132. Bei einer Konstante von k = 0,20 im Weber-Bruch müssen Sie wie viele Kerzen anzünden, damit ihre Anzahl als > 120 Kerzen wahrgenommen wird?

133. Welche verschiedenen Repräsentationsarten für Numerositäten gibt es? Nennen Sie Beispiele.

134. Welche unterschiedlichen Arbeitsgedächtnisspeicher beanspruchen Subtraktion und Multiplikation – und warum?

135. Durch welche arithmetischen Aufgaben wird der HIPS besonders stark aktiviert?

136. Welche Funktionen unterstützt der Gyrus angularis (s. a. Kap. 2.5)?

137. Wie werden Numerositäten auf der Ebene einzelner Neurone kodiert?

138. Welche Gemeinsamkeiten gibt es bei der Numerositätsverarbeitung bei Mensch und Tier – welche Unterschiede gibt es?

139. Wie würden Sie vorgehen, wenn Sie die Intaktheit der Numerositätsverarbeitung bei einem sprachgestörten Kind untersuchen wollten?

140. Welche Gemeinsamkeiten und Unterschiede gibt es bei der Verarbeitung von Zahlen, Buchstaben und Wörtern?

3 Lernen und Gedächtnis

3.1   Arbeitsgedächtnis

Der wohl berühmteste Patient der neuropsychologischen Gedächtnisforschung, ein junger Mann mit den Initialen H. M., unterzog sich einer beidseitigen Resektion (Abtragung) großer Teile des medialen Temporallappens, um eine anderweitig nicht behandelbare Epilepsie zu therapieren. Er litt nach dieser experimentellen Therapie an einer gravierenden Gedächtnisstörung, die darin bestand, dass er neue Informationen nicht dauerhaft erinnern konnte (Scoville / Milner 1957). Diese Unfähigkeit, neue Gedächtnisinhalte zu memorieren, äußerte sich etwa darin, dass er den Untersucher nicht mehr wiedererkannte, wenn dieser kurz das Zimmer verlassen hatte und H. M. seine Aufmerksamkeit zwischenzeitlich einer anderen Aufgabe zugewendet hatte. Andererseits war H. M. durchaus in der Lage, Informationen kurzzeitig aufzunehmen und zu behalten. So konnte er etwa von einer zuvor vorgelesenen Liste genauso viele Wörter wiedergeben wie vergleichbare hirngesunde Probanden, auch wenn die Wiedergabe zeitlich verzögert war. Sobald H. M. jedoch eine andere, interferierende, Aufgabe während des Behaltensintervalls ausführen musste, sank seine Behaltensleistung auf Zufallsniveau (s. Kap. 3.3 für weitere Informationen).

Gedächtnissysteme

Wir alle haben uns schon einmal darüber geärgert, etwas vergessen zu haben. Anders als bei der Wahrnehmung, deren Leichtigkeit über die Komplexität der Wahrnehmungsprozesse hinwegtäuscht, stoßen wir beim Gedächtnis nur allzu leicht an Grenzen. Manchmal können wir uns nicht an lange zurückliegende Ereignisse erinnern, u. U. können wir aber auch nur noch einen Bruchteil dessen berichten, was wir 10 Minuten zuvor in den Fernsehnachrichten gesehen haben. Oder es gelingt uns nicht, eine Telefonnummer abzuschreiben, ohne mehrmals auf die

Tab. 3.1.1: Gedächtnissysteme (nach Buchner 2003, bearbeitet)

Sensorische Speicher	■ Ikonischer Speicher ■ Echoischer Speicher
Arbeitsgedächtnis	■ zentrale Exekutive ■ Subsysteme: visuell-räumlich, phonologisch, episodisch
Langzeitgedächtnis Deklaratives Gedächtnis	■ Episodisches Wissen (Erlebnisse) ■ Semantisches Wissen (Fakten)
Nondeklaratives System	■ Perzeptuelles Lernen: Merkmalserkennung, visuelle / auditive Wortform, Objektform ■ Prozedurales Wissen: motorische / kognitive Fertigkeiten, Konditionierung, assoziatives Wissen

Nummer zu schauen. Schließlich ist es auch eine Gedächtnisleistung, ein Klavierstück spielen zu lernen oder die Abfahrtstechnik am Skihang zu verbessern.

Diese Beispiele deuten schon an, dass sich Gedächtnisprozesse in ganz unterschiedlichen Zeitskalen abspielen und die unterschiedlichsten Inhalte betreffen können. Tabelle 3.1.1 gibt eine Konzeption verschiedener Gedächtnissysteme, die in den folgenden Kapiteln vorgestellt und kritisch diskutiert werden.

Tabelle 3.1.1 ist ein Versuch, die Vielfalt der Gedächtnisphänomene zu gliedern, der in Zukunft sicher noch Veränderungen erfahren wird. So gibt es neben dem ikonischen und auditiven Speicher (Kap. 3.4) sicher noch weitere sensorische Speicher, die aber nicht so gut erforscht sind wie diese beiden. Auch zur Struktur des Arbeitsgedächtnisses gibt es unterschiedliche Konzeptionen (s. u.). Perzeptuelles Lernen kann durchaus auch Prozesse des prozeduralen Lernens beinhalten (Kap. 3.4) sowie Konditionierungslernen auch Gemeinsamkeiten mit dem Erkennen von Kausalzusammenhängen (Kap. 3.7) und damit dem deklarativen Gedächtnis aufweisen. Trotz all dieser Einschränkungen ist die Systematik aber hilfreich, um die verschiedenen Ausprägungen des Gedächtnisses zu überblicken.

Befunde wie die Fallgeschichte von H. M. führen uns plastisch vor Augen, dass es einen Unterschied macht, Informationen kurzzeitig im Gedächtnis zu behalten oder ob eine Information dauerhaft im Gedächtnis abgespeichert ist. Die Diskrepanz zwischen dem intakten kurzzeitigen Behalten von H. M. und seiner Unfähigkeit, Gedächtnisinhalte über interferierende Aufgaben hinweg im Gedächtnis zu behalten, führt uns auch vor Augen, dass es ein vom Langzeitgedächtnis unabhängiges transientes Gedächtnis gibt. **transientes Gedächtnis**

Auch im Alltag machen wir häufig die Erfahrung, dass wir viele Dinge, etwa eine Telefonnummer, die wir gerade nachgeschaut haben, um sie Sekunden später einzutippen, nur kurzfristig merken und später nicht mehr erinnern. So sind denn auch die Bezeichnungen Kurz- und Langzeitgedächtnis Allgemeingut. Schwieriger wird es jedoch, wenn wir uns diese Unterscheidung einmal etwas genauer ansehen. Die wohl naheliegendste Frage wäre, wie lange dauert das Kurzzeitgedächtnis, wann beginnt das Langzeitgedächtnis? Um es gleich vorwegzunehmen, es kommt weit mehr darauf an, welche Anforderungen wir während des Behaltensintervalls erfüllen müssen, als auf die Dauer dieses Intervalls.

Machen Sie einmal folgenden Selbstversuch. Lassen Sie sich von einem Freund 10 Wörter vorlesen und versuchen Sie, nach 2 Minuten, in denen Sie sich nicht durch andere Tätigkeiten wie Gespräche, Musikhören etc. ablenken lassen, möglichst viele dieser Wörter wiederzugeben. Wiederholen Sie den Versuch nun mit einer neuen Wortliste, nur dass Sie das Behaltensintervall auf 30 Sekunden verkürzen, während derer Sie, von 99 beginnend, jeweils 7 subtrahieren, also 99, 92, 85 …

Wenn Sie diese Aufgabe ausgeführt haben, werden Sie wohl bemerkt haben, dass es sehr viel schwieriger ist, etwas zu memorieren, während man gleichzeitig andere Informationen bereithalten muss, um eine andere Aufgabe durchzuführen. Offenbar ist die Kapazität des Kurzzeitspeichers begrenzt. Wenn wir Zwischenresultate aus der Rechnung für den nächsten Rechenschritt bereithalten, können wir entsprechend weniger Wörter memorieren. Wenn wir andererseits keine Interferenzaufgabe während des Behaltensintervalls bearbeiten müssen, fällt uns das Memorieren der Wörter relativ leicht. Vermutlich haben Sie die Wörter leise oder laut vor sich hin gesprochen, bis der Zeitpunkt des Abrufs gekommen war. Diese Strategie, im Englischen *rehearsal* genannt, erlaubt es uns, dem Vergessen entgegenzuwirken und das Behalten beinahe beliebig zu verlängern.

3.1.1 Das Konzept des Kurzzeitgedächtnisses

Eine vormals einflussreiche Theorie des Gedächtnisses von Atkinson und Shiffrin (1968) postulierte, dass es zwischen den sensorischen Speichern und dem Langzeitgedächtnis ein separates Kurzzeitgedächtnis gebe, das anderen Gesetzmäßigkeiten als das Langzeitgedächtnis unterliege und eine notwendige Zwischenstufe für die Speicherung im Langzeitgedächtnis darstelle. Man nahm an, dass *rehearsal* im Kurzzeitgedächtnis eine notwendige Voraussetzung zum Aufbau eines Langzeitgedächtniseintrags sei, dass ferner Informationen im Kurz- und Langzeitgedächtnis unterschiedlich repräsentiert seien und schließlich, dass die Zeitdauern der Speicherung, gemäß der Namensgebung, verschieden seien.

Verarbeitungstiefe

Alle drei Annahmen stießen auf Schwierigkeiten (s. Anderson 2000). Zunächst einmal reicht reines *rehearsal* für eine effektive Enkodierung im Langzeitgedächtnis nicht aus. Dies wurde paradigmatisch unter dem Stichwort *levels of processing* bekannt (Craik/Lockhart 1972).

Craik und Tulving (1975) zeigten in einer Serie von Experimenten, dass die Tiefe der Verarbeitung einen entscheidenden Einfluss auf die dauerhafte Enkodierung hat. Sie variierten die Verarbeitungstiefe durch verschiedene Instruktionen beim Erlernen einer Wortliste. Eine geringe Verarbeitungstiefe wurde durch die Instruktion induziert, die Wörter aus einer Liste daraufhin zu beurteilen, ob sie groß oder klein geschrieben waren. Eine mittlere Verarbeitungstiefe wurde dadurch erreicht, dass die zu lernenden Wörter daraufhin beurteilt wurden, ob sie sich mit einem anderen Wort reimten. Die tiefste Verarbeitung schließlich wurde dadurch erreicht, dass Satzanfänge vorgegeben und die Wörter daraufhin beurteilt wurden, ob sie sich zur Satzergänzung eigneten. Die Behaltensleistung für die Wörter stieg mit der Verarbeitungstiefe, die wenigsten Wörter wurden in der Groß-/Kleinschreibungsaufgabe behalten, einige mehr in der Reimaufgabe und schließlich die meisten in der Satzergänzungsaufgabe.

Kodierungs-unterschiede

Die Tiefe der Verarbeitung hatte also einen direkten Einfluss auf die Behaltensleistung. Dies passte nicht zu der Vorstellung eines Kurzzeitgedächtnisses, dessen primäre Funktion das *rehearsal* war.

Verbunden war damit auch die Vorstellung, dass der Inhalt des Kurzzeitgedächtnisses eine sensorische Natur hat, im Unterschied zu einer semantischen Kodierung im Langzeitgedächtnis. Tatsächlich gibt es vielfältige Hinweise darauf, dass wir mit zunehmender Dauer des Behaltensintervalls eher den semantischen Gehalt als die sensorischen Details einer Begebenheit behalten (s. aber Kap. 3.4 zum visuellen Langzeitgedächtnis). Die Annahme einer ausschließlich sensorischen Natur der initialen Speicherung kann jedoch relativ einfach widerlegt werden.

> Versuchen Sie sich einmal folgende Buchstabenketten einzuprägen:
>
> HJU ERW SIF ULO XYC VAZ ISD
>
> Schreiben Sie aus dem Gedächtnis auf, wie viele „Silben" sie erinnern. Versuchen Sie nun das Gleiche mit folgenden Buchstabenketten:
>
> BMW IBM UNO USA SPD CDU ETC

Es erscheint trivial, dass wir bedeutungshaltige Buchstabenkombinationen besser behalten können. Das bedeutet aber, dass wir diese bereits von Anfang an mit einer semantischen Bedeutung verknüpfen können. Umgekehrt können wir uns dauerhaft an die Melodien unserer Lieblingslieder erinnern (oder auch an Schlager oder Werbe-Jingles, die wir gar nicht erinnern möchten), was zeigt, dass die Natur der Langzeitspeicherung auch nicht allein semantischer Natur sein kann (s. Kap. 3.4). Auf die Frage der Enkodierung von Gedächtnisinhalten werden wir im nächsten Kapitel noch ausführlicher eingehen. Hier bleibt festzuhalten, dass Kodierungsunterschiede keinen eindeutigen Hinweis auf ein separates Kurzzeitgedächtnis geben.

Auch der dritte Grund für die Annahme eines separaten Kurzzeitgedächtnisses, die unterschiedliche Zeitdauer des Behaltens, liefert keine eindeutigen Hinweise auf getrennte Kurz- und Langzeitspeicher. Misst man die Behaltensleistung über eine Reihe von Zeitintervallen, so erhält man als generellen Befund einen starken initialen Abfall der Behaltensleistung. Dieser geht dann in einen relativ flachen Anteil der Kurve über, der einen geringeren Abfall der Behaltensleistung über längere Zeitintervalle widerspiegelt. Die höhere initiale Behaltensleistung wurde dem Kurzzeitgedächtnis zugeschrieben, der steile Abfall dem relativ schnellen Zerfall dieser Kurzzeitspeicherung.

Behaltensdauer

Das Hauptproblem dieser Argumentation ist, dass Behaltenskurven eine ähnliche Form – mit zunächst steilem, dann flacherem Verlauf – auf den unterschiedlichsten Zeitkurven haben. Dies reicht vom Behaltensabfall bei Retentionsintervallen unter einer Minute, bei einer Aufgabe, bei der die Probanden durch eine Interferenzaufgabe abgelenkt wurden (Keppel/Underwood 1962), bis hin zu Tagen, bei gut gelerntem Material (s. Abb. 3.2.1 – nächstes Kapitel) oder länger. Zusammen genommen liefern diese Befunde also keine überzeugende Evidenz für ein Kurzzeitgedächtnis im Sinne einer Instanz, die eine eigenständige Art der Kodierung von Gedächtnisinhalten hat und eine notwendige Zwischenstufe auf dem Weg zu einer dauerhaften Speicherung im Langzeitgedächtnis darstellt.

3.1.2   Konzepte des Arbeitsgedächtnisses

Es gibt zwar keine überzeugende Evidenz für ein Kurzzeitgedächtnis im Sinne einer unabhängigen Verarbeitungsstufe zwischen sensorischem Speicher und Langzeitgedächtnis, die bei der Bildung eines dauerhaften Gedächtniseintrags durchlaufen werden muss. Aber so ist es doch unumstritten, dass wir bei fast allen geistigen Tätigkeiten einen Speicher benötigen, um kurzfristig Informationen zu halten und damit zu arbeiten, wie die Telefonnummer, die wir gerade eintippen, die letzte Äußerung eines Gesprächspartners, auf die wir uns anschicken zu antworten oder die Preisangaben, die wir gerade zu einem Endpreis summieren. Diese Kombination aus dem Halten von Informationen und ihrer Manipulation wird in dem Konzept des Arbeitsgedächtnisses betont.

Modell von Baddeley / Hitch

Ein Modell, das lange Zeit die Arbeitsgedächtnisliteratur dominiert hat, stammt von den britischen Psychologen Alan Baddeley und G. Hitch (1974; Baddeley 1986). Baddeley und Hitch unterschieden eine zentrale Exekutive und zwei von der Exekutive abhängige Speichersysteme, eine phonologische Schleife (*phonological loop*) und einen visuell-räumlichen Skizzenblock (*visuospatial sketch pad*). Wie die Bezeichnungen schon andeuten, handelt es sich bei den Arbeitsspeichern um getrennte Systeme für phonologisches und visuell-räumliches Material. Die Trennung dieser Systeme berücksichtigt, dass wir einerseits nur eine limitierte Kapazität für phonologisches oder visuell-räumliches Material haben, dass es aber zwischen diesen beiden Arten von Gedächtnisinhalten nur geringe Interferenz gibt.

Evidenz für phonologische und visuell-räumliche Arbeitsgedächtnisspeicher

Phonologische Schleife

- Wortlängeneffekt: Wir können so viele Wörter im Arbeitsgedächtnis halten, wie wir in etwa 2 s aussprechen können. Dabei kommt es nicht so sehr auf die Silbenzahl, sondern auf die Aussprechdauer an.
- Phonologischer Ähnlichkeitseffekt: Bei ähnlich klingendem Material (z. B. B, D, W, T) treten eher Verwechslungen der Reihenfolge auf als bei unähnlichem Material (C, S, R, M).
- Effekt unbeachteter Sprache: Die Behaltensleistung für gelesene Wörter sinkt, wenn im Hintergrund gesprochen wird, umso mehr, je phonologisch ähnlicher Hintergrund und gelesene Wörter sind.
- Artikulatorische Suppression: Wird uns die Möglichkeit genommen, phonologische Information durchs rehearsal (eine Art inneres Sprechen) ständig zu wiederholen – etwa durch die Instruktion, ständig eine Silbe leise zu wiederholen (ba – ba – ba …) –, zerfällt die Information innerhalb von 2 s.

Visuell-räumlicher Skizzenblock

Auch die Fähigkeit, visuell-räumliche Beziehungen im Arbeitsgedächtnis zu behalten, ist begrenzt.

- Die Fähigkeit, exakte räumliche Beziehungen zu memorieren, nimmt bereits über Behaltensintervalle von wenigen Sekunden ab. So nimmt die Genauigkeit der Positionsbestimmung von Punktmustern kontinuierlich über einen Zeitraum von wenigen Sekunden ab (Müller et al. 1998).
- Das räumliche Absuchen mentaler Bilder interferiert viel stärker mit motorischen Aufgaben mit räumlichen Anforderungen als mit phonologischen Aufgaben (Brooks 1967).

> ▨ Es gibt auch Hinweise für eine weitere Unterteilung in einen visuellen und einen räumlichen Speicher.

Kürzlich hat Baddeley (2000) noch einen zusätzlichen episodischen Arbeitsspeicher (*episodic buffer*) postuliert, der integrierte Informationen halten kann. Diese Erweiterung des Modells war nötig geworden, weil das ursprüngliche Modell nur in der zentralen Exekutive (s. u.) einen Ort hatte, um komplexe Inhalte, die auf phonologische und visuell-räumliche Codes zurückgriffen, zu speichern. Der episodische Speicher soll nun diese Funktion übernehmen, um so die zentrale Exekutive zu entlasten. **episodischer Speicher**

Die zentrale Exekutive ist im Modell von Baddeley und Hitch der Ort, an dem die Inhalte der Arbeitsgedächtnisspeicher manipuliert werden. Die zentrale Exekutive ist im Laufe der Zeit zu einem Überbegriff für eine ganze Reihe von Prozessen geworden. Das Konzept einer einheitlichen zentralen Exekutive ist angesichts der verschiedenen Prozesse und der mit ihnen assoziierten neuronalen Korrelate (Kap. 2.2) zumindest fraglich geworden. Zwischen Tests der verbalen und visuell-räumlichen Arbeitsgedächtnisspanne, die die individuelle Kapazität für verbale und visuell-räumliche Manipulationen messen, wurden nur geringe Korrelationen gefunden. Dies spricht für eine Unabhängigkeit verbaler und visuell-räumlicher Exekutivprozesse (Shah / Miyake 1996). **zentrale Exekutive**

Während das Baddeley'sche Modell noch explizit von der Existenz eigener Arbeitsgedächtnisspeicher ausging, so wird dies in manchen Konzeptionen des Arbeitsgedächtnisses bestritten (Cowan 2000). In diesen Modellen wird der Arbeitsspeicher als aktivierter Teil des Langzeitgedächtnisses beschrieben. Danach wird uns in jedem Moment nur der Teil der im Langzeitgedächtnis gespeicherten Erinnerung bewusst, der sich im Fokus der Aufmerksamkeit befindet (Abb. 3.1.1). Der Fokus der Aufmerksamkeit bestimmt damit auch die Anzahl der Items, die wir im Arbeitsgedächtnis behalten können. Neben den Items, die sich im Aufmerksamkeitsfokus befinden, gibt es weitere Gedächtniseinträge, die zwar nicht bewusst werden, aber dennoch leichter abzurufen sind als die verbleibenden Gedächtniseinträge. Welche Items zu letzterer Gruppe gehören, wird durch den Kontext bestimmt. Cowan (2000) nennt als Beispiel, dass die Namen von Obstsorten leichter abzurufen sind, wenn wir uns beim Obsthändler befinden und vergessen haben, welches Obst wir neben Äpfel und Bananen noch kaufen wollten. **Arbeitsgedächtnisspeicher?**

Der Unterschied dieser Konzeption zu dem Modell von Baddeley und Hitch ist, dass die Abrufbarkeit der Arbeitsgedächtniseinträge außerhalb des Aufmerksamkeitsfokus vom Kontext abhängt und nicht von einer zeitlichen Verfallsdauer. In dieser Konzeption hinterlassen Reize, die wir gerade wahrgenommen haben, sofort eine Erinnerungsspur im Langzeitgedächtnis, auch wenn diese zunächst schwach ist. Diese Vorstellung erklärt beispielsweise, warum man sich in der obigen Übung leichter „UNO" als „ULO" merken kann. Für UNO existiert bei den meisten von uns bereits ein Eintrag im Langzeitgedächtnis. Lesen des Wortes UNO führt daher zu einer Aktivierungssteigerung dieses Eintrags. Für ULO dürfte kein eigener Eintrag bestehen, so dass es nur zur Aktivierung der drei Buchstaben

U, L und O kommen kann. Bei einer Reihe von sinnarmen Trigrammen führt das dann schnell zu einer Überlastung des Arbeitsgedächtnisses.

Arbeitsgedächtnis-kapazität

Dies führt uns zu der Frage, wie groß die Kapazität des Arbeitsgedächtnisses ist. Dass die Kapazität für die temporäre Speicherung von Informationen recht gering ist, bemerken wir alle ständig im Alltag. Lange Zeit war man der Ansicht, dass das Arbeitsgedächtnis eine Kapazität von etwa 7 Elementen hat. Diese „magische Nummer 7" (Miller 1956) wird jedoch von neueren Arbeiten in Frage gestellt.

Die visuelle Arbeitsgedächtniskapazität wurde mit Hilfe eines Experiments geprüft, in dem zunächst ein Muster aus farbigen Punkten kurzzeitig (100–500 ms) präsentiert wurde, kurz darauf gefolgt von einem weiteren Muster (Luck / Vogel 1997). Die Probanden mussten angeben, ob die beiden Muster identisch waren oder sich in einem Punkte unterschieden. Dies gelang ihnen bis zu einer Menge von 3 Punkten nahezu perfekt. Bei Mustern, die 4 oder mehr Punkte enthielten, nahm die Fehlerzahl rapide zu. Die Autoren schlossen zunächst daraus, dass das visuelle Ar-

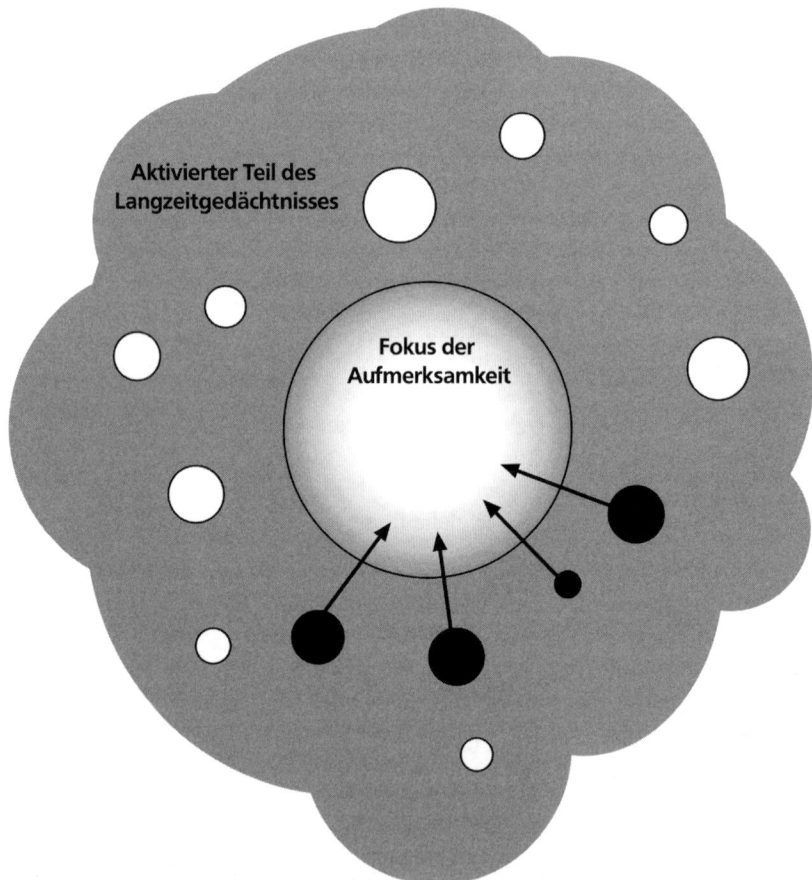

Abb. 3.1.1: Arbeitsgedächtnis als aktivierter Teil des Langzeitgedächtnisses (nach Cowan, 2000, bearbeitet)

beitsgedächtnis nur eine Kapazität von 3–4 Items hat. Die Probanden mussten weiterhin in jedem Versuchsdurchgang zwei Zahlen memorieren, die sie am Ende des Durchgangs wiedergeben mussten. Dies diente dazu, eine verbale Speicherung des Musters auszuschließen. In weiteren Experimenten fanden Luck und Vogel, dass sich die Kapazitätsgrenze von 3–4 Items nicht auf einzelne Merkmale bezog. Ihre Probanden konnten auch 3–4 recht komplexe Objekte memorieren, wie etwa Reize, die sich hinsichtlich 4 Merkmalen (Farbe, Größe, Ausrichtung und der Präsenz einer Lücke) unterschieden. Das visuelle Arbeitsgedächtnis ermöglicht also das Halten komplexer Objekte in ähnlicher Weise, wie wir im verbalen Arbeitsgedächtnis statt einzelner Buchstaben *chunks* wie „UNO" als ein Item halten können.

Todd und Marois (2004) suchten mit Hilfe einer fMRT-Studie nach Hirnarealen, deren Aktivierung die Kapazität des visuellen Arbeitsgedächtnisses widerspiegeln. Zu diesem Zweck zeigten sie ihren Probanden in einer Delayed-Matching-Aufgabe ein Muster aus farbigen Punkten (Abb. 3.1.2).

Nach einem kurzen Retentionsintervall von 1.200 ms sahen die Probanden einen einzelnen farbigen Punkt und mussten angeben, ob dieser Punkt mit der gleichen Farbe und an der gleichen Position in dem zuvor präsentierten Muster enthalten war. Während der Aufgabe mussten die Probanden zwei zuvor gehörte Zahlen mental wiederholen, die am Ende eines Durchgangs mit einer weiteren Zahl verglichen werden mussten. Dies diente dazu, eine verbale Kodierung und Speicherung des Musters in der phonologischen Schleife zu verhindern. Die Analyse der Behaltensleistung ergab, wie in der Studie von Luck und Vogel, dass die Probanden eine Arbeitsgedächtniskapazität von 3–4 Punkten hatten. Daraufhin suchten sie nach Hirnarealen, in denen das fMRT-Signal bei Mustern bis zu 4 Punkten anstieg und dort ein Plateau erreichte. Ein solches Aktivierungsmuster wurde nur beidseits im deszendierenden Segment des Sulcus intraparietalis, am Übergang zum Occipitalcortex, gefunden. Kontrollexperimente schlossen aus, dass die Plateaubildung durch einen Deckeneffekt der vaskulären Versorgung bedingt war.

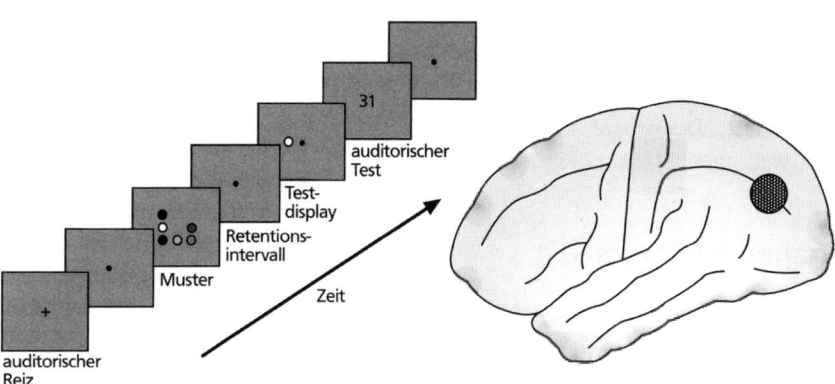

Abb. 3.1.2: Die Kapazität des visuellen Arbeitsgedächtnisses korreliert mit der Aktivierung entlang des posterioren Sulcus intraparietalis. Links: Ablauf eines Versuchsdurchgangs im Experiment von Todd und Marois. Rechts: Ort der Aktivierung entlang des deszendierenden Segments des SIP, beidseits (nach Todd/Marois 2004, bearbeitet)

Delayed Matching

Bei der Delayed-Matching-Aufgabe wird zunächst ein Reiz präsentiert, der erinnert werden muss. Nach Ende der Reizpräsentation folgt ein Behaltensintervall (*delay*), an das sich die Präsentation zweier Stimuli anschließt. Aus diesen zwei Stimuli muss der vor dem Intervall gezeigte Reiz wiedererkannt werden. Das Paradigma erlaubt vielfältige Variationen, etwa Auswahl des Reizes, der zuvor nicht gezeigt wurde, Vergleich des Ortes der Präsentation usw.

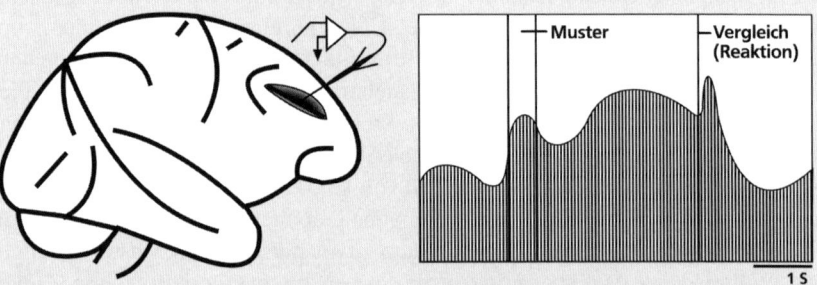

Abb. 3.1.3: Delay-Aktivität in einem Delayed-Matching-Experiment. Links: Ableitort im lateralen Präfrontalcortex. Rechts: Neuronale Aktivität (nach Curtis/D'Esposito 2003, bearbeitet)

Delay-Neurone   Neuronale Delay-Aktivität wurde zunächst im Präfrontalcortex gefunden, später jedoch auch in anderen Arealen des Gehirns. Im menschlichen Gehirn wurde ein globaler anterior-posteriorer Gradient beobachtet, mit primär reizgetriebener Aktivität in den posterioren (insbesondere sensorischen) Arealen und ausgeprägter Delay-Aktivität im Frontalcortex (Courtney et al. 1997). Bedeutet die Existenz solcher Delay-Neurone nun, dass es doch einen Zwischenspeicher gibt, im Sinne der ursprünglichen Konzeption des Kurzzeitgedächtnisses? Das wäre wohl zu kurz gedacht. Die Funktion der Delay-Neurone ist wohl eher, Gedächtniseinträge im Langzeitgedächtnis, die durch die Wahrnehmung äußerer Reize oder auch endogen durch Denkprozesse aktiviert werden, aktiv zu halten, wenn der Anstoß zur Aktivierung nicht mehr präsent ist.

Fragen zu Kapitel 3.1

Überprüfen Sie Ihr Wissen!

141. Wie nennt man die Gedächtnisstörung von Patient H. M.? In welchen Defiziten äußert sie sich? Welche Gedächtnisfunktionen sind bei H. M. erhalten geblieben?

142. Wie lange können wir Informationen im Arbeitsgedächtnis behalten?

143. Welche Konzeptionen zum Aufbau des Arbeitsgedächtnisses gibt es?

144. Wie unterscheiden sich die Konzeptionen des Kurzzeitgedächtnisses und des Arbeitsgedächtnisses?

145. Warum können wir uns bedeutungshaltige Reize besser merken?
146. Welche Komponenten hat das Arbeitsgedächtnismodell von Baddeley und Hitch? Warum?
147. Was ist eine zentrale Exekutive? Diskutieren Sie das Konzept, auch vor dem Hintergrund der Kognitions-Kapitel.
148. Wie groß ist die Arbeitsgedächtniskapazität? Was sollte man bei ihrer Bestimmung beachten?
149. Welche Zusammenhänge werden zwischen Aufmerksamkeit und Arbeitsgedächtnis vermutet?
150. Beschreiben Sie den Ablauf eines Delayed-Matching-Experiments. Wo findet man Delay-Neurone?

3.2 Langzeitgedächtnis: Akquisition und Abruf

Im Jahr 1885 erschien das Buch „Über das Gedächtnis" von Hermann Ebbinghaus. Das Buch kann als der Beginn einer experimentell fundierten Gedächtnisforschung angesehen werden. Ebbinghaus berichtete darin von Experimenten, die er in jahrelanger Arbeit, mit sich selbst als einziger Versuchsperson, durchgeführt hatte. Zunächst hatte er sich einen Vorrat „sinnloser" Silben erstellt, indem er 2.300 willkürliche Konsonant-Vokal-Konsonant-Kombinationen erstellt hatte, die kein Wort der deutschen Sprache darstellen durften. Damit wollte er sicherstellen, dass es sich um neues, möglichst nicht zuvor gehörtes Material handelte. Aus diesem Silbenvorrat stellte er dann Listen unterschiedlicher Länge zusammen, indem er zufällig Silben aus diesem Vorrat zog. Sodann las er die Liste – wobei er die Lesegeschwindigkeit mit einem Metronom taktete – i.d.R. so lange, bis er alle Silben in der richtigen Reihenfolge wiedergeben konnte. Dabei führte er die verschiedensten Variationen ein: Listenlänge, Dauer des Behaltensintervalls, initiale Wiederholungen usw.

Als abhängige Variable zur Messung der Gedächtnisgüte nutzte er insbesondere die Anzahl der Wiederholungen, die er benötigte, um eine Liste richtig wiedergeben zu können. Dabei entwickelte er den Begriff der „Ersparnis". **Ersparnis**

Ersparnis

Ersparnis definierte Ebbinghaus als die Anzahl der Lerndurchgänge, die er nach einem Behaltensintervall, oft 24 Stunden, benötigte, um eine Liste wieder vollständig aufsagen zu können, in Verhältnis gesetzt zur Anzahl der initialen Lerndurchgänge.

Ersparnis (%) = (Lerndurchgänge – Wiederholungsdurchgänge)/Lerndurchgänge x 100

Benötigt man beispielsweise initial 30 Lerndurchgänge und nach 24 Stunden 20 Wiederholungsdurchgänge, so ergibt sich eine Ersparnis von (30 – 20)/30 x 100 = 33 %.

Ebbinghaus fand, dass Lernen bis zur Beherrschung einer Liste nur zu etwa 32 % Ersparnis nach 24 Stunden führte. Zusätzliche Lerndurchgänge nach Beherr- **Überlernen**

Listenlänge

Retentionsintervall

**Effekt der Bedeu-
tungshaltigkeit**

schung der Liste führten zu höherer Ersparnis. Denken Sie an diesen positiven Effekt des Überlernens, wenn Sie sich auf die nächste Prüfung vorbereiten!

Weiterhin fand Ebbinghaus einen Effekt der Listenlänge. Das erscheint zunächst trivial, jeder weiß, dass längere Listen schwieriger zu lernen sind. Nimmt aber die Schwierigkeit gleichmäßig mit der Länge der Liste zu? Ebbinghaus fand, dass das nicht der Fall war, sondern dass die Anzahl der Wiederholungen, die er benötigte, überproportional mit der Listenlänge zunahm.

Auch die Länge des Retentionsintervalls wirkte sich auf die Ersparnis aus. Je länger das Retentions-(Behaltens-)intervall war, umso geringer war die Ersparnis. Dabei war es jedoch so, dass die Ersparnis bei zunehmenden Retentionsintervallen immer geringer abnahm. Mit anderen Worten, die Behaltensleistung fiel anfangs besonders stark, mit zunehmendem Behaltensintervall dann immer geringer ab (Abb. 3.2.1).

Weiterhin fand Ebbinghaus auch einen Effekt der Bedeutungshaltigkeit. Er konnte Strophen aus Byrons Gedicht „Don Juan" zehnmal schneller lernen als eine vergleichbar lange Liste sinnloser Silben.

Aus heutiger Sicht gibt es sicher einige Aspekte an Ebbinghaus' Arbeiten, die kritikwürdig sind, trotz seiner Bemühungen um hohe experimentelle Standards. So sind „sinnlose" Silben selten frei von sinnhaltigen Assoziationen. Auch schränkt die Verwendung einer einzigen Versuchsperson, Ebbinghaus selbst, die Verallgemeinerbarkeit der Befunde ein. Vor dem Hintergrund seiner Zeit, in der die experimentelle Untersuchung höherer geistiger Prozesse wie des Gedächtnisses als unmöglich galt, sind seine Beiträge zur Begründung einer experimentellen Gedächtnisforschung gar nicht hoch genug einzuschätzen. Weiterhin haben zumindest seine oben genannten Beiträge den Test der Zeit bestanden und gelten auch heute noch.

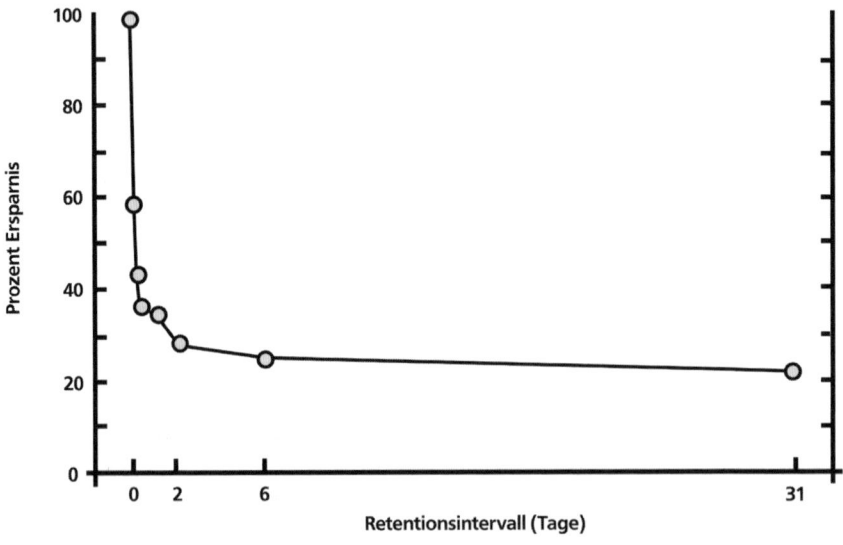

Abb. 3.2.1: Effekt des Retentionsintervalls auf die Behaltensleistung (nach Ebbinghaus 1885)

Eine Definition des Lernens

Lernen ist (nach Anderson 2000, 4) ein Prozess, der langdauernde Veränderungen im Verhaltenspotenzial als Folge von Erfahrungen bewirkt.

- **Prozess:** Lernen beschreibt Veränderung – Gedächtnis ist das Produkt der Veränderung;
- **langdauernd:** kurzfristige Änderungen, etwa durch Ermüdung, werden nicht als Lernen angesehen;
- **Verhalten:** Lernen sollte zu beobachtbaren Verhaltensänderungen führen;
- **Potenzial:** Lernen muss nicht sofort zu spontanen Verhaltensänderungen führen, eventuell muss die Verhaltensänderung in einer experimentellen Situation nachgewiesen werden;
- **Erfahrungen:** Veränderungen im Verhaltenspotenzial können auch durch Alterungsprozesse, Krankheit etc. entstehen, dies ist aber kein Lernen.

3.2.1   Elaboration

Im letzten Kapitel hatten wir bereits gesehen, dass die Verarbeitungstiefe einen entscheidenden Einfluss auf die Behaltensleistung hat. Insbesondere wurde gefunden, dass Wörter besser behalten werden, wenn semantische Bezüge zu anderen Begriffen hergestellt werden. Man hat versucht, diesen Befund damit zu erklären, dass das deklarative Gedächtnis wie ein Netz aufgebaut ist, in dem semantisch ähnliche Begriffe miteinander verknüpft sind. Je stärker nun diese Verknüpfungen sind oder je mehr Verknüpfungen mit einem Begriff existieren, umso größer ist die Wahrscheinlichkeit, dass auf den entsprechenden Begriff zugegriffen werden kann. Die bessere Vernetztheit führt also dazu, dass ein Gedächtniseintrag besser erinnert werden kann, ohne dass seine Gedächtnisspur (die Stärke des Eintrags im Gedächtnis) selbst stärker wäre. **semantische Vernetzung**

Belege für diese Vorstellung wurden in einem Experiment gefunden, bei dem Probanden Fakten lernten, die entweder in einzelnen Sätzen präsentiert wurden, oder, in der Vergleichsbedingung, in den gleichen Sätzen, ergänzt um zusätzliche Informationen (Bradshaw/Anderson 1982). In der Bedingung mit den zusätzlichen, elaborierenden Sätzen war die Behaltensleistung, wie erwartet, höher. Der eigentlich interessante Befund war jedoch, dass die Antworten in der elaborierenden Bedingung etwas langsamer gegeben wurden als in der Vergleichsbedingung. Dies war erwartet worden, wenn die bessere Gedächtnisleistung aufgrund von Elaboration nicht auf eine stärkere Gedächtnisspur des gesuchten Gedächtniseintrags zurückzuführen ist, sondern auf die Gedächtnissuche in einem komplexeren Netz von Verknüpfungen.

In einem Experiment von Slamecka und Graf (1978) wurde eine Wortliste gelernt. Eine Hälfte der Teilnehmer bekam zu jedem Wort der Liste ein weiteres Wort präsentiert, das sich mit dem Listenwort reimte. Die andere Hälfte bekam die gleiche Wortliste, aber jedes Wort war mit einem Synonym (Wort gleicher Bedeutung) **Generierungseffekt** gepaart. Es zeigte sich, dass die Probanden, die die Synonympaare lasen, mehr Wörter aus der Wortliste erinnerten als die Gruppe mit den Reimwörtern. Dies war zunächst eine Replikation der Arbeiten zur Verarbeitungstiefe. Diese hatten bereits gefunden, dass semantische Verarbeitung – die hier durch die Synonyme angeregt wurde – zu einer besseren Behaltensleistung führte als phonologische Verarbeitung – hier durch die Reimwörter angeregt. Der neue Aspekt der Studie war nun, dass die Probanden in einer weiteren Versuchsbedingung keine Wortpaare vorgelegt bekamen, sondern entweder Reimwörter oder Synonyme selbst generieren sollten. Es zeigte sich, dass das aktive Generieren sowohl von Reimwörtern wie Synonymen zu einer signifikanten Verbesserung der Behaltensleistung gegenüber dem Lesen führte. Dabei war der Generierungseffekt gleich groß wie der Effekt der semantischen Verarbeitung. Beide Effekte verhielten sich additiv, so dass die beste Behaltensleistung beim Generieren von Synonymen gefunden wurde. Aus Studien dieser Art folgt die Empfehlung, bei der Prüfungsvorbereitung nicht nur den Lehrbuchtext zu lesen, sondern den Stoff möglichst in eigenen Worten wiederzugeben.

Kontext-abhängigkeit

Für die Güte der Erinnerung ist es auch von Bedeutung, inwieweit der Kontext beim Abruf dem Kontext des Lernens entspricht. Ein einprägsames Beispiel dafür stammt von Godden und Baddeley (1975). Sie ließen Taucher eine Wortliste an Land oder unter Wasser lernen und fanden, dass sie deutlich mehr Wörter erinnerten, wenn der Abruf in der gleichen Umgebung stattfand (11 vs. 8 Wörter unter Wasser, 13 vs. 8 an Land). Während Kontexteffekte in weniger dramatisch verschiedenen Orten oft geringer ausfielen, so haben sie doch interessante Implikationen. So fallen Ihnen vielleicht mehr Antworten in der nächsten Klausur ein, wenn diese im gleichen Hörsaal stattgefunden hat, in dem Sie auch die Vorlesung gehört haben.

transferangemessene Verarbeitung

Tiefe, semantische Verarbeitung führt zu besserem Behalten, wie wir gesehen haben. Das stimmt aber nur bedingt, wenn es beim Abruf auf ganz andere Aspekte als den Sinngehalt ankommt. Wenn Sie ein Gedicht auswendig lernen, kommt es beim Abruf eben darauf an, dass Sie das Gedicht exakt aufsagen können, nicht nur seinen Sinngehalt. Das Beispiel erläutert, was mit transferangemessener Verarbeitung gemeint ist, nämlich, dass der Abruf davon profitiert, wenn beim Lernen die gleichen Anforderungen gestellt wurden. So wurde gefunden, dass phonologische im Vergleich zu semantischer Verarbeitung bei der Enkodierung mit der Leistung in phonologischen und semantischen Abruftests interagierten (Morris et al. 1977). Bei Aufgaben wie „Lexikalische Entscheidung" (Wort/Nichtwort-Unterscheidung), „Suche nach bestimmten Buchstaben in einem Wort" oder „Belebt/unbelebt Urteilen" wurde konsistentes Priming von Wörtern gefunden, wenn sich die Aufgabe wiederholte. Beim Wechsel der Aufgabe von der ersten zur zweiten Wortpräsentation kam es dagegen zu asymmetrischen Priming-Mustern zwischen den Aufgaben, die keine einfache Erklärung im Sinne der Verarbeitungsebene oder einer perzeptuellen gegenüber einer konzeptuellen Verarbeitung zuließ (Franks et al. 2000).

Textgedächtnis

Wie behalten wir den Inhalt von Gesprächen? Was erinnern Sie, wenn Sie morgen an dieses Kapitel zurückdenken? Es ist eine Alltagsweisheit, dass wir i. d. R. Texte nicht wortwörtlich erinnern, sondern eher dem Sinn nach. Dies hat zu der Idee geführt, dass das Textgedächtnis eher die Aussagen eines Textes als seine grammatische Form enthält. Von Walter Kintsch stammt die Hypothese, dass Texte in propositionaler Struktur gespeichert werden. Propositionen sind die kleinsten Wissenseinheiten, von denen man sagen kann, ob sie wahr sind (s. Tab. 2.5.1). Diese Hypothese wurde in einem Experiment von Bransford und Franks (1971) geprüft. Die Probanden lernten zunächst eine Reihe von Sätzen wie:

- Die Ameisen aßen den süßen Honig auf dem Tisch.
- Der Felsbrocken rollte den Berg hinunter und zerschmetterte die kleine Hütte.
- Die Ameisen in der Küche aßen den Honig.
- Der Felsbrocken rollte den Berg hinunter und zerschmetterte die Hütte neben dem Wald.

Die Sätze waren so konstruiert, dass sie aus zwei Sätzen von jeweils vier Propositionen bestanden. Propositionen können als eine Liste von einer Relation und Argumenten beschrieben werden:

- (essen, Ameisen, Honig)
- (süß, Honig)
- (auf, Honig, Tisch)
- (in, Ameisen, Küche)

- (rollen, Felsbrocken, Berg)
- (zerschmettern, Felsbrocken, Hütte)
- (neben, Hütte, Wald)
- (klein, Hütte)

In der Testphase mussten die Probanden angeben, welche Sätze sie zuvor gelesen hatten. Die Sätze hatten die folgende Form:

- Die Ameisen aßen den süßen Honig auf dem Tisch. (alt)
- Die Ameisen aßen den süßen Honig in der Küche. (neu)
- Die Ameisen aßen den süßen Honig neben dem Wald. (neue Proposition)

Die Ergebnisse waren eindeutig. Die Probanden waren so gut wie nicht in der Lage, zuvor gelesene von neuen Sätzen zu unterscheiden, solange die Propositionen den zuvor gelesenen Sätzen entsprachen. Sie hatten aber keine Mühe, Sätze zu identifizieren, die aus neuen Propositionen bestanden.

3.2.2   Gedächtnissuche

Die Kapazität des Arbeitsgedächtnisses hängt auch mit der Geschwindigkeit der Suche nach Gedächtnisinhalten zusammen. Ein klassisches Experiment, mit dem die Gedächtnissuche analysiert wurde, ist das Sternberg-Paradigma. Dabei

Sternberg-Paradigma

lernen die Probanden zunächst Listen mit einer Anzahl zu memorierender Items, etwa Ziffern. Danach wird jeweils ein Item präsentiert, und die Probanden müssen durch eine Wahlreaktion zum Ausdruck bringen, ob das Item zu der zuvor gelernten Liste gehört oder nicht. Der Hauptbefund ist, dass die Reaktionszeit mit der Listenlänge in etwa linear ansteigt, und zwar in gleicher Weise für positive (gehört zur Liste) und negative (gehört nicht zur Liste) Antworten. Dieses Reaktionszeitmuster spricht für eine erschöpfende Suche, d.h. die Liste wird jeweils komplett durchsucht. Ein solches Muster ist alles andere als selbstverständlich. So haben wir ja bereits in Kapitel 1.1 gesehen, dass die visuelle Suche nach einem Item in einem Display i.d.R. dem Schema einer selbstabbrechenden Suche folgt, bei der die Suche abgebrochen wird, sobald der Zielreiz gefunden wird.

parallele Suche   Wie in der visuellen Suche, so kann auch für die Gedächtnissuche die Steigung der Suchkurve berechnet werden. Sie bringt zum Ausdruck, wie viel Suchzeit die Versuchsperson pro Element der Suchmenge benötigt. Bei der Gedächtnissuche in Ziffern- oder Buchstabenlisten wurde eine Steigung von etwa 40 ms pro Item gefunden. Diese Zeit ist zu kurz, um eine streng serielle Suche durchzuführen. Die Daten sprechen daher eher dafür, dass die Items einer Suchliste zumindest teilweise überlappend, vielleicht aber auch parallel abgesucht werden. Die Zunahme der Suchzeit bei paralleler Suche wäre dann dadurch bedingt, dass die parallele Suche mit begrenzter Kapazität stattfindet und daher umso langsamer wird, je mehr Items abgesucht werden müssen.

Bezug zum Arbeitsgedächtnis   Steigung der Suchkurve und Arbeitsgedächtnisspanne kovariieren (Cavanagh 1972). Während wir von einfachen Items, wie Ziffern oder Buchstaben, maximal etwa 7 wiedergeben können (*chunking*), so sind es bei komplexeren Items wie geometrischen Figuren oder Wörtern nur etwa 5 und bei Zufallsformen oder sinnarmen Silben noch weniger (Kap. 3.1). Mit diesen abnehmenden Gedächtnisspannen steigt die Steigung der Gedächtnissuchkurve von 40 ms/Item auf etwa 70 ms/Item an. Für Items, von denen wir weniger im Arbeitsgedächtnis halten können, benötigt die Gedächtnissuche also mehr Zeit. Diese Daten sprechen dafür, dass die Gedächtnissuche auf den Arbeitsspeicher angewiesen ist.

3.2.3   Bildgebende Untersuchungen

Enkodierung   „Tiefere" Enkodierung, die zu besseren späteren Gedächtnisleistungen führt, geht konsistent mit stärkeren Aktivierungen des medialen Temporallappens (MTL) einher. Dies wurde sowohl beim Vergleich „tiefer" semantischer mit „flacher" nichtsemantischer Enkodierung als auch beim Vergleich intentionaler mit inzidenteller Enkodierung gefunden. Auch Reize, die besser behalten wurden, wie bedeutsame versus bedeutungslose Handlungen, Wörter und Zeichnungen, rufen größere MTL-Aktivierung hervor. Dabei wird häufig eine Lateralisierung berichtet – stärkere linkshemisphärische Aktivierung bei verbalen und stärkere rechtshemisphärische Aktivierung für nonverbale Reize (Buckner et al. 2000).

Kodierung von Neuheit   Stärkere MTL-Aktivierungen wurden auch bei Präsentation neuer Reize, im Vergleich zu wiederholt präsentierten Reizen, gefunden. Diese Aktivierungen wurden auch in Experimenten gefunden, bei denen die Probanden keine Gedächtnisanforderung zu bewältigen hatten (Pollmann et al. 2000). Dies deutet auf eine automatische Reaktion (evtl. im Sinne einer Enkodierung) des MTL auf Neuheit hin (Martin 1999).

MTL-Aktivierung korreliert mit der Güte des nachfolgenden Gedächtnisabrufs. Später gut erinnerte Reize lösten während der Enkodierungsphase stärkere MTL-Aktivierung aus als schlecht erinnerte (diese Bedingungen wurden anhand der subjektiven Sicherheit der Erinnerung unterschieden). Unsicher erinnerte Reize lösten immer noch mehr Aktivierung aus als Reize, die gar nicht erinnert werden konnten (Brewer et al. 1998; Wagner et al. 1998).

Dm-Paradigma

Das *difference due to memory*-(Dm-)Paradigma misst zunächst die Hirnaktivierung zum Zeitpunkt der Enkodierung. Diese Daten werden dann zwei Gruppen zugeordnet – den später erinnerten und den nicht erinnerten Items. Man schaut dann, in welchen Hirnarealen Aktivierungsunterschiede zum Zeitpunkt der Enkodierung mit der späteren Erinnerung assoziiert sind.

Auch während des Gedächtnisabrufs wurden MTL-Aktivierungen gefunden. **Abruf** Diese waren stärker für episodischen Abruf als für vergleichbaren semantischen Abruf. Lateralitätseffekte wurden nicht so konsistent wie für die Enkodierung gefunden. Zuvor gelernte (alte) Reize lösen während der Abrufphase mehr MTL-Aktivierung aus als neue. Dieser Effekt wurde für eine ganze Reihe verbaler, figuraler und räumlicher Stimuli gefunden. Die Probanden konnten i.d.R. neue Reize korrekt als solche bestimmen. Die stärkere MTL-Aktivierung stellt also kein Merkmal der Erinnerungsgüte dar, sondern steht in direktem Zusammenhang mit dem Abruf gelernter Reize.

3.2.4   Die Rolle des Frontalcortex

Läsionen des Präfrontalcortex führen, im Gegensatz zu MTL-Läsionen, i.d.R. **PFC und Gedächtnis** nicht zu fundamentalen Gedächtnisstörungen. Diese Patienten haben eher Schwierigkeiten mit spezifischen Gedächtnistests, in Abhängigkeit davon, wie viel strategische Anforderungen für eine erfolgreiche Bearbeitung vonnöten sind. So zeigen sie oft Defizite, wenn die freie Wiedergabe memorierter Reize gefordert ist, zeigen aber eine intakte Wiedererinnerung. Weitere Defizite nach präfrontalen Läsionen betreffen die Erinnerung an die Reihenfolge oder Häufigkeit zuvor memorierter Reize oder die Auswahl der Gedächtnis-Items aus Listen mit Distraktoren. Bei Letzterem sind insbesondere Defizite in der Organisation des Gedächtnismaterials (etwa Gruppierung nach semantischen Kategorien zur besseren Memorierung) zu beobachten. Weiterhin neigen Patienten mit präfrontalen Läsionen zu häufigen falsch-positiven Antworten, d.h. zuvor nicht präsentierte Reize werden fälschlich als bekannt angegeben. Zusammenfassend treten Gedächtnisdefizite nach präfrontalen Läsionen also besonders in Situationen auf, die hohe Anforderungen an die strategische Kontrolle der Informationsverarbeitung stellen.

Obwohl Läsionen des Frontalcortex i. d. R. nicht mit ausgeprägten Gedächtnisstörungen einhergehen, ist es erstaunlich, wie viele Aktivierungen in bildgebenden Studien im Frontalcortex gefunden wurden, sowohl im Zusammenhang mit Enkodierungs- wie Abrufprozessen. Konsistente Zusammenhänge zwischen der Güte der Enkodierung episodischer verbaler Erinnerungen und der Aktivierungsstärke finden sich im linken Präfrontalcortex. Enkodierung nonverbalen Materials geht teils mit rechts- und teils mit linkshemisphärischer Aktivierung einher. Linkshemisphärische Aktivierung mag auf die verbale Enkodierung nonverbalen Materials zurückgehen.

Im Gegensatz zur Enkodierung führt der Abruf sowohl verbalen wie nonverbalen Materials konsistent zu erhöhter Aktivierung des rechten Präfrontalcortex. Abruf verbalen Materials führt häufig zusätzlich zu linksfrontalen Aktivierungen. Die Häufigkeit linksfrontaler Aktivierungen nimmt mit der Schwierigkeit des Abrufs zu (z. B. freie oder sequenzielle Wiedergabe im Vergleich zu Wiedererkennung), während rechtsfrontale Aktivierungen generell beobachtet werden. Die Abruf-relatierten Aktivierungen im rechten Präfrontalcortex gruppieren sich in zwei Arealen, einem posterioren und einem anterioren (frontopolaren) Areal.

prospektives Gedächtnis

Der frontopolare Cortex, also der anteriore Teil des Frontalcortex, der den Bereich um den Frontalpol einnimmt, unterstützt noch eine spezifische Art des Gedächtnisses – das prospektive Gedächtnis. Prospektives Gedächtnis benötigt man, um sich in der Zukunft an etwas zu erinnern. Wenn Sie morgen Abend zu einer Feier eingeladen sind, dann müssen Sie sich rechtzeitig vor der vereinbarten Zeit daran erinnern, dort hinzugehen. Aufgaben dieser Art führen zu Aktivierungen des frontopolaren Cortex (Burgess et al. 2001).

❓ Fragen zu Kapitel 3.2

Überprüfen Sie Ihr Wissen!

151. Wie ist Ersparnis definiert?

152. Welche Befunde aus Ebbinghaus' Werk gelten noch heute?

153. Was ist eine elaborierte Enkodierung? Geben Sie Beispiele.

154. Was bedeutet Generierung und welchen Effekt hat sie auf das Gedächtnis?

155. Was bedeutet transferangemessene Verarbeitung?

156. Wie werden Texte im Langzeitgedächtnis kodiert? Beschreiben Sie ein Experiment zu dieser Thematik.

157. Was ist das Sternberg-Paradigma? Was sind die Hauptbefunde?

158. Wie unterscheiden sich Aktivierungen, die mit verbaler und nonverbaler Enkodierung einhergehen?

159. Was versteht man unter dem Dm-Effekt? Beschreiben Sie das experimentelle Vorgehen.

160. Was ist prospektives Gedächtnis? Welches neuronale Korrelat hat es?

3.3   Langzeitgedächtnis: Konsolidierung

Der Patient H. M., der bereits in Kapitel 3.1 vorgestellt wurde, konnte neue Informationen nur so lange halten, bis sie von interferierenden Informationen überschrieben wurden. Dieser dramatische Fall lenkt die Aufmerksamkeit auf die Notwendigkeit der Konsolidierung oder Festigung von Gedächtniseinträgen. Nachdem wir uns im letzten Kapitel mit Enkodierungs- und Abrufprozessen beschäftigt haben, soll die Konsolidierung im Mittelpunkt dieses Kapitels stehen. Dabei sollten wir im Auge behalten, dass Enkodierung, Konsolidierung und Abruf eng miteinander verknüpft sind und der Beitrag dieser Prozesse in manchen Situationen nur schwer zu trennen ist.

Die Fallgeschichte von H. M. lenkt die Aufmerksamkeit auf die Bedeutung des medialen Temporallappens für die Konsolidierung. Man hat versucht, die Interaktion des Hippocampus mit dem Neocortex mit neuronalen Netzwerkmodellen zu simulieren, die die Verschaltung von Hippocampus und Neocortex in vereinfachter Weise nachbilden (McClelland et al. 1995). Nach diesen Modellen übernimmt der Hippocampus die Rolle eines Trainers, der in wiederholten Schleifen dem Neocortex neue Informationen „beibringt" (Abb. 3.3.1). In einem neuronalen Netzwerk sind Informationen über die Aktivierungsschwellen (analog zu synaptischen Verknüpfungsstärken) der einzelnen Knotenpunkte des Netzes kodiert. Wichtig ist dabei, dass jeder Gedächtniseintrag durch die Gesamtheit der Verknüpfungsstärken im Netz repräsentiert ist. Dementsprechend bewirkt Lernen eine Veränderung dieser Verknüpfungsstärken. Simulationen zeigen, dass Lernen in einem solchen Netz nur langsam vonstatten gehen kann. Eine zu starke Veränderung der Verknüpfungsstärken (um einen neuen Gedächtniseintrag zu repräsentieren) geht nämlich damit einher, dass die zuvor repräsentierte Information überschrieben wird (*catastrophic interference*). Werden die Verknüpfungsstärken nur langsam verändert, so kann ein neuer Gedächtniseintrag repräsentiert werden, ohne dass die zuvor gespeicherten Einträge verlorengehen. Das bedeutet aber, dass es eines „Trainers" bedarf, der den neuen Gedächtniseintrag dem Netz so lange wiederholt

Hippocampus und Neocortex

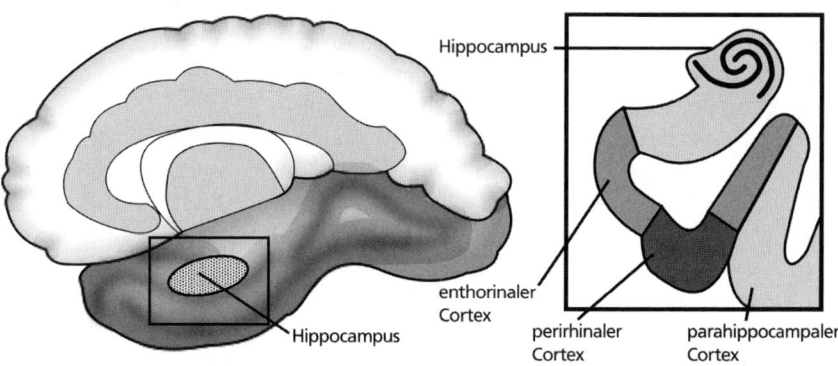

Abb. 3.3.1: Der Hippocampus. Links: Lage im medialen Temporallappen. Rechts: Schnitt durch den Hippocampus und die angrenzenden Cortices

präsentiert, bis das Muster der Verknüpfungsstärken so weit verändert ist, dass es den neuen Eintrag repräsentiert.

Diese Funktion wird dem Hippocampus zugeschrieben. Um die Funktion eines solchen Trainers zu übernehmen, muss der Hippocampus selbst aber in der Lage sein, den neuen Gedächtniseintrag sofort, bei der ersten Präsentation, zu kodieren. Dafür muss die Kodierung im Hippocampus nicht dauerhaft sein. Sobald der Neocortex die dauerhafte Speicherung gewährleistet, kann die Kodierung im Hippocampus von einem neuen, dem neocorticalen Langzeitgedächtnis einzuprägenden Eintrag überschrieben werden. Der Hippocampus unterscheidet sich nach dem neuronalen Netzwerkmodell auch in der Dichte der Verknüpfungen vom Neocortex. Hippocampale Neurone haben eine geringere Anzahl von Synapsen mit anderen hippocampalen Neuronen. Dies führt im Modell dazu, dass die Unterschiede zwischen Items akzentuiert werden und damit ein schnelleres Lernen ermöglichen.

Amnesien

Amnesien sind selektive Gedächtnisstörungen. Man unterscheidet anterograde und retrograde Amnesien. Anterograde Amnesie bedeutet den Verlust der Merkfähigkeit nach einem schädigenden Ereignis, retrograde Amnesie den Verlust der Erinnerung an vor der Hirnschädigung liegende Ereignisse. Sowohl anterograde wie insbesondere retrograde Amnesie können zeitlich begrenzt sein. Die retrograde Amnesie zeigt oft einen zeitlichen Gradienten, in dem die Patienten sich an lange zurückliegende Ereignisse besser erinnern als an zeitnähere Erlebnisse. Die Amnesie betrifft oft primär das episodische Gedächtnis. Der Begriff „episodisches Gedächtnis" bezieht sich auf Ereignisse aus dem Leben der Testperson, an die sie sich explizit erinnern kann. Das semantische Gedächtnis, also die Erinnerung an erlerntes Faktenwissen, bleibt dagegen oft intakt. Ob das als Hinweis auf getrennte neuronale Korrelate für episodisches und semantisches Gedächtnis zu werten ist, ist umstritten, schließlich liegt das Erlernen vieler Fakten lange zurück und könnte allein deshalb besser erhalten sein.

Bei der anterograden Amnesie stehen Störungen der Enkodierung und Konsolidierung im Vordergrund, während die retrograde Amnesie eine Beeinträchtigung des Abrufs bereits vor der Hirnschädigung konsolidierter Gedächtnisinhalte darstellt. Weniger eindeutig ist die Zuordnung dieser Prozesse bei Hirnschädigungen mit schleichendem Verlauf (s. u., Korsakoff-Syndrom)

Amnesie-Patienten können auch weiterhin Fertigkeiten erlernen (prozedurales Gedächtnis) und zeigen intaktes implizites Gedächtnis. Implizites Gedächtnis bedeutet, dass Erlebtes Spuren im Verhalten der Patienten hinterlässt, auch wenn das Erlebte nicht bewusst erinnert werden kann. So werden etwa Reize besser erkannt, wenn sie wiederholt präsentiert werden (Priming).

Der wohl berühmteste Amnesie-Patient ist der Patient H. M., bei dem zur Behandlung einer medikamentös nicht mehr therapierbaren Epilepsie eine bilaterale Resektion des anterioren medialen Temporallappens vorgenommen wurde (s. o.). Nach dieser Operation stellte man eine schwere persistierende anterograde Amnesie fest. H. M. hatte, abgesehen von einer leichten retrograden Amnesie für den Zeitraum kurz vor der Operation, ein gutes Altgedächtnis, er konnte sich jedoch keine neuen Informationen merken. Durch H. M. wurde die Bedeutung des medialen Temporallappens für das Gedächtnis erkannt. Der MTL kann grob in drei Regionen mit gedächtnisrelevanten Strukturen untergliedert werden:

(1) die parahippocampale Region,
(2) die hippocampale Region, und
(3) die Amygdala (s. Kap. 4.3).

Die parahippocampale Region nimmt afferente Signale von vielfältigen unimodalen und multimodalen corticalen Arealen auf. Sie sendet ihrerseits Efferenzen zur hippocampalen Region, über das Subiculum zu den CA(Abk. für Cornu Ammonis/Ammonshorn)-Feldern und dem Gyrus dentatus.

Während bei H. M. etwa zwei Drittel des Hippocampus reseziert wurden, so fand man bei einem späteren Patienten, R. B., dass eine selektive bilaterale Schädigung des CA1-Feldes (der Hippocampus ist in die Felder CA1–4 gegliedert) durch eine Ischämie als Komplikation einer Herzoperation zu einem ähnlichen Gedächtnisdefizit führte (Zola-Morgan et al. 1986). Auch R. B. zeigte eine persistierende anterograde Amnesie, wenn auch nicht so ausgeprägt wie bei H. M. Dieser Fall zeigte, dass von den Strukturen des medialen Temporallappens der Hippocampus von besonderer Bedeutung für das Gedächtnis ist.

Neben Läsionen des medialen Temporallappens führen auch Läsionen des Zwischenhirns (Diencephalon) zu Amnesie. So erlitt Patient N. A. als Folge eines Fechtunfalls eine Läsion des linken Nucleus mediodorsalis des Thalamus. Man fand bei ihm eine schwere anterograde Amnesie sowie eine etwa zwei Jahre zurückreichende retrograde Amnesie. Die anterograde Amnesie besserte sich jedoch, anders als bei H. M. und R. B., im Laufe der Zeit. Die linksseitige Thalamusläsion von N. A. führte insbesondere zu Schwierigkeiten beim Behalten verbalen Materials. Ein weiterer Patient, B. Y., der eine bilaterale Thalamusläsion erlitt (wieder unter Beteiligung des Ncl. mediodorsalis) zeigte ein vergleichbares Defizit für verbales wie nonverbales Material.

Diese Fallstudien sind von Interesse, weil die selektiven Läsionen dieser Patienten Rückschlüsse auf die Beziehung von Gedächtnisfunktionen und Gehirnstrukturen zulassen. In der Praxis treten Amnesien jedoch häufiger als Folge weniger umschriebener Hirnschädigungen auf, so etwa als eine Teilschädigung im Rahmen demenzieller Erkrankungen, besonders der Alzheimer-Krankheit. Die häufigste Ursache für Amnesien ist das Korsakoff-Syndrom. Als Folge chronischen Alkoholabusus tritt das Wernicke-Korsakoff-Syndrom auf. In der Akutphase der Erkrankung treten eine Ataxie sowie okulomotorische Störungen auf, häufig sind die Patienten verwirrt (Wernicke-Syndrom). Während diese Akutsymptome durch Gabe von Thiamin therapiert werden können, tritt als chronische Folge aufgrund struktureller Hirnschädigung eine schwere antero- und retrograde Amnesie auf (Korsakoff-Syndrom). Die retrograde Amnesie beim Korsakoff-Syndrom zeichnet sich durch einen zeitlichen Gradienten aus, lange zurückliegende Ereignisse werden besser erinnert. Eine wichtige Ursache für die Amnesie ist eine beeinträchtigte Enkodierung. Die Amnesie ist irreversibel. Die Neuropathologie ist variabel, aber es wird immer eine Beteiligung der Nuclei dorsomediales thalami und/oder der Corpora mammillaria beobachtet.

3.3.1   Konsolidierung im Schlaf

Die Konsolidierung von gelerntem Material wird durch Schlaf gefördert (Born et al. 2006). Dies wurde sowohl in perzeptuellen (Gais et al. 2000; Karni et al. 1994) wie motorischen (Fischer et al. 2002; Walker et al. 2003) Lernexperimenten gefunden, aber auch in episodischen Gedächtnisaufgaben wie dem Lernen von Wortlisten (Gais et al. 2006). Für diese Experimente blieb eine Hälfte der Probanden in der ersten Nacht nach dem Lernen wach. Die Erinnerung wurde erst nach einer weiteren Nacht getestet, in der beide Gruppen schlafen durften, um Müdigkeit als Grund für die schlechtere Erinnerung auszuschließen. Interessanterweise war die Erinnerung auch besser, wenn die Wörter abends, vor dem Schlafengehen, gelernt wurden als morgens. Offensichtlich spielt die Zeit zwischen Lernen und Schlaf eine Rolle. Vielleicht ist das ein willkommener Grund, nicht allzu früh zur Uni zu gehen.

Die Konsolidierung im Schlaf führt zu beobachtbaren Veränderungen der Hirnaktivierung. So wurde bei einer räumlichen Gedächtnisaufgabe zunächst hippocampale Aktivität gefunden (Orban et al. 2006). Nach dem Nachtschlaf war die hippocampale Aktivität nicht mehr nachweisbar. Entscheidend war, dass die Hippocampusaktivität bei schlafdeprivierten Probanden weiter anhielt. Im Sinne des oben skizzierten hippocampo-neocorticalen Modells des Gedächtnisses könnte dies bedeuten, dass der Hippocampus nach der Konsolidierung im Schlaf nicht mehr als „Trainer" des Neocortex nötig war.

Tiefschlafphasen (*slow wave sleep*, SWS) scheinen insbesondere die Konsolidierung deklarativer Gedächtnisinhalte zu fördern, während REM(*rapid eye movement*)-Phasen die Konsolidierung des prozeduralen Gedächtnisses unterstützen. Allerdings ist die Zuordnung nicht immer so eindeutig zu treffen. Die Konsolidierung geht mit zeitlich fein abgestimmten Reaktivierungen hippocampaler und neocorticaler Netzwerke einher. Man nimmt von diesen an, dass sie die Basis einer Übertragung initial hippocampal gespeicherter Gedächtniseinträge in ein dauerhaftes neocorticales Gedächtnis sind (Wilson / McNaughton 1994; Born et al. 2006).

Rekonsolidierung

Jedes Mal, wenn wir einen Gedächtnisinhalt aktivieren, wird dieser in einen labilen Zustand versetzt und kann rekonsolidiert, aber auch geschwächt werden. Die Rekonsolidierung hängt von der Proteinsynthese ab. Diese Zusammenhänge wurden mit Hilfe einer Kombination von klassischer Konditionierung und pharmakologischer Intervention untersucht (Dudai 2006). Dazu wird zunächst eine Assoziation zwischen einem konditionierten Reiz (CS) und einem unkonditionierten (meist Furcht-)Reiz (US) aufgebaut (s. Kap. 3.5 und 4.3). Wenn der CS alleine zu einer konditionierten Reaktion (CR) führt, wird bei Präsentation des CS ein Proteinsynthesehemmer verabreicht. Führt diese Intervention zu einer verminderten CR bei späterer CS-Präsentation – und zwar sowohl im Vergleich zur Gabe des Synthesehemmers ohne CS sowie zur Präsentation des CS ohne Hemmer – dann kann man darauf schließen, dass die Präsentation des CS das Gedächtnis für die CS-US-Assoziation in einen labilen Zustand versetzt hat und der Proteinsynthesehemmer die Rekonsolidierung des Gedächtnisses verhindert.

Experimente nach diesem Schema haben gezeigt, dass die Rekonsolidierung von Gedächtnisspuren sehr selektiv beeinflusst werden kann. So ist es etwa gelungen, die Assoziation eines CS mit einem Furcht-US zu verringern, während die Assoziation eines anderen CS mit dem gleichen US erhalten blieb. Konkret wurden zwei unähnliche auditive Reize, ein Sinuston und ein Geräusch, mit einem aversiven US durch klassische Konditionierung assoziiert. Einer der beiden CS wurde dann reaktiviert (CSr), während Anisomycin, ein Proteinsynthesehemmer, in die Amygdala appliziert wurde. Bei nachfolgenden Tests fiel die Freezing-Reaktion der Ratten auf den CSr signifikant geringer aus als auf den nicht reaktivierten CS (Doyère et al. 2007).

Eine solche selektive Abschwächung von Erinnerungen hat potenziell eine therapeutische Bedeutung für die Behandlung von posttraumatischen Belastungsstörungen, bei denen bestimmte Reize (wie ein lauter Knall) Erinnerungen an eine traumatische Situation (Gefechtslärm) auslösen. Allerdings ist zu bedenken, dass die tierexperimentell verabreichten Proteinsynthesehemmer gravierende Nebenwirkungen haben und nicht einfach für die Humantherapie übernommen werden können. Eine andere Substanzklasse, beta-adrenerge Blocker, blockieren die Rekonsolidierung in der Amygdala furchtkonditionierter Ratten (Debiec/LeDoux 2004). Sie werden zurzeit als Behandlungsoption für akut traumatisierte Patienten geprüft, in der Hoffnung, dass die Blockade der Rekonsolidierung die spätere Entwicklung einer posttraumatischen Belastungsstörung verhindert (Pitman/Delahanty 2005).

3.3.2 Interferenz

Die Modellvorstellung, dass neue Einträge ins Gedächtnis auch die Repräsentation bestehender Gedächtnisinhalte verändern, und der Befund, dass Gedächtniseinträge in einen labilen Zustand versetzt werden, wenn diese wieder aktiviert werden, mögen erklären, dass es zu Interferenzphänomenen zwischen Gedächtnisinhalten kommen kann. Bei der proaktiven Interferenz beeinträchtigt ein zuvor gelernter Gedächtniseintrag das Behalten eines nachfolgend gelernten Eintrags, bei der retroaktiven Interferenz ist es umgekehrt. Beide Arten der Interferenz treten besonders dann auf, wenn die Gedächtnisinhalte Beziehungen zueinander aufweisen.

pro- und retroaktive Interferenz

Wenn Schüler nacheinander im Englisch- und Französischunterricht neue Vokabeln lernen, dann kann man davon ausgehen, dass die Behaltensleistung für beide Sprachen schlechter ist, als wenn sie nur eine Liste von Vokabeln (Englisch oder Französisch) gelernt hätten. Wenn die Vokabeln dazu auch noch die Übersetzungen der gleichen deutschen Wörter sind, dann ist zusätzlich zu erwarten, dass die Leistung für die zuerst gelernten Vokabeln (im Beispiel Englisch) noch schlechter ausfällt, als wenn nachfolgend keine französischen Vokabeln gelernt werden. (Dabei ist die Sprache natürlich irrelevant, es kommt auf die Reihenfolge an.)

Dieses Interferenzmuster wurde jedenfalls in Experimenten beobachtet, bei denen die Probanden assoziierte Paare lernen mussten, etwa zunächst Hund – Tisch (A – B) oder Stuhl – Tisch (C – B) und später Hund – Eis (A – D). In beiden Fällen fällt die Erinnerung an A – D (gemittelt über eine Liste solcher Assoziationspaare)

schlechter aus, als wenn die Probanden nur die Liste A – D gelernt hatten (Wickelgren 1976), wir beobachten proaktive Interferenz. Retroaktive Interferenz zeigt sich umgekehrt darin, dass die Liste A – B schlechter memoriert wird, wenn anschließend eine weitere Liste gelernt wird. Dabei ist die Erinnerung an A – B besonders beeinträchtigt, wenn die Listenwörter mit einem neuen Wort gepaart werden (A – D), im Vergleich zu einer Liste aus anderen Wörtern (C – D).

3.3.3   Vertrautheit und Wiedererkennung

Prozesse der Erinnerung

Es gibt Begebenheiten, an die kann man sich noch mit allen Details erinnern. über längere Zeiträume hinweg sind dies meist wichtige persönliche Erlebnisse oder auch Ereignisse, die mit wichtigen öffentlichen Ereignissen verbunden sind – wo man war, als man vom Anschlag auf das World Trade Center gehört hat oder, für Fußballfans, was man während wichtiger Spiele der Weltmeisterschaft gemacht hat. Aber auch weniger einschneidende Erlebnisse werden oft mit dem Kontext, in dem sie gelernt wurden, erinnert. Das kann das Gespräch betreffen, das man am Vortag geführt hat oder die Fernsehsendung vor einem Monat. Sie werden sich vielleicht später einmal an Experimente erinnern, die in diesem Buch beschrieben sind, und werden dabei vielleicht auch erinnern, dass Sie davon in diesem Buch gelesen haben, vielleicht auch noch, wo Sie sich gerade beim Lesen befanden und ob Sie dabei eine Tasse Tee getrunken haben. Man spricht bei dieser Art von Gedächtnis von bewusster Wiedererinnerung (*recollection*). Im Unterschied dazu gibt es auch Dinge, die uns vertraut erscheinen, ohne dass wir aber sagen könnten, wo und wann wir sie gelernt haben. Hier spricht man in der Gedächtnispsychologie von Vertrautheit (*familiarity*). Diese beiden Prozesse der Erinnerung werden seit langem gegenübergestellt (Mandler 1980).

Das Gefühl der Vertrautheit stellt sich oft schneller ein als die Erinnerung an die genauen Umstände, unter denen man etwas oder jemanden (kennen)gelernt hat. Vielleicht haben Sie schon einmal jemanden in der Stadt getroffen, der Sie anlächelt und der Ihnen auch bekannt vorkommt, ohne dass Sie jedoch seinen Namen erinnern. Wenn derjenige Sie dann aber auf ein gemeinsames Seminar anspricht, steht Ihnen die ganze Szene wieder vor Augen und Sie erinnern sich auch wieder an den Namen Ihres Gegenübers, seine Studienrichtung und worüber Sie sich unterhalten haben. Die Stärke der Wiedererinnerung, die Vernetztheit eines Gedächtniseintrags mit seinem Kontext, geht einher mit einem höheren Zeitbedarf, um diesen Kontext zu aktivieren. Dass der Abruf aus einem reichen semantischen Kontext zwar erfolgreicher ist als aus einem weniger differenzierten Kontext, aber auch längert dauert, haben wir bereits in Kapitel 3.1 gesehen (Bradshaw/Anderson 1982).

Vertrautheit und kontextuelle Erinnerung wurden gegeneinander ausgespielt, indem zuvor gelernte Wörter in einer Liste wiedererkannt werden sollten, die mit Distraktoren gefüllt war (Atkinson/Juola 1974). Wurde dieser Abruf mehrere Male wiederholt, dann benötigten die Probanden weniger Zeit, um die Listenwörter zu erkennen. Gleichzeitig stieg aber die Zeit, die benötigt wurde, um die Distraktorwörter als nicht zur Liste gehörig abzulehnen. Die Distraktoren wurden

automatische und kontrollierte Enkodierung

also gelernt, obwohl sie nicht zur Liste gehörten. Die zunehmende Vertrautheit mit den Distraktoren erschwerte dann die Unterscheidung zwischen Listenwörtern und Distraktoren. Der Befund zeigt auch, dass die zunehmende Vertrautheit automatisch steigt, ohne dass die betreffenden Items bewusst memoriert werden.

Dies führt dazu, dass wir in Situationen, in denen unsere Aufmerksamkeit von einer anderen Aufgabe in Anspruch genommen wird, einerseits nur sehr eingeschränkt in der Lage sind, Items so tief zu enkodieren, dass wir sie später mit dem Kontext der Informationsaufnahme erinnern können. Andererseits kann aber die Vertrautheit mit denselben Items durchaus zunehmen.

So eine Situation ist etwa gegeben, wenn wir Auto fahren (insbesondere in aufmerksamkeitsfordernden Verkehrssituationen) und gleichzeitig Radio hören. Wenn wir dann wieder und wieder in den Nachrichten den Standpunkt eines Politikers hören, dann werden wir diese zu einem bestimmten Grad später als bekannt (vertraut) hinnehmen. Da gleichzeitig die Information fehlt, in welchem Kontext wir diese Information aufgenommen haben, ist auch die Möglichkeit beeinträchtigt, den Wahrheitsgehalt kritisch einzuschätzen.

Zurzeit ist umstritten, ob die beiden Prozesse der kontextuellen Wiedererinnerung und der Vertrautheit mit spezifischen Strukturen im medialen Temporallappen assoziiert sind. Dabei ist unumstritten, dass der Hippocampus eine zentrale Bedeutung für die Wiedererinnerung von Gedächtnisinhalten mit ihren kontextuellen Assoziationen hat. Umstritten ist dagegen, ob weitere mediale temporale Strukturen spezifisch die beiden Prozesse der Vertrautheit (perirhinaler und lateraler entorhinaler Cortex) und kontextuellen Erinnerung (parahippocampaler und medialer entorhinaler Cortex) unterstützen (s. Abb. 3.3.1; Eichenbaum et al. 2007). Demgegenüber steht die Hypothese, dass die Unterschiede, die nach Läsionen der genannten medialen temporalen Strukturen gefunden wurden, und die Befunde bildgebender Studien besser mit unterschiedlichen Stärken der Gedächtnisbildung als mit der Dichotomie von unterschiedlichen Prozessen der Vertrautheitsausbildung und der kontextuellen Enkodierung erklärt werden können (Squire et al. 2007). So gehen Vertrautheitsurteile i. d. R. mit einer geringeren Sicherheit der Erinnerung einher als kontextuelle Wiedererinnerung. Bisher erlauben die Befunde noch keine eindeutige Entscheidung, welche dieser Positionen zu bevorzugen ist.

medialer Temporallappen

Fragen zu Kapitel 3.3

Überprüfen Sie Ihr Wissen!

161. Wie wirken Hippocampus und Neocortex bei der Konsolidierung zusammen?

162. Auf welche Weise kann der Neocortex noch lernen, wenn der Hippocampus geschädigt ist? Versuchen Sie, die Antwort aus dem Lehrstoff dieses Kapitels zu erschließen.

163. Warum geht Lernen oft nur graduell vonstatten?

164. Was ist eine Amnesie? Welche Unterformen gibt es?

165. Welche Hirnschädigungen führen zu Amnesien? Welche Erkrankungen, die zu einer Amnesie führen, sind häufig?

166. Welche Rolle spielt der Schlaf bei der Konsolidierung? Welche Schlafphasen sind involviert? Welche Arten von Gedächtnis sind betroffen?
167. Was ist Rekonsolidierung? Was passiert dabei mit den Gedächtniseinträgen?
168. Welche klinischen Aspekte hat die Rekonsolidierung? Welche Strategien werden verfolgt?
169. Beschreiben Sie die Interferenz zwischen aufeinanderfolgenden Lerninhalten. Entwickeln Sie ein experimentelles Paradigma zur Untersuchung. Welche Effekte erwarten Sie?
170. Wie unterscheiden sich kontextuelle Erinnerung und Vertrautheit? Welchen Zusammenhang haben sie mit der Aufmerksamkeit?

3.4   Sensorisches Gedächtnis

Texte werden propositional kodiert, semantische Beziehungen führen zu besserem Behalten – all das haben wir in den vorangegangenen Kapiteln gesehen. Wie verhält es sich aber nun mit der Vielfalt der sensorischen Eindrücke, denen wir uns aussetzen? Verblassen sie im Gedächtnis zu einer abstrakt-semantischen Information? Wie viel an Detailreichtum unserer Umwelt bleibt im Gedächtnis erhalten? Können wir sogar lernen, Dinge in unserer Umwelt zu sehen, die wir zuvor nicht unterscheiden konnten? Um diese Fragen geht es in diesem Kapitel. Zunächst befassen wir uns mit den unmittelbaren sensorischen Speichern, die Sinneseindrücke für sehr kurze Zeit festhalten können, bevor sie verlorengehen. Im Anschluss lernen wir Prozesse des perzeptuellen Lernens kennen. Schließlich erkunden wir, wie unser Langzeitgedächtnis mit dem Detailreichtum visueller Bilder umgeht.

3.4.1   Sensorische Speicher

Beginnen wir mit den Gedächtnisleistungen mit der kürzesten Behaltensdauer. Wie lange bleibt uns ein Abbild der Umwelt, mit allen Details, die unsere Sinnesorgane aufgenommen haben, erhalten, bevor es verlorengeht?

   Diese Frage wurde in einem klassischen Experiment von Sperling (1960; Abb. 3.4.1) untersucht. Er präsentierte seinen Probanden Displays mit drei Reihen von je 4 Buchstaben. Die Displays wurden nur kurz gezeigt (50 ms) und von einer 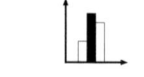 Maske gefolgt, die die Buchstaben überdeckte und so die Darbietungsdauer präzise kontrollierte. Wurden die Probanden anschließend gefragt, wie viele Buchstaben sie gesehen hatten, so konnten sie meist nur 4–5 Buchstaben berichten. Die Erinnerungsleistung wurde jedoch deutlich besser, wenn unmittelbar nach der Darbietung ein Hinweisreiz gegeben wurde (hoher/mittlerer und tiefer Ton als Indikator für die obere, mittlere und untere Zeile), mit der Instruktion, nur die Buchstaben dieser Zeile zu berichten. Wurde der Ton zusammen mit der Maske, unmittelbar nach Ende der Buchstabenpräsentation, gezeigt, so konnten die Probanden im Durchschnitt 3 von 4 Buchstaben erkennen.

Teilreportaufgabe

ikonischer Speicher   Die bessere Leistung in dieser Teilreportaufgabe zeigte, dass die Probanden unmittelbar nach Beendigung der Reizpräsentation noch an beliebiger Stelle Infor-

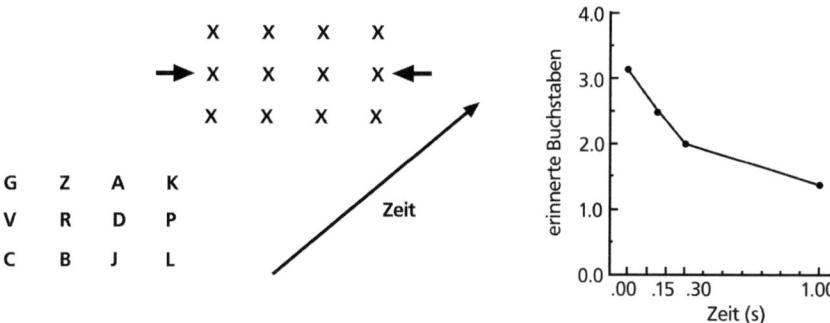

Abb. 3.4.1: Die Teilreportaufgabe. Links: Ablauf eines Versuchsdurchgangs, Pfeile deuten die Auswahl einer Zeile durch einen Ton an. Rechts: Erinnerungsleistung im Experiment von Sperling (1960) in Abhängigkeit von der Verzögerung der Hinweisreize (Töne)

mationen aus einem sensorischen Speicher lesen konnten. Die Dauer dieses Speichers war jedoch sehr begrenzt. Wurden die Töne nur um 300 ms verzögert präsentiert, so sank die Erinnerungsleistung schon auf 2 von 4 Buchstaben. Diese sensorische Persistenz wird auch *ikonischer Speicher* genannt, nach dem griechischen Wort für Bild (εικων). Der ikonische Speicher wird durch nachfolgende Reize überschrieben, so etwa durch Maskierreize oder auch durch Sakkaden.

Das auditive Äquivalent zum ikonischen Speicher ist der *echoische Speicher* (griech. ηχω: Schall). Ähnlich wie in der visuellen Teilreportaufgabe können Probanden aus drei Reizströmen, die räumlich voneinander getrennt präsentiert werden (oben, links, rechts), die letzten drei Reize wiedergeben, wenn einer der Ströme durch einen Hinweisreiz markiert wird, obwohl ihnen die Wiedergabe der letzten drei Reize in allen drei Strömen nicht gelingt. Auch hier gilt, dass die sensorische Persistenz nur von kurzer Dauer ist.

echoischer Speicher

Im Unterschied zum ikonischen Speicher werden die Inhalte des visuellen Kurzzeitgedächtnisses nicht durch Rückwärtsmaskierung gestört. Weiterhin bleiben sie auch über Sakkaden hinweg erhalten.

3.4.2   Perzeptuelles Lernen

Personen, die häufig bestimmte Klassen von Stimuli betrachten, lernen zuweilen, Details zu erkennen, die sie selbst zuvor oder untrainierte Betrachter nicht unterscheiden können. Ein Beispiel dafür ist etwa die Diagnose von Röntgenbildern, die mit zunehmender Erfahrung deutlich besser wird. Dabei ist das Lernen aber häufig auf spezifische Reizmerkmale beschränkt. Um beim Beispiel der Röntgendiagnose zu bleiben: Untersuchungen haben gezeigt, dass die Diagnostik des Mammakarzinoms in Zentren besser ist, die nichts anderes als Brustkrebsuntersuchungen machen, verglichen mit Einrichtungen, in denen die Radiologen unterschiedliche Organe befunden.

Spezifität des Lernens

Die Gründe mögen in diesem Fall vielfältig sein. Die Grundlagenforschung zum perzeptuellen Lernen hat hingegen einige Hinweise dafür gesammelt, dass das Erlernen von Diskriminationsleistungen oft sehr spezifisch auf bestimmte Reizmerkmale, Positionen im Gesichtsfeld (Ahissar/Hochstein 1997) oder sogar das trainierte Auge (Karni/Sagi 1991) beschränkt ist. Diese Spezifität des Lernens ist oft so interpretiert worden, dass die Veränderungen, die die verbesserte Wahrnehmungsleistung ermöglichen, auf frühen Stufen der neuronalen Verarbeitung stattfinden. Wenn eine Verbesserung der Diskrimination zwischen Linienmustern nur in einem eng umschriebenen Ort des Gesichtsfeldes beobachtet wird (dort, wo die zu detektierenden, von den umgebenden Linienmustern verschiedenen Stimuli zuvor gezeigt wurden) und nicht auf andere Bereiche des Gesichtsfeldes generalisiert wird, so liegt folgender Schluss nahe: Die verbesserte Diskriminationsleistung hat ihren Ursprung in Neuronen, deren rezeptive Felder auf eben diesen Bereich begrenzt sind. Wenn Probanden in der Trainingsphase die Reize nur mit einem Auge betrachten und das Lernen in der Testphase nicht auf das andere Auge generalisieren, dann ist wiederum folgende Annahme naheliegend: Die Veränderungen, die zu der verbesserten Diskriminationsleistung geführt haben, haben auf einer Ebene stattgefunden, auf der die Zuflüsse vom linken und rechten Auge noch getrennt sind, also noch vor oder allenfalls in V1 (s. Kap. 1.3).

3.4.3   Visuelles Kategorielernen

Während diese Spezifität für viele Paradigmen des basalen perzeptuellen Lernens typisch ist, so gibt es auch Formen des visuellen Lernens, die nicht an einen bestimmten Ort im Gesichtsfeld oder einen bestimmten Reiz gebunden sind. Beispiele dafür kommen aus dem Bereich des visuellen Kategorielernens. Anders als beim basalen perzeptuellen Lernen, bei dem es darum geht, einen bestimmten Reiz in einem Feld von ähnlichen Ablenkerreizen zu entdecken, geht es beim Kategorienlernen darum, Gemeinsamkeiten verschiedener Reize zu entdecken, um sie bestimmten Kategorien zuzuordnen. Dies gelingt dann am leichtesten, wenn die Kategorien sich in einer Weise unterscheiden, die man in einer verbalisierbaren Regel ausdrücken kann.

So präsentierten Ashby und Kollegen (2003) ihren Probanden einzelne Linien, die sich hinsichtlich ihrer Länge und Ausrichtung unterschieden (Abb. 3.4.2). Die Probanden sollten nun herausfinden, zu welcher von zwei Kategorien die Striche gehörten. Nach jeder Zuordnung wurde eine Richtig/Falsch-Rückmeldung gegeben. Im ersten Experiment bestand die Zuordnungsregel darin, dass die längeren Striche zu einer, die kürzeren zur anderen Kategorie gehörten.

Informations-integrationslernen

Die gleiche Versuchsanordnung wurde nun für ein zweites Experiment verwendet. Nun waren die Kategorien jedoch durch eine Verknüpfung von Länge und Orientierung definiert, die sich einer einfachen Verbalisierung entzieht. Abbildung 3.4.2 zeigt jedoch, dass die Distanzen der Elemente innerhalb der beiden Kategorien und zwischen den Kategorien im zweidimensionalen Parameterraum von Länge und Orientierung vergleichbar mit dem ersten Experiment waren. Um die Zuordnung der Elemente zu einer Kategorie zu erlernen, müssen hier jedoch Länge und Orientierung in Abwesenheit einer verbalisierbaren Regel verknüpft werden. Die Autoren nennen dies Lernen durch Informationsintegration.

Die Probanden lernten in beiden Experimenten, die Kategorien zu unterscheiden, auch wenn sie im zweiten Experiment mehr Durchgänge benötigten. Nachdem die Probanden die Kategoriezugehörigkeit erlernt hatten, änderten die Experimentatoren die Antwortzuordnung. Die Kategorie, die zuvor Taste A zugeordnet war, musste nun durch Druck auf Taste B angezeigt werden und umgekehrt. Dies beeinflusste die Antwortgenauigkeit im Fall der unidimensionalen Kategorie nicht. Dagegen wurde für die „diagonale" Kategorie, bei der die Grenze diagonal durch den Parameterraum verlief, eine deutliche Verminderung der Antwortgenauigkeit nach dem Wechsel der Tastenbelegung gefunden. Die Daten deuten darauf hin, dass die Probanden in der „diagonalen" Kategorie keine abstrakte Kategoriezuordnungsregel lernten, die leicht einer neuen Antwortkategorie zugeordnet werden konnte. Sie lernten eher eine Zuordnung jedes Elements einer Kategorie zu der entsprechenden Antwort. Dabei handelte es ich aber nicht um die Zuordnung einer spezifischen motorischen Antwort, wie eine Kontrollbedingung mit gekreuzten Händen zeigte, bei der keine Leistungsverschlechterung auftrat. Vielmehr handelte es sich um eine Zuordnung zu einer bestimmten Reaktion (Taste A oder B), unabhängig davon, wie diese Reaktion ausgeführt wird (mit der rechten oder linken Hand). Damit hätte Kategorielernen durch Informationsintegration zumindest Anteile prozeduralen Lernens. **prozedurales Lernen**

Spiegelt sich das Erlernen einer Kategorie auf die Reaktionen von Neuronen im inferioren Temporalcortex des Affen wider – einem Areal, dessen Neurone spezifisch auf visuelle Objekte reagieren? Um diese Frage zu untersuchen, wurden die Affen daraufhin trainiert, Gesichter einer von zwei Kategorien zu untersuchen. Die Gesichter waren Strichzeichnungen, die sich hinsichtlich der Höhe der Augen, des Mundes, des Augenabstands und der Nasenlänge unterschieden. Zwei dieser **inferiorer Temporalcortex**

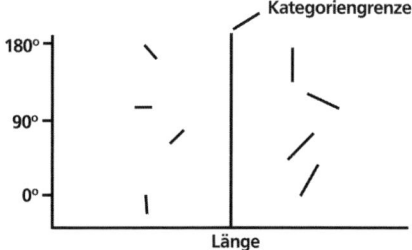 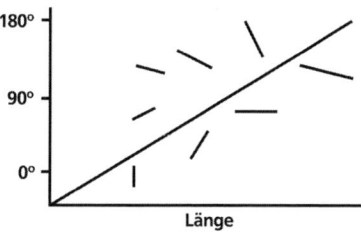

Abb. 3.4.2: Visuelle Kategorielernaufgaben im Experiment von Ashby et al. (2003). Den Probanden wurde jeweils ein Reiz (Balken) präsentiert, der einer von zwei Kategorien zugeordnet werden sollte. Links: Die Kategorien unterscheiden sich hinsichtlich der Länge der Balken. Diese Zuordnungsregel ist leicht zu formulieren. Rechts: Die Kategoriezugehörigkeit ergibt sich aus der Kombination von Länge und Ausrichtung der Balken. Obwohl die Gruppen eindeutig getrennt sind, ist die Zuordnungsregel nur schwer zu formulieren. Dies ist ein Beispiel für eine Informationsintegrations-Lernaufgabe.

vier Merkmale waren diagnostisch für die Kategoriezugehörigkeit, die beiden anderen Kategorien enthielten keine Information über die Kategorie. Nachdem die Affen die Kategoriezugehörigkeit nahezu perfekt erlernt hatten, wurde von den inferotemporalen Neuronen abgeleitet. Es zeigte sich, dass die diagnostischen Merkmale nach dem Lernen besser in den Reaktionen der inferotemporalen Neuronen repräsentiert waren als die für die Kategoriezugehörigkeit irrelevanten Merkmale.

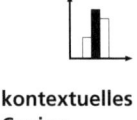

kontextuelles Cueing

Eine Form impliziten und inzidentellen Lernens visueller Konfigurationen wurde von Chun und Yiang beschrieben (1998). Sie ließen ihre Probanden eine visuelle Suchaufgabe durchführen. Ein T-förmiger Zielreiz musste in einem Display mit L-förmigen Distraktoren gesucht werden. Das T lag auf der Seite und zeigte mit seinem Fuß nach links oder rechts (Abb. 3.4.3). Dementsprechend mussten die Probanden die linke oder rechte Antworttaste drücken. Die entscheidende Manipulation bestand darin, dass in der Hälfte der Durchgänge Displays präsentiert wurden, in denen sich die Konfiguration der Distraktoren wiederholte. Auch der Zielreiz befand sich in diesen wiederholten („alten") Displays immer am gleichen Ort, so dass die Distraktorkonfiguration einen Hinweis auf den Ort im

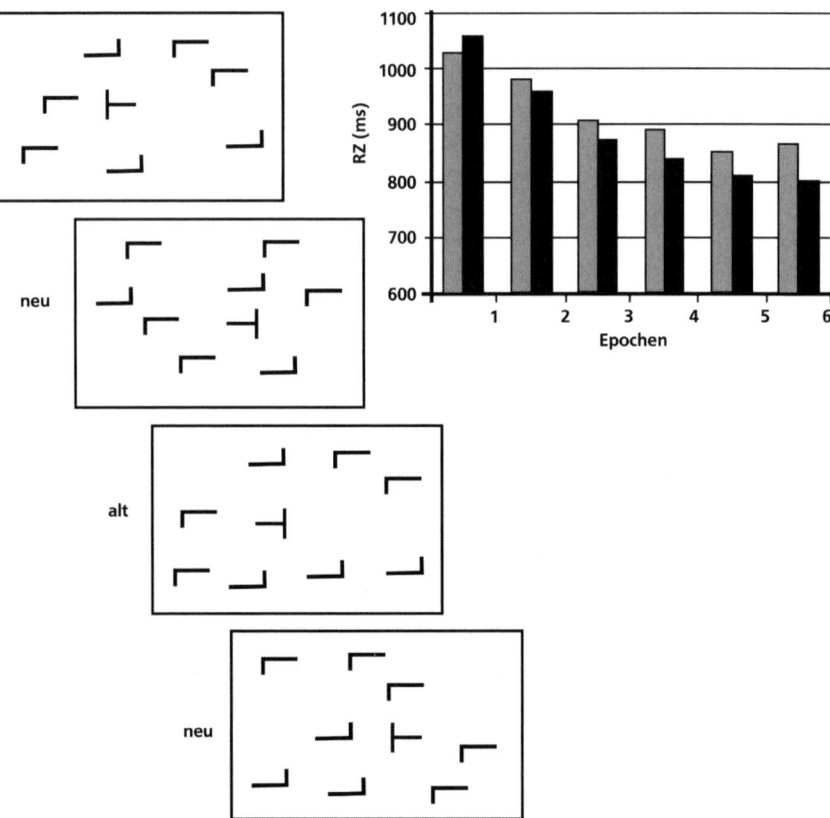

Abb. 3.4.3: Das kontextuelle Cueing-Paradigma (nach Manginelli/Pollmann 2008, bearbeitet)

Display gab, an dem sich der Zielreiz befand. Nach etwa 5–10 Wiederholungen desselben Displays wurden die Suchzeiten schneller als in den Displays, die neue Distraktorkonfigurationen verwendeten, die dementsprechend keinen Hinweis auf den Ort des Zielreizes gaben. Da die Probanden nicht wussten, dass es sich bei der Suchaufgabe um eine Lernaufgabe handelte, war das Lernen inzidentell. Darüber hinaus war das Lernen implizit: Wenn die Probanden am Ende des Experiments explizit gebeten wurden, „alte" und „neue" Displays zu benennen, unterschied sich ihre Trefferquote nicht von der Ratewahrscheinlichkeit.

Die Ortsinformation kann in Form von absoluten Lokationen und von relativen Ortsbezügen zwischen den Distraktoren zu kontextuellem Cueing beitragen, wobei der Effekt auch Verschiebungen und Größenänderungen der Distraktorkonfiguration überdauert (Jiang / Wagner 2004). Darüber hinaus wurde kontextuelles Cueing auch für Form und dynamische Bewegung gefunden (Chun / Jiang 1999; Endo / Takeda 2004).

Untersuchungen der Blickbewegungen während der Suche zeigten, dass die Probanden die „alten" Displays zunächst mit einigen Augenbewegungen explorierten, um dann in eine Suchphase einzutreten, in der sich jede Fixation monoton dem Zielreiz näherte, bis er schließlich entdeckt wurde (Tseng / Li 2004; Manginelli / Pollmann 2008). Kontextuelles Cueing beruht also nicht auf einem plötzlichen Erkennen der Zielreizkonfiguration mit einer anschließenden Sakkade, die direkt zum Zielreiz führt. Es beruht eher auf einer schrittweisen Annäherung an das Ziel, die durch einen impliziten Gedächtnisabgleich gelenkt wird.

Die Suche nach neuronalen Korrelaten des kontextuellen Cueings ergab eine mögliche Rolle des Hippocampus. Chun und Phelps (1999) berichteten abgeschwächtes kontextuelles Cueing in einem Patienten mit Läsion des medialen Temporallappens. Dagegen fanden Manns und Squire (2001) keine Einschränkung des kontextuellen Cueings in einem Patienten mit fokaler Hippocampusschädigung. Eine kürzlich veröffentlichte fMRT-Studie fand wiederum mit dem kontextuellen Cueing korrelierte hippocampale Aktivität (Greene et al. 2007). Eine Abhängigkeit des kontextuellen Cueings vom Hippocampus wäre überraschend, weil die bisherigen neuropsychologischen Befunde an Patienten mit hippocampaler Schädigung darauf hindeuteten, dass implizites Lernen nicht beeinträchtigt ist.

3.4.4   Visuelles Langzeitgedächtnis

Der Effekt der Verarbeitungstiefe (Kap. 3.1) zeigt, dass wir in der Lage sind, semantische Beziehungen in unserem Langzeitgedächtnis zu repräsentieren, und dies auch tatsächlich tun. Die bisher vorgestellten Experimente bezogen sich aber ausnahmslos auf verbales Lernen. Wie verhält es sich nun mit dem Gedächtnis für visuelle Reize? Werden auch Bilder im Langzeitgedächtnis semantisch repräsentiert? Eine solche Repräsentation würde mit dem Verlust von Detailinformationen einhergehen, die zur Bedeutung des Bildes nichts beitragen. Tatsächlich gibt es eine Reihe von Befunden, die für eine semantische Repräsentation bildhaften Materials sprechen.

So sollten sich Probanden visuelle Szenen einprägen. Bei späterer Vorlage derselben oder leicht veränderter Szenen detektierten sie eher Veränderungen, die die Bedeutung der Szene nicht veränderten (etwa das veränderte Kleid einer Lehrerin in einer Schulszene), als Veränderungen, die den Bedeutungsgehalt der Szene veränderten (ein verändertes Tafelbild in der Schulszene; Mandler/Ritchey 1977).

Wie schnell entstehen diese semantischen Repräsentationen? In einer Studie sollten Bilder wiedererkannt werden (Gernsbacher 1985). Zunächst wurde ein Bild präsentiert. Danach wurde dasselbe Bild zusammen mit einem Ablenkerbild präsentiert, und die Probanden mussten angeben, welches Bild aus dem Bildpaar sie zuvor gesehen hatten. Die kritische Variation dabei war, dass der Ablenker entweder ein völlig anderes Bild war oder eine spiegelbildliche Version des zu erinnernden Bildes. Die Erinnerung wurde nach einem Intervall von 10 s oder 10 min getestet. Für die Bildpaare mit unterschiedlichen Bildern war die Erinnerungsleistung nach beiden Retentionsintervallen gleich. Anders jedoch bei den spiegelbildlichen Paaren: Hier fiel die Erinnerungsleistung von 79 % nach 10 s auf 57 % nach 10 min. Wenn man sich vor Augen führt, dass in diesem Experiment das Rateniveau bei 50 % lag, so war die Erinnerung an das exakte Aussehen des Bildes nach 10 min weitgehend verloren.

Dieser Verlust der exakten räumlichen Koordinaten mag auf die unterschiedlichen Funktionen des dorsalen und ventralen Pfades zurückgehen. Wie in Kapitel 1.3 dargelegt, spricht vieles dafür, dass die Neurone des dorsalen Pfades unsere Umwelt in exakten räumlichen Koordinaten kodieren. Sie ermöglichen es uns, gezielte Bewegungen auszuführen, etwa das Ergreifen eines Glases, wofür wir eine genaue Repräsentation des Ortes und der Form des Glases benötigen. Da eine Speicherung dieser exakten Koordinaten jedoch sehr aufwendig wäre, so die weitere Vorstellung, werden die exakten Ortskoordinaten nur so lange bereitgehalten, wie sie für die Ausführung der Bewegung benötigt werden.

Nun ist es aber nicht so, dass wir nur in der Lage wären, Gedächtnisinhalte abstrakt-semantisch zu repräsentieren. Im Gegenteil, wir scheinen in der Lage zu sein, eine enorme Menge an visuellen Reizen zu memorieren. Standing (1973) präsentierte seinen Probanden bis zu 10.000 Bilder und berichtete, dass diese über 80 % wiedererkannten.

visuelle Kodierung

In einer neueren Arbeit wurden 400 Bilder von Türen memoriert (Vogt/Magnussen 2007). Unmittelbar nach dem Lernen erkannten die Probanden 85 % der Bilder korrekt aus einer Liste mit alten und neuen Bildern wieder. Nach einem Retentionsintervall von 9 Tagen wurden immer noch etwa 70 % der Bilder korrekt wiedererkannt. Die Erinnerungsleistung war geringer als in einem vergleichbaren Experiment aus der Standing-Studie. Dies führen Vogt und Magnussen darauf zurück, dass die Türen in ihrem Experiment ein sehr viel homogeneres Stimulusmaterial waren als die Bilder von Standing. War also auch hier die semantische Unterscheidbarkeit ein wichtiger Faktor? Gegen diese Interpretation führen die Autoren ihre zweite Versuchsbedingung an, in der die Türbilder so bearbeitet wurden, dass Objekte, die sich neben den Türen befanden (ein Besen, der an der Wand lehnte, Wandleuchten etc.) entfernt wurden. In dieser Bedingung sank die Erkennungsgenauigkeit auf etwas über 60 %. Dies ist eine recht dramatische Einbuße, wenn man sich vor Augen hält, dass die Ratewahrscheinlichkeit bei 50 % lag. Offenbar merken wir uns also auch visuelle Details. Diese Schlussfolgerung muss jedoch ein wenig eingeschränkt werden. Vielleicht merkten sich die Probanden gerade die zusätzlichen Objekte, weil das Hauptmotiv – Türen – immer das gleiche war.

Hollingworth, Henderson und Kollegen haben eine Reihe von Experimenten durchgeführt, die das Langzeitgedächtnis für visuelle Objekte unter natürlicheren Bedingungen untersucht haben (Hollingworth 2006). In diesen Experimenten wurden den Probanden künstlich generierte Szenen gezeigt, etwa ein Werkraum (Abb. 3.4.4). Die Probanden konnten sich diese Szenen anschauen, wobei ihre Augenbewegungen gemessen wurden. Ein Computer, der die Augenbewegungen in Echtzeit auswertete, registrierte, wenn die Probanden ein vorher festgelegtes (den Probanden aber nicht bekanntes; in Abb. 3.4.4a der Hammer) Zielobjekt fixierten. Nachdem die Probanden den Blick von dem Zielobjekt abgewendet hatten, wurde das Zielobjekt während einer Sakkade ausgetauscht. Anstelle des alten Objekts wurde entweder dasselbe Objekt, aber aus einem anderen Blickwinkel (Ausrichtungsdistraktor; Abb. 3.4.4b) oder ein neues Objekt derselben Kategorie (Token-Distraktor; 3.4.4c) präsentiert. In weiteren Experimenten wurden auch Objekte einer anderen Kategorie präsentiert (Type-Distraktoren; 3.4.4d).

Die Messung der Augenbewegung diente dazu sicherzustellen, dass das Zielobjekt während der Exploration des Bildes betrachtet – und damit auch beachtet – wurde und weiterhin der Blick in einen anderen Bereich der Szene weitergewan-

a)  b)

c)  d)

Abb. 3.4.4: Beispielszene aus den Experimenten von Hollingworth und Kollegen. a) Originalszene, b) rotiertes Zielobjekt (Hammer), c) Token-Distraktor, d) Type-Distraktor (A. Hollingworth, mit Genehmigung des Autors)

dert war (das Zielobjekt also nicht mehr beachtet wurde, bevor der Wechsel stattfand). Der Austausch des Objekts während einer Sakkade sorgte dafür, dass die Probanden den Wechsel des Objekts nicht dadurch bemerkten, dass sie die Veränderung im Bild anhand einfacher Helligkeits- und Formänderungen bemerkten. Die sakkadische Suppression unterbricht während der Ausführung einer Sakkade die visuelle Wahrnehmung.

> Sie können sich diesen Effekt leicht vor Augen führen, indem Sie vor einem Spiegel erst Ihr linkes Auge fixieren, dann Ihr rechtes usw. Sie werden dabei nie sehen, dass der Blick über Ihren Nasenrücken streift, obwohl er das natürlich tut.

Die Probanden entdeckten die Objektveränderungen in diesen Experimenten in einer signifikanten Anzahl von Durchgängen.

In einem weiteren Experiment wurde das Zielobjekt maskiert, wiederum nachdem es zuvor betrachtet worden war und der Blick inzwischen weitergewandert war. Den Probanden wurden dann zwei Objekte zur Auswahl angeboten, neben dem Originalobjekt dasselbe Objekt aus anderem Blickwinkel oder ein ähnliches Objekt. Selbst wenn die Probanden nach dem Betrachten des Zielobjekts bereits 9 andere Objekte fixiert hatten, war ihre Wahl in der Token-Aufgabe zu 85 % und in der Ausrichtungsaufgabe zu 92 % korrekt (Hollingworth / Henderson 2002).

visuelles Arbeits- oder Langzeit- gedächtnis? Beruht das Wiedererkennen der Objektbilder auf Speicherung im Arbeitsgedächtnis oder im Langzeitgedächtnis? Diese Frage wurde mit einem weiteren Experiment untersucht (Hollingworth 2004). Die Logik dieses Experiments beruht auf der Tatsache, dass die Kapazität des Arbeitsgedächtnisses äußerst begrenzt ist. Wird nun eine Sequenz von Objekten präsentiert, so können nur die letzten Objekte (maximal 4, s. o.) im Arbeitsspeicher gehalten werden. Tatsächlich beobachtet man in aller Regel einen Behaltensvorteil für die letzten Elemente einer Liste (*recency*-Effekt). Die früheren Elemente der Liste, die noch behalten werden, sollten dementsprechend bereits, wenn auch vielleicht schwach, im Langzeitgedächtnis repräsentiert sein. Manchmal findet sich auch ein *primacy*-Effekt, eine bessere Behaltensleistung für die ersten Listenpositionen. Der *primacy*-Effekt wird allerdings selten bei visuellen Aufgaben beobachtet, vermutlich, weil er auf vermehrtem *rehearsal* der zuerst gelernten Items beruht und sich visuelle Objekte schlecht für *rehearsal* eignen (Shaffer / Shiffrin 1972).

Um die sequenzielle Position des Zielobjekts zu manipulieren, wurden die Probanden nun instruiert, sich wiederum Szenen anzuschauen. Dabei sollten sie allerdings einem Punkt folgen, der in kurzen Abständen von einem Objekt in der Szene zum nächsten sprang. Die Präsentation des Punktes bildete dabei eine natürliche Fixationssequenz nach. Am Ende der Sequenz wurde wieder das Zielobjekt maskiert und danach entweder das Zielobjekt oder ein verändertes Token gezeigt.

Abbildung 3.4.5 zeigt die Behaltensleistung in Abhängigkeit von der Position des Zielobjekts in der Sequenz der fixierten Objekte. Die Genauigkeit, mit der das Zielobjekt detektiert wurde, wurde mit dem A'-Maß angegeben – einer signalentdeckungstheoretischen Größe, die die Anzahl korrekter Alternativantworten modelliert. Ein A' = 1 bedeutet perfekte Sensitivität, A' = 0,5 entspricht dem Rateniveau. Die Entdeckungsleistung im Experiment von Hollingworth (2004) war für die letzten beiden fixierten Objekte erhöht, pendelte sich danach aber auf einem deutlich über dem Rateniveau angesiedelten Niveau ein. Dabei machte es keinen Unterschied, ob nach dem Zielobjekt 3 oder 9 andere Objekte fixiert wurden. (Zur Erinnerung: die Probanden wussten nicht, welches Objekt am Ende der Sequenz getestet wurde.) Die gute Erinnerungsleistung für insgesamt 10 Objekte übersteigt deutlich die Kapazitätsgrenzen des visuellen Arbeitsgedächtnisses. Sie ist damit neben der Form der Detektionskurve ein weiteres Indiz dafür, dass die Objekte, abgesehen von den beiden zuletzt fixierten, im visuellen Langzeitgedächtnis gespeichert wurden.

In einem weiteren Experiment wurde diese Annahme eindrucksvoll bestätigt. Das Experiment war genauso aufgebaut wie das soeben besprochene sequenzielle Fixationsexperiment. Die Detektion der Zielobjekte, gepaart mit einem Token-Distraktor, wurde aber erst am Ende des Experiments getestet, nachdem bereits über 400 Objekte präsentiert worden waren. Die Detektionsleistung war durch diese Variation im Vergleich zur direkten Abfrage nach jeder Sequenz nur moderat beeinträchtigt (A' = 0,75). Selbst wenn die Abfrage um 24 Stunden verzögert wurde, erreichten die Probanden noch eine Detektionsleistung (für Token- und Ausrichtungsdistraktoren) von A' = 0,7 (Hollingworth 2005). Diese Studien bestätigen damit eindrucksvoll, dass das visuelle Langzeitgedächtnis eine enorme Kapazität hat. Sie zeigen weiterhin, dass wir in der Lage sind, visuelle Details, bis hin zur Ausrichtung von Gegenständen, dauerhaft zu speichern.

Ein anderer Weg, die Natur des Langzeitgedächtnisses zu untersuchen, ist die Frage nach seinen neuronalen Korrelaten. Wenn das Langzeitgedächtnis einen abstrakt-semantischen, von sensorischen Qualitäten losgelösten Charakter hat, so

neuronale Kodierung

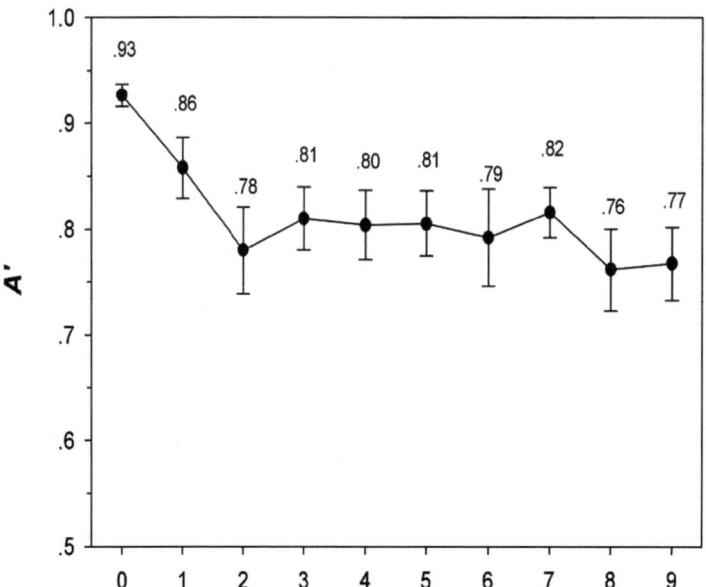

Abb. 3.4.5: Visuelles Objektgedächtnis in Abhängigkeit von der Fixationssequenz (nach Hollingworth 2004, bearbeitet)

sollte die Erinnerung an den Geschmack einer Erdbeere oder den Klang einer Gitarre das gleiche neuronale System aktivieren. Wenn aber umgekehrt die sensorischen Qualitäten der Dinge in unserem Langzeitgedächtnis repräsentiert sind, dann sollte man vermuten, dass die Erinnerung an den Geruch eines Parfums ganz andere neuronale Ensembles aktiviert als die Erinnerung an die Farbe einer reifen Erdbeere. Wenn man sich nämlich fragt, welche Neurone wohl am besten geeignet sind, die Form und Farbe eines Apfels, seine feste Oberfläche, das Geräusch des Hineinbeißens, seinen Geruch und Geschmack zu repräsentieren, so kommt man schnell auf die Neurone, die diese Merkmale kodieren, wenn wir einen realen Apfel in die Hand nehmen und hineinbeißen, also die Neurone in den verschiedenen sensorischen Cortices.

sensorische Repräsentation

Dies war die Ausgangshypothese eines fMRT-Experiments (Goldberg et al. 2006). Den Teilnehmern wurde ein geschriebenes Wort präsentiert, zu dem sie jeweils eine Frage beantworten sollten. Gefragt wurde nach der Farbe, dem Klang, dem Geschmack und danach, wie sich das bezeichnete Objekt anfühlt. Erwartet wurde, dass der Abruf der visuellen Qualität von einer Aktivierung des visuellen Cortex begleitet sein würde, der Abruf der auditiven Qualität von einer Aktivierung des auditiven Cortex, der Abruf der gustatorischen Qualität von der Aktivierung des gustatorischen Cortex und schließlich der Abruf der taktilen Qualität von der Aktivierung des somatosensorischen Cortex.

Goldberg und Kollegen fanden ihre Hypothese bestätigt: Der Abruf der Farbe ging mit einer inferioren temporalen Aktivierung einher, der Abruf des Klangs mit einer Aktivierung im Sulcus temporalis superior – einem sekundären auditiven Areal –, der Abruf des Geschmacks mit einer Aktivierung des Orbitofrontalcortex und der Abruf der taktilen Qualität mit Aktivierung von Teilen sowohl des somatosensorischen als auch des motorischen und des prämotorischen Cortex. Es ergab sich also eine gute Übereinstimmung zwischen den sensorischen Hirnarealen, die die Wahrnehmung der jeweiligen sensorischen Qualitäten ermöglichen, und der Aktivierung während des Gedächtnisabrufs. Dabei sei noch einmal daran erinnert, dass der Abruf durch verbale Reize erfolgte, also aufgrund einer abstrakt-semantischen Kodierung des jeweiligen Objekts. Auffällig war, dass die Aktivierungen, die mit den jeweiligen sensorischen Gedächtnisabrufen einhergingen, nicht in den primären sensorischen Arealen auftraten, sondern jeweils in „höheren" sensorischen Arealen.

Fragen zu Kapitel 3.4

Überprüfen Sie Ihr Wissen!

171. Erklären Sie den Ablauf und die Ergebnisse der Teilreportaufgabe.
172. Welche Dauer hat der ikonische Speicher. Wodurch kann er überschrieben werden?
173. Wie wird die Spezifität mancher Formen des perzeptuellen Lernens gedeutet?
174. Welche Formen des visuellen Kategorielernens gibt es? Wie unterscheiden sich die beteiligten Prozesse?

175. Wie reagieren inferotemporale Neurone auf kategoriespezifische Merkmale?
176. Beschreiben Sie das Paradigma des kontextuellen Cueings. Welche Art des Lernens findet dort statt?
177. Was weiß man über die neuronalen Korrelate des kontextuellen Cueings? Diskutieren Sie die Befunde im Kontext der Amnesieforschung (Kap. 3.3).
178. Wie unterscheiden sich die Ergebnisse der Studien von Gernsbacher und Hollingworth und Kollegen? Versuchen Sie, einen Grund für die Unterschiede zu finden.
179. Wie kann man den Inhalt des visuellen Arbeitsgedächtnisses mit Hilfe eines geeigneten Blickbewegungsexperiments bestimmen?
180. Wie werden sensorische Gedächtniseinträge neuronal kodiert? Setzen Sie die Befunde in einen Zusammenhang mit der hippocampo-neocorticalen Theorie des Gedächtnisses (Kap. 3.3).

3.5   Lernparadigmen

3.5.1   Klassische Konditionierung

Eigentlich wollte der russisches Physiologe Iwan Pawlow die nervöse Steuerung der Verdauung untersuchen. Während seiner Experimente bemerkte er jedoch, dass die Hunde, mit denen er experimentierte, bereits anfingen, eine erhöhte Speichelsekretion zu zeigen, wenn sie in den Untersuchungsraum geführt wurden, in dem sie regelmäßig Futter erhielten. Pawlows Verdienst war, zu erkennen, dass dieses Verhalten, das zunächst einmal eine ärgerliche Störung seines Versuchsaufbaus war, bedeutende Einsichten in die Mechanismen des Lernens erlaubte. Er begann, diesen Effekt systematisch zu untersuchen. Offensichtlich stellten die Hunde eine Verbindung zwischen dem Raum und der Futtergabe her. Um diese Assoziation besser kontrolliert zu untersuchen, präsentierte er kurz vor der Gabe des Futters einen Glockenton. Nach wenigen Wiederholungen konnte er messen, dass die Speichelsekretion, die sonst beim Anblick des Futters zunahm, bereits nach dem Glockenton anstieg.

Pawlow nannte die Speichelsekretion beim Anblick des Futters einen unbedingten Reflex, die bereits nach dem Glockenton erfolgende Sekretion einen bedingten Reflex. Die Wortwahl zeigt bereits, dass er davon ausging, dass die Hunde nicht bewusst lernten, eine Assoziation zwischen dem Ton und der nachfolgenden Futtergabe herzustellen, sondern dass es sich um ein reflexhaftes Verhalten handelte. Dies entsprach der vorherrschenden Anschauung der Zeit, die Tieren nur begrenzt „höhere geistige Tätigkeiten" zutraute. Wir werden in Kapitel 3.7 zu der Frage zurückkehren, ob die Assoziation zwischen einem bedingtem Reiz (bei Pawlows Experimenten der Glockenklang) und einem unbedingten Reiz (dem Futter) kognitive Ursachenzuschreibung voraussetzt oder nicht. Der Begriff „Reflex" wurde in späteren Arbeiten zur klassischen Konditionierung durch den neutralen Begriff „Reaktion" ersetzt. Pawlows Experimente legten den Grundstein für das Paradigma der klassischen Konditionierung. Pawlow erhielt 1904 den Nobelpreis für Physiologie, allerdings für seine Arbeiten zur Physiologie der Verdauung.

unbedingte und bedingte Reaktion

Iwan Pawlow (1849–1936): Klassische Konditionierung

Experimente mit Hunden

Anblick von Futter löst Speichelfluss aus.

- Futter: Unkonditionierter Reiz/Stimulus (US),
- Speichelfluss: Unkonditionierte Reaktion (UR).

Wird die Gabe des Futters wiederholt mit einem Ton gepaart, kann der Ton alleine Speichelfluss hervorrufen.

- Ton: Konditionierter Reiz (CS),
- Speichelfluss (auf Ton): Konditionierte Reaktion (CR).

Kontiguität

Einige von Pawlows ursprünglichen Befunden haben bis heute ihre Gültigkeit behalten. So fand er, dass CS und US wiederholt in zeitlicher Nähe präsentiert werden müssen, um eine Konditionierung zu ermöglichen. Diese zeitliche Nähe wird Kontiguität genannt.

Es gibt verschiedene Formen der Abfolge von CS und US beim klassischen Konditionieren. Die Konditionierung erfolgt am besten, wenn der US dem CS direkt folgt. Eine weitere weit verbreitete Methode ist die Spurkonditionierung (*trace conditioning*), bei der nach dem Ende des CS erst nach einer kurzen Pause der US folgt.

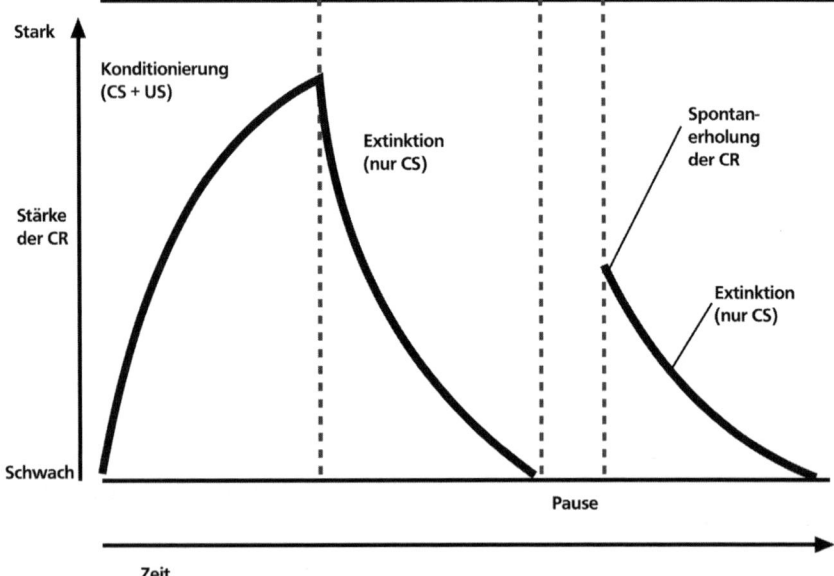

Abb. 3.5.1: Konditionierung, Extinktion und Spontanerholung

Wird der CS nach erfolgter Konditionierung mehrfach ohne den US präsentiert, **Extinktion**
wird die CR verringert (Abb. 3.5.1). Dies nennt man *Extinktion*. Bei der Extinktion wird die Assoziation zwischen CS und US aber nicht wirklich aus dem
Gedächtnis gelöscht. Dies belegen die Phänomene der *Spontanerholung* und der
Disinhibition:

Wird der CS nach einer längeren Pause nach erfolgter Extinktion wieder präsen- **Spontanerholung**
tiert, wird die CR wieder in ursprünglicher Stärke beobachtet (Spontanerholung). **und Disinhibition**
Weiterhin kann ein salienter Ablenkreiz, etwa ein lautes Geräusch, dazu führen,
dass die CR wieder in ursprünglicher Stärke auf den CS folgt, obwohl sie zuvor
extingiert war (Disinhibition).

3.5.2   Instrumentelle Konditionierung

Edward Thorndike experimentierte als Doktorand mit Katzen, die er in selbst ge-
baute Käfige (*puzzle boxes*) steckte. Die Katzen konnten sie nur verlassen, wenn
sie komplizierte Schließmechanismen mit einer Reihenfolge von Bewegungen
(Hebeldruck, Ziehen an einer Schnur etc.) überwanden. Er beobachtete, dass die
Katzen von Mal zu Mal weniger Zeit benötigten, um die Tür des Käfigs zu öffnen
und ein außerhalb des Käfigs befindliches Futter zu erreichen.

Thorndike nannte die Art des Lernens, die er in seinen Experimenten beobachtete, **law of effect**
instrumentelles Konditionieren. Wie beim klassischen Konditionieren erlernen die
Versuchstiere auch bei Thorndike eine konditionierte Reaktion – die Betätigung des
Öffnungsmechanismus – und erhalten daraufhin eine Belohnung – das Futter. Anders als beim klassischen Konditionieren gibt es hier aber keinen konditionierten
Reiz, der die konditionierte Reaktion hervorruft, sondern es muss gewartet werden,
bis das Versuchstier die gewünschte Reaktion spontan zeigt. Beim instrumentellen
Konditionieren tritt der Verstärker an die Stelle des unkonditionierten Reizes. Thorndike formulierte das Gesetz des Effekts (*law of effect*), wonach Verstärkung zur Stär-
kung von S-R-Assoziationen führt und damit kritisch für Lernen ist.

> ### Verstärker
>
> Ein Verstärker ist ein Reiz, der die Auftretenswahrscheinlichkeit eines assoziierten
> Verhaltens erhöht. Ein Verhalten kann sowohl durch Gabe eines erstrebenswerten
> (appetitiven) Reizes verstärkt werden als auch durch Vermeidung eines aversiven
> Reizes. Dies ist grundsätzlich verschieden von Bestrafung, die wiederum durch
> Gabe eines aversiven Reizes oder Verlust eines appetitiven Reizes erfolgen kann.

Burrhus F. Skinner entwickelte das instrumentelle Konditionieren weiter. Er schuf **operantes**
mit dem operanten Konditionieren eine Spielart, die den Prinzipien des instrumen- **Konditionieren**
tellen Konditionierens folgt, aber anstelle abgegrenzter Versuchsdurchgänge die
Häufigkeit eines bestimmten Verhaltens in einem Beobachtungsintervall zählte.

Zu diesem Zweck entwickelte er Untersuchungskammern, die einerseits die **Skinner-Box**
Darbietung von Licht und Tonreizen in festgelegten Abständen ermöglichten,

Tab. 3.5.1: Formen der Verstärkung und Bestrafung

	Appetitiver Reiz	**Aversiver Reiz**
Gabe	Positive Verstärkung	Positive Bestrafung
Entzug	Negative Bestrafung	Negative Verstärkung

andererseits die Aufzeichnung der Häufigkeit von Verhaltensweisen wie Hebel- oder Tastendrücken erlaubten. Weiterhin ermöglichten diese, nach dem Erfinder „Skinner-Box" genannten Versuchskäfige die Gabe von Verstärkern oder auch Bestrafungen nach festgelegten Plänen. Das operante Konditionieren erlaubte nicht nur die Erhebung größerer Datenmengen in kürzerer Zeit, sondern auch eine größere Flexibilität in der Gabe der Verstärker.

intermittierende Verstärkung

Im einfachsten Fall, der kontinuierlichen Verstärkung, folgt der Verstärker jedes Mal auf das zu verstärkende Verhalten. Der Verstärker kann jedoch auch erst gegeben werden, nachdem das Verhalten mehrfach gezeigt wurde. In diesem Fall spricht man von Ratenverstärkung. In wieder einer anderen Variante, der Intervallverstärkung, wird der Verstärker in einem bestimmten Zeitintervall nur einmal gegeben. Ein Beispiel für einen Ratenverstärkungsplan wäre eine Verstärkung nach jeweils fünfmaligem Auftreten des gewünschten Verhaltens, etwa eines Hebeldrucks. Bei einem Intervallplan mit einem Intervall von 30 s würde der Verstärker auch als Folge des Hebeldrucks gegeben, die nächste Verstärkung erfolgt erst, wiederum auf einen Hebeldruck des Versuchstiers, nachdem 30 s seit der vorigen Verstärkung vergangen sind. Sowohl Raten- als auch Intervallverstärkung kann fix oder variabel erfolgen. Damit ist gemeint, dass die Verstärkungsrate oder das Intervall stets gleich bleibt oder aber von Mal zu Mal um einen Mittelwert schwankt. So kann ein variabler Ratenverstärkungsplan einen Mittelwert von 5 Verstärkungen nach 3, 6, 7 und 4 Hebeldrücken enthalten. Ebenso kann ein Verstärkungsintervall um einen Mittelwert herum schwanken.

Die Art der Verstärkung hat Auswirkungen auf das Lernen. So erfolgt das Lernen bei Raten- und Intervallverstärkung langsamer als bei kontinuierlicher Verstärkung. Allerdings erfolgt auch die Extinktion langsamer, das konditionierte Verhalten bleibt auch in Abwesenheit des Verstärkers länger erhalten. Bei intermittierender Verstärkung ist das Ausbleiben des Verstärkers nach der konditionierten Reaktion kein so eindeutiges Signal, dass die Verstärkung auch nach zukünftigen Reaktionen ausbleiben wird.

3.5.3 Gemeinsamkeiten von klassischem und instrumentellem Konditionieren

Auch wenn der Ablauf der Konditionierung sich beim klassischen und instrumentellen Konditionieren unterscheidet, so haben sie doch gemeinsam, dass im Verlauf des Lernens bestimmte Reaktionen auf Stimuli mit einem appetitiven Reiz oder der Vermeidung eines aversiven Reizes assoziiert werden.

Klassische und instrumentelle Konditionierung teilen sich das Phänomen der **Reizgeneralisierung**
Reizgeneralisierung. Damit ist gemeint, dass die konditionierte (oder instrumentelle) Reaktion nicht nur durch den konditionierten Reiz, sondern auch durch dem CS ähnliche Reize ausgelöst werden kann.

In einem typischen Versuchsaufbau wurden Tauben belohnt, wenn sie bei Aufleuchten eines Lichts einer bestimmten Wellenlänge mit dem Schnabel auf einen Hebel pickten (Guttman/Kalish 1956). Wenn den Tauben nach der initialen Konditionierung Licht unterschiedlicher Wellenlänge (ohne Verstärkung) gezeigt wurde, so sank die Reaktionshäufigkeit mit zunehmender Distanz zur konditionierten Wellenlänge graduell ab (Abb. 3.5.2). Wurden die Tauben mit einem Licht von 530 nm konditioniert, so sank die Reaktionshäufigkeit bei Licht von 520 oder 540 nm zwar deutlich, sie lag aber immer noch deutlich über der Reaktionshäufigkeit bei sehr unähnlichem Licht (z. B. 500 nm).

Reizgeneralisierung ist u. U. ein Problem, wenn man eine Konditionierung auf **Reizdiskrimination**
einen bestimmten Reiz erzielen will. In diesem Fall kann man zur Methode der differenziellen Konditionierung greifen. Hierbei werden zwei CS präsentiert, von denen jedoch nur einer verstärkt wird.

In einem solchen Experiment wurden wiederum Tauben konditioniert, diesmal auf einen Ton von 1.000 Hz. Abbildung 3.5.3 zeigt einen ähnlichen Generalisierungsgradienten wie Abbildung 3.5.2, mit einem Maximum bei 1.000 Hz. Nach der Konditionierung auf den 1.000-Hz-Ton lernten die Tauben, dass der 1.000-Hz-Ton weiter verstärkt wurde (CS+), ein Ton von 950 Hz jedoch nicht (CS-). Die

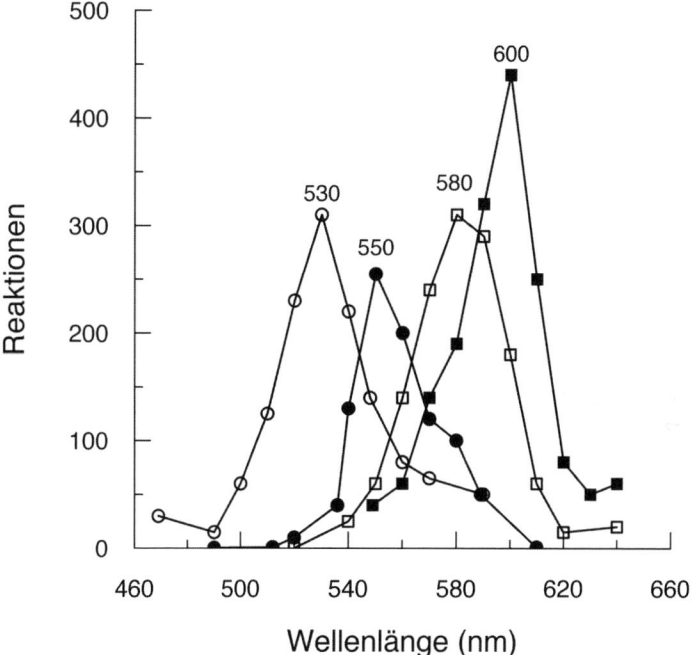

Abb. 3.5.2: Reizgeneralisierung bei Tauben, die auf Lichtreize von 530, 550, 580 und 600 nm konditioniert wurden (nach Guttman/Kalish 1956)

Reaktionskurve nach dieser differenziellen Konditionierung ist deutlich schmaler als die Generalisierungskurve. Weiterhin fällt auf, dass das Maximum nicht mehr bei 1.000 Hz, sondern leicht verschoben bei 1.050 Hz liegt. Der Unterschied der beiden Kurven zeigt, dass die Tauben feinere Unterschiede zwischen benachbarten Reizen treffen können, wenn diese unterschiedliche Verstärkung signalisieren. Er zeigt weiterhin, dass die Generalisierungskurve nicht einfach darauf beruht, dass die Tiere die Reize nicht besser unterscheiden können. Die Generalisierung spiegelt eher so etwas wie eine Einschätzung der Zielreizähnlichkeit wider (wobei damit nicht gesagt ist, dass den Tauben dies bewusst ist).

Differenzielle Konditionierung ist eine geeignete Methode, um die Wahrnehmungsleistung von Tieren zu bestimmen, von denen man ja keine sprachlichen Reaktionen erhalten kann. Dazu werden die Tiere differenziell auf immer ähnlichere Reize konditioniert. Solange eine differenzielle Reaktion beobachtet wird, kann man schließen, dass die Tiere den Reizunterschied noch wahrnehmen können.

Nicht jede Verhaltensweise kann gleich gut gelernt werden. Insbesondere treten Schwierigkeiten auf, wenn das zu lernende Verhalten im Widerspruch zu scheinbar situationsangepasstem Verhalten steht. So fällt es schwer, nicht zu bremsen, wenn das Auto auf vereister Straße ins Rutschen gerät (bei neueren Autos mit ABS muss man das auch nicht mehr beherzigen). Ein anderes Beispiel ist die Vorlage beim Skifahren, die dem spontanen Impuls des Anfängers, sich angesichts des Abgrunds zurückzulehnen, diametral entgegengesetzt ist.

assoziativer Bias

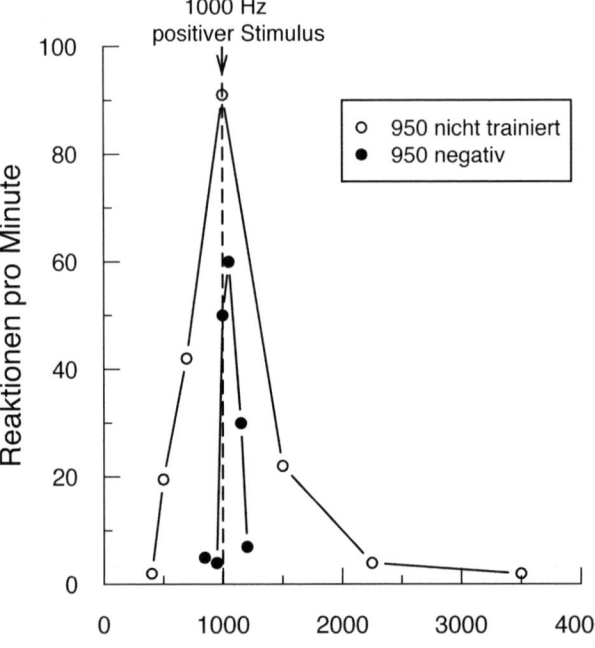

Abb. 3.5.3: Reizdiskrimination bei Tauben, die auf einen CS+ von 1.000 Hz und einen CS- von 950 Hz differenziell konditioniert wurden, im Vergleich zu einfacher Konditionierung auf 1.000 Hz (nach Jenkins/Harrison 1962)

3.5.4   Nichtassoziatives Lernen

Sowohl klassische als auch instrumentelle Konditionierung sind Formen assoziativen Lernens. Es gibt aber auch einfachere, nichtassoziative Formen des Lernens: Habituierung und Sensitivierung. **Habituierung** bedeutet die Abschwächung einer Reaktion auf einen Reiz, wenn dieser wiederholt dargeboten wird. Im Gegenteil dazu bedeutet **Sensitivierung**, dass die Reaktion auf den wiederholten Reiz zunehmend stärker wird. Anschaulich kennen Sie diese Phänomene vermutlich aus eigener Erfahrung – ein zunächst störendes Geräusch, wie das Motorgeräusch eines Autos, wird nach kurzer Zeit kaum noch wahrgenommen. Andererseits kann es aber auch immer störender werden. Habituierung und Sensitivierung können durchaus auf den gleichen Reiz erfolgen, wobei Habituierung eher bei Reizen niedriger Intensität, Sensitivierung eher bei hochintensiven Reizen beobachtet wird. Beide Phänomene wurden in vielen Spezies beobachtet, Habituierung vom Menschen bis zu Einzellern, Sensitivierung hinunter bis zu Plattwürmern. Habituierung wurde im Tierversuch auch nach Decerebrierung, d. h. nach Entfernung des Großhirns, beobachtet. Es handelt sich also um biologisch einfache Lernmechanismen.

Habituierung /- Sensitivierung

Wie die Konditionierung folgt die Habituierung einer negativ-exponenziellen Funktion, zeigt Reizgeneralisierung, Spontanerholung und Dishabituierung nach starken Störreizen. Es gibt also starke Parallelen zur Extinktion. Die Sensitivierung kann irrtümlich als Konditionierung angesehen werden. Daher werden in vielen Konditionierungsexperimenten in einer Kontrollbedingung US und CS unabhängig voneinander dargeboten, um auszuschließen, dass der beobachtete Lerneffekt auf eine Sensitivierung zurückzuführen ist (also ohne Beteiligung des CS).

Fragen zu Kapitel 3.5

Überprüfen Sie Ihr Wissen!

181. Beschreiben Sie die Komponenten des klassischen Konditionierens (US, CS, UR, CR) anhand eines selbst ausgedachten Konditionierungsexperiments.
182. Was bedeutet Kontiguität und Kontingenz. Welche Bedeutung haben sie für die Konditionierung?
183. Was ist und wann entsteht Extinktion? In welchen Situationen wird sie reduziert? Bei welcher Art der Verstärkung verläuft die Extinktion verlangsamt?
184. Wie ist positive und negative Verstärkung definiert? Geben Sie Beispiele für beide Arten der Verstärkung.
185. Wie verläuft instrumentelle Konditionierung? Wie verhält sie sich zur operanten Konditionierung?
186. Beschreiben Sie die Gabe der Verstärkung in einem variablen Ratenverstärkungsplan / einem fixen Intervallverstärkungsplan.
187. Was ist Reizgeneralisierung, was Reizdiskrimination? Beschreiben Sie das experimentelle Vorgehen.
188. Geben Sie Beispiele für einen assoziativen Bias.
189. Nennen Sie zwei nichtassoziative Lernformen.
190. Welche Charakteristika haben Habituierung und Extinktion gemeinsam?

3.6   Mechanismen der Konditionierung

Im letzten Kapitel haben wir einige grundlegende Methoden und Befunde der Konditionierungsforschung kennengelernt. In diesem Kapitel soll es nun darum gehen, die Mechanismen zu untersuchen, die das Lernen durch Konditionierung ermöglichen. Dabei geht es zunächst um die Frage, welcher Art die Assoziationsbildung ist, die bei der Konditionierung aufgebaut wird. Des Weiteren werden wir sehen, dass das gemeinsame Auftreten von CS und US oder von Verhalten und Verstärker allein noch nicht für Konditionierungslernen ausreicht. Schließlich werden wir uns der Frage zuwenden, welchen Gesetzen die Konditionierung mit aversiven Reizen folgt.

3.6.1   S-R- oder S-S-Assoziation?

Pawlow ging davon aus, dass bei der klassischen Konditionierung eine Assoziation zwischen CS und UR herausgebildet wurde, die der ähnelte, die zwischen US und UR bestand. Er sprach vom bedingten Reflex, der ähnlich wie der unbedingte Reflex aufgebaut sei. Vielleicht ist es ja so, dass die klassische Konditionierung nicht darauf beruht, dass eine Assoziation zwischen CS und UR entsteht (die damit zur CR wird), sondern auf einer Assoziation zwischen CS und US.

Reaktionsunter-drückung

Ein Versuch, zwischen diesen Alternativerklärungen zu unterscheiden, bestand darin, die motorische Antwort während der Konditionierung durch eine vorübergehende pharmakologische Lähmung zu unterdrücken. Die Hypothese war, dass eine erfolgreiche Konditionierung unter diesen Bedingungen nur durch eine Assoziation zwischen CS und US entstehen kann (kurz Stimulus-Stimulus- oder S-S-Verbindung). Tatsächlich wurde gefunden, dass eine Konditionierung erfolgte.

Kritiker wandten ein, dass nur die periphere Motorik ausgeschaltet war, nicht aber motorische Befehle im Zentralnervensystem. Damit waren diese Befunde kein starkes Argument gegen eine S-R-(Stimulus-Reaktions-)Assoziation als Basis des Lernens.

US-Entwertung

Ein anderes Paradigma basierte auf der Entwertung des US. Ratten lernten, das Aufleuchten einer Lampe mit der Gabe von Futter zu assoziieren. Nach der Konditionierung erhielten die Ratten Futter, bis sie satt waren. Durch die Sättigung wurde der Verstärker, das Futter, entwertet. Dadurch sollte auch die Stärke der UR verringert sein. Wenn nun eine Assoziation zwischen CS und US ausgebildet wurde, so sollte der CS auch eine schwächere CR nach sich ziehen, da der US ja entwertet wurde. Wurde jedoch eine vom US unabhängige Assoziation zwischen CS und CR gelernt, so sollte der CS die CR noch in gleicher Stärke hervorrufen wie ohne Entwertung des US. Die Befunde sprachen wiederum für die S-S-Erklärung der Konditionierung, indem die CR abgeschwächt war oder gänzlich ausblieb.

sensorisches Vorkonditionieren

Ein weiterer Ansatz war das sensorische Vorkonditionieren. Bei diesem Paradigma werden vor der Konditionierung zwei neutrale Reize, etwa ein Licht und ein Ton, wiederholt zusammen präsentiert. Dann wird nur einer der Reize (CS+) mit dem US zusammen präsentiert. Die Frage ist nun, ob nur der CS+ eine konditionierte Reaktion nach sich zieht oder auch der andere neutrale Reiz (CS-), der nie mit dem US zusammen präsentiert wurde. Führt der CS- zu einer CR, ist dies eine klare Bestätigung der S-S-Hypothese, da der CS- ja nie eine Assoziation mit dem UR aufbauen konnte. Die Ergebnisse sprachen wiederum dafür, dass eine Assoziation zwischen CS und US ausreicht, um eine konditionierte Reaktion hervorzurufen. Das Besondere bei dem Paradigma des sensorischen Vorkonditionierens ist dabei, dass die Assoziation zwischen CS+ und CS- ohne Assoziation mit einem US, alleine durch zeitliche Kopplung aufgebaut wurde.

3.6.2   Kontingenz

Bisher haben wir nur gelernt, dass die zeitliche Nähe des CS und US, ihre Kontiguität, eine Voraussetzung für klassisches Konditionieren ist. Was wir bisher nicht berücksichtigt haben, ist die *Basisrate* des US. Die Basisrate gibt an, wie häufig der US auftritt, ohne dass zeitnah der CS präsentiert wird.

Basisrate des US

In einem Experiment (Rescorla 1988) wurden Ratten zunächst trainiert, einen Hebel zu drücken. Dann wurde der Hebeldruck mit einer bestimmten Wahrscheinlichkeit mit einem Elektroschock verknüpft [Kontiguität; P(US|CS)]. Weiterhin

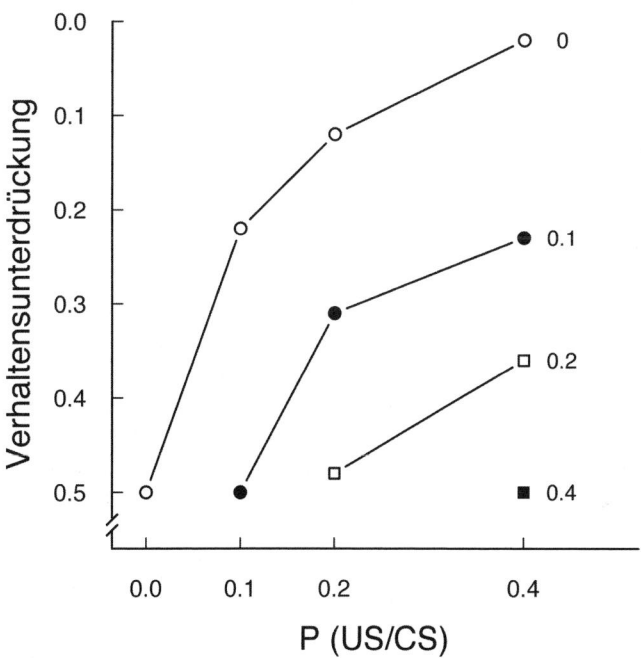

Abb. 3.6.1: Konditionierungsstärke als Funktion der Kontiguität [P(US|CS)] und der Basisrate [P(US|-CS): weißer Kreis = 0; schwarzer Kreis = 0,1; weißes Quadrat = 0,2; schwarzes Quadrat = 0,4] (nach Rescorla 1988). Der Lernerfolg bestand im Unterdrücken des Tastendrucks, geringe Werte auf der y-Achse repräsentieren also gutes Lernen (nach Rescorla 1988, bearbeitet).

wurden, wiederum mit einer bestimmten Wahrscheinlichkeit, die Elektroschocks unabhängig vom Tastendruck gegeben [Basisrate des US; P(US|-CS)]. Gemessen wurde der Konditionierungserfolg, der darin bestand, wie gut die Ratten lernten, die Taste nicht mehr zu drücken (s. Abb. 3.6.1).

Es zeigte sich, dass der Lernerfolg nicht durch die Höhe der Kontiguität vorhergesagt werden konnte. Entscheidend war die Kontingenz, d.h. das Verhältnis der beiden Wahrscheinlichkeiten P(US|CS) und P(US|-CS). Stieg einerseits die Kontiguität von CS und US, andererseits aber auch im gleichen Maße die Basisrate, so blieb der Lernerfolg gleich. Dies wird in Abbildung 3.6.1 veranschaulicht, wenn wir etwa den Datenpunkt, bei dem P(US|CS) und P(US|-CS) beide 0,1 betragen, mit dem Punkt vergleichen, bei dem beide Wahrscheinlichkeiten auf 0,4 angestiegen sind. In beiden Fällen betrug die Konditionierungsleistung 0,5, d.h. das zu konditionierende Verhalten war auf die Hälfte der Ausgangsrate gesunken. Betrug die Kontiguität von CS und US jedoch 0,4 und die Basisrate des US nur 0,1 (d.h. der US trat nach dem CS in 40 % der Durchgänge auf, aber nur in 10 % der Durchgänge ohne den CS), so war das zu konditionierende Verhalten auf etwa ein Viertel der Ausgangsrate gesunken. Da die Konditionierung auf eine Verminderung dieses Verhaltens zielte, war der Lernerfolg also höher.

Eine mögliche Erklärung dafür, dass die Kontingenz von CS und US entscheidend für den Konditionierungserfolg ist, ist der Informationsgehalt des CS, der von der Kontingenz, nicht aber der Kontiguität abhängt. Mit anderen Worten: Erscheint der US häufiger nach dem CS als ohne diesen, so kann man das Auftreten des US zu einem gewissen Grad (der genau der Kontingenz entspricht) vorhersagen. Tritt der US jedoch genauso häufig ohne den CS wie kurz nach dem CS auf, so trägt der CS keine Information über die Auftretenswahrscheinlichkeit des US. Demzufolge ist auch kein effizientes Lernen zu erwarten.

Die Kontingenz ist nicht nur für das klassische Konditionieren von entscheidender Bedeutung, sondern auch für das instrumentelle Konditionieren. Hier geht es um die Kontingenz zwischen dem instrumentellen Verhalten und dem Verstärker.

In einem Experiment wurden Ratten so lange konditioniert, bis sie auf eine 5-prozentige Verstärkungsrate mit erhöhten Tastendrücken reagierten, solange die Verstärkung 100 % kontingent war. Das heißt, der Verstärker wurde nie gegeben, wenn das instrumentelle Verhalten nicht zuvor gezeigt wurde. Wenn nun die Basisrate des Verstärkers ebenfalls auf 5 % angehoben wurde (und damit die Kontingenz = 0 war), so fiel die Rate der Tastendrücke schnell auf nahezu null. Wurde die Basisrate wiederum auf null reduziert, so stieg die Rate der Tastendrücke schnell wieder an.

Ein Beispiel: Ein Kind, das für das Aufräumen seines Zimmers regelmäßig gelobt wird, wird (bewusst oder unbewusst) diesen Zusammenhang schnell lernen. Wird das Kind jedoch genauso häufig gelobt, wenn es sein Zimmer nicht aufräumt, kann es keinen Zusammenhang zwischen Aufräumen und Lob herstellen. Die Vorhersagbarkeit des Lobs ist gleich null. Das Beispiel zeigt, dass gut gemeintes Lob, das ohne Ansehen des Kindesverhaltens gezeigt wird, Lernen behindern kann.

blocking   Der Informationsgehalt des CS spielt auch bei dem Phänomen des *blocking* eine Rolle. Dabei wird zunächst eine Assoziation zwischen CS1 und US per klassischer Konditionierung hergestellt (etwa zwischen einem Licht und anschließender

Futtergabe. Wenn nun ein zweiter CS (etwa ein Ton) zusammen mit dem CS1 präsentiert wird, so lernen die Versuchstiere den Zusammenhang zwischen dem CS2 und dem US nur sehr begrenzt. Diese Lernblockade scheint darauf zurückzuführen sein, dass der CS2 keine neuen Informationen über das Auftreten des US gibt, über die Information hinaus, die der CS1 gibt. So wird der Zusammenhang zwischen CS2 und US nur schlecht gelernt, obwohl die Kontingenz zwischen CS1 und US und zwischen CS2 und US dieselbe ist.

Ähnlich verhält es sich bei dem Phänomen des *overshadowing*. Wenn zwei CS mit gleicher Kontingenz mit dem US assoziiert sind, so beobachtet man manchmal, dass der Zusammenhang zwischen einem der CS und dem US schneller gelernt wird als der Zusammenhang zwischen dem anderen CS und dem US. Einer der CS gerät aber also ins Hintertreffen, er wird von dem anderen CS „überschattet". **overshadowing**

Es kann jedoch auch dazu kommen, dass eine Assoziation zwischen dem Komplex aus CS1 und CS2 und dem US gelernt wird, so dass die konditionierte Reaktion nur dann vermehrt auftritt, wenn CS1 und CS2 zusammen präsentiert werden. **compound conditioning**

Rescorla-Wagner-Modell

Die vielleicht einflussreichste Theorie des klassischen Konditionierens wurde von Rescorla und Wagner (1972) aufgestellt. Die Theorie beruht auf drei Kernannahmen:

1. Die Konditionierungsstärke beruht auf der Assoziationsstärke V zwischen CS und US.
2. Die Assoziationsstärke hat ein Maximum λ. Die Höhe von λ beruht auf der Stärke des US.
3. Es gibt eine Lernrate α, die die Geschwindigkeit bestimmt, mit der die maximale Assoziationsstärke λ erreicht werden kann.

Wenn CS und US gepaart werden, vollzieht sich die Konditionierung proportional zur Lernrate α. Entscheidend ist die weitere Annahme, dass die Zunahme der Assoziationsstärke ΔV mit jeder Paarung von CS und US abhängig ist von der Differenz zwischen der maximal erreichbaren Assoziationsstärke λ und der aktuell erreichten Assoziationsstärke V. Diese Annahmen ergeben die Formel:

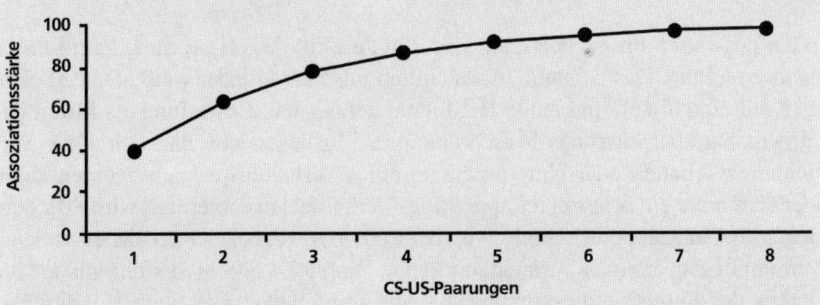

Abb. 3.6.2: Beispielhafte Zunahme der Assoziationsstärke über 8 Konditionierungsdurchgänge

$$\Delta V = \alpha\,(\lambda - V)$$

Die Formel besagt, dass die Zunahme der Assoziationsstärke (und damit der Lernfortschritt) zu Beginn der Konditionierung am größten ist, da dann V noch sehr klein und damit die Differenz $\lambda - V$ groß ist. Mit zunehmender Wiederholung der CS-US-Paarung wird der Lernzuwachs immer geringer. Man kann diese Formel auch so interpretieren, dass der Lernzuwachs am größten ist, wenn die Vorhersagbarkeit des US am geringsten ist. Mit zunehmender Wiederholung der CS-US-Paarung wird der Zusammenhang zwischen CS und US immer vorhersagbarer und damit der Lernzuwachs geringer (zum Zusammenhang mit dem Konzept des Vorhersagefehlers s. a. Kap. 4.3).

Nehmen wir an, CS und US werden 8-mal gepaart. Die maximale Assoziationsstärke sei 100, die initiale Assoziationsstärke ist 0. Die Lernrate betrage 0,40. Wenn wir diese Werte in die Formel einsetzen, ergibt sich für den ersten Lerndurchgang:

$$\Delta V = 0{,}40\,(100 - 0) = 40$$

Für den zweiten Lerndurchgang müssen wir die im ersten Durchgang erreichte Assoziationsstärke in die Formel einsetzen und erhalten:

$$\Delta V = 0{,}40\,(100 - 40) = 24$$

Für den dritten Durchgang erhalten wir, indem wir die summierten Assoziationsstärken aus den ersten beiden Durchgängen (40 + 24) einsetzen:

$$\Delta V = 0{,}40\,(100 - 64) = 14{,}4$$

Abbildung 3.6.2 enthält die Werte für alle 8 Lerndurchgänge. Wir sehen die typische, anfangs stark zunehmende und dann immer geringer steigende Konditionierungskurve.

3.6.3 Aversive Verhaltenskontrolle

Bestrafung

In der populären Presse liest man von Zeit zu Zeit, dass Bestrafung kein Lernen auslösen könne. Das ist ganz offensichtlich falsch, wie jeder weiß, der vielleicht als Kind einmal auf eine heiße Herdplatte gefasst hat. Bestrafung als Mittel des Lernens hat aber durchaus Einschränkungen, insbesondere, dass durch sie Vermeidungsverhalten oder Unterdrückung eines Verhaltens erreicht werden kann, aber eher nicht ein bestimmtes appetitives Verhalten hervorgerufen wird. Mit dem Gegensatzpaar „appetitiv" und „aversiv" werden Reize bezeichnet, die erstrebenswert sind bzw. die man vermeiden möchte. Kapitel 4.3 geht ausführlich auf die Details der Furchtkonditionierung als dem dominanten aversiven Konditionierungsparadigma ein. Hier soll es zunächst nur um allgemeine Aspekte gehen, die bei Methoden der aversiven Verhaltenskontrolle von Bedeutung sind.

Die Wirksamkeit einer Bestrafung hängt zunächst, wie die der Verstärkung, von **zeitliche Nähe**
der zeitlichen Nähe zu dem zu verändernden Verhalten ab. In Experimenten mit
Ratten bewirkte eine Bestrafung, die mit einer Verzögerung von 30 s erfolgte, nur
wenig mehr Vermeidungsverhalten als eine Kontrollbedingung, in der die Bestrafung nicht kontingent zu dem Verhalten (Tastendruck auf einen Klickreiz hin) der
Ratte erfolgte (Camp et al. 1967). Beim Menschen ist dieser Zusammenhang
sicher nicht so eng, da der Zusammenhang zwischen Verhalten und Strafe auch
erklärt werden kann. Dennoch ist es sicher eine bedenkenswerte Frage, ob die
teilweise sehr langen Zeitdauern, die zwischen Straftaten und ihrer Ahndung durch
die Justiz liegen, nicht zu einer Abschwächung der Wirksamkeit der Bestrafung,
im Sinne einer Vermeidung zukünftiger Straftaten, führt.

Auch die Stärke der Bestrafung bestimmt ihre Wirksamkeit. Natürlich sollte **Stärke**
eine Strafe nicht übertrieben hart sein, allerdings sollte sie auch nicht zu gering
ausfallen. Insbesondere verlieren Strafen einen Großteil ihrer Wirksamkeit, wenn
sie langsam gesteigert werden. So wurde in tierexperimentellen Untersuchungen
gefunden, dass elektrische Schocks der gleichen Intensität viel weniger Verhal-
tenssuppression bewirkten, wenn die Intensität langsam gesteigert wurde, im Vergleich zu der sofortigen Applikation der höheren Intensität (Miller 1960).

Wie bei der Verstärkung, so ist die Kontingenz auch bei der Bestrafung von
entscheidender Wichtigkeit. Dies wurde in einer Studie eindrucksvoll gezeigt, in

der zwei Gruppen von Ratten zunächst lernten, einen Hebel zu drücken, um daraufhin Futter zu erhalten (Church 1969). In einer zweiten Phase erhielt eine **Kontingenz**
Gruppe in zufälliger Abfolge, nicht mit den Hebeldrücken kontingente Elektroschocks. Beide Gruppen wurden weiter mit Futter für die Hebeldrücke verstärkt.
In der entscheidenden dritten Phase schließlich folgten die Schocks in beiden
Gruppen kontingent auf die Hebeldrücke. Die zuvor nur verstärkten Ratten
lernten sehr schnell, dass die Hebeldrücke nun bestraft wurden, und stellten diese
ein. Die zuvor nicht kontingent bestrafte Gruppe hingegen zeigte über alle
5 Sitzungen der dritten Phase kein Lernen, sie drückten den Hebel gleich häufig
wie zuvor. Nichtkontingente Bestrafung führte hier dazu, dass es den Tieren später nicht gelang, eine Assoziation zwischen kontingenter Bestrafung und ihrem
Verhalten herzustellen. Auf den Menschen übertragen könnte dies bedeuten, dass
die Erfahrung willkürlicher Gewalt in der Kindheit die Heranwachsenden später
darin beeinträchtigt, aus Strafen zu lernen, die kontingent auf delinquentes Verhalten folgen.

Bestrafung führt eher zu einer Verhaltensänderung, wenn eine Handlungsalternative zur Verfügung steht. Einen Beleg hierfür liefert eine Studie mit Tauben, die

zunächst lernten, mit ihrem Schnabel auf einen Hebel zu picken (Azrin/Holz
1966). Später wurden sie für diese Verhalten mit Elektroschocks bestraft. Eine **Handlungs-**
Hälfte der Tauben hatte nur einen Hebel in ihrem Käfig, eine andere Gruppe hin- **alternativen**
gegen hatte noch einen zweiten Hebel, neben dem zuvor mit Futter verstärkten
Hebel. Die Tauben, die noch einen zweiten Hebel in ihrem Käfig hatten, hörten ab
einer bestimmten Stärke des Elektroschocks (50 V) auf, den zuvor verstärkten
Hebel zu picken, und wandten sich dem anderen Hebel zu. Die andere Gruppe hingegen fuhr fort, den einzigen Hebel zu picken, und bedurften weit höherer Schock-
stärken (60–80 V), um ihr Verhalten einzustellen.

Es sollte nicht vergessen werden, dass Bestrafung als Erziehungsmittel andere unerwünschte Folgen haben kann, wie etwa Täuschungsversuche der Kinder oder aggressives Verhalten der bestraften Kinder gegenüber anderen Kindern. Wenn Bestrafung aber eingesetzt wird, dann sollten zumindest die oben besprochenen Rahmenbedingungen beachtet werden, damit die Wirkung der Bestrafung nicht wirkungslos verpufft oder sich sogar in ihr Gegenteil verkehrt.

3.6.4   Vermeidungslernen

negative Verstärkung

Ein bestimmtes Verhalten kann nicht nur durch positive, sondern auch durch negative Verstärkung hervorgerufen werden.

In einem klassischen Experiment zum Vermeidungslernen (Solomon/Wynne 1953) befand sich ein Hund in einem Käfig, der aus zwei Kompartimenten bestand. Diese waren durch eine halbhohe Barriere voneinander getrennt. Der Hund wurde zunächst in eines der Kompartimente gesetzt, dessen Boden aus einem Eisenrost bestand. Dann ging zunächst das Licht aus, wenig später erhielt der Hund durch den Rost einen starken Elektroschock. Um dem Schock zu entkommen, lernte der Hund innerhalb weniger Durchgänge, über die Barriere in das andere Kompartiment zu springen, in dem keine Schocks appliziert wurden.

Im Unterschied zur positiven Verstärkung zeigt das Vermeidungsverhalten nach negativer Verstärkung sehr viel weniger Extinktion. Der Hund im obigen Experiment sprang noch bis zu 200-mal über die Barriere, wenn das Licht ausging, nachdem die Gabe von Schocks eingestellt wurde (Solomon et al. 1953). Das Problem ist, dass, anders als bei der positiven Verstärkung das Ausbleiben einer negativen Verstärkung nicht bemerkt wird. Der Sprung über die Barriere nimmt dem Hund die Möglichkeit festzustellen, dass das Löschen des Lichts nicht mehr von einem Schock gefolgt wird.

Die Schwierigkeit, Vermeidungsverhalten zu extingieren, behindert die Lösung vieler klinisch-psychologischer Probleme. Der Sozialphobiker, der sich in Gegenwart anderer Menschen unwohl fühlt, wird es vermeiden, gesellige Veranstaltungen zu besuchen, und dadurch möglicher positiver Erfahrungen in sozialen Situationen beraubt. Um Vermeidungsverhalten zu verhindern, muss man daher dafür sorgen, dass die betroffenen Personen sich den Situationen aussetzen, die sie zu vermeiden trachten. Eine andere Möglichkeit, die aber meist weniger praktische Anwendbarkeit hat, ist, die aversiven Konsequenzen auch dann herzustellen, wenn das Vermeidungsverhalten gezeigt wurde. Im Beispiel des Hundeexperiments stellte der Hund das Überspringen der Barriere ein, als auch im anderen Kompartiment Schocks gegeben wurden.

gelernte Hilflosigkeit

Aversive Reize, denen man nicht entgehen kann, können jedoch zu einer „fatalistischen" Passivität führen. Diesbezügliche Befunde wurden unter der Bezeichnung *learned helplessness* bekannt. Hunde wurden bei diesen Experimenten zunächst Elektroschocks ausgesetzt. Eine Gruppe der Tiere konnte die Schocks durch Drücken eines Hebels vermeiden, während die andere Gruppe nichts tun konnte, um die Schocks zu vermeiden. Als die Hunde später die Gelegenheit bekamen, sich durch Überspringen einer Barriere in einen angrenzenden Raum zu flüchten und so den Schocks zu entgehen, so wurde diese Möglichkeit von den

Hunden schnell gelernt, die zuvor gelernt hatten, die Schocks durch Hebeldruck zu vermeiden. Die anderen Hunde hingegen, die zuvor das Auftreten der Schocks nicht verhindern konnten, lernten auch jetzt nicht, den Schocks durch den Sprung über die Barriere zu entkommen. Es schien also, als ob die Hunde gelernt hatten, dass sie die Schocks nicht beeinflussen konnten und dies nun auch auf die neue Situation übertrugen und dadurch die neue Möglichkeit, die aversiven Schocks zu vermeiden, nicht nutzen konnten.

Diese Befunde sind damit spiegelbildlich zu den oben beschriebenen Schwierigkeiten, ein zuvor verstärktes Verhalten zu unterlassen, wenn das Verhalten plötzlich kontingent mit einem aversiven Reiz bestraft wird, dessen Präsenz man zuvor als unbeeinflussbar erlebt hat.

Fragen zu Kapitel 3.6

Überprüfen Sie Ihr Wissen!

191. Beruht klassische Konditionierung auf einer S-S- oder S-R-Assoziation? Diskutieren Sie die empirischen Befunde.

192. Was ist die Rolle der Kontingenz bei der Konditionierung? Diskutieren Sie die Befunde in Abbildung 3.6.1.

193. Versuchen Sie, mit der Rescorla-Wagner-Theorie das Phänomen des *blocking* zu erklären. Stellen Sie eine Modellrechnung unter Zuhilfenahme der Formel auf.

194. Was ist *overshadowing*? Versuchen Sie auch hier, mit Hilfe einer Modellrechnung die Rescorla-Wagner-Formel anzuwenden.

195. Denken Sie nach, ob Sie schon einmal durch Bestrafung gelernt haben.

196. Welche Aspekte sollten bei der Bestrafung beachtet werden, um eine optimale Verhaltensänderung zu erzielen?

197. Beschreiben Sie das Paradigma des Vermeidungslernens.

198. Welche Probleme sind mit Lernprozessen durch negative Verstärkung verbunden? Konsultieren sie, wenn nötig, Tabelle 3.5.1.

199. Ein Jugendlicher, der häufig in der Schule Misserfolge erlebt hat, schwänzt die Schule. Was können Sie unter lernpsychologischen Aspekten unternehmen, um sein Verhalten zu ändern?

200. Beschreiben Sie das Experiment zur „gelernten Hilflosigkeit". Suchen Sie eine Situation im Alltag, in der dieselben Mechanismen wirksam sein könnten.

3.7   Lernen – Assoziation oder Kognition

3.7.1   Zielgerichtetes Lernen

Für die Begründer der Konditionierungsforschung war das Lernen, das sie im Tierversuch beobachteten, eine reine Assoziationsbildung zwischen Reizen oder zwischen Reiz und Reaktion, die keiner weiteren Erklärung durch mentale Prozesse bedurfte. Diese Sicht sollte alsbald eine besondere Pointierung erfahren.

Behaviorismus

John Broadus Watson veröffentlichte 1913 seine Schrift „Psychology as Behaviorists view it" und prägte damit den Begriff für die psychologische Schule des Behaviorismus. Die Behavioristen gingen (und gehen) davon aus, dass psychologische Forschung allein auf beobachtbarem Verhalten gründen soll. Subjektive Berichte erscheinen ihnen unzuverlässig. Mehr noch, mentalistische (auf geistige Prozesse bezogene) Begriffe sollen nicht zur Erklärung von Verhalten herangezogen werden. Die Behavioristen versuchten, auch komplexe menschliche Verhaltensweisen als Kette von S-R-Verbindungen zu erklären, ohne dabei auf intervenierende mentale Prozesse zurückzugreifen, die nicht beobachtbar sind.

Heute besteht in der Allgemeinen Psychologie ein breiter Konsens darüber, dass Forschungsdaten objektiv messbar und möglichst quantifizierbar sein sollen. Dagegen regte sich schon früh Kritik an dem behavioristischen Postulat, keine mentalen Prozesse zur Erklärung menschlichen Verhaltens zuzulassen. Während diese Auseinandersetzung zeitweise recht ideologisch geführt wurde, so gab es schon früh experimentelle Befunde zu diesem Thema.

Einer der Ersten, der versuchte nachzuweisen, dass Verhalten nicht allein durch S-R-Verbindungen erklärt werden kann, war Edward C. Tolman. Er untersuchte, wie Laborratten lernten, sich in einem Labyrinth zurechtzufinden (Tolman/Honzik 1930; Abb. 3.7.1). Dabei teilte er die Ratten in drei Gruppen auf. Die Ratten der ersten Gruppe erhielten 17 Tage lang jeden Tag Futter, wenn sie das Ziel

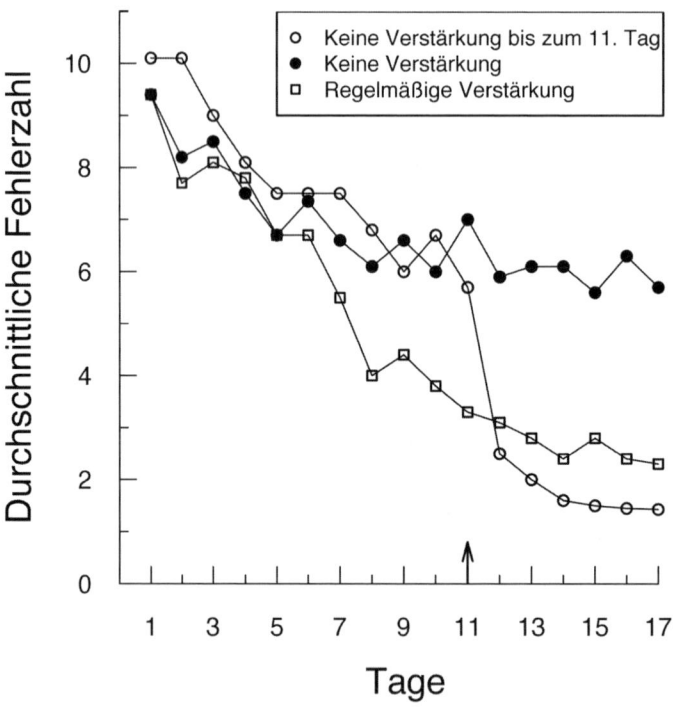

Abb. 3.7.1: Tolmans Experiment zum latenten Lernen. (nach Tolman/Honzik 1930, bearbeitet)

erreichten. Die Ratten einer zweiten Gruppe erhielten kein Futter. Im Vergleich zu dieser Kontrollgruppe lernten die mit Futter verstärkten Ratten, auf direkterem Wege den Zielarm des Labyrinths zu erreichen. Das Lernen der kontinuierlich verstärkten Ratten stand im Einklang mit einer reinen S-R-Erklärung des Verhaltens, wie sie schon Thorndike oder die Behavioristen formuliert hatten.

Entscheidend war das Verhalten der dritten Gruppe. Diese erhielt von Tag 1–10 kein Futter, wurde aber wie die anderen Ratten in das Labyrinth gesetzt und konnte es so erkunden. Bis zum 10. Tag entsprach das Verhalten dieser Gruppe dem der Kontrollgruppe, beide näherten sich nicht zielstrebig der Zielbox – es gab ja auch keinen Anreiz dazu. Von Tag 11 an erhielt die dritte Gruppe aber den Verstärker, genau wie die kontinuierlich verstärkte Gruppe. Tolman beobachtete, dass die Ratten der dritten Gruppe bereits ab Tag 12, also nach der ersten Verstärkung, genauso direkt die Verstärkerbox ansteuerten wie die ab Tag 1 verstärkte Gruppe. Diese Leistung ließ sich nur dadurch erklären, dass die ab Tag 11 verstärkten Ratten auch ohne Verstärker in den ersten 10 Tagen die Struktur des Labyrinths gelernt hatten und dieses Wissen, sobald sie damit einen Verstärker erreichen konnten, zielgerichtet einsetzten.

Tolman sprach von latentem Lernen, welches ohne Verstärker erfolgt war und durch den Verstärker erst sichtbar gemacht wurde. Nach den behavioristischen Vorstellungen dagegen wäre zu erwarten gewesen, dass das Lernen erst mit der Verstärkung beginnt und die ab Tag 11 verstärkten Ratten erst langsam das Niveau der ab Tag 1 verstärkten Ratten erreichen. **latentes Lernen**

Tolman untersuchte in weiteren Experimenten, wie die Ratten lernten, sich in Labyrinthen zu orientieren. Dazu setzte er sie in einem einfachen Labyrinth aus, das aus nur zwei sich kreuzenden Gängen bestand. Die Ratten wurden am Ende eines Ganges in das Labyrinth gesetzt und konnten dann an der Kreuzung nach links oder rechts abbiegen. In einem typischen Experiment wurde das Futter so ans Ende des zweiten Ganges platziert, dass die Ratte es, wenn sie nach rechts abbog, am Ende des Ganges fand. Hatte die Ratte gelernt, nach rechts abzubiegen, so wurde sie am anderen Ende des Startganges in das Labyrinth gesetzt, so dass sie nun nach links abbiegen musste, um das Futter zu erreichen. Ein solches erfolgreiches Vorgehen setzt aber voraus, dass die Ratte eine mentale Vorstellung von der räumlichen Beschaffenheit des Labyrinths hat (die Ratte konnte das Futter von der Kreuzung aus nicht sehen).

Tolman nannte diese Vorstellung eine kognitive Landkarte. Aus behavioristischer Sicht hingegen wird in diesem Experiment eine Assoziation zwischen dem Verhalten (nach rechts abbiegen) und dem Verstärker aufgebaut. Nach dieser Erklärung sollte die Ratte also, wenn sie am gegenüberliegenden Startplatz in das Labyrinth gesetzt wird, wiederum nach rechts abbiegen und müsste dann zunächst wieder neu lernen, dass nun das Linksabbiegen verstärkt wird. Tolmans Experimente bestätigten die Hypothese, dass Ratten über eine kognitive Landkarte verfügen. Die Ratten orientierten sich auch nach dem Wechsel des Startpunktes in Richtung auf das verstärkerbesetzte Ende des Labyrinths. Tolman folgerte aus seinen Experimenten, dass die Ratten nicht ein spezifisches Verhalten lernten. Sie erwarben Wissen, das ihnen, auch unter veränderten Bedingungen, zielgerichtetes Verhalten ermöglichte. Er nannte dies Mittel-Ziel-Bereitschaft (*means-ends-readiness*). **kognitive Landkarten**

3.7.2 Kontingenzen und Kausalzuschreibung

Wahl zwischen Verstärkungsalternativen

Bisher sind wir stets davon ausgegangen, dass nur eine Reaktion verstärkt wurde. In der Realität sehen wir uns aber häufig Situationen ausgesetzt, in denen wir uns zwischen Handlungsalternativen entscheiden müssen, die beide angenehme Konsequenzen versprechen. Während die Handlungsauswahl natürlich durch die unterschiedlichsten kognitiven Bewertungen beeinflusst werden kann, so können uns Lernexperimente mit einfacheren Organismen Einblicke in grundlegende verstärkungsabhängige Auswahlprozesse geben.

Viele Konditionierungexperimente, meist mit Ratten oder Tauben durchgeführt, haben gezeigt, dass sich das Verhalten gemäß der Verstärkerkontingenzen auf die Handlungsalternativen verteilt.

Matching law

Besteht in einem VI-Experiment die Wahl zwischen zwei (oder mehreren) Reaktionen, so entspricht deren Häufigkeit dem Verhältnis der beiden Verstärkungsraten:

$$\frac{B1}{B1 + B2} = \frac{R1}{R1 + R2}$$

(B: Verhalten; R: Verstärkungsrate)

Ein Beispiel: Eine Ratte sitzt in einem Käfig mit zwei Tasten. Das Drücken der linken Taste wird 4 mal in der Minute durch Gabe von Saft verstärkt, Drücken der rechten Taste nur 2-mal/min. Das Verhalten, das sich daraufhin einstellen wird, ist doppelt so häufiges Drücken der linken Taste.

---

optimale Verteilung

Meist sind diese Experimente mit Intervallverstärkungsplänen durchgeführt worden. Wenn ein Verhalten nur in bestimmten Abständen verstärkt wird, die Dauer des Intervalls aber variiert, so ist es rational, die Alternative häufiger zu wählen, die eine Verstärkung in kürzeren Abständen verspricht. Ein ähnliches Bild zeigt sich auch, wenn eine Handlungsalternative eine Kontingenz mit einem attraktiveren Verstärker aufweist, bei gleichen Verstärkungsintervallen. Auch in diesem Fall findet man eine höhere Reaktionshäufigkeit für die attraktivere Alternative. Es fällt auf, dass das Verhalten der Ratten und Tauben in diesen Experimenten nach einiger Zeit des Lernens recht nah an das optimale Verhalten heranreicht, welches nach Berechnung der Verstärkungswahrscheinlichkeit die meiste Verstärkung verspricht.

probability matching

Bedeutet dies, dass Ratten und Tauben Wahrscheinlichkeitsrechnung betreiben, um ihr Verhalten zu optimieren? Wahrscheinlicher ist wohl, dass die Tiere ihr Verhalten von Moment zu Moment optimieren, indem sie jeweils die Reaktion häufiger wählen, die eine höhere Verstärkungsrate aufweist. Nach dieser Strategie des „momentanen Maximierens", nähert man sich der optimalen Verteilung an, ohne explizit Verstärkungskontingenzen berechnen zu müssen. Nicht nur Tiere verhalten sich in Wahlsituationen so, dass sie ihr Verhalten gemäß der Verstärkerkontingenzen auf Handlungsalternativen aufteilen.

> Stellen Sie sich vor, Sie sitzen an einem Tisch und haben zwei Lämpchen vor sich, mit jeweils einer Taste bei jedem Lämpchen. Die Lämpchen leuchten in unregelmäßiger Reihenfolge auf. Ihre Aufgabe ist es, das Aufleuchten der Lämpchen vorherzusagen, indem Sie vorher die jeweilige Taste drücken. Überlegen Sie einmal, wie oft Sie im Durchschnitt einer größeren Zahl von Durchgängen die beiden Tasten drücken würden, wenn eine Taste in 70 % der Durchgänge, die andere Taste dementsprechend in 30 % der Durchgänge aufleuchtete.

In einem Experiment wurde genau diese Fragestellung untersucht (Friedman et al. 1964), allerdings mit Häufigkeitsverteilungen von 10–90 %. Es fand sich eine gute Übereinstimmung der Reaktionsverteilung auf die beiden Tasten mit der relativen Häufigkeit, mit der die Lampe aufleuchtete. Leuchtete die linke Lampe in 60 % der Durchgänge, so wurde die linke Taste in etwa 60 % der Durchgänge gedrückt, die rechte Taste in etwa 40 %.

Wenn Sie dies auch vermutet haben, dann denken Sie noch einmal darüber nach, ob dieses Verhalten optimal ist. Dazu können Sie die Erfolgswahrscheinlichkeit berechnen, mit der Sie das Aufleuchten der linken und der rechten Taste vorhersagen (eine genügend große Anzahl von Durchgängen vorausgesetzt). Diese beträgt 0,6 (Anzahl der linken Tastendrücke) × 0,6 (Wahrscheinlichkeit des Aufleuchtens der linken Taste) und entsprechend für die rechte Taste 0,4 × 0,4. Das ergibt $(0,6 \times 0,6) + (0,4 \times 0,4) = 0,36 + 0,16 = 0,4$. Vergleichen Sie dies einmal mit der Erfolgswahrscheinlichkeit, die Sie erhalten, wenn Sie immer die häufiger aufleuchtende Lampe (also die linke Taste) wählen: $1 \times 0,6 = 0,6$.

Die Verteilung der Reaktionen auf die beiden Tasten gemäß der relativen Häufigkeit des Aufleuchtens ist also irrational, man erzielt eine bessere Trefferrate, wenn man immer die häufiger aufleuchtende Lampe wählt. Menschliche Probanden verhalten sich damit nicht rational, sondern scheinen eher eine Strategie des momentanen Maximierens zu verfolgen.

Kontingenzlernen

Wenn wir die Wahl zwischen Handlungsalternativen haben, so neigen wir dazu, unsere Wahl damit zu begründen, dass wir von der getroffenen Wahl ein positiveres Ergebnis erwarten, als wenn wir uns anders entschieden hätten. Mit anderen Worten, wir haben eine Erwartung hinsichtlich der Kontingenzen unseres Verhaltens. Intuitiv würden die meisten von uns sich wohl gegen die Vorstellung wehren, dass das Erlernen dieser Kontingenzen nach den mechanischen Regeln der Assoziationsbildung abläuft, wie wir sie bei einer Ratte besprochen haben, die lernt, die linke Taste in ihrer Skinner-Box der rechten Taste vorzuziehen, weil erstere eine günstigere Verstärkungskontingenz aufweist. Umgekehrt hätten wir wohl Zweifel, ob die Laborratte in ihrem Käfig ähnliche Überlegungen über Ursache und Wirkung anstellt, wie wir es uns selbst zusprechen. Bei näherer Betrachtung weisen Konditionierungslernen und Kontingenzlernen jedoch große Ähnlichkeiten auf. Bei der bewussten Auswahl genau wie beim instrumentellen Konditionieren hängt das Verhalten des Probanden oder Versuchstiers eng von den kontingenten Folgen des Verhaltens ab. Ist unser rationales Wahlverhalten damit, zumindest manchmal, eine Illusion? Tun wir der Laborratte vielleicht unrecht, wenn wir ihr unterstellen, dass ihr Verhalten nicht von rationalen Ursache-Wirkungs-Analysen, sondern von simplen Kontingenzen zwischen Verhalten und Verstärkung abhängt?

Kausallernen

Menschen können durch entsprechende Zusatzinformationen dazu gebracht werden, Kovariationen zwischen Variablen als Folge verschiedener kausaler Zusammenhänge zu sehen. Waldmann und Hagmayer (2005) präsentierten ihren Probanden Werte dreier hypothetischer Hormone – Pixin, Sonin und Xanthan –, die probabilistisch miteinander kovariierten. Je nach dem durch die Rahmengeschichte suggerierten Modell beeinflusste die Menge von Pixin die von Sonin und Xanthan (gemeinsame Ursache), oder es gab eine Kausalkette von Sonin über Pixin nach Xanthan (Abb. 3.7.2). In Abhängigkeit von dem Kausalmodell bewerteten die Probanden die Auswirkungen einer Injektion von Sonin anders. Die Probanden, die davon ausgingen, dass die Konzentration von Sonin normalerweise von der Pixin-Konzentration abhing, erwarteten nicht, dass eine Sonin-Injektion die Xanthan-Konzentration erhöht. Die Injektion hatte damit die Pixin-Konzentration als Ursache für die Sonin-Erhöhung ersetzt. Diejenigen Probanden jedoch, die davon ausgingen, dass die Xanthan-Konzentration von der Pixin-Konzentration und diese wiederum von der Sonin-Konzentration abhängt, erwarteten folgerichtig, dass eine Sonin-Injektion zur Erhöhung der Xanthan-Konzentration führt.

Kommen wir zurück zu der Frage, ob auch Tiere Kausalbeziehungen herstellen. Hierbei lernten Ratten zunächst, dass auf einen Lichtreiz kontingent entweder ein Ton oder Futtergabe folgte (Blaisdell et al. 2006). Wenn in der anschließenden

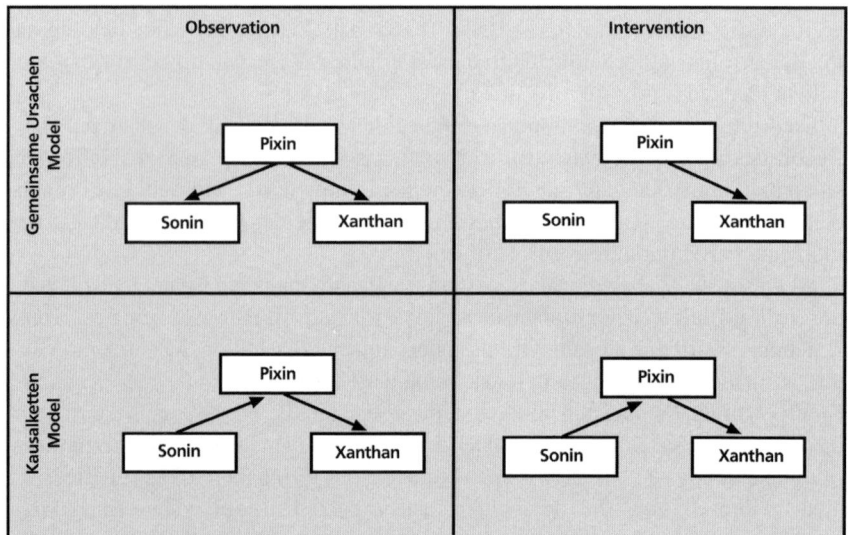

Abb. 3.7.2: Kausalmodelle zur Erklärung der Kovariation hypothetischer Hormone. In der Beobachtungsphase entwickelten die Probanden eines von zwei Kausalmodellen. In der Interventionsphase sollten sie die Auswirkung einer Sonin-Injektion auf die Konzentration von Pixin und Xanthan bewerten (nach Waldmann et al. 2006, bearbeitet).

Testphase der Ton erklang, verhielten sich die Ratten, als ob sie Futtergabe erwarteten. In einer weiteren Testphase erhielten die Ratten einen Hebel, der sich zuvor nicht in der Kammer befand. Wenn sie diesen Hebel drückten, erklang derselbe Ton wie zuvor. Die Ratten zeigten aber nicht das futteraufsuchende Verhalten, das sie zuvor gezeigt hatten, als der Ton ohne ihr Zutun erklang. Sie verhielten sich damit so, als ob sie wüssten, dass sie selbst Verursacher des Tones waren und nicht das Licht, das die Futtergabe signalisierte.

Wir haben also einerseits gesehen, dass wir Menschen uns nicht immer rational verhalten – suboptimales Verhalten beim *probability matching* – und dass sich andererseits Tiere rationaler verhalten können, als wir es ihnen vielleicht zugetraut hätten. Diese beiden Aspekte sollte man immer im Auge behalten, wenn wir scheinbar einfache Lernprozesse betrachten.

Fragen zu Kapitel 3.7

Überprüfen Sie Ihr Wissen!

201. Was spricht dafür, dass Tiere sich in Konditionierungssituationen zielgerichtet verhalten? Beschreiben Sie empirische Evidenz.
202. Haben Ratten kognitive Landkarten?
203. Beschreiben Sie das *matching law*.
204. Gilt das *matching law* auch für Ratenverstärkungspläne? Rechnen Sie ein Beispiel durch, bei dem Drücken der linken Taste jedes 5. Mal, Drücken der rechten Taste jedes 10. Mal verstärkt wird. Wie sieht die optimale Reaktionsverteilung aus?
205. Was ist *probability matching*? Beschreiben Sie den experimentellen Aufbau.
206. Was sagt *probability matching* über Mechanismen des Lernens?
207. Beschreiben Sie empirische Evidenz für Kausallernen bei der Ratte.
208. Welche Berührungspunkte gibt es zwischen Kontingenzlernen und rationaler Wahl?
209. Versuchen Sie ein Beispiel zu entwickeln, in dem scheinbar rationale Handlungsauswahl auf Kontingenzlernen zurückgeführt werden kann.
210. Versuchen Sie ein Beispiel zu entwickeln, in dem scheinbar kontingenzgesteuertes Lernen auf rationales Verhalten zurückgeführt werden kann.

4 Emotion

4.1   Emotionswahrnehmung

Emotionale Kommunikation findet sehr häufig schon statt, ohne dass Emotionen explizit angesprochen werden. Ein Gesichtsausdruck sagt häufig schon viel darüber, wie ein Gegenüber gerade fühlt, und vermag auch unsere emotionale Befindlichkeit zu verändern. Die Körperhaltung und die Art des Auftretens unserer Mitmenschen tun ihr Übriges, unsere emotionale Reaktion zu beeinflussen. Hinzu kommen Gesten, die ganz spezifische Emotionen anregen können.

nonverbale Kommunikation

Nonverbale kommunikative Emotionsäußerungen wurden von Ekman und Friesen (1969) in fünf Kategorien eingeteilt:

- Eine dieser Kategorien umfasst die *Embleme*. Embleme sind Gesten, die direkt in Worte übersetzt werden können.
  Ein Beispiel dafür ist etwa der „Stinkefinger" (aus der Faust gereckter Mittelfinger), den Stefan Effenberg den Zuschauern bei der Fußball-WM 1994 in den USA zeigte (er musste dafür die Nationalmannschaft verlassen). Während Effenbergs Geste von den deutschen und amerikanischen Zuschauern sehr wohl verstanden wurde, so sind Embleme, wie sprachliche Äußerungen, kulturabhängig und können von Land zu Land stark variieren. So führte die geschlossene Faust mit gestrecktem Daumen, die US-Präsident George H. W. Bush (der Ältere) gerne als Zeichen des Optimismus benutzte, bei einem Australien-Besuch in den 1990ern für Verwirrung. Dieses Zeichen ist dort nämlich das Äquivalent des schon genannten ominösen „Stinkefingers" (Oatley et al. 2006, 86).
- Eine zweite Kategorie sind die *Illustratoren*. Dies sind Gesten (der Hand, des Körpers; auch mimische Gesten), die unser Sprechen begleiten. Dazu gehören Handbewegungen, mit denen wir wichtige Punkte „unterstreichen", genauso wie das Heben der Augenbrauen oder ein Vorbeugen des Rumpfes.
- Zur dritten Kategorie gehören *Regulatoren:* Verhaltensweisen, mit denen wir die Konversation koordinieren, indem wir uns etwa einem Gesprächspartner zuwenden oder durch Abwenden des Blicks signalisieren, unser Gegenüber möge aufhören zu sprechen.
- *Selbst-Adaptoren* sind die vierte Kategorie von Verhaltensweisen. Dazu gehören nervöse Verhaltensweisen, die keine erkennbare Intention verfolgen, außer vielleicht dem Abbau der Nervosität.
- Zur fünften Kategorie gehören *nonverbale Emotionsausdrücke*, insbesondere des Gesichts, aber auch der Körperhaltung. Insbesondere Erstere sind recht intensiv erforscht worden.

4.1.1   Emotionaler Gesichtsausdruck

Der emotionale Gesichtsausdruck entsteht aus dem Zusammenspiel von Muskelkontraktionen, die nur z. T. willentlich beeinflusst werden können. Ärger führt zur Anspannung der Ringmuskulatur um den Mund, die von den meisten Menschen nicht willentlich herbeigeführt werden kann. Der Ausdruck von Sympathie führt zu einer Stellungsänderung der Augenbrauen, die auch meist nicht willentlich gesteuert werden kann. Das Vortäuschen einer Emotion, etwa Ärger, wird dann von willentlich steuerbaren Gesichtsbewegungen wie dem Zusammenpressen der Lippen begleitet, aber die willentlich nicht oder nur schwer steuerbaren Muskelkontraktionen wie die Kontraktion der Ringmuskulatur bleiben aus (Oatley et al. 2006). Echte von vorgetäuschten Emotionen zu unterscheiden ist oft von großer sozialer Bedeutung – so hat sich auch vereinzelt ein Beratungsangebot entwickelt, um verborgene Emotionen zu entdecken.

Einer der Ersten, der emotionale Gesichtsausdrücke systematisch untersucht **Universalität**
hat, war Charles Darwin. In seinem Buch „Expression of Emotions in Man and Animals" suchte er 1872 nach einer gemeinsamen Grundlage emotionaler Gesichtsausdrücke über Spezies hinweg. Einige Aspekte seiner Untersuchungen hatten einen bleibenden Einfluss auf die Emotionsforschung. Dazu gehören die Suche nach Gesichtsausdrücken als Indikatoren für diskrete, voneinander klar abgrenzbare Emotionen, der Einfluss einzelner Muskelkontraktionen auf den emotionalen Eindruck sowie insbesondere die Suche nach Universalien über Spezies und Kulturen hinweg.

Die Frage der Universalität emotionaler Gesichtsausdrücke wurde ab den 1960er Jahren wieder aufgegriffen (Ekman et al. 1969; Izard 1971; Tomkins 1962; 1963).
Ekman und Friesen (1971) nahmen Fotos von Gesichtern, die Ärger, Abscheu, Furcht, Freude, Trauer und Überraschung ausdrückten, und gingen damit zum Volk **transkulturelle**
der Fore – einem Stamm, der in den Wäldern Papua-Neuguineas lebte und bisher **Studien**
kaum Kontakt mit der westlichen Zivilisation hatte. Sie ließen die Stammesmitglieder jeweils ein Gesicht aus einer Auswahl aus drei Gesichtern heraussuchen, das zu einer emotionalen Geschichte, wie „Die Person war traurig, weil ihr Kind gestorben war", passte. Umgekehrt filmten sie auch die Gesichtsausdrücke der Fore, wenn diese emotionale Gesichtsausdrücke als Reaktion auf diese Geschichten zeigten. Die Fore erzielten Trefferquoten von 80–90 % bei der Auswahl der Gesichtsausdrücke der amerikanischen Probandenbilder. Umgekehrt konnten auch amerikanische Studenten viele der Fore-Emotionen bei der Betrachtung der Filme korrekt erkennen, allerdings mit Ausnahme von Furcht und Überraschung.

Kritik an diesen Untersuchungen konzentrierte sich insbesondere auf zwei Aspekte. Zum einen wurde wiederholt beobachtet, dass nicht alle Emotionen gleich
universell eingeschätzt wurden. Eine zweite Kritik betraf das Antwortformat. Die Auswahl aus vorgegebenen Antworten mag die Äußerung von Emotionen unterdrücken, die nicht in das westliche Emotionsschema passen. Weiterhin erlaubt die begrenzte Zahl von Alternativen Antworten nach dem Ausschlussverfahren (wie wohl jeder weiß, der schon einmal eine Multiple-Choice-Klausur geschrieben hat).

Diese Kritikpunkte wurden von Haidt und Keltner (1999) aufgegriffen. Sie führten eine Studie in den USA und Indien durch, bei der die Probanden die Emotionen, die sie in den Gesichtsausdrücken sahen, frei aufschrieben. Eine Analyse
der Antworten zeigte eine gute Übereinstimmung der Probanden dieser beiden Kulturen in der Zuordnung von Ärger, Abscheu, Furcht, Freude, Trauer, Überraschung und Verlegenheit.

Es gibt zahlreiche Belege, dass die sechs ursprünglich von Friesen und Ekman untersuchten emotionalen Gesichtsausdrücke für Ärger, Abscheu, Furcht, Freude, Trauer und Überraschung universell in den verschiedensten Kulturen erkannt (und

generiert) werden. Das heißt aber nicht, dass dies eine erschöpfende Liste ist. Ver-
achtung führt zu einem weiteren universell verstandenen Gesichtsausdruck
(Matsumoto/Ekman 2004), ebenso wie Heiterkeit, die mit einem Lachen einhergeht, das mit einer Kontraktion der ringförmigen Muskeln um die Augen (Mm.
obiculares oculi) einhergeht (Ruch 1993). Letztere Muskelkontraktion ist schon
von dem französischen Neurologen Duchenne als Bestandteil des „wahren"
Lächelns erkannt worden und wird daher nach ihm auch als Duchenne-Lächeln
bezeichnet. Die Liste universeller Emotionsausdrücke wird durch zukünftige Untersuchungen sicher noch erweitert werden. Der Charakter der Untersuchungen,
der Vergleiche in möglichst fremden Kulturen erfordert, erschwert den Fortschritt
auf diesem Gebiet. Zum einen werden zwar die Reisemöglichkeiten immer besser,
andererseits wird es auch immer schwerer, Menschen aufzuspüren, die noch nicht
in Kontakt mit anderen Kulturen, insbesondere der westlichen, gekommen sind.

Morphing   Fortschritte sind von der Verwendung realistischerer Gesichtsausdrücke zu nutzen. Während in den klassischen Studien meist Schauspieler Emotionen spielten,
mit den oben genannten Problemen, so sind heute die technischen Möglichkeiten
zur Erstellung von Gesichtsbildern sehr viel vielfältiger. Emotionen können durch
Morphings aus Gesichtsmodellen erstellt werden, was die genaue Quantifizierung
von Veränderungen einzelner Gesichtsmerkmale erlaubt (Abb. 4.1.1). Ein anderer
Aspekt ist, dass Emotionen besser aus kurzen Videoclips abgelesen werden können als aus statischen Bildern (Ambadar et al. 2005).

4.1.2   Aspekte der Gesichtererkennung

soziale Interaktion   Die Fähigkeit, Gesichter zu identifizieren, ist von großer sozialer Bedeutung. So
zeigen schon Kleinkinder kurz nach der Geburt eine Präferenz für die Betrachtung
von Gesichtern über sonstige Objekte (Goren et al. 1975; Johnson et al. 1991).
Kinder beginnen ebenfalls sehr früh, Gesichtsausdrücke zu imitieren. Gesichter

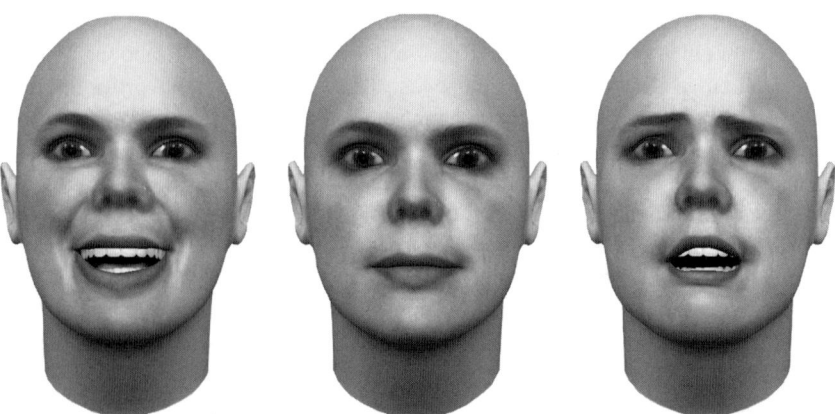

Abb. 4.1.1: Morphing eines neutralen Gesichtsausdrucks in einen fröhlichen (links)
und einen ängstlichen (rechts) Ausdruck

vermitteln uns eine Fülle unterschiedlicher Informationen. Zunächst können wir Gesichter anhand individueller Merkmale identifizieren. Davon unabhängig vermittelt uns der Gesichtsausdruck Informationen über die Stimmung des Gegenübers und kann komplementäre emotionale Veränderungen im Betrachter hervorrufen und damit die soziale Interaktion unterstützen. So führt die Betrachtung ärgerlicher Gesichter zu erhöhter Furchtkonditionierung (Kap. 4.3) im Betrachter. Dieser Effekt läuft auch ohne bewusstes Zutun ab, er ist genauso unter Präsentationsbedingungen zu beobachten, die keine bewusste Wahrnehmung zulassen (Öhman/Dimberg 1978; Esteves et al. 1994). Umgekehrt kann ein sorgenvoller Ausdruck Sympathie im Betrachter auslösen (Eisenberg et al. 1989).

Eine wichtige soziale Funktion hat auch die Blickrichtung des Gegenübers. Sie **Blickrichtung** vermittelt uns Informationen darüber, was sich zurzeit im Aufmerksamkeitsfokus des Gegenübers befindet. Es konnte gezeigt werden, dass dies zu einer gleichgerichteten Verlagerung der Aufmerksamkeit des Betrachters führt (Driver et al. 1999), sogar schon bei drei Monate alten Kindern (Hood et al. 1998). Die Blickrichtung des anderen hat außer der Funktion eines räumlichen Hinweisreizes auch eine soziale Funktion. Schaut uns unser Gegenüber direkt an, so wissen wir, dass wir selbst im Zentrum seiner Aufmerksamkeit stehen. Schaut er zur Seite, so signalisiert er uns damit, dass sich dort etwas befindet oder ereignet, das auch für uns von Bedeutung sein könnte (Abb. 4.1.2).

Frühe Hinweise darauf, dass die Gesichtererkennung eine besondere Stellung in der visuellen Wahrnehmung hat, kamen von neuropsychologischen Fallbeschreibungen von Personen mit einer Prosopagnosie (Kap. 1.2). Während bei der Prosopagnosie die Fähigkeit beeinträchtigt ist, Gesichter bekannter Personen zu identifizieren, so ist die Erkennung von Gesichtsausdrücken oft nicht beeinträchtigt. Dies war ein erster Hinweis darauf, dass die verschiedenen Aspekte der Gesichtererkennung nicht in einem neuronalen Kerngebiet verarbeitet werden, sondern auf ein Netzwerk von Hirnarealen verteilt sind.

Funktionelle Bildgebungsstudien haben mehrere Hirnareale identifiziert, die mit der Wahrnehmung von Gesichtern assoziiert sind (Kap. 1.2). Von zentraler Bedeutung sind dabei der ventrale Occipitotemporalcortex mit der *fusiform face area* (FFA) sowie der posteriore Sulcus temporalis superior. Beide Areale erhalten ihren Input zunächst von frühen visuellen Arealen, die die für die Gesichtererkennung relevanten Merkmale analysieren. Sie stehen weiterhin mit supramodalen (nicht auf die visuelle Modalität beschränkten) Arealen wie dem posterioren Parietal-

Abb. 4.1.2: Blickrichtung als räumlicher Hinweisreiz

frühe emotionale
Verarbeitung

cortex und, für die Emotionswahrnehmung besonders wichtig, der Amygdala, Insel und anderen Strukturen des limbischen Systems in Verbindung (s. Abb. 1.2.7).

Der Gesichtsausdruck vermittelt uns Informationen über den Gemütszustand der betreffenden Person. Eine magnetenzephalographische (MEG) Studie, mit der der Zeitverlauf der Hirnaktivierung sehr genau gemessen werden konnte, ergab, dass bei der Bewertung emotionaler Gesichtsausdrücke im Vergleich zu einfacher Gesichterdetektion frühe Potenzialunterschiede nach 140–170 ms gemessen wurden. Die Quelle dieses magnetischen Potenzialunterschieds wurde dem posterioren superioren Temporalcortex zugeordnet. Eine weitere Potenzialänderung wurde nach 220 ms im Gebiet der rechten Amygdala beobachtet (Streit et al. 1999). Dies ist ein Hinweis auf den Zusammenhang posteriorer, in die visuelle Gesichter-

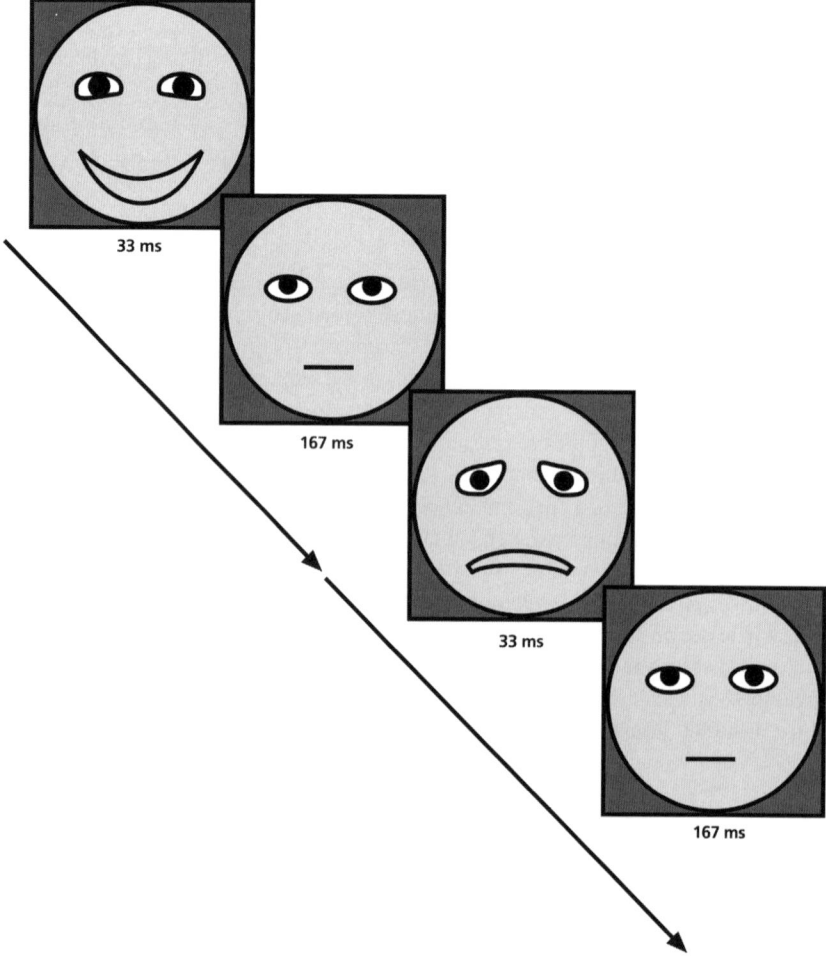

Abb. 4.1.3: Maskierte Präsentation emotionaler Gesichtsausdrücke. Bilder von fröhlichen und traurigen Gesichtern wurden durch nachfolgende neutrale Gesichter maskiert. Schematische Darstellung – im Experiment von Whalen et al. (1998b) wurden Fotos von Gesichtern verwendet.

erkennung eingebundener Hirnareale und der Amygdala bei der Wahrnehmung emotionaler Gesichtsausdrücke.

Insbesondere die Wahrnehmung von ängstlichen Gesichtsausdrücken führt konsistent zur Aktivierung der Amygdala. Die zentrale Rolle der Amygdala bei der Wahrnehmung negativer Emotionen ist insbesondere in Furchtkonditionierungsstudien gut belegt worden (ausführlicher in Kap. 4.4). Patienten mit bilateralen Amygdala-Läsionen zeigen Defizite in der Erkennung ängstlicher Gesichtsausdrücke (Adolphs et al. 1999). Die Amygdala ist darüber hinaus aber auch in einem allgemeineren Sinn in die Verarbeitung sozial bedeutsamer Emotionen eingebunden. **Amygdala**

Deutlich wird das in einer Studie von Kawashima und Kollegen (1999). Die Autoren fanden eine erhöhte Aktivierung der Amygdala, wenn die Versuchspersonen sahen, dass ihr Gegenüber (Fotos von Gesichtern) sie direkt anschauten, im Vergleich zu Bildern derselben Gesichter, die in andere Richtungen schauten. Direkter Blickkontakt signalisiert uns, dass wir im Aufmerksamkeitsfokus der anderen Person stehen. Dies mag, je nach Situation, positiv oder negativ empfunden werden – als (erwünschtes) Interesse der anderen Person oder als Bedrohung. **Blickkontakt**

Eine weitere Studie hat diese Aspekte untersucht. Gobbini und Kollegen (2004) fanden weniger Amygdala-Aktivierung bei der Betrachtung bekannter Gesichter, und dies insbesondere bei Gesichtern von Verwandten oder engen Bekannten. Dies mag widerspiegeln, dass man sich in Gegenwart guter Bekannter gelassener fühlt als in der potenziell bedrohlichen Gegenwart von Fremden. Amygdala-Aktivierung bei der Präsentation ängstlicher Gesichtsausdrücke wurde selbst dann beobachtet, wenn die ängstlichen Gesichter durch nachfolgende neutrale Gesichter maskiert wurden (Whalen et al. 1998b; Abb. 4.1.3). Die Pulsrate, ein peripheres Maß für emotionale Erregung, war bei den Probanden nicht verändert. Dies spricht dafür, dass die Maskierung effektiv die bewusste Wahrnehmung der emotionalen Gesichtsausdrücke verhindert hat. In dieser Studie wurde nicht nur eine Erhöhung der Amygdala-Aktivierung für ängstliche Gesichter, sondern auch umgekehrt eine Erniedrigung der Aktivierung für fröhliche Gesichter gefunden.

Die Rolle, die die Amygdala bei der Verarbeitung emotionaler Signale spielt, ist jedoch immer noch weitgehend unklar. Einen Hinweis auf eine mögliche Funktion ergab sich aus einer Studie (Adolphs et al. 2005) mit der Patientin S. M., die an einer bilateralen kompletten Läsion beider Amygdalae leidet. In ihrem Verhalten äußert sich das so, dass sie keine Anzeichen empfundener Furcht zeigt und in sozialen Situationen uneingeschränktes Vertrauen zeigt. Es gelingt ihr nicht, Furcht aus Gesichtsausdrücken zu lesen, obwohl ihre Erkennung anderer Emotionen, wie Freude, anhand des Gesichtsausdrucks intakt ist. Um der Ursache der eingeschränkten Erkennung ängstlicher Gesichtsausdrücke auf den Grund zu gehen, wurden ihr Bilder von Gesichtern mit ängstlichen oder fröhlichen Gesichtsausdrücken gezeigt. Diese Bilder waren jedoch so bearbeitet, dass stets nur bestimmte wechselnde Anteile des Gesichts zu erkennen waren, während das restliche Gesicht unscharf abgebildet war (Abb. 4.1.4). Die Bilder wurden so lange gezeigt, bis der Gesichtsausdruck (fröhlich oder ängstlich) mit einer Wahrscheinlichkeit von 75 % erkannt wurde.

S. M. benötigte erheblich mehr Durchgänge als gesunde Kontrollprobanden, um dieses Ziel zu erreichen. Entscheidend aber war, dass sie die Information aus der Augenregion – weit aufgerissene Augen – nicht beachtete, die für die Erken-

nung eines ängstlichen Gesichts besonders wichtig ist. Dagegen war ihre Erkennung fröhlicher Gesichter anhand der Mundregion (Lächeln) normal. Nur auf
diese Weise gelang es ihr, per Ausschluss, auch die ängstlichen Gesichter zu entdecken. Beim Betrachten unverdeckter Gesichter fixierte S. M. Nase und Mund, betrachtete aber kaum spontan die Augen. Wenn sie explizit aufgefordert wurde, die
Augen anzuschauen, konnte sie auch den ängstlichen Gesichtsausdruck erkennen.
Diese Instruktion hatte jedoch keine andauernde Wirkung, sie musste stets wieder
daran erinnert werden, die Augenregion zu betrachten. Dies mag erklären, dass
S. M. auch nach über 10 Jahren einschlägiger Experimente nicht gelernt hat, ängstliche Gesichtsausdrücke zu erkennen.

Amygdala und visueller Cortex Während diese Studie sehr spezifische Defizite im Explorationsverhalten zeigte,
so fand eine Bildgebungsstudie bei Patienten mit sklerotischen Veränderungen der
Amygdala Hinweise darauf, dass die Aktivierung höherer visueller Areale durch
ängstliche Gesichter von der Intaktheit der Amygdala abhängt (Vuilleumier et al.
2004). Aktivierung im Gyrus fusiformis war bei Präsentation ängstlicher Gesichter
erhöht. Dieser Effekt nahm aber graduell mit dem Grad der Amygdalaschädigung
ab. Weiterhin war es so, dass sklerotische Veränderungen der rechten und linken
Amygdala mit Abnahmen der emotionsinduzierten Aktivierung des Gyrus fusiformis der jeweils gleichen Seite einherging. Der Gyrus fusiformis war nicht das
einzige Areal, das einen solchen Zusammenhang zeigte (weitere Areale befanden
sich im Temporal- und Parietallappen) – aber es war das früheste Areal in der visu-

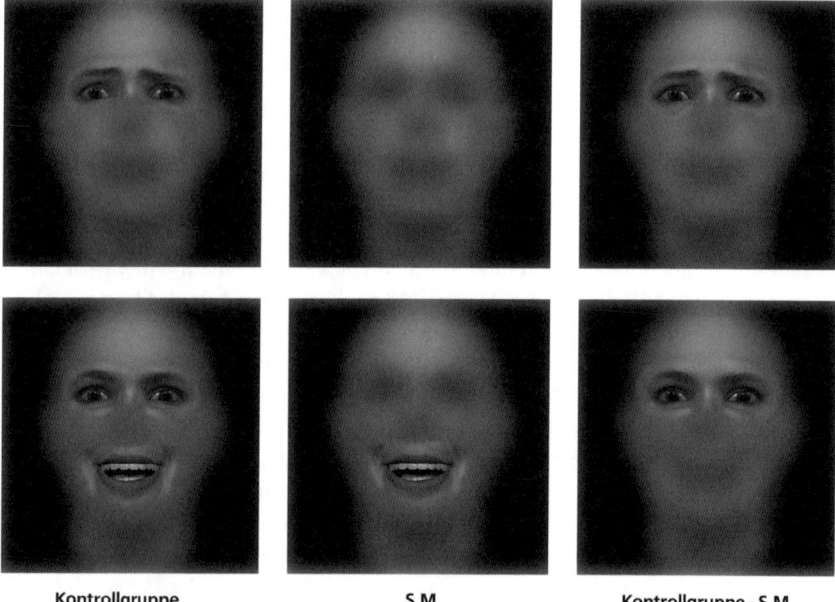

Kontrollgruppe   S.M.   Kontrollgruppe - S.M.

Abb. 4.1.4: Visualisierung der Informationsaufnahme einer Patientin mit bilateraler
Amygdala-Läsion (Mitte) im Vergleich zu hirngesunden Kontrollprobanden (links).
Rechts: Differenzbild der Kontrollgruppe – der Patientin. Obere Zeile: Erkennen von
Furcht. Untere Zeile: Erkennen von Freude (nach Adolphs et al. 2005, schematische
Darstellung, eigene Bilder)

ellen Verarbeitungskette, das einen solchen emotionalen Aktivierungseffekt zeigte, der von der Intaktheit der Amygdala abhängig war. Damit wurde gezeigt, dass die visuelle Verarbeitung durch die Amygdala moduliert werden kann. Die genaue Funktion dieser Modulation bleibt noch zu untersuchen (s. a. Kap. 4.2).

Die Wahrnehmung von Gesichtern, die Ekel ausdrücken, führt zu erhöhter **Insel** Aktivierung in der anterioren Inselrinde (Phillips et al. 1997; 1998; 2004). Dieses Gebiet ist auch in die Wahrnehmung von Gerüchen und viszeralen Empfindungen eingebunden. Die Inselaktivierung bei der Wahrnehmung ekelausdrückender Gesichter mag daher etwas mit der Rolle zu tun haben, die diese Empfindung bei der Zurückweisung verdorbener Speisen zu tun hat. Diese Erklärung ist zurzeit allerdings noch spekulativ.

Neurone, die auf Gesichter reagieren, wurden auch in einem weiteren für die **Orbitofrontalcortex** emotionale Verarbeitung wichtigen Hirngebiet gefunden, dem Orbitofrontalcortex (Thorpe et al. 1983). Der Orbitofrontalcortex spielt eine bedeutende Rolle in der Bewertung von Belohnungserwartungen (s. Kap. 4.3). Läsionen in diesem Gebiet führen bei Patienten zu Einschränkungen in der Erkennung emotionaler Gesichtsausdrücke (Hornak et al. 1996).

Können emotional bedeutsame Reize verarbeitet werden, ohne dass sie bewusst **unbewusste** wahrgenommen werden? Diese Frage wurde von Morris und Mitarbeitern (2001) **Wahrnehmung** an einem *blindsight*-Patienten untersucht. Der Patient litt an einer Hemianopsie, konnte jedoch grob die Position von Reizen anzeigen, wenn er aufgefordert wurde, diese zu erraten. Er beteuerte dabei jedoch, die Reize nicht zu sehen. Dem Patienten wurden nun fröhliche, ängstliche und emotional neutrale Gesichter gezeigt, einmal in seiner intakten Gesichtsfeldhälfte und zum anderen innerhalb seines Skotoms. Mit Hilfe von fMRT wurde gemessen, inwieweit der emotionale Gesichtsausdruck sich in differenzieller Hirnaktivierung niederschlug. Präsentation im intakten Halbfeld führte zu keiner differenziellen Aktivierung visueller Areale. Umgekehrt wurde nach Präsentation der Gesichter innerhalb der Grenzen des Skotoms zwar wie erwartet keine visuelle Aktivierung beobachtet, es kam aber zu einer Aktivierung beider Amygdalae, die für ängstliche Gesichter stärker ausgeprägt war als für fröhliche Gesichter.

Dieser Befund wirft die Frage auf, wie der Amygdala die Präsentation eines ängstlichen oder fröhlichen Gesichtsausdrucks signalisiert wird, wo doch die Sehbahn durch eine Läsion im Bereich des linken Occipitallappens unterbrochen ist. Als alternative Bahn wird seit langem die Faserverbindung über den Colliculus superior und den Thalamus zur Amygdala diskutiert. Tatsächlich fanden Morris und Kollegen eine Kovariation zwischen der Aktivierung der Amygdala und diesen Strukturen.

Diese Ergebnisse sprechen also dafür, dass emotionale Gesichtsausdrücke über die colliculäre Bahn vermittelt werden können (s. Abb. 1.3.1). Dabei ist natürlich zu bedenken, dass die Ergebnisse einer solchen Einzelfallstudie immer die Frage nach der Verallgemeinerbarkeit der Ergebnisse aufwerfen. Außerdem ist nur schwer einzuschätzen, ob es nicht doch noch winzige „Inseln" erhaltener Wahrnehmungsleistungen im geniculostriären Pfad gibt (Fendrich et al. 1992; 2001). Wir werden aber in Kapitel 4.3 sehen, dass bei einem ähnlichen Patienten desgleichen Hinweise darauf gefunden wurden, dass auch Furchtkonditionierung über subcorticale Bahnen erfolgen kann.

4.1.3 Emotionaler Ausdruck in Körperhaltungen

Während man am Gesichtsausdruck Emotionen erkennen kann, so zeigen uns Gesten oder Körperhaltungen, wie das Gegenüber mit diesen Emotionen umgeht. Ein ängstlicher Gesichtsausdruck kann als Hinweis auf eine Gefahr dienen, aber erst die Körperhaltung oder Bewegung zeigt, wie die Person auf die Gefahr reagiert, etwa durch Flucht oder dadurch, dass sie schützend die Hände vor das Gesicht hält. Diese Zusammenhänge zu erkennen bietet evolutionäre Vorteile, die dazu geführt haben können, dass wir gut darin sind, die Körperhaltung anderer emotional zu interpretieren.

Es gibt Hinweise darauf, dass es, ähnlich wie für die Gesichtswahrnehmung, spezialisierte Neurone für die Wahrnehmung biologischer Körper gibt. Im lateralen Occipitalcortex wurde ein Areal gefunden (*extrastriate body area*, EBA; s. Abb. 1.2.6), in dem die Präsentation von Körpern (mit nicht sichtbaren Gesichtern) eine starke Aktivität hervorrief, während die Präsentation von Gesichtern nur geringe Aktivierung generierte. Die Wahrnehmung von Gesichtern führt im Zeitverlauf zu ähnlich frühen elektrischen Potenzialänderungen wie die Gesichtswahrnehmung. Beide führen zu negativen Potenzialänderungen nach etwa 170 ms nach Reizpräsentation (N170). Allerdings ist die N170 für Körper von geringerer Amplitude als bei Gesichtern. Diese relativ frühe Potenzialänderung könnte bedeuten, dass die Verarbeitung von Gesichtern und Körpern relativ automatisch ohne Top-down-Kontrolle geschieht.

Gesichts- und Körperwahrnehmung

Weiterhin stellt sich die Frage, inwieweit sich die Wahrnehmung von Gesichtern und Körperhaltungen gegenseitig beeinflussen. In einer EKP-Studie wurden Bilder von Personen in charakteristischen Körperhaltungen gezeigt (Drohgebärde; Zurückschrecken). Die Figuren hatten entweder „passende" Gesichtsausdrücke, oder die Gesichtsausdrücke wurden getauscht. Der Vergleich der kongruenten und inkongruenten Figuren ergab für die letzteren höhere Fehlerraten und verlängerte Reaktionszeiten. In den inkongruenten Durchgängen war weiterhin eine erhöhte P1-Komponente (positive Potenzialänderung ~ 100 ms nach Reizpräsentation) im EEG. Diese Potenzialänderung zeigt, dass unser Gehirn schon innerhalb der kurzen Zeitspanne von 100 ms auf emotionale Aspekte des Gesichtsausdrucks und der Körperhaltung reagiert.

emotionale „Ansteckung"

Die Wahrnehmung einer Emotion, die sich in der Körperhaltung oder dem Gesichtsausdruck einer anderen Person widerspiegelt, kann ansteckend wirken und im Betrachter dieselbe Emotion auslösen. Bei der Betrachtung emotionaler Körpersprache findet man auch Aktivierungen in emotionsrelevanten Arealen wie der Amygdala und dem Orbitofrontalcortex. Weiterhin wurden auch Aktivierungen in motorischen Arealen berichtet, die emotionalen Handlungen zugrunde liegen könnten, die durch die Wahrnehmung von Emotionen bei anderen ausgelöst werden. Hier gilt es aber noch, den Nachweis zu führen, dass diese Aktivierungen eine ursächliche Rolle für diese Handlungen spielen.

emotionale Bewegungsmuster

Viele Körperhaltungen mit emotionaler Bedeutung sind „Standbilder" von Bewegungen (z.B. Flucht, Angriff, Zusammenkauern etc.). In die Wahrnehmung dieser Bilder sind denn auch Hirnareale eingebunden, etwa im posterioren Anteil des Sulcus temporalis superior, die die Analyse biologischer Bewegungen unterstützen (s. Kap. 1.3).

Zusammenfassend lässt sich sagen, dass in die Wahrnehmung emotional bedeutsamer Reize ein komplexes Netzwerk von Hirnarealen involviert ist. Dabei wurde in den letzten Jahren gerade für die Erkennung von Gesichtsausdrücken einiges über die spezifische Funktion einzelner Gehirnareale und ihre Kooperation untereinander in Erfahrung gebracht. So ist deutlich geworden, dass der posteriore Sulcus temporalis superior von besonderer Bedeutung für die Wahrnehmung veränderlicher Gesichtsmerkmale, also auch der emotionalen Gesichtsausdrücke, ist. Weiterhin wurde gezeigt, dass Funktionsstörungen der Amygdala sich auch auf das Aktivierungsniveau visueller Areale wie der FFA auswirken. Schließlich wurde auch gezeigt, dass zumindest rudimentäre emotionale Signale auch über subcorticale Bahnen vermittelt werden können. Von besonderem Interesse ist natürlich, wie die Emotionswahrnehmung unsere Aufmerksamkeit beeinflusst. Darum soll es im nächsten Kapitel gehen.

Fragen zu Kapitel 4.1

Überprüfen Sie Ihr Wissen!

211. Was ist der Unterschied zwischen Illustratoren und Regulatoren?
212. Was war der Beitrag Darwins zur Wahrnehmung emotionaler Gesichtsausdrücke?
213. Sind emotionale Gesichtsausdrücke transkulturell verständlich? Was muss man bei entsprechenden Untersuchungen beachten?
214. Was ist das Duchenne-Lächeln?
215. Welche emotionalen und neuronalen Konsequenzen hat der Blickkontakt? Wodurch werden diese Konsequenzen beeinflusst?
216. Welche Folgen hat eine Dysfunktion der Amygdala für die emotionale Wahrnehmung?
217. Wie beeinflusst die Amygdala visuelle Areale der Gesichtererkennung? Nennen Sie ein Beispiel.
218. Wie lange dauert es etwa, bis emotionale Signale zu einer messbaren Veränderung von Hirnströmen führen?
219. Über welche Bahn können emotionale visuelle Signale weitergeleitet werden, wenn der visuelle Cortex zerstört ist?
220. In welchen Hirnarealen führen emotionale Gesichtsausdrücke und Körperhaltungen zu gemeinsamen Aktivierungen? In welchen Arealen unterscheiden sie sich?

4.2   Emotion und Aufmerksamkeit

Ein lauter Knall lässt uns aufschrecken und nach der Ursache suchen. Wir sind auch gut darin, Bewegungen in der Peripherie des Gesichtsfeldes zu entdecken. Das war unseren Vorfahren sicherlich nützlich, um den Blick zu wenden und mögliche Fressfeinde schnell zu erkennen. Diese Beispiele zeigen schon, dass Emotion und Aufmerksamkeit oft miteinander verknüpft sind. Die Mechanismen und Hirnareale, die das Zusammenwirken der beiden bewerkstelligen, sollen in diesem Kapitel untersucht werden.

4.2.1   Salienz emotionaler Reize

Wir benötigen Aufmerksamkeit, um aus dem Überangebot von Umweltreizen die relevanten Informationen für unser aktuelles Handeln zu entnehmen. Aufmerksamkeit kann dabei von Merkmalen der Umwelt, wie etwa auffälligen Reizen (lauter Knall, heller Blitz), angezogen werden oder aber auch endogen auf ein bestimmtes Ziel hin ausgerichtet werden.

Ein Paradigma, mit dem die Salienz (Auffälligkeit) von Reizen untersucht werden kann, ist die visuelle Suche (s. a. Kap. 1.1). Besonders saliente Reize zeichnen sich dadurch aus, dass sie nicht nur schnell erkannt werden, sondern dass ihre Entdeckungslatenz auch nicht davon abhängt, wie viele Ablenkerreize präsentiert werden. Man spricht dann von einem Pop-out-Effekt – die Bilder scheinen „ins Auge zu springen".

Das Paradigma der visuellen Suche ist auch zur Untersuchung der Salienz emotionaler Reize herangezogen worden. Bilder von Schlangen oder Spinnen wurden zusammen mit Bildern von Blumen oder Pilzen in Suchdisplays gezeigt. Es zeigte sich, dass die Schlangen oder Spinnen schneller entdeckt wurden als Blumen oder Pilze (Öhman et al. 2001). Die furchtrelevanten Bilder von Schlangen oder Spinnen zeigten dabei, im Gegensatz zu den nicht furchtrelevanten Bildern, einen Pop-out-Effekt. Probanden, die eine hohe Ängstlichkeit vor Schlangen oder Spinnen aufwiesen, erkannten Bilder der jeweiligen Kategorie noch schneller. Aber auch bei diesen Probanden verhielt sich die Entdeckung der jeweils nicht spezifisch gefürchteten Kategorie wie bei nicht ängstlichen Probanden – sie erfolgte schnel-

Abb. 4.2.1: Ein Suchdisplay mit negativ-emotionalem Gesicht als Zielreiz und neutralen Gesichtern als Ablenkern (nach Eastwood et al. 2001, bearbeitet)

ler als die Entdeckung furchtirrelevanter Reize. Dieses Ergebnismuster wurde dahingehend interpretiert, dass die Geschwindigkeit der Reizentdeckung einerseits durch spezifische Ängstlichkeit beschleunigt werden kann. Andererseits ist aber auch ohne diese Ängstlichkeit die Bildererkennung von evolutionär mit bedrohlichen Situationen assoziierten Kategorien (s. a. Kap. 4.3) gegenüber furchtirrelevanten Reizen beschleunigt.

In ähnlicher Weise werden ängstliche Gesichter schneller entdeckt als Gesichter mit fröhlichem Gesichtsausdruck, wobei dies nicht durch Unterschiede in einzelnen visuellen Merkmalen begründet ist. Schematische Gesichter mit positivem oder negativem Gesichtsausdruck (Abb. 4.2.1) mussten in Displays mit neutralen Gesichtern gefunden werden. Die Unterschiede in der Erkennungslatenz von emotionalen und nichtemotionalen Gesichtsausdrücken verschwanden, wenn die Gesichter kopfstehend präsentiert wurden (Eastwood et al. 2001; in diesem Fall leidet auch die Erkennbarkeit der Gesichter deutlich). Es handelte sich nicht um eine Pop-out-Suche – die Suchzeiten zeigten sowohl für positive wie negative Gesichter mit der Displaygröße ansteigende Suchzeiten, die erkennen ließen, dass die Probanden nur Teile des Displays simultan verarbeiten konnten (s. Kap. 1.1). Die flacheren Suchkurven für negativ-emotionale Gesichter zeigten aber, dass diese außerhalb des Aufmerksamkeitsfokus besser wahrgenommen werden als Gesichter mit positivem Gesichtsausdruck und die Aufmerksamkeit effizienter auf sich ziehen können (s. a. Calvo / Lang 2005).

Suche nach Gesichtern

In einem Experiment von Phelps und Kollegen (2006) hatten die Probanden die Aufgabe, die Ausrichtung von Streifenmustern zu beurteilen. Der Kontrast der Streifenmuster wurde dabei variiert, um die Schwelle zu bestimmen, bei der die Ausrichtung gerade noch zu erkennen war. Die Autoren wollten nun wissen, ob emotionale Gesichtsausdrücke sich auf diese basale Sehleistung auswirkten. Zu diesem Zweck wurden neutrale oder ängstliche Gesichter für kurze Zeit vor der Präsentation der Streifenmuster gezeigt.

Emotion beeinflusst Wahrnehmungs-schwelle

Es zeigte sich, dass die Schwelle erniedrigt war, wenn vor den Mustern ein ängstliches Gesicht gezeigt wurde. Dies ist ein deutlicher Hinweis darauf, dass die bessere Entdeckung emotionaler Reize, wie sie etwa in den berichteten visuellen Suchaufgaben gefunden wurde, nicht nur auf höheren visuellen Prozessen, etwa auf der Ebene holistischer Gesichtererkennung, beruht. Emotionale Stimuli beeinflussen die Wahrnehmung bis hinunter in die basale visuelle Wahrnehmung, hier die Orientierungsdiskrimination. Dass die verbesserte basale Wahrnehmung tatsächlich durch die holistische Wahrnehmung der emotionalen Gesichtsausdrücke und nicht durch irgendwelche lokalen Merkmale der Gesichter hervorgerufen wurde, das wurde in einer Kontrollbedingung bestätigt. Bei dieser wurden die Gesichter kopfstehend präsentiert, wodurch der globale Gesichtseindruck verlorengeht. Kopfstehende ängstliche und neutrale Gesichter riefen keine Unterschiede in der Musterdiskrimination hervor.

Weiterhin untersuchten Phelps und Kollegen, ob der Einfluss ängstlicher Gesichter einfach dadurch zu erklären war, dass sie die räumliche Aufmerksamkeit der Betrachter auf sich zogen und damit die anschließende Erkennung der Streifenmuster begünstigten. Hierzu verglichen sie die Präsentation eines einzelnen Gesichts am Ort des nachfolgenden Zielmusters mit der gleichzeitigen Präsentation von 4 Gesichtern an allen 4 möglichen Orten. Es zeigte sich, dass räumliche Aufmerksamkeitsausrichtung und emotionale Verarbeitung additive Effekte hatten. Einzelne ängstliche Gesichter führten zu der stärksten Schwellenabsenkung, aber auch einzelne neutrale Gesichter und 4 ängstliche Gesichter verbesserten die Wahrnehmungsleistung gegenüber der Präsentation von 4 neutralen Gesichtern.

Ängstliche Gesichter verursachen also eine Verbesserung basaler Sehleistungen, die nicht durch räumliche Aufmerksamkeit oder zufällige Übereinstimmungen auf Merkmalsebene erklärt werden kann. Sie bedarf der holistischen Wahrnehmung des Gesichtsausdrucks.

disengagement   Ein zentrales Paradigma der Aufmerksamkeitsforschung ist das räumliche Hinweisreiz-Paradigma (Posner/Cohen 1984), bei dem Hinweisreize den Ort einer nachfolgenden Zielreizpräsentation anzeigen (s. Kap. 2.1). Die Hinweise sind dabei nicht immer valide, sie zeigen in einem bestimmten Prozentsatz der Versuchsdurchgänge auch falsche Positionen an. Diese Manipulation erlaubt nicht nur Rückschlüsse darauf, inwieweit ein Hinweisreiz zu einer Verlagerung von Aufmerksamkeit an den Ort des Hinweisreizes führt, sondern auch, wie lange es dauert, sich von invaliden Hinweisreizen zu lösen und einen Zielreiz zu entdecken, der an einem anderen Ort präsentiert wird. Die Fazilitation der Zielreizentdeckung war nach emotional positiv- oder negativ-valenten Hinweisreizen nicht größer als nach neutralen Hinweisreizen. Dagegen war die Loslösung der Aufmerksamkeit (auch *disengagement* genannt) bei emotionalen Hinweisreizen verlangsamt (Fox et al. 2001; 2002) – ein Effekt, der bei hochängstlichen Probanden verstärkt ist (Fox et al. 2001; Georgiou et al. 2005).

Eine weitere Besonderheit ängstlicher Gesichtsausdrücke als Aufmerksamkeits-Cues war ein verringerter *inhibition-of-return*-Effekt. Wie in Kapitel 2.1 beschrieben, wird eine Fazilitation der Zielreizentdeckung durch einen peripheren (emotional neutralen) Hinweisreiz nur vorübergehend beobachtet, gefolgt von einer Inhibition. Diese Inhibition wurde nicht oder weit schwächer ausgeprägt beobachtet, wenn ängstliche Gesichter als Hinweisreize eingesetzt wurden (Fox et al. 2002).

neuronale Korrelate   Als neuronales Korrelat dieser Verhaltenseffekte wurde in einer räumlichen Cueing-Aufgabe eine additive Aktivierung visueller Areale im ventralen Occipitotemporalcortex bei der Präsentation furchtrelevanter Gesichter gefunden (Vuilleumier et al. 2001; Abb. 4.2.2). Die Aufgabe bestand darin, entweder Gesichter oder Häuser zu betrachten. Aufmerksamkeitsausrichtung auf diese Kategorien (über einen räumlichen Cue) führte zu erhöhter Aktivierung in spezifischen visuellen Arealen, der *fusiform face area* (FFA) und der *parahippocampal place area* (PPA; s. Abb. 1.2.6). Die Variation des Gesichtsausdrucks ergab eine zusätzliche Aktivierung der FFA für ängstliche im Vergleich zu neutralen Gesichtern, die unabhängig von der Aufmerksamkeitsausrichtung auf Gesichter oder Häuser auftrat. Die Autoren interpretierten ihre Ergebnisse dahingehend, dass ängstliche Gesichter unabhängig von anderen Aufmerksamkeitsprozessen, wie räumliche oder objektgebundene Aufmerksamkeitsausrichtung, Prozesse in Gang setzen können, die ihre Erkennung erleichtern.

Diese Erleichterung durch emotionale Gesichtsausdrücke wurde auch bei Patienten gefunden, die an einem räumlichen Neglect (s. Kap. 1.3) nach rechtsparietaler Hirnschädigung litten. Das war ein Hinweis darauf, dass emotionale Aufmerksamkeitsausrichtung nicht auf die geschädigten parietalen Strukturen zurückgreift, die die Beeinträchtigung der räumlichen Aufmerksamkeit bei diesen Patienten verursacht hat (Vuilleumier / Schwartz 2001). Hieraus kann aber sicher nicht geschlossen werden, dass die emotionalen Selektionseffekte völlig unabhängig vom Aufmerksamkeitsnetzwerk sind. Zum einen ist bei Neglect i. d. R. primär der ventrale Anteil des Aufmerksamkeitsnetzwerks betroffen, zum anderen wurde bei gesunden Probanden eine Aktivierung dorsaler Strukturen des Aufmerksamkeitsnetzwerks gefunden (Armony / Dolan 2002)

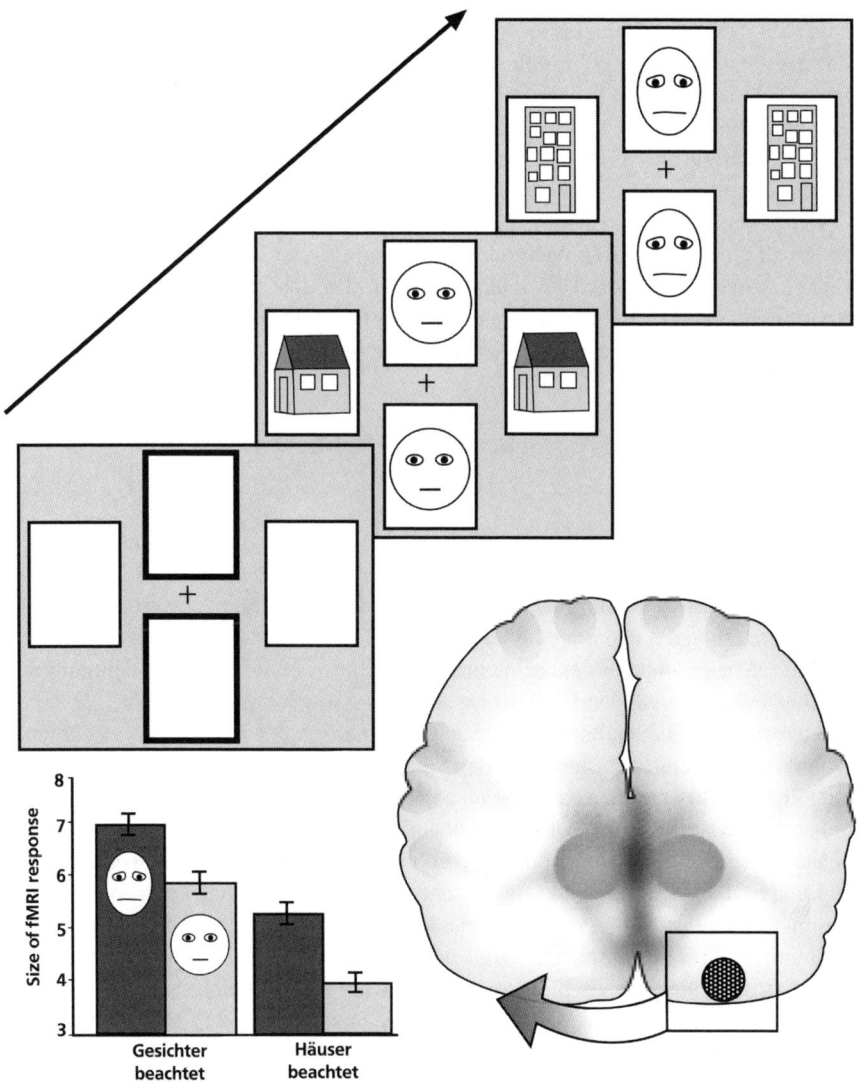

Abb. 4.2.2: Additive Effekte räumlicher Aufmerksamkeit und emotionaler Verarbeitung in der FFA und PPA (nach Vuilleumier et al. 2001, bearbeitet)

Zeitverlauf der Selektion

Das Zusammenwirken attentionaler und emotionaler Selektion wurde auch anhand ereigniskorrelierter Potenziale untersucht. Der Vorzug dieser Methode ist die hohe Zeitauflösung. In einem Experiment wurden positiv- und negativ-valente emotional erregende sowie neutrale Bilder aus dem IAPS gezeigt (Schupp et al. 2007). Die Aufmerksamkeit wurde per Instruktion entweder auf die positiven, negativen oder neutralen Bilder gelenkt, indem diese gezählt werden sollten. Der Effekt selektiver Aufmerksamkeit, im Vergleich zu passiver Betrachtung derselben Reize, war 200-350ms nach Reizpräsentation additiv mit dem Effekt der emotionalen Stimulation. Selektive Aufmerksamkeit und emotionale Erregung führten beide zu einer stärkeren Negativierung. Erst in einem späteren Zeitfenster, nach etwa 400–600 ms, interagierten Aufmerksamkeit und Emotion, indem eine weit stärkere Positivierung (P3) durch Aufmerksamkeitszuweisung zu emotional erregenden als zu neutralen Reizen hervorgerufen wurde. Die Ergebnisse legen nahe, dass emotionale Erregung und selektive Aufmerksamkeit in relativ frühen Phasen der Verarbeitung ähnliche Prozesse beeinflussen, etwa die Filterung des Reizangebots, während sie sich in späteren Prozessen unterscheiden.

Wir haben nun gesehen, dass emotionale Reize und selektive Aufmerksamkeit additive Effekte auf basale Wahrnehmungsleistungen und Aktivierungsniveaus in visuellen Arealen wie der FFA und PPA haben. Daraus ergibt sich die Frage, ob emotionale und attentionale Prozesse auf die gleichen limitierten Ressourcen zurückgreifen oder ob sie über getrennte Ressourcen verfügen.

4.2.2 Emotion und Aufmerksamkeit - Konkurrenz um limitierte Ressourcen?

Wirken emotionale Reize also einfach wie – vielleicht besonders effektive – Aufmerksamkeitsreize oder stoßen sie besondere emotionale Verarbeitungsprozesse an, die dann die Fazilitation der Reizverarbeitung erklären? Der fazilitierten, schnelleren, langanhaltenderen oder besseren Reaktion ist dies zunächst nicht anzusehen. Mit geschickten experimentellen Designs können jedoch Bedingungen geschaffen werden, in denen Aufmerksamkeitsressourcen durch eine Aufgabe gebunden werden, um dann die Verarbeitung emotionaler Reize zu beobachten. Wenn diese unbeeinträchtigt bleibt, spräche dies dafür, dass emotionale Verarbeitung nicht auf attentionale Ressourcen angewiesen ist.

In einem Experiment wurden die Probanden aufgefordert, zwei Linien hinsichtlich ihrer Ausrichtung miteinander zu vergleichen (Pessoa et al. 2002). Diese Reize wurden peripher jeweils links und rechts vom Fixationspunkt präsentiert und waren so klein, dass die Probanden die Aufgabe nur dann erfolgreich bearbeiten konnten, wenn sie die Mitte des Bildschirms fixierten. Bei seitlichen Blickbewegungen konnte der jeweils blickabgewandte Reiz nämlich nicht mehr gut genug aufgelöst werden. In der Mitte des Bildschirms, also im fovealen Sehfeld, wurden gleichzeitig Gesichter gezeigt. Die Idee dieser Anordnung war die, dass die Orientierungsaufgabe so viel Aufmerksamkeitsressourcen benötigen würde, dass für die Gesichtererkennung kaum noch Ressourcen übrig blieben. Dies sollte sich dann im Ausbleiben einer differenziellen Aktivierung der Amygdala durch den emotionalen Gesichtsausdruck widerspiegeln. Die Autoren fanden ihre Hypothese bestätigt. Während ängstliche Gesichter zu der erwarteten stärkeren Amygdala-Aktivierung führten, wenn die Probanden allein die Gesichter beachten konnten, so wurde keine Amygdala-Aktivierung gefunden, wenn die anspruchsvolle Vergleichsaufgabe durchgeführt wurde. Dabei waren die Stimuli immer dieselben, und die foveale Präsentation der Gesichter stellte sicher, dass es nicht zu Problemen in der basalen visuellen Wahrnehmung kam, die eine Erkennung der Gesichtsausdrücke verhindern könnten.

Dieser Befund spricht zunächst dafür, dass für die Verarbeitung eines emotionalen Gesichtsausdrucks ein Minimum an attentionalen Ressourcen nötig ist. Bevor wir diese Schlussfolgerung übernehmen, sollten wir uns zunächst einmal eine weitere Studie anschauen, die dafür spricht, dass zumindest bestimmte emotionale Reize auch dann verarbeitet werden, wenn die Aufmerksamkeitsressourcen durch eine anspruchsvolle Aufgabe gebunden sind.

Die Detektion eines Zielreizes (T1) führt zu einer vorübergehenden Einschränkung der bewussten Wahrnehmung nachfolgender Reize (T2 …) in einem Zeitfenster von ca. 200–500 ms. Dieses Phänomen wird *attentional blink* genannt. **attentional blink**

Der *attentional blink* wurde mit emotional neutralen und negativ-valenten Wörtern als T2 untersucht (Anderson 2005). Die negativ-valenten Wörter waren noch einmal unterschieden in solche mit geringer oder hoher assoziierter Erregung. Nur die emotional erregenden negativ-valenten Wörter durchbrachen eher den *attentional blink* (Lidschlag der Aufmerksamkeit) als neutrale Wörter (Abb. 4.2.3). Die

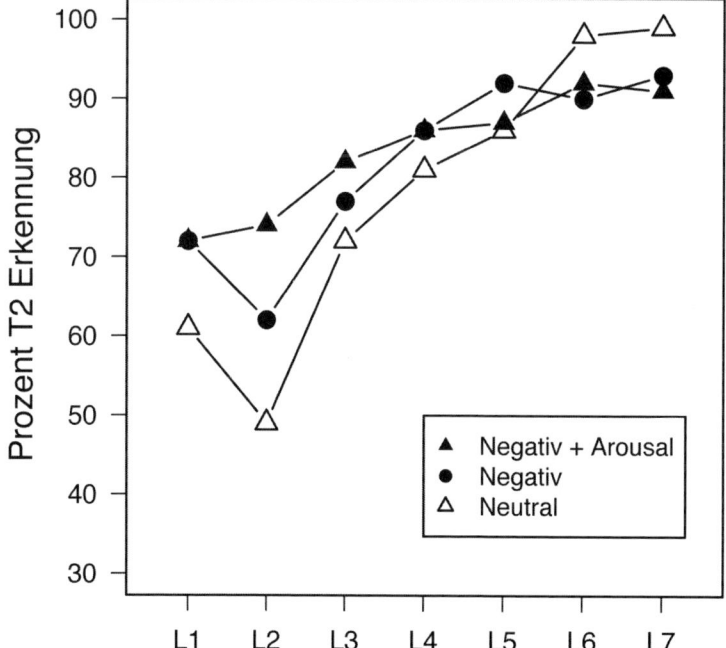

Abb. 4.2.3: Emotional erregende negative Wörter durchbrechen den *attentional blink* (nach Anderson 2005)

Mechanismen, die zum *attentional blink* führen, sind umstritten (Olivers et al. 2007). Das Durchbrechen des *blink* durch die emotionalen Tabuwörter zeigt aber auf jeden Fall, dass sie einen Verarbeitungsweg nutzen können, der nicht so sehr auf Aufmerksamkeitsressourcen angewiesen ist (nach der traditionellen Erklärung) oder nicht so leicht zu inhibieren ist. Dabei kommt es auf die emotionale Erregung an, nicht auf die Valenz der Reize. Das könnte auch erklären, warum die ängstlichen Gesichtsausdrücke in der Studie von Pessoa und Kollegen (2002) bei der attentional fordernden Aufgabe keine Amygdala-Aktivierung ausgelöst hatten. Danach wäre nicht so sehr die Valenz, sondern die Erregung, die durch einen emotionalen Reiz ausgelöst wird, der bestimmende Faktor für die Wahrnehmung eines emotionalen Reizes, wenn die Aufmerksamkeit anderweitig gebunden ist.

emotionaler Stroop   Die letzten beiden Studien sind Beispiele für die Extremsituation, dass unsere Aufmerksamkeit vollständig mit einer Aufgabe ausgelastet ist. Dagegen gibt es wohl weit häufiger Situationen, in denen Prozesse um verfügbare Ressourcen konkurrieren. Eine solche Situation wurde mit dem emotionalen Stroop-Paradigma geschaffen. Der Stroop-Effekt bezeichnet ursprünglich (s. Kap. 2.2) einen nichtemotionalen Interferenzeffekt. Dieser entsteht, wenn bei farbig gedruckten Wörtern die Druckfarbe benannt werden soll, diese aber nicht mit der Wortbedeutung übereinstimmt (z. B. das Wort Gelb in der Farbe Blau geschrieben). Die Verlangsamung der Farbbenennung, die bei diesen Wörtern gegenüber neutralen Wörtern entsteht, wird darauf zurückgeführt, dass das Lesen so weit automatisiert ist, dass es nicht ausgeschaltet oder unterdrückt werden kann – auch wenn die Aufgabe, wie bei der Farbbenennung, gar kein Lesen verlangt und sogar ohne Lesen ein-

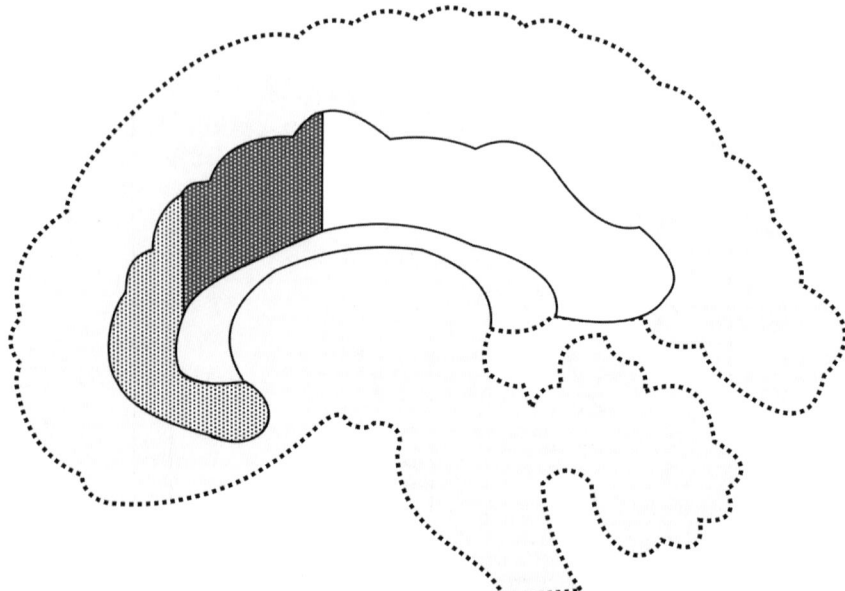

Abb. 4.2.4: Übersicht über „emotionale" und „kognitive" Aktivierungen im anterioren cingulären Cortex. Hellgrau: emotional; dunkelgrau: kognitiv (nach Bush et al. 2000, eigene Abbildung)

facher wäre. In ähnlicher Weise ist die Farbbenennung auch bei emotionalen Wörtern (z. B. Schrei, Schock) verlangsamt. Dies führt zu dem Schluss, dass emotionale Konnotationen automatisch aufgerufen werden, wenn ein entsprechendes Wort gelesen wird (Whalen et al. 1998a).

Wie beim klassischen Stroop-Paradigma fanden Whalen und Mitarbeiter auch beim emotionalen Stroop eine Aktivierung des anterioren cingulären Cortex, allerdings mehr anterior als bei ersterem. In einer Übersicht fanden Bush und Kollegen (2000), dass emotionale Konflikte anteriore cinguläre Aktivierungen in einem mehr anterioren ventralen Bereich auslösten als kognitive Konflikte (Abb. 4.2.4). Es bleibt zu untersuchen, ob diesen Gruppierungen gemeinsame Verarbeitungsprozesse zugrunde liegen.

Bisher haben wir uns damit befasst, inwieweit Emotionen die Aufmerksamkeit beeinflussen. Es gibt jedoch auch Indizien für den umgekehrten Wirkungszusammenhang: Aufmerksamkeitszuwendung beeinflusst die emotionale Bewertung.

Aufmerksamkeit beeinflusst Emotionen

In einer Reihe von Experimenten sollten verschiedenartige abstrakte visuelle Reize auf ihre emotionale Attraktivität hin beurteilt werden. Die Reize unterschieden sich dahingehend, dass sie zuvor in Suchaufgaben entweder beachtet oder inhibiert worden waren. Nicht zuvor gezeigte Reize bildeten die neutrale Kontrollbedingung. Die beachteten Reize unterschieden sich hinsichtlich ihrer emotionalen Bewertung nicht von den neuen Reizen. Die zuvor nicht beachteten (inhibierten) Reize erhielten jedoch eine deutlich schlechtere Bewertung (Fenske/Raymond 2006). Hierbei handelt es sich nicht einfach um eine allgemein schlechtere Bewertung zuvor nicht beachteteter oder inhibierter Reize. Die Bewertung ist schlechter, wenn ein Reiz, der zuvor als Distraktor in einer Suchaufgabe gedient hat, an derselben Stelle wieder gezeigt wird, verglichen mit einer anderen Stelle (Raymond et al. 2005).

Nicht nur die Form, sondern auch der Ort des zuvor inhibierten Ablenkerreizes wirken sich also auf das emotionale Urteil aus. In ähnlicher Weise erhalten Distraktoren, die nahe dem Zielreiz präsentiert und damit stärker inhibiert wurden, eine schlechtere Bewertung als Distraktoren in größerer Entfernung zum Zielreiz. Diese Effekte wurden nicht nur mit abstrakten Reizen gefunden, sondern in gleicher Weise auch mit Gesichtern, deren Vertrauenswürdigkeit eingeschätzt werden sollte (Raymond et al. 2005, Exp. 3; Fenske et al. 2005).

Fragen zu Kapitel 4.2

Überprüfen Sie Ihr Wissen!

221. Wodurch zeichnen sich Reize aus, die in der visuellen Suche bevorzugt entdeckt werden (ohne Unterschiede in basalen visuellen Merkmalen)?

222. Wie kann man zeigen, dass es nicht einfach einzelne Gesichtsmerkmale, sondern die holistische Wahrnehmung eines negativ-valenten Gesichtsausdrucks ist, der zu einer besseren Detektion in der visuellen Suche führt?

223. Welche Auswirkungen hat die Wahrnehmung eines Furchtreizes auf die Aufmerksamkeit und welche Aktivierungsänderungen sind damit verbunden?

224. Wirken emotionale und attentionale Prozesse additiv oder interaktiv? Versuchen Sie, empirische Belege zu nennen!
225. Können emotionale Reize unsere visuelle Wahrnehmung verändern? Nennen Sie empirische Belege!
226. Welche Auswirkungen auf die Dauer der Aufmerksamkeitsausrichtung können emotionale Reize haben?
227. Erklären Sie die Funktionsweise des emotionalen Stroop-Tests und diskutieren Sie die Ergebnisse.
228. Welche Reize führen zu einem verringerten *attentional blink*?
229. Wie unterscheiden sich hochängstliche Personen hinsichtlich ihrer attentionalen Reaktionen auf emotionale Stimuli von niedrigängstlichen Personen? Welche Unterschiede gibt es hinsichtlich neuronaler Korrelate?
230. Wenn Sie sich auf einer Party einer Person nähern, die gerade in ein Gespräch mit jemand anderem vertieft ist, kann sich das auf die emotionale Einschätzung Ihrer Person durch die andere Person auswirken? Wie und warum?

4.3   Emotion – Lernen und Gedächtnis

Furchtreaktion

Angesichts einer drohenden Gefahr entwickeln wir Menschen das gleiche Verhaltensmuster wie viele Tierspezies. Zunächst wenden wir uns reflexiv der möglichen Gefahrenquelle (etwa einem lauten Knall) zu und versuchen herauszufinden, welche mögliche Gefahr uns droht. Wenn tatsächlich eine Gefahr besteht, verhalten wir uns zunächst still und versuchen einzuschätzen, ob wir fliehen oder uns verstecken können. Wenn die Gefahr (etwa ein Angreifer) jedoch schon so nah ist, dass Flucht unmöglich ist, bleibt uns nur, dem Angreifer drohend entgegenzutreten oder ihn anzugreifen.

Ganz ähnlich verhält sich auch eine Maus oder Ratte, die von einer Katze bedrängt wird. Betritt die Katze den Raum, erstarrt die Maus (und erhöht damit ihre Chance, nicht bemerkt zu werden). Erst wenn die Katze die Maus berührt, kommt es zu einer explosiven Reaktion der Maus. Außerdem kommt es zu einer Erregung des sympathischen Nervensystems, die sich in erhöhter Herzschlagrate, beschleunigter Atmung, erweiterten Pupillen und weiteren physiologischen Tonusveränderungen äußert. Sie sind geeignet, die verfügbaren Kräfte zur Abwehr der Gefahrensituation zu erhöhen.

evolutionärer Ursprung

Da diese Verhaltensmuster und ihre begleitenden physiologischen Reaktionen über Spezies hinweg in sehr ähnlicher Form gefunden werden, geht man davon aus, dass sie evolutionären Ursprungs sind – Reaktionsweisen, die nicht erst erlernt werden müssen, sondern zu unserer genetischen Ausstattung gehören. Der adaptive Nutzen besteht darin, dass etwa die Maus, die erst lernen müsste, auf den Angriff einer Katze zu reagieren, dieses Lernen vermutlich nicht überleben würde. Andererseits können sich durch Veränderungen der Umwelt auch neue Gefahren ergeben, so dass ein Lernmechanismus, der diese neuen Gefahren zu identifizieren hilft, von adaptivem Nutzen ist. Inwieweit wir dazu in der Lage sind, dazu haben insbesondere Experimente zur Furchtkonditionierung beigetragen.

4.3.1   Furchtkonditionierung

Bei der Furchtkonditionierung wird, nach dem Schema der klassischen Konditionierung, ein zuvor emotional neutraler Reiz (CS), etwa ein Ton, mit einem aversiven unkonditionierten Reiz, wie einem Elektroschock, gepaart. Nach kurzer Zeit lernt das Versuchstier (die Experimente werden meist mit Ratten durchgeführt) auf den CS eine defensive Reaktion abzugeben, gepaart mit einer entsprechenden autonomen und endokrinen Reaktion (Erhöhung der Pulsrate etc.). Typische Reaktionen sind eine Abnahme der Reaktionsrate oder, als starke Furchtreaktion, ein „Einfrieren" (*freezing*) des Tieres, d. h. eine bewegungslose Starre, die die Tiere in der Natur zeigen, wenn sich ein Fressfeind nähert.

Das Furchtkonditionierungsparadigma hat den Vorteil, dass der Experimentator weitgehende Kontrolle über die Rahmenbedingungen hat. Außerdem kann es auch an Versuchstieren wie Ratten durchgeführt werden, bei denen invasive neurophysiologische Experimente zur Untersuchung der neuronalen Grundlagen eingesetzt werden können. Die Reaktionen beruhen auf „fest verdrahteten" Mechanismen, die sich im Laufe der Phylogenese herausgebildet haben und relativ invariant sind. Das Hauptaugenmerk liegt daher auf den Mechanismen, die es dem Tier ermöglichen, Furchtreaktionen mit neuen, zuvor affektiv neutralen Reizen zu koppeln.

Funktionelle Neuroanatomie der Amygdala

Eine zentrale Rolle bei der Furchtkonditionierung spielt die Amygdala. Die Amygdala besteht aus einer Vielzahl von Kerngebieten, von denen der laterale Kern (LA) die Eingangsstation für furchtauslösende Stimuli ist. LA bekommt Afferenzen von uni- und multimodalen Cortices, aber auch direkt von den sensorischen Kernen des Thalamus. LA-Neurone reagieren u. a. auf auditive und somatosensorische Reize, wobei die auditiven Reaktionen auf Laute von Artgenossen besonders stark ausfallen.

Furchtkonditionierung auf einfache Reize (wie einen Ton) erfolgen über Faserverbindungen von LA zum Zentralkern, die entweder direkt verlaufen oder über die basalen und accessorisch-basalen Kerne verschaltet werden. Vom Zentralkern aus verlassen die Signale die Amygdala und führen zu den jeweiligen Zielgebieten, die dann zu den physiologischen- und Verhaltensänderungen führen, die die Furchtreaktion ausmachen.

Die Versuchstiere lernen jedoch nicht nur den Zusammenhang zwischen dem konditionierten und unkonditionierten Reiz. Sie lernen auch, dass der unkonditionierte (furchtauslösende) Reiz in einem bestimmten räumlichen Kontext auftritt (etwa dem Lernkäfig). Diese kontextuelle Konditionierung ist von der Intaktheit des Hippocampus abhängig. Afferenzen vom Hippocampus erreichen die Amygdala im basalen/accessorisch-basalen Kern, über diese Bahn erfolgt die kontextuelle Konditionierung.

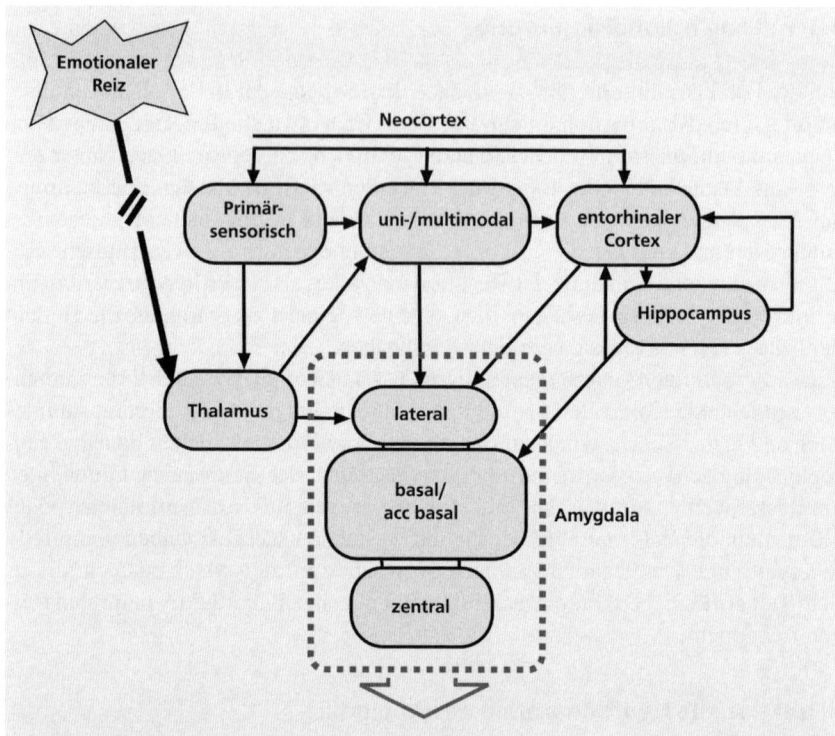

Abb. 4.3.1: Anatomische Verschaltung der Amygdala (nach LaBar/LeDoux 2003, bearbeitet)

Löschung

Wie bei anderen Varianten des klassischen Konditionierens kommt es auch bei der Furchtkonditionierung zur Extinktion, wenn der unkonditionierte Reiz wiederholt ohne den konditionierten Reiz präsentiert wird. Die Löschung ist jedoch verlangsamt, wenn vor dem Lernen Läsionen des ventromedialen Cortex, einschließlich des medialen orbitofrontalen Cortex vorliegen (Abb. 4.3.2). Orbitofrontale Neurone reagieren auch auf Änderungen oder Umkehrungen der Reiz-Belohnungs-Assoziationen (s. Kap. 4.4). Insgesamt sind konditionierte Furchtreaktionen kaum löschbar, wenn die Amygdala von Inputs von corticalen Arealen, insbesondere aus dem Präfrontalcortex, abgeschnitten werden.

reinstatement

Nach Extinktion können konditionierte Furchtreaktionen wieder aufleben, wenn der konditionierte Reiz in einem neuen räumlichen Kontext präsentiert wird, der zuvor nur durch einen furchtauslösenden unkonditionierten Reiz mit Furcht assoziiert wurde. In diesem Fall löst der CS spezifisch in dieser neuen Umgebung eine konditionierte Furchtreaktion aus (*reinstatement*). Vermutlich spielt der Hippocampus eine entscheidende Rolle in dieser Form der kontextuellen Konditionierung.

schnelle Furcht-signale

Neurophysiologische Untersuchungen zum Zeitverlauf der neuronalen Erregung in der Amygdala und anderen Hirnarcalen haben interessante Aufschlüsse über die zeitliche Abfolge der zugrundeliegenden Prozesse ergeben. Konditionierte Erregungsänderungen werden im Lateralkern der Amygdala schon etwa 15 ms nach Präsentation des CS gemessen. Im Vergleich dazu beträgt die Latenz der äquivalenten Erregungsänderung im primären auditiven Cortex etwas mehr als 20 ms. Diese Zahlen verdeutlichen, dass die Amygdala auf direktem Wege über die sensorischen Thalamuskerne, also ohne den Umweg über corticale Areale, erregt werden kann. Die entsprechenden Latenzen im basalen und zentralen Amygdalakern wurden in einem Zeitbereich von 30–70 ms gemessen.

Die anatomischen Verschaltungen – direkte Verbindung vom Thalamus zu LA, **zwei Pfade** Verbindung vom Hippocampus zum Basalkern –, die Latenzdifferenzen (frühe Erregung in LA, späterer Beginn in BA) sowie der Befund, dass komplexere Konditionierung den Hippocampus involviert, haben zu dem Modell zweier Pfade der Furchtkonditionierung geführt (LeDoux 2000). Einer dieser Pfade, der von den sensorischen Systemen über den Thalamus direkt zur Amygdala verläuft, führt zu einer schnellen, automatischen, aber wenig an die Besonderheiten der Situation angepassten Reaktion. Ein zweiter, langsamerer Pfad, der über uni- und multimodale corticale Areale entweder direkt oder über den Hippocampus zur Amygdala führt, erlaubt eine differenziertere Anpassung an die Situation (s. Abb. 4.3.1).

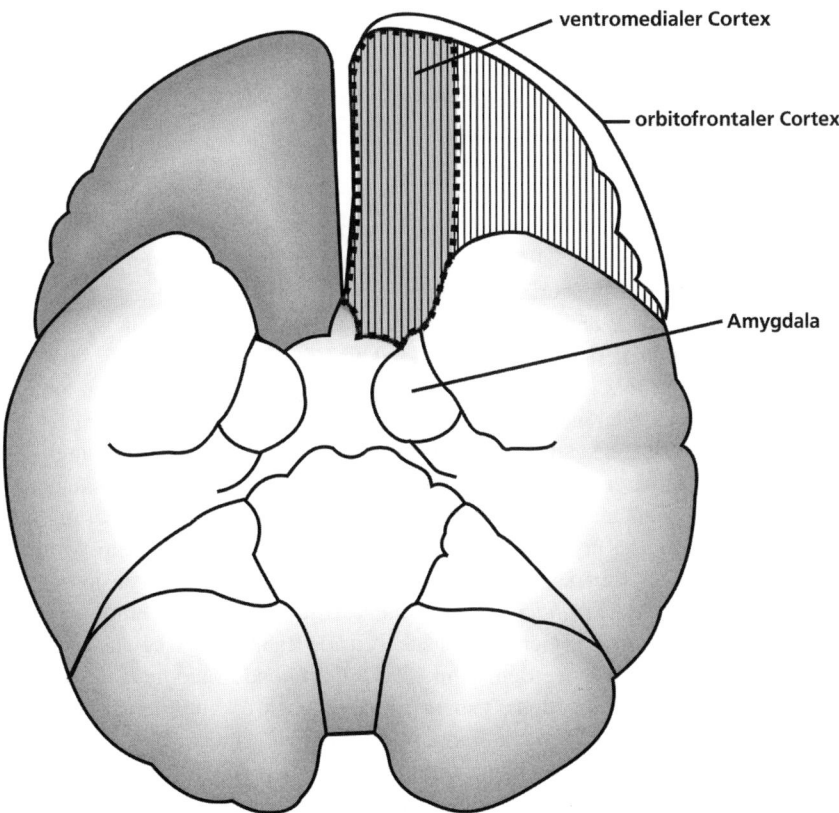

Abb. 4.3.2: Der ventrale Präfrontalcortex

B

Die Funktion dieser Pfade sei an einem Beispiel erläutert. Stellen Sie sich vor, Sie betreten abends allein ein dunkles Parkhaus und sehen plötzlich eine unbekannte Person vor sich. Die sofortige Reaktion, ausgelöst über den direkten Pfad, könnte sich in erhöhtem Pulsschlag, beschleunigter Atmung und abruptem Stehenbleiben äußern. Einen Sekundenbruchteil später teilt Ihnen die genauere visuelle Analyse, die durch die Weiterleitung des sensorischen Inputs an den Sehcortex ermöglicht wird, mit, dass es sich bei dem vermeintlichen Angreifer nur um einen harmlosen Parkwächter handelt. Mit dieser Entwarnung kann die Furchtreaktion beendet werden, der Puls normalisiert sich langsam wieder, und Sie setzen Ihren Weg fort.

Das Konzept der zwei Pfade postuliert also einen phylogenetisch älteren (den relativ „jungen" Neocortex nicht einbeziehenden) Pfad, der in Gegenwart eines Auslöserreizes eine automatisch ablaufende, nur begrenzt von außen steuerbare Reaktion auslöst, die auf eine schnelle Optimierung des Organismus für eine anstehende Flucht oder Angriffsreaktion abzielt. Der langsame corticale Pfad dagegen erlaubt die Feinabstimmung des Verhaltens auf die Gegebenheiten der Situation.

subcorticale Bahn

Wir haben bereits in Kapitel 4.1 den Fall eines *blindsight*-Patienten beschrieben. Die Präsentation ängstlicher Gesichter löste bei diesem Patienten eine Aktivierung der Amygdala aus, auch wenn die Gesichter in dem skotomisierten Bereich seines Gesichtsfeldes gezeigt wurden, so dass er die Gesichter nicht bewusst wahrnehmen konnte und auch keine Aktivierung der visuellen Areale beobachtet wurde. Wie wir gesehen hatten, erreichten die visuellen Signale die Amygdala vermutlich über die Colliculi superiores.

An einem ähnlichen Patienten wurde gezeigt, dass auch Furchtkonditionierung auf einen visuellen Reiz unter Umgehung des geniculostriären Anteils der Sehbahn erfolgen kann. Der Patient hatte nacheinander zwei Infarkte der linken und rechten Arteria cerebri posteriores erlitten, die den primären visuellen Cortex versorgen. Als Folge war er vollständig erblindet. Diesem Patienten wurden nun wiederholt Bilder gezeigt, wobei ein bestimmtes Bild mit einem lauten Geräusch als unkonditioniertem Schreckreiz gepaart wurde. Der Patient konnte nicht berichten, ob ein Bild gezeigt wurde oder nicht. Seine Blindheit wurde durch das Ausbleiben visuell evozierter Potenziale bestätigt, die im intakten Gehirn die Reizweiterleitung über die Sehbahn charakterisieren. Vor der Konditionierung zeigte er auch keinerlei Schreckreflex, wenn der spätere CS gezeigt wurde. Nach der Konditionierung war der Schreckreflex, der normalerweise durch das laute Geräusch ausgelöst wurde, allein durch Präsentation des konditionierten visuellen Schreckreizes auslösbar.

Das zuvor berichtete *blindsight*-Experiment hatte gezeigt, dass emotional bedeutsame Information vom Gehirn über subcorticale Bahnen ohne bewusste Wahrnehmung aufgenommen werden kann. Das Furchtkonditionierungsexperiment zeigte darüber hinausgehend, dass sogar eine einfache Verhaltensäußerung – der Schreckreflex – über subcorticale Bahnen, vermutlich auch über die Colliculi superiores, ausgelöst werden kann, wiederum ohne dass die Anwesenheit des konditionierten Schreckreizes das Bewusstsein erreicht.

Amygdala-Läsionen

Die bisher berichteten Befunde sind überwiegend im Tierversuch, häufig an Ratten, gewonnen worden. Es stellt sich daher die Frage, inwieweit die Furchtreaktion analog beim Menschen abläuft. Erste Hinweise darauf kamen aus dem Verhalten von Patienten mit Amygdala-Läsionen. Diese Patienten zeigen, in Abhängigkeit von der Vollständigkeit der Läsion, einen Mangel an Furchtreaktionen in bedrohlichen Situationen, in denen sich normalerweise Furcht einstellt. Im Furchtkonditionierungsparadigma zeigen diese Patienten auch eine geringere Konditionierbarkeit. Diese kann, wenn keine gleichzeitigen Schädigungen des Hippocampus vorliegen, bei intakter Furchtreaktion auf unkonditionierte Reize und bei Bewusstheit über die CS-US-Kontingenz eingeschränkt sein (Bechara et al. 1995; La Bar et al. 1995). Diese Befunde sprechen für eine spezifische Funktion der Amygdala für die Furchtkonditionierung, im Gegensatz zu einer allgemeinen Einschränkung der Erregbarkeit.

Die Messung der humanen Amygdala-Aktivierung mit Hilfe bildgebender Verfahren erbrachte weitere Belege für eine Beteiligung der Amygdala an Lernprozessen. So wurde die Amygdala sowohl in der Akquisitions- als auch der Extinktionsphase aktiviert. Die Aktivierung war in der Akquisitionsphase in den jeweils ersten Durchgängen nach CS-US-Kopplung (Büchel et al. 1998; LaBar et al. 1998) sowie nach alleiniger CS-Präsentation in der Extinktionsphase am stärksten. Dieses Aktivationsmuster könnte bedeuten, dass die Amygdala eine Rolle bei der Detektion von Kontingenzänderungen spielt. Wie im Tierversuch sind auch beim Menschen Extinktion und Umkehrlernen nach ventromedialen präfrontalen Läsionen beeinträchtigt. Ebenfalls wie im Tierversuch bleibt nach Läsionen des Hippocampus die einfache Furchtkonditionierung möglich, die Patienten zeigen aber keine Anzeichen von *reinstatement*. **Detektion von Kontingenzänderung**

Phobien und intensive Furcht werden häufig durch Reize ausgelöst, die eher in der Phylogenese als in der aktuellen Lebensumwelt eine Bedrohung dargestellt haben (Öhman/Mineka 2001). Dazu gehören Schlangen und Donner, obwohl man in Mitteleuropa kaum eine Chance hat, einer Giftschlange zu begegnen, und der Aufenthalt im freien Feld, wo man vom Blitz getroffen werden könnte, auch vergleichsweise selten geworden ist. Blanke Elektrodrähte oder Motorräder, obwohl akute Gefährdungen, lösen dagegen kaum eine Phobie aus (es sei denn, man ist durch einen Stromschlag oder Motorradunfall konditioniert). **phylogenetische Furchtauslöser**

Dies hat die Frage aufgeworfen, ob wir durch unsere phylogenetische Entwicklung eine Bereitschaft mitbringen, auf bestimmte Reize schneller eine Furchtreaktion zu entwickeln als auf andere. Eine Vielzahl von Studien hat gezeigt, dass dies tatsächlich der Fall ist. So werden Furchtreaktionen mit Bildern von Schlangen und Spinnen besser assoziiert als mit Bildern von Blumen (Öhman/Mineka 2001). **Beobachtungslernen**

Versuche mit Affen haben gezeigt, dass Furchtreaktionen allein durch Beobachtung erlernt werden können. Freilebende Rhesusaffen haben eine intensive Furcht vor Schlangen. Im Gehege aufgezogene Affen zeigten diese Furcht nicht. Einige Forscher stellten die Hypothese auf, dass die freilebenden Affen ihre Furcht vor Schlangen durch Beobachtungslernen erworben haben, da eine direkte Begegnung mit Schlangen häufig tödlich enden würde (Mineka et al. 1984; Cook et al. 1985). Tatsächlich lernten die im Gehege aufgezogenen Affen eine Furchtreaktion auf Schlangen allein durch die Beobachtung der Furchtreaktion freilebender Affen, die über einen Behälter mit einer Schlange hinweggreifen mussten, um eine Belohnung zu erhalten. Die Affen, die die „Schlangenphobie" erlernt hatten, konnten später als Rollenmodell eingesetzt werden, von denen andere Affen ihre Angst vor Schlangen erlernten.

verzerrte Wahrnehmung

Ein weiteres Experiment ist aufschlussreich für die unbewusste Assoziation von furchtassoziierten Reizen und aversiven Konsequenzen (Tomarken et al. 1989). Menschliche Probanden betrachteten Bilder aus drei Kategorien: Schlangen und Spinnen, Blumen, Pilze. Nach jedem Bild erhielten sie entweder einen leichten Elektroschock, ein Ton erklang, oder es erfolgte keine Reaktion. Anschließend wurden die Probanden aufgefordert, einzuschätzen, wie häufig die verschiedenen Konsequenzen auf die einzelnen Bildkategorien folgten. Während die Einschätzungen im Allgemeinen recht genau waren (einschließlich der nichtaversiven Konsequenzen auf furchtassoziierte Bilder und der aversiven Konsequenzen auf neutrale Bilder), so wurde die Häufigkeit aversiver Schocks, die auf Bilder von Schlangen und Spinnen folgten, deutlich überschätzt. Der Effekt war bei hochängstlichen Probanden ausgeprägter als bei normalängstlichen Probanden. Dieses und ähnliche Experimente zeigen, dass es bei phylogenetisch furchtassoziierten Reizen zu einer verzerrten Wahrnehmung aversiver Konsequenzen kommt.

Furchtmodul

Diese Experimente führten zu der Sichtweise, dass es ein Furchtmodul gibt, das auf phylogenetisch angelegten Strukturen beruht. Es begründe damit eine Bereitschaft, auf bestimmte Reize, die in der Phylogenese eine Bedrohung repräsentierten, sehr leicht eine Furchtreaktion zu erlernen. Dagegen sei es schwieriger, eine (vielleicht angemessene) Furcht auf aktuell bedrohliche Reize zu erlernen, die in der phylogenetischen Entwicklung keine bedrohliche Rolle gespielt haben (Öhman / Mineka 2001).

4.3.2   Emotionales Gedächtnis

Amygdala und Emotionsgedächtnis

Die zentrale Rolle der Amygdala für emotionale Lernprozesse haben wir im Zusammenhang mit der Furchtkonditionierung kennengelernt. Während einfache Furchtkonditionierung weitgehend allein auf der Amygdala (im Zusammenspiel mit ihren afferenten und efferenten Strukturen) beruht, so war dies bereits anders bei komplexen Formen der Furchtkonditionierung, wie der Kontextkonditionierung, die auf einem intakten Hippocampus beruht. Tatsächlich hat die Amygdala direkte und indirekte Verbindungen zu vielen anderen Hirnarealen, die für spezifische Lern- und Gedächtnisprozesse von Bedeutung sind.

Dabei handelt es sich zum einen um Strukturen des medialen Temporallappens, die neben den bereits erwähnten komplexen Konditionierungsleistungen auch in das emotional getönte deklarative Gedächtnis und in Konsolidierungsprozesse eingebunden sind. Weiterhin ist die Amygdala mit sensorischen neocorticalen Arealen verbunden. Diese Verbindungen vermitteln emotionale Priming-Prozesse und können die Speicherung emotionaler Inhalte im Langzeitgedächtnis beeinflussen. Indirekte Verbindungen zwischen Amygdala und Cerebellum können motorisches Lernen und Reflexkonditionierung beeinflussen, während Amygdala und Striatum im Belohnungslernen (s. Kap. 4.4) und prozeduralen Lernen interagieren. Der Präfron-

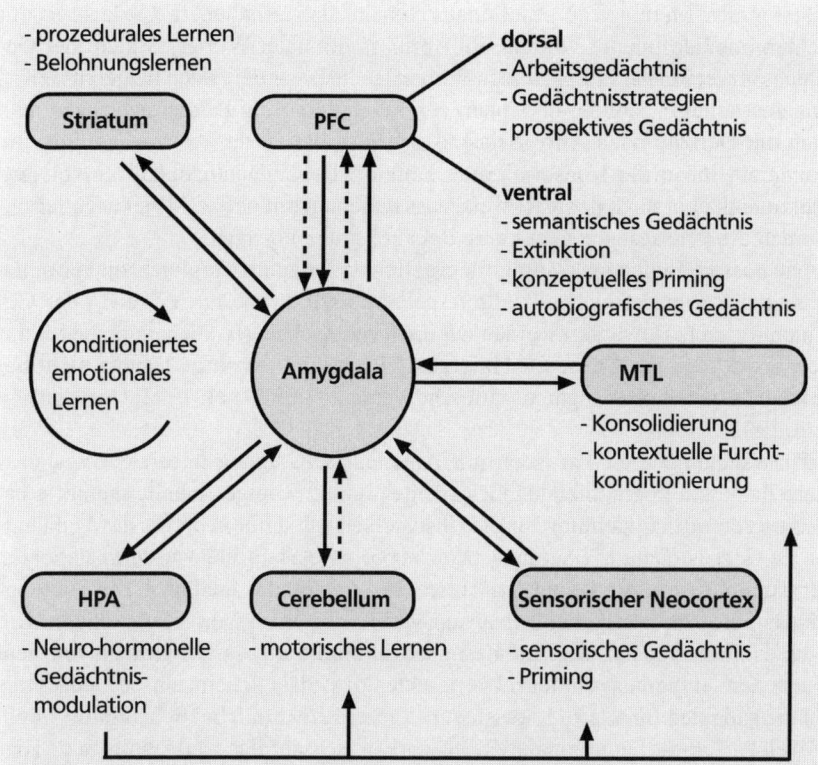

- prozedurales Lernen
- Belohnungslernen

Striatum

PFC

dorsal
- Arbeitsgedächtnis
- Gedächtnisstrategien
- prospektives Gedächtnis

ventral
- semantisches Gedächtnis
- Extinktion
- konzeptuelles Priming
- autobiografisches Gedächtnis

konditioniertes
emotionales
Lernen

Amygdala

MTL

- Konsolidierung
- kontextuelle Furcht-
  konditionierung

HPA

Cerebellum

Sensorischer Neocortex

- Neuro-hormonelle
  Gedächtnis-
  modulation

- motorisches Lernen

- sensorisches Gedächtnis
- Priming

Abb. 4.3.3: Strukturen und zugeordnete Mechanismen, über die die Amygdala emotionale Gedächtnisprozesse beeinflusst. HPA: Hypothalamus-Hypophysen-Achse (nach LaBar/Cabeza 2006, bearbeitet)

talcortex schließlich interagiert mit der Amygdala hinsichtlich emotionaler Aspekte, die sich auf Arbeitsgedächtnisprozesse, Gedächtnisstrategien, prospektives Gedächtnis und Metagedächtnis (Nachdenken über das Gedächtnis) beziehen, aber auch, in seinem orbitofrontalen Anteil, hinsichtlich Extinktion und Belohnungslernen. Zu erwähnen ist auch, dass die Amygdala über die Hypothalamus-Hypophysen-Achse (HPA) in die hormonelle Gedächtnisregulation eingreift.

Eine wichtige Quelle unseres Wissens über die Rolle der Amygdala in menschlichen Gedächtnisprozessen sind Läsionsstudien. Aufgrund der räumlichen Nähe der Amygdala zu anderen Strukturen des medialen Temporallappens, wie dem Hippocampus, führen Läsionen häufig zu Amnesien, die eine Beurteilung spezifischer Beiträge der Amygdala zum Gedächtnis unmöglich machen. Eine Ausnahme sind Patienten mit dem seltenen Urbach-Wiethe-Syndrom, einer Fettspeicherstörung, bei der es zu einer selektiven Mineralisation der Amygdala kommen kann. Diese Patienten (aufgrund der Seltenheit handelt es sich nur um Einzelfallstudien) zeigen im Vergleich zu hirngesunden Kontrollprobanden keine Vor-

Urbach-Wiethe-Syndrom

teile für das Memorieren emotionaler Inhalte, bei erhaltenem Gedächtnis für nichtemotionale Inhalte. Vorteile im Abruf emotionaler Wörter, Bilder oder Geschichten werden bei hirngesunden Probanden insbesondere nach längeren Behaltensintervallen (1 Stunde – 1 Monat) gefunden, in diesem Zeitbereich findet man auch die Defizite nach Amygdala-Läsion. Dies hat zu der Ansicht geführt, die Amygdala sei in die Konsolidierung emotionaler Gedächtnisinhalte involviert. Hierzu fehlt aber noch der Nachweis, dass Patienten mit Urbach-Wiethe-Syndrom normale Abrufleistungen über kurze Behaltensintervalle haben.

Gedächtnis für Kernaspekte

Die bessere Behaltensleistung für emotionale Reize im Vergleich zu emotional neutralen Reizen ist nicht für alle Aspekte der zu erinnernden Szene oder Geschichte gleich. Bevorzugt werden nur die Kernaspekte (*gist*) behalten, die für das Verständnis des Ereignisses wichtig sind, während unwichtige Details nicht bevorzugt behalten oder sogar supprimiert werden (Burke et al. 1992; Christianson et al. 1991).

Untersuchungen an Patienten mit Amygdalaschädigung haben gezeigt, dass diese Patienten in emotionalen Geschichten relativ weniger Inhalte memorieren, die von zentraler Bedeutung für die Geschichte sind, dafür mehr für das Verständnis unwichtige Details (Adolphs et al. 2005). Dieser Effekt wurde in Patienten gefunden, die aufgrund einer umschriebenen Läsion des medialen Temporallappens einen kompletten oder teilweisen Verlust der Amygdala erlitten hatten. Die Güte der Behaltensleistung für Kernaspekte korrelierte darüber hinaus mit dem erhaltenen Amygdalavolumen. Die intakte Amygdala scheint unser Gedächtnis auf die salienten Inhalte zu fokussieren – dieser Effekt fällt bei Schädigung weg.

Erregung und Valenz

Welche Aspekte emotionaler Reize wirken sich auf das Gedächtnis aus? Hier sind Erregung und Valenz zu unterscheiden. In bildgebenden Studien kann man die Aktivierungsunterschiede bei der Enkodierung zwischen Wörtern untersuchen, die später erinnert oder vergessen werden. Dieser Dm-Effekt (*difference due to memory*; s. Kap. 3.2) gibt darüber Aufschluss, welche Hirnareale differenziell bei der Enkodierung aktiviert waren und damit potenziell eine Rolle für das bessere Erinnern gespielt haben.

Der Dm-Effekt wurde in einer Studie separat für niedrig- und hocherregende negativ-valente Wörter gemessen (Kensinger/Corkin 2004). In der linken Amygdala war der Dm-Effekt einzig für hocherregende Wörter erhöht. Im linken inferioren Präfrontalcortex zeigte sich das umgekehrte Bild, nur niedrig-erregende emotionale Wörter und neutrale Wörter zeigten hier einen erhöhten Dm-Effekt. Im linken Hippocampus schließlich war der Dm-Effekt in allen Reizkategorien gleichermaßen hoch. Diese Daten fügen sich zu einem Bild zusammen, in dem hocherregende Stimuli über einen Pfad verarbeitet werden, der über die Amygdala führt (s. a. McGaugh 2004), während niedrigerregende Reize über den inferioren Präfrontalcortex verarbeitet werden, bevor beide in die gemeinsame Endstrecke der hippocampalen Verarbeitung münden.

In derselben Studie wurde gefunden, dass emotionale Gedächtnisinhalte mit niedriger Erregung ihre im Vergleich zu neutralen Inhalten bevorzugte Behaltensleistung unter geteilter Aufmerksamkeit während der Enkodierung verloren, im Gegensatz zu den hocherregenden Inhalten. Zusammengenommen sprechen die Aktivierungs- und Performanzdaten dafür, dass es zwei funktionell und anatomisch unterschiedliche Verarbeitungspfade für emotionale Reize gibt. Niedriger-regende Reize werden über einen präfrontal-hippocampalen Pfad verarbeitet, der auf kontrollierten Prozessen (wie etwa *rehearsal*) beruht und von der Verfügbarkeit attentionaler Ressourcen abhängig ist. Hocherregende Reize hingegen werden über einen amygdalär-hippocampalen Pfad verarbeitet, der eine automatische, nicht von attentionalen Ressourcen abhängige Verarbeitung ermöglicht (Kensinger/Corkin 2004).

Selektive Läsionen der Amygdala wie beim Urbach-Wiethe-Syndrom sind sehr selten. Weit häufiger finden sich jedoch Patienten mit Schädigungen des medialen Temporallappens, bei denen bestimmte Strukturen wie Amygdala und Hippocampus in unterschiedlichen Graden betroffen sind. Mit modernen bildgebenden Methoden, insbesondere der voxelbasierten Morphometrie von MR-Daten, kann das Ausmaß der Schädigung quantitativ bestimmt und mit Ausfällen im Verhalten korreliert werden.

amygdalär-hippocampale Interaktion

Dieser Weg wurde beschritten, um die Beteiligung von Amygdala und Hippocampus und ihre wechselseitige Interaktion bei der Enkodierung emotionaler Stimuli zu untersuchen (Richardson et al. 2004). Zunächst wurde untersucht, welchen Einfluss das Ausmaß der Amygdala- und Hippocampusschädigung auf Behaltensleistungen hatte. Dabei wurde, in Bestätigung früherer Studien, gefunden, dass das anteriore Hippocampusvolumen mit der Erinnerungsleistung für emotional gefärbte wie neutrale Wörter korrelierte. Das Amygdalavolumen korrelierte hingegen nur mit der Erinnerungsleistung für emotionale Wörter. Die eigentlich neuen Befunde dieser Studie betrafen jedoch die Frage, inwieweit sich die Schädigung der Amygdala auf die Funktion des Hippocampus auswirken würde. Hierzu wurde die funktionelle Aktivierung im Hippocampus während der Enkodierung von Wörtern analysiert, die später wiedererinnert wurden. Es zeigte sich, dass diese Aktivierungsstärke mit dem Ausmaß der Amygdalaschädigung negativ korrelierte: Je größer die Schädigung war, desto geringer fiel die Hippocampusaktivierung aus (Abb. 4.3.4).

Die Amygdala ist nicht nur an der Enkodierung oder Konsolidierung emotionaler Stimuli beteiligt. Die Beteiligung eines Hirnareals am erfolgreichen Abruf

Abruf emotionaler Inhalte

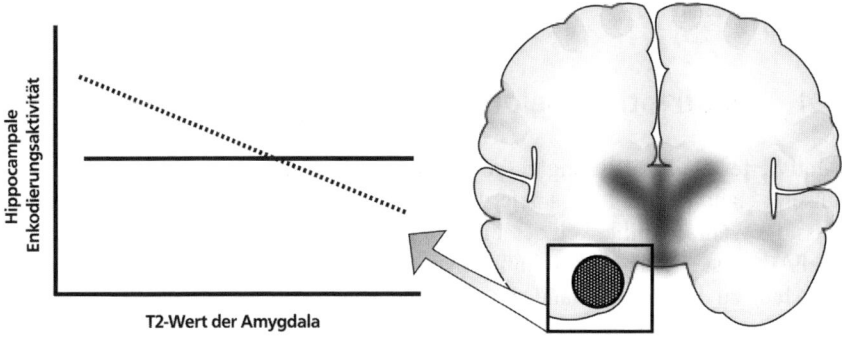

Abb. 4.3.4: Verhältnis von Amygdalaschädigung und Hippocampusaktivierung (nach Richardson et al. 2004, eigene Abbildung)

eines Gedächtnisinhalts kann dadurch gemessen werden, dass man die Aktivierung bei erfolgreichem Abruf zuvor gelernter Reize mit der Aktivierung bei fehlender Erinnerung zuvor gelernter Reize vergleicht. Ein solcher Vergleich ergab, dass die mit Abruferfolg gekoppelte Aktivierung für emotionale Reize in drei Hirnarealen erhöht war: in der Amygdala, dem Hippocampuskopf und dem entorhinalen Cortex (Dolcos et al. 2004). Weitere Analysen ergaben, dass in der Amygdala und dem Hippocampuskopf die abrufassoziierte Aktivierung stärker die explizite Erinnerung widerspiegelte als ein nur unbestimmtes Bekanntheitsgefühl (s. Kap. 3.3). In dieser Studie wurde der Abruf ein Jahr nach der Enkodierung gemessen, um einen Einfluss der Enkodierung sicher auszuschließen. Weitere Studien ergaben, dass die mit Abruferfolg assoziierte Aktivierung in der Amygdala und dem Hippocampus untereinander korreliert – ein Hinweis darauf, dass diese beiden Hirnareale vermutlich miteinander während des Abrufs kommunizieren.

Fragen zu Kapitel 4.3

Überprüfen Sie Ihr Wissen!

231. Skizzieren Sie den Ablauf eines Furchtkonditionierungsexperiments. Benennen Sie die Reize und Reaktionen.
232. Über welche Bahnen wird die konditionierte Furchtreaktion vermittelt?
233. Welche spezifische Rolle spielt der Hippocampus beim Erwerb einer Furchtreaktion?
234. Wann extingiert eine Furchtreaktion? Was erschwert die Extinktion?
235. Was ist *reinstatement*? Geben Sie ein Beispiel.
236. Wie können Tiere eine Furchtreaktion erlernen? Nennen Sie Beispiele.
237. Ist die bewusste Wahrnehmung des Furchtreizes eine Voraussetzung für eine Furchtkonditionierung? Nennen Sie Belege für Ihre Antwort.
238. Sie sind Zeuge eines Autounfalls geworden. Über welche Aspekte der Situation können Sie vermutlich sehr genau, über welche weniger genau berichten?
239. Was charakterisiert ein hypothetisches Furchtmodul?
240. Wie wirken Amygdala und Hippocampus bei der Enkodierung emotionaler Stimuli zusammen?

4.4   Motivation: Belohnungslernen

Motiviertes Handeln ist eng verknüpft mit Erwartungen über die Konsequenzen unserer Handlungen. Lottospieler hoffen auf den großen Gewinn, wohl wissend, dass die Wahrscheinlichkeit desselben gering ist. Studierende überlegen sich, wie viel Arbeit sie in die Vorbereitung einer Klausur investieren, um das gewünschte Ergebnis zu erzielen. Anhand der Konsequenzen – dem verpassten Lottogewinn, der bestandenen Klausur – können dann die Erwartungen für zukünftige ähnlich gelagerte Fälle modifiziert werden. In diesem Kapitel geht es darum, Prozesse und deren neuronale Korrelate kennenzulernen, die es uns ermöglichen, Erwartungen über Handlungskonsequenzen auszubilden und an der Realität zu überprüfen. Das gemeinsame Paradigma dieser Experimente ist das des Belohnungslernens.

In der Lernpsychologie entspricht die **Belohnung** einem positiven Verstärker. Dieser kann entweder durch klassisches oder instrumentelles Konditionieren mit einem zuvor neutralen Stimulus oder einem Verhalten assoziiert werden. Voraussetzung für die Ausbildung dieser Assoziation, also für das **Lernen**, ist die Kontingenz zwischen Reiz oder Verhalten und Belohnung, also einer höheren Auftretenswahrscheinlichkeit des Verstärkers in Anwesenheit des konditionierten Reizes oder Verhaltens als in seiner Abwesenheit (Kap. 3.6).

Ein weiteres wichtiges Konzept ist der Vorhersagefehler (*prediction error*). **Vorhersagefehler** Eine Verhaltensänderung entsteht demnach, wenn die Belohnung von der Erwartung abweicht. Nach diesem Konzept ist eine Verhaltensänderung am wahrscheinlichsten, wenn die Unsicherheit über das Auftreten einer Belohnung am größten ist (also p = 0,5 bei einer dichotomen Alternative). Das Konzept des Vorhersagefehlers geht eng mit dem Rescorla-Wagner-Modell des assoziativen Lernens einher (Kap. 3.6). In einer neuen Lernsituation können wir zunächst nur raten, welche Reaktion von uns verlangt wird. Jede Rückmeldung hat daher einen hohen Informationswert. Im weiteren Verlauf des Lernens gelingt es uns immer häufiger, die richtigen Antworten zu geben, der Informationswert der Rückmeldung sinkt. Wenn aber nun nach fortgeschrittenem Lernen eine unerwartete Rückmeldung erfolgt, so ist der Vorhersagefehler hoch, die gelernte Assoziation muss modifiziert werden. In diesem Sinne entspricht der Vorhersagefehler dem Lernzuwachs, der nach Rescorla und Wagner von der Differenz zwischen aktueller und maximaler Assoziationsstärke abhängt (Schultz 2006): Je unerwarteter die Rückmeldung, desto größer ist der Lernfortschritt.

In den (klassischen) Wirtschaftswissenschaften und in der Spieltheorie geht **Quantifizierung** man davon aus, dass Verhalten durch das Produkt aus Stärke und Wahrscheinlich- **von Belohnung** keit einer zukünftigen Belohnung bestimmt wird. Die Belohnungsstärke wurde in der klassischen ökonomischen Forschung durch objektive Größen, wie etwa Geldbeträge, operationalisiert. Neuere ökonomische Forschungen haben hingegen ergeben, dass die Stärke einer Belohnung eine subjektive Größe ist, die am besten über die Wahlentscheidungen des Subjekts erfasst wird (*utility*).

4.4.1   Motivationale Funktionen dopaminerger Neurone

Die neurobiologische Forschung hat versucht, neuronale Korrelate dieser motivationalen Konzepte zu finden. Die Daten stammen zumeist aus der tierexperimentellen Forschung und sind daher in der Komplexität der verwendeten Paradigmata eingeschränkt. Dennoch haben sie wertvolle Hinweise auf basale motivationale Prozesse und ihre neuronale Repräsentation ergeben. In jüngster Zeit werden diese Konzepte auch in bildgebenden Studien mit menschlichen Probanden untersucht.

Mit Hilfe von Einzelzellableitungen wurden Neurone gefunden, deren Aktivität mit Belohnungsfaktoren einherging und die nicht durch einfache sensorische Reizänderungen, etwa einer speziellen Belohnung (Futter etc.), erklärt werden konnten. Obwohl Belohnungen also abstraktere Wirkungen erzielen als eine Reaktion auf einen ganz bestimmten Reiz, wie sie etwa in den sensorischen Cortices zu beobachten sind, so sind sie andererseits nicht losgelöst vom Kontext der Aufgabe zu sehen. Belohnungen sollen ja zu einer Verhaltensänderung führen, anderenfalls könnten wir ihnen keine motivationale Bedeutung zuschreiben. Dementsprechend kann man auch Änderungen neuronaler Aktivierung in Hirnarealen finden, die spezifische Reaktionen wie Greifbewegungen oder Augenbewegungen ermöglichen.

Belohnungs-erwartung

Die Versuchstiere lernen, dass konditionierte Reize (CS) Prädiktoren für zukünftige Belohnungen sind. Zu diesem Zweck werden zunächst Reize präsentiert, die in der bisherigen Erfahrungswelt der Tiere nicht mit einer Belohnung assoziiert waren, z.B. abstrakte Muster. Diese Reize werden zunächst gezeigt, dann folgt, nach einer kurzen Verzögerung (*delay*), mit einer gewissen Wahrscheinlichkeit eine Belohnung. Im Sinne der klassischen Konditionierung (Kap. 3.5) werden die Reize konditionierte Stimuli (CS), die mit einer festgelegten Wahrscheinlichkeit mit einer Belohnung assoziiert sind.

Diese prädiktive Qualität spiegelt sich auch in neuronalen Reaktionen auf diese CS wider. Die Erwartung einer Belohnung, die durch den CS ausgelöst wird, muss danach bis zu deren Eintreffen aufrechterhalten werden. Dabei kann in bestimmten Situationen noch die Zeit bis zur Ausführung einer bestimmten Handlung (als Voraussetzung zur Erlangung der Belohnung) und die Wartezeit nach der Handlung bis zur Erlangung der Belohnung unterschieden werden (Abb. 4.4.1).

In einigen Hirnarealen finden sich alle diese belohnungsrelatierten Aktivitätsänderungen. Dazu gehören das Corpus striatum (bestehend aus Ncl. caudatus und Putamen), der dorsolaterale und der mediale Präfrontalcortex, der Orbitofrontalcortex, der anteriore cinguläre Cortex, der perirhinale Cortex, die Colliculi superiores sowie die Pars reticulata und die dopaminerge Pars compacta der Substantia nigra (Abb. 4.4.2). In all diesen Arealen finden sich Neurone, die eine stärkere Aktivierung in belohnten relativ zu unbelohnten Versuchsdurchgängen zeigen. Das umgekehrte Bild, geringere Aktivität bei belohnten Durchgängen, wurde in einigen Neuronen des dorsolateralen Präfrontalcortex (DLPFC), im Orbitofrontalcortex (OFC), im Striatum und in der Pars reticulata der Substantia nigra gefunden.

Ventrales Mittelhirn (Tegmentum)

Das Tegmentum enthält dopaminerge Neurone, deren Axone Neurone im Striatum, Nucleus accumbens und im Frontalcortex innervieren. Das dopaminerge System ist in vielfältige motivationale Prozesse involviert. Drogen wie Amphetamin oder Kokain entfalten ihre abhängig machende Wirkung z.T. über die Verlängerung dopaminerger Effekte an Zielneuronen. Elektrische Selbststimulation dopaminerger Bahnen wird von Versuchstieren häufig motivational potenten Alternativen wie Futter oder sexueller Aktivität vorgezogen. Dopaminerge Rezeptorblocker verlangsamen Belohnungslernen. Aktivitätsänderungen im dopaminergen wie auch in anderen Neurotransmittersystemen können langsame, anhaltende neuromodulatorische Funktionen haben. Sie können jedoch auch zeitlich hochaufgelöste, mit spezifischen Stimuli oder Reaktionen korrelierte Signaländerungen erzeugen, um die es im Folgenden gehen soll.

Einige Studien zum Belohnungslernen sollen näher vorgestellt werden, um die unterschiedlichen Reaktionsmuster belohnungssensitiver Neurone im Zusammenhang mit ihren möglichen motivationalen Funktionen zu diskutieren.

Tobler und Mitarbeiter (2005) untersuchten Neurone im ventralen Mittelhirn zweier Affen. In einem klassischen Konditionierungsexperiment lernten die Affen, visuelle Reize mit bestimmten Belohnungswerten zu assoziieren. Der Belohnungswert ergab sich multiplikativ aus Belohnungsstärke (Menge einer Flüssigkeit) und Auftretenswahrscheinlichkeit der Belohnung. Nach der Konditionierung wurde gemessen, wie die dopaminergen Neurone auf die konditionierten Reize reagierten. Die Ergebnisse zeigten, dass die Feuerrate der Neurone direkt im Anschluss an die Präsentation umso stärker anstieg, je höher der multiplikativ errech-

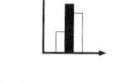

Belohnungswert

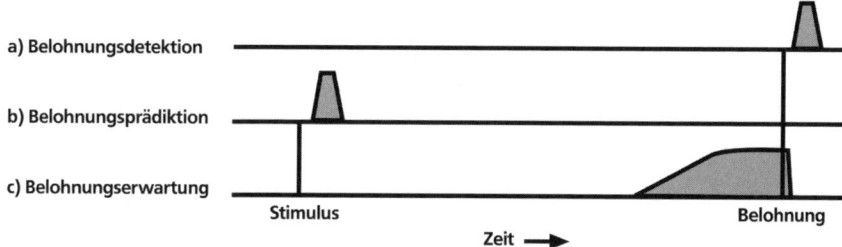

Abb. 4.4.1: Neuronale Korrelate der Belohnungskodierung (nach Schultz 2004, bearbeitet)

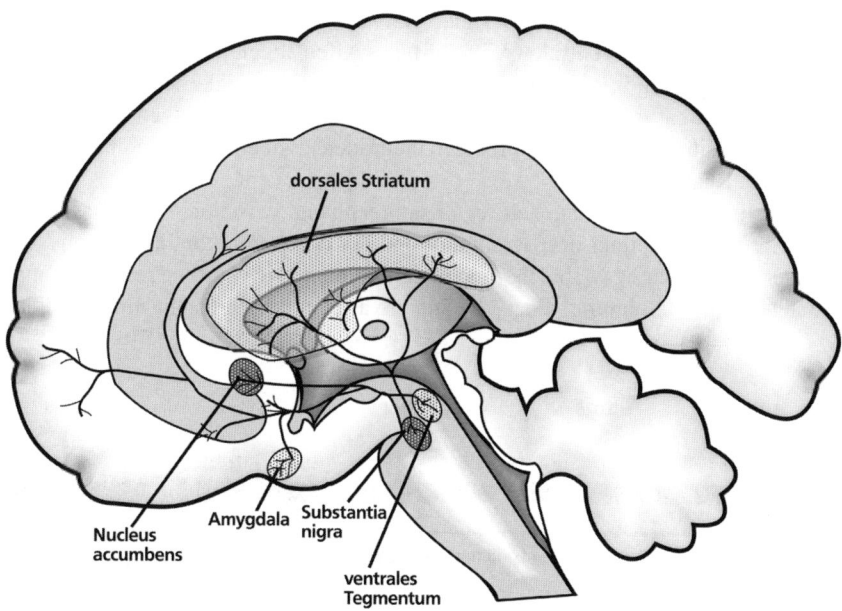

Abb. 4.4.2: Strukturen des mesotelencephalen Dopaminsystems

nete Belohnungswert war, der von den konditionierten Reizen „vorhergesagt"
wurde (Abb. 4.4.3). Die Neurone schienen dabei sowohl die Auftretenswahrscheinlichkeit wie die Menge der Belohnung zu „berücksichtigen". Sie schienen
also eine wichtige Rolle bei der Einschätzung der Konsequenzen des Verhaltens
der Tiere zu haben. Damit schienen sie auch eine wichtige Information für (bewusste oder unbewusste) Entscheidungsprozesse der Tiere bereitzustellen,
welches Verhalten ausgewählt werden soll, um eine optimale Belohnung zu erhalten.

Um eine solche Optimierung zu erreichen, muss der Organismus in der Lage
sein, die erwartete Belohnungswahrscheinlichkeit möglichst exakt zu kodieren.
Dies wird erschwert durch die Tatsache, dass Belohnungen sehr große Unterschiede hinsichtlich ihres Wertes annehmen können.

Skalierung Tobler und Kollegen fanden nun heraus, dass die von ihnen untersuchten Neurone im ventralen Mittelhirn auf den Wert einer Belohnung in einer skalierten
Weise reagieren, wobei die Skala durch den größten und den kleinsten erwarteten
Wert bestimmt wird. Auf diese Art und Weise können die Neurone im Rahmen
ihrer nur begrenzt variablen Feuerrate optimale Unterscheidungen in dem Bereich
erwarteter Belohnungswerte vornehmen, in den der Belohnungswert wahrscheinlich fallen wird. Experimentell wurde etwa gefunden, dass die Reaktion auf ein
und dieselbe Menge einer Flüssigkeit (bei gleicher Auftretenswahrscheinlichkeit)
zu einer erhöhten oder erniedrigten neuronalen Aktivität führt, in Abhängigkeit
davon, ob diese Menge zuvor als höchste oder niedrigste Belohnungsmenge von
mehreren verschiedenen Mengen erlernt wurde.

Der erwartete Wert einer Belohnung ist nicht die einzige Information, die von
Interesse ist, wenn wir nach der motivationalen Basis unseres Verhaltens suchen.
In einem weiteren Experiment der gleichen Arbeitsgruppe (Fiorillo et al. 2003)
wurde wiederum vom ventralen Mittelhirn des Affen abgeleitet. Die Affen lernten
per klassischer Konditionierung, Belohnungswahrscheinlichkeiten von $p = 0$ bis
$p = 1$ in Schritten von $p = 0.25$ mit visuellen konditionierten Reizen zu assozii-
ren. Die Ableitungen von dopaminergen Neuronen ergaben zwei voneinander unabhängige Reaktionsmuster:

Zunächst wurde ein umgekehrter Zusammenhang zwischen einer phasischen
Aktivität zum Zeitpunkt der Belohnung und der durch den konditionierten Reiz
indizierten Belohnungswahrscheinlichkeit gefunden. Die Neurone reagierten maximal bei einer Belohnung, die nach einer erwarteten Belohnungswahrscheinlich-

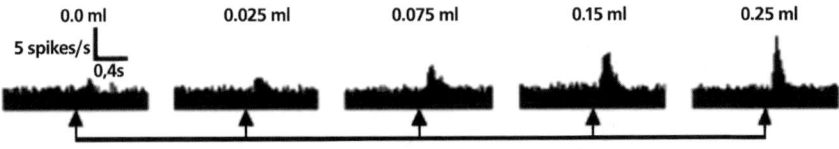

Abb. 4.4.3: Neuronale Kodierung des Belohnungswerts (nach Tobler et al. 2005, bearbeitet)

keit von p = 0 auftrat. Die Stärke der Aktivität nahm monoton über die Zwischen-
stufen (p = 0.25, p = 0.5, p = 0.75) ab und war bei p = 1 nicht mehr zu beobachten
(Abb. 4.4.4). Dieses Muster spiegelt den Vorhersagefehler wider. Je geringer die
„Erwartung" einer Belohnung war, umso stärker feuerten die Neurone, wenn dennoch eine Belohnung auftrat. Der Begriff „Erwartung" wird hier in Anführungs-
zeichen gesetzt, weil dieses neuronale Erregungsmuster keine Rückschlüsse
darauf zulässt, dass die Affen tatsächlich eine bewusste Erwartung ausgebildet
hatten. Der Vorhersagefehler erlaubt es den Affen, sich adaptiv auf Änderungen
der Belohnungswahrscheinlichkeit einzustellen. Er ist damit eine wichtige Größe,
um sich auf veränderte Umgebungsbedingungen einzustellen.

In den gleichen Neuronen wurde jedoch noch ein zweites Reaktionsmuster ge- **Belohnungs-**
funden, welches von der Belohnungswahrscheinlichkeit abhing. Dieses Muster **unsicherheit**
zeigte sich als tonische, rampenförmig ansteigende Aktivierung über den Zeitraum
von der Präsentation des konditionierten Reizes bis zur Gabe der Belohnung. Die
Steigung dieser rampenförmigen Aktivierung war maximal bei p = 0.5 und nahm
zu den beiden Extremen der sicheren Belohnung (p = 1) und der sicher abwesenden
Belohnung (p = 0) hin ab (Abb. 4.4.5). (Tatsächlich war die Wahrscheinlichkeit
p = 0.02, also geringfügig über p = 0, was die Tatsache widerspiegelt, dass in wenigen Durchgängen die Belohnungen präsentiert wurden, die hier ausgewertet wurden.) In anderen Worten, die tonische Aktivität dieser Neurone korrelierte mit der
Unsicherheit über das Erlangen einer Belohnung. Diese Unsicherheit ist bei p = 0.5

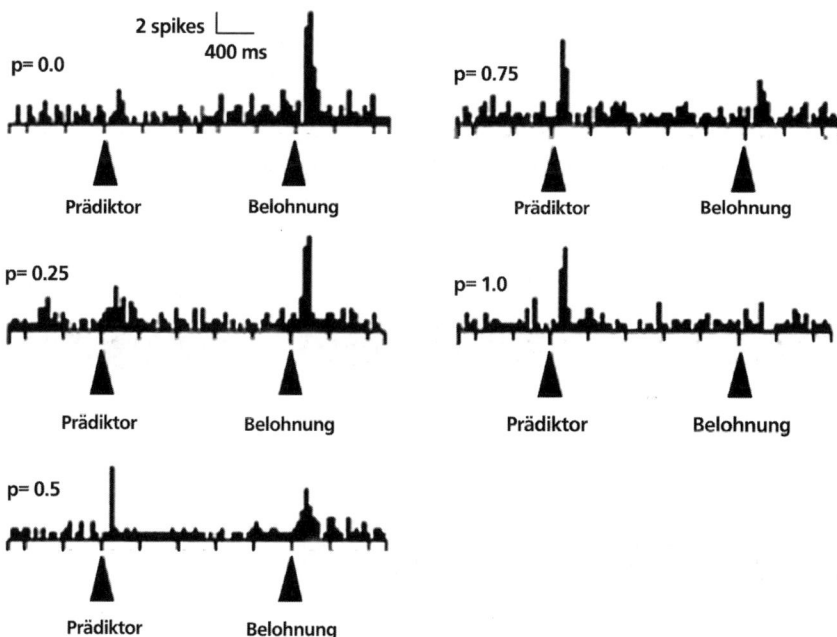

Abb. 4.4.4: Unabhängige Kodierung von Belohnungserwartung und Vorhersagefehler durch dopaminerge Neurone des ventralen Tegmentums (nach Fiorillo et al.
2003, bearbeitet)

maximal und nimmt mit zunehmender Sicherheit über den Erhalt oder das Ausbleiben einer Belohnung ab (s. obige Diskussion des Informationsgehalts).

Neuronale Aktivierung, die mit der Unsicherheit über das Eintreffen einer Belohnung korreliert ist, mag dazu beitragen, dass das Versuchstier seine Aufmerksamkeit gerade auf die Situationen richtet, in denen es am wenigsten vorhersagen kann, ob es eine Belohnung erlangen wird. Ein solches Verhalten entspricht etwa dem Reiz, den Glücksspiele ausmachen. Eine tiefere evolutionäre Bedeutung einer Zuwendung zu Situationen mit unsicherem Ausgang könnte darin liegen, dass wir in diesen Situationen am meisten über die Konsequenzen unseres Verhaltens lernen können. Häufig sind die Belohnungswahrscheinlichkeiten, anders als im Laborexperiment oder beim Glücksspiel, nicht festgelegt. Sie ändern sich über die Zeit oder sind in komplexen Alltagssituationen nicht eindeutig aus Umgebungsmerkmalen ableitbar. In diesen Situationen erlaubt die Zuwendung zu Situationen mit unsicherer Belohnung den größten Erkenntnisgewinn über ein im Sinne der Belohnungsmaximierung optimal adaptives Verhalten.

4.4.2 Humane neuronale Korrelate des Belohnungslernens

Angeregt durch diese Studie wurde eine äquivalente bildgebende Studie beim Menschen durchgeführt (Dreher et al. 2006). Diese Arbeit verfolgte zwei Ziele. Zum einen sollte untersucht werden, ob die neuronalen Aktivationsmuster, die beim Affen beobachtet wurden, auch im menschlichen Gehirn gefunden würden. Damit wäre belegt, dass über die Speziesgrenzen hinweg ähnliche neuronale Mechanismen unsere motivationalen Prozesse steuern. Zum anderen erlaubt das Verfahren der funktionellen Magnetresonanztomographie, das hier angewendet wurde, eine Betrachtung des gesamten Gehirns und kann somit die Frage beantworten, wo überall im Gehirn mit dem Vorhersagefehler einerseits und der Unsicherheit über

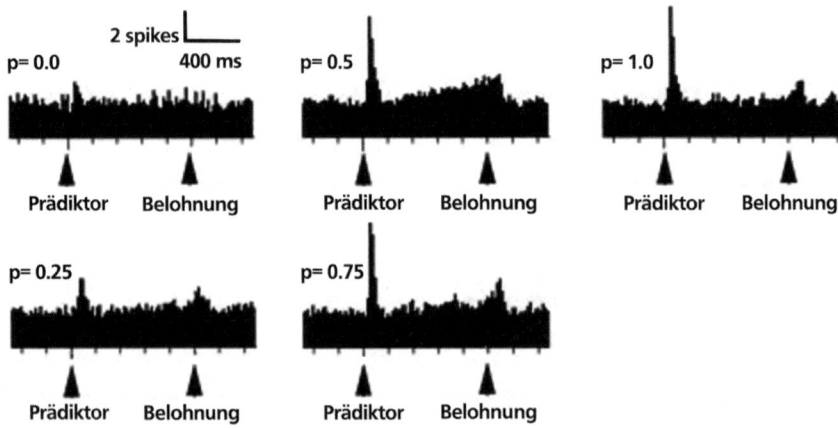

Abb. 4.4.5: Kodierung der Belohnungsunsicherheit im ventralen Tegmentum (nach Fiorillo et al. 2003, bearbeitet)

Belohnung andererseits korrelierte Aktivität auftritt. Die Probanden sahen während des Experiments ein Display, das einem Glücksspielautomaten ähnelte.

Zunächst wurde im menschlichen Mittelhirn das gleiche Aktivierungsmuster wie beim Affen gefunden. Sowohl Belohnungsunsicherheit wie Vorhersagefehler korrelierten mit dem fMRT-Signal. Darüber hinaus wurden in weiteren Arealen, die von Axonen des ventralen Mittelhirns Afferenzen erhalten, spezifische Aktivierungsänderungen gefunden. Transiente Aktivierung, die mit dem Vorhersagefehler korrelierte, wurde in mehreren frontalen Arealen gefunden, während tonische Aktivierung (analog zu der im Affen gefundenen Aktivierung zwischen konditioniertem Reiz und Belohnung) im Putamen, einem Kern des Striatums, gefunden wurde. Das menschliche Mittelhirn scheint damit den gleichen Prinzipien in der Erwartung und Bewertung von Belohnung zu folgen wie das Mittelhirn des Affen.

Darüber hinaus zeigt die Studie, dass sich der Informationsfluss vom Mittelhirn aus in funktionell unterschiedlicher Weise auf zwei dopaminerge Bahnensysteme aufteilt. Ein System, das zum Frontalcortex führt, trägt die Information über erwartete und tatsächliche Belohnungswertigkeit. Ein anderes, striatales, System repräsentiert hingegen die Information über die Belohnungsunsicherheit. **zwei dopaminerge Bahnen**

Bisher haben wir tier- und humanexperimentelle Belege dafür kennengelernt, dass das mesotelencephale dopaminerge System belohnungsbezogene Information kodiert. Ein aktiver Zweig der aktuellen Forschung beschäftigt sich damit, wie spezifisch diese Funktionen für das Belohnungslernen sind. Führt z. B. allein positive Rückmeldung ohne explizite Belohnung zur Aktivierung des dopaminergen Systems? Eine fMRT-Studie hat entsprechende Aktivierung berichtet (Aron et al. 2004). Spiegelt sich die Befriedigung, die wir empfinden, wenn ein unfairer Spieler seine gerechte Strafe erleidet, in der Aktivität des dopaminergen Systems wider? Auch hierfür gibt es Belege (Singer et al. 2006), die in Kapitel 4.7 ausführlicher dargestellt werden. Diese Befunde belegen die zentrale Bedeutung der Belohnungsrepräsentation in dopaminergen Neuronen. Zukünftig wird es verstärkt darum gehen, die Interaktion des mesotelencephalen dopaminergen Systems mit den corticalen Arealen zu untersuchen, die es uns ermöglicht, Belohnungserwartungen und Rückmeldungen in die Steuerung komplexer kognitiver Entscheidungsprozesse zu integrieren. **Spezifität des Belohnungslernens**

Fragen zu Kapitel 4.4

Überprüfen Sie Ihr Wissen!

241. Nennen Sie einige Strukturen des mesotelencephalen Dopaminsystems.
242. Wie wird der Wert einer Belohnung neuronal kodiert?
243. Wie wird die Diskrepanz zwischen erwarteter und tatsächlicher Belohnung kodiert? Wozu kann diese Kodierung genutzt werden?
244. Wann ist die Belohnungsunsicherheit maximal?
245. Wie können neuronal Belohnungen von sehr unterschiedlicher Höhe kodiert werden?

246. Zu welchen Zeitpunkten eines Konditionierungsdurchgangs werden welche Informationen neuronal kodiert?
247. Kann ein einzelnes Neuron in einem Versuchsdurchgang mehrere verschiedene belohnungsbezogene Informationen kodieren?
248. Gibt es im menschlichen Gehirn ähnliche neuronale Korrelate des Belohnungslernens wie beim Affen? Nennen Sie Beispiele.
249. Spiegelt die Belohnungsantwort eines dopaminergen Neurons die absolute Höhe der Belohnung wider? Schildern Sie einen Versuchsaufbau zur Untersuchung dieser Frage.
250. Versuchen Sie Alltagssituationen zu skizzieren, in denen Belohnungslernen im weiteren Sinn (also auch ohne explizite Belohnung) stattfindet.

4.5   Emotion und Entscheidung – Somatische Emotionskorrelate

Dass Emotionen mit körperlichen Veränderungen einhergehen, weiß wohl jeder aus eigener Erfahrung. Der Schreck, der einen erstarren lässt, gefolgt von Zittern, die feuchten Handflächen bei nervöser Erwartung oder der erhöhte Puls in einer spannende Situation sind Beispiele für diesen Zusammenhang.

4.5.1   Emotion und Erregung

Was bedingt was? Wir gehen davon aus, dass der Schreck uns zittern lässt, die Spannung den Puls beschleunigt, kurz, dass Emotionen körperliche Empfindungen auslösen. Im Jahr 1884 stellte William James, einer der Gründerväter der amerikanischen Psychologie, diese Anschauung auf den Kopf. Er behauptete, dass nicht Emotionen körperliche Empfindungen, sondern umgekehrt körperliche Empfindungen Emotionen auslösen würden. Zu dieser Anschauung kam er durch Introspektion. Er stellte sich vor, was etwa von Furcht oder Liebe übrig bliebe, wenn alle körperlichen Symptome wie Herzschlag, Muskelzittern oder das Gefühl von Wärme oder Kälte entfernt würden. Nach seiner Ansicht bliebe dann nur ein intellektueller Zustand ohne Emotionen.

spezifische Erregungsmuster?
Sein Schüler Walter Cannon war von James' Ansicht, dass emotionsauslösende Ereignisse zunächst körperliche Veränderungen verursachen, die dann zur Empfindung von Emotionen führen, nicht überzeugt. Sein zentraler Kritikpunkt war, dass nicht für jede Emotion ein exakt zugeordnetes körperliches Erregungsmuster existiert. Dies wäre aber eine Voraussetzung für die Gültigkeit von James' Hypothese. Cannon argumentierte, dass die Reaktion des autonomen Nervensystems, das die mit Emotionen einhergehenden Erregungszustände bewirkt, zu unspezifisch sei, um die verschiedenen von uns unterscheidbaren Emotionen auslösen zu können. Ein zweiter Kritikpunkt war, dass das autonome Nervensystem zu träge reagiert, um das Entstehen von Emotionen zu erklären. In einer peinlichen Situation fühlt man die Peinlichkeit, bevor man Zeit hat, zu erröten.

James' Ansicht, dass spezifische somatische Erregungsmuster Emotionen her- **unspezifische** vorrufen, stieß also auf viele Gegenbelege. Vielleicht kann uns aber unspezifische **Erregung** Erregung dazu bringen, emotional anders auf unsere Umwelt zu reagieren?

Dies war die Überlegung einer Reihe von Experimenten von Schachter und Singer (1962). Sie injizierten ihren Probanden Adrenalin und riefen damit eine erhöhte Erregung hervor. Dann wurden die Probanden einer experimentell kontrollierten sozialen Situation ausgesetzt, in der ein Gehilfe des Versuchsleiters eine andere Versuchsperson spielte, die wie der Proband einen Fragebogen ausfüllte und dabei entweder wütend oder euphorisch reagierte. Die entscheidende experimentelle Variation war, dass eine Hälfte der Probanden über die erregende Wirkung der zugeführten Substanz (des Adrenalins) informiert war, während die andere Hälfte dies nicht wusste. Die Probanden, die nicht wussten, dass sie das erregende Adrenalin bekommen hatten, wurden ärgerlich, wenn der Gehilfe ärgerlich wurde, und euphorisch, wenn der Gehilfe euphorisch wurde. Die Befunde konnten nicht immer vollständig repliziert werden (Reisenzein 1983), sie hatten aber einen grundlegenden Einfluss auf die Emotionsforschung, indem sie das Augenmerk auf die Bewertung körperlicher Erregungszustände richteten. Ein Ergebnis dieser Forschung ist, dass unspezifische Erregung zu einer stärkeren emotionalen Empfindung führt, z.B. im Anschluss an sportliche Betätigung.

Ist es nun aber so, dass alle Emotionen mit der gleichen autonomen Erregung einhergehen? Belege für emotionsspezifische Erregungsmuster kamen aus einer unerwarteten Richtung. Ekman und Mitarbeiter (s. Kap. 4.1) verbrachten unzählige Stunden damit, ihre Gesichtsmuskeln individuell zu bewegen, um emotionsspezifische Gesichtsausdrücke zu erzeugen und zu beschreiben. Bei diesen Arbeiten stellten sie fest, dass die Bewegung der Gesichtsmuskeln Einfluss darauf zu haben schien, wie sie sich fühlten.

Zunächst fand man, dass es Unterschiede gab zwischen negativen Emotionen, wie Ärger, Furcht, Trauer und Abscheu, die mit erhöhter sympathischer Aktivierung einhergingen, und positiven Emotionen, die mit reduzierter sympathischer Aktivierung einhergingen (Levenson et al. 1990). Weitere Studien zeigten dann, dass auch diese Unterscheidung zu global war. So wurden starke Zunahmen der Herzrate bei Furcht, Ärger und Traurigkeit gemessen, während Abscheu kaum mit einer Erhöhung einherging. Die Hautleitfähigkeit war bei Furcht und Abscheu stärker als bei Ärger und Trauer erhöht und die periphere Durchblutung bei Ärger stärker als bei Furcht.

In weiteren Untersuchungen (Stemmler 1989; Stemmler et al. 2001) konnte jedoch nur Furcht und Ärger anhand einer Reihe physiologischer Maße unterschieden werden, und auch nur, wenn die Emotionen in alltagsnahen Situationen erzeugt wurden. Dagegen ging die reine Vorstellung der Emotionen nicht mit unterschiedlichen physiologischen Profilen einher.

Wie wirken sich Emotionen auf scheinbar rationale Entscheidungen aus? Bisher **rationale** haben wir Evidenz dafür gefunden, dass körperliche Erregungszustände beein- **Entscheidungen** flussen können, welche Emotionen wir empfinden. Wirken sich solche somatischen Faktoren, vielleicht über den Umweg emotionaler Bewertung, auch auf unser Handeln in rationalen Entscheidungssituationen aus?

Der Fall Phineas Gage

Phineas Gage war ein 25-jähriger Vorarbeiter bei der amerikanischen Eisenbahn, der im Jahre 1848 an Sprengarbeiten zur Begradigung der Strecke beteiligt war. Dazu wurden Löcher in den Fels gebohrt, diese mit Schießpulver gefüllt und mit Sand abgedeckt, worauf diese Mischung dann mit einem Eisenstab verfestigt wurde. Eines Tages

"a momentary distraction let Gage begin tamping directly over the powder before his assistant had had a chance to cover it with sand. The result was a powerful explosion away from the rock and toward Gage. The fine-pointed, 3 cm-thick, 109 cm-long tamping iron was hurled, rocket-like, through his face, skull, brain, and then into the sky. Gage was momentarily stunned but regained full consciousness immediately thereafter. He was able to talk and even walk with the help of his men. The iron landed many yards away." (Damasio et al. 1994, 1102–1105)

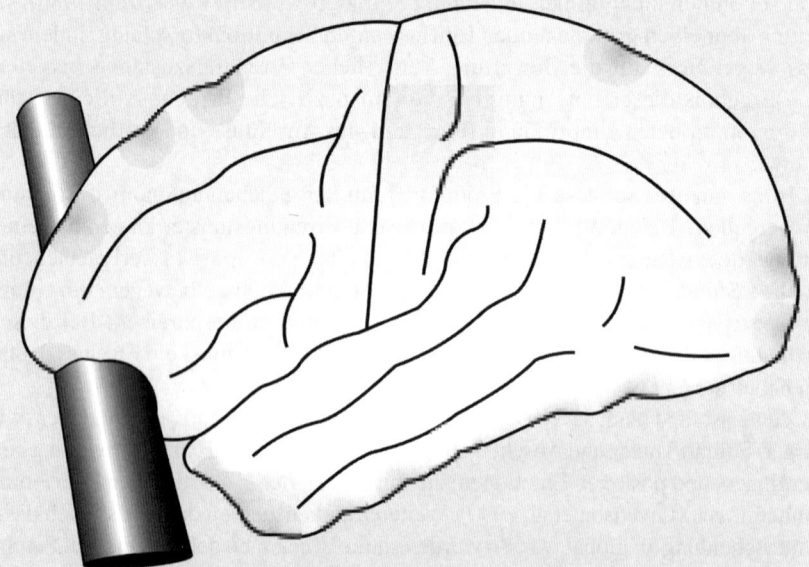

Abb. 4.5.1: Zeichnerische Darstellung der Flugbahn des Eisenstabs durch den Schädel des Phineas Gage (nach Damasio et al. 1994, eigene Abbildung)

Phineas Gage hat den katastrophalen Unfall nicht nur überlebt, sondern er zeigte auch keine erkennbaren Einbußen der Sprache, des Gedächtnisses oder der Intelligenz. Er hatte auch keine groben neurologischen Ausfälle, insbesondere keine Lähmungen. Es wurden jedoch auffällige Persönlichkeitsänderungen festgestellt. Phineas Gage wurde vor dem Unfall beschrieben als verantwortungsvoll, intelligent, sozial angepasst, beliebt bei Kollegen und Vorgesetzten. Nach dem Unfall wurde er launisch, respektlos, er missachtete soziale Konventionen, fiel durch häufiges Fluchen auf und verlor vor allem sein Verantwortungsbewusstsein. Man konnte sich nicht mehr darauf verlassen, dass er ihm aufgetragene Arbeiten ausführte. Phineas Gage verlor seine Arbeit, bekam nie wieder eine adäquate Anstellung und war nicht mehr in der Lage, eine unabhängige Existenz zu führen.

Nach seinem Tod wurde keine Autopsie durchgeführt, so dass das genaue Ausmaß seiner Hirnläsion unbekannt blieb. Nur der Schädel mit den Eintritts- und Austrittsstellen des Stabes und der Eisenstab (der mit Gage zusammen beerdigt wurde) wurden später exhumiert.

Im Jahr 1994 wurde eine Rekonstruktion der Läsion unter Verwendung moderner neuroanatomischer Computeralgorithmen durchgeführt (Damasio et al. 1994). Der Schädel wurde vermessen und geröngt. Die Rekonstruktion des Schädels wurde durch lineare Transformation mit einem Normschädel in Übereinstimmung gebracht. Die Dimensionen der Ein- und Austrittslöcher konnten so skaliert und auf den Normschädel übertragen werden. Mögliche Trajektorien des Eisenstabes wurden in einer Simulationssoftware dargestellt. Auf diese Weise wurde gezeigt, dass weder das Broca-Areal noch der motorische oder prämotorische Cortex betroffen waren. Betroffen waren dagegen die anteriore Hälfte des Orbitofrontalcortex, die polaren und anterioren medialen Cortices und der anteriore Anteil des Gyrus cinguli.

4.5.2   Das Konzept der Somatischen Marker

Die Fallgeschichte von Phineas Gage wirft für die Motivationspsychologie folgende Frage auf: Inwieweit ist der Präfrontalcortex und insbesondere sein ventromedialer Anteil an der Steuerung motivierten menschlichen Verhaltens beteiligt und inwieweit ist diese Steuerungsfunktion mit emotionalen und affektiven Faktoren gekoppelt, die bei Gage so offensichtlich gestört waren?

Das Verhalten von Patienten mit ventromedialen Läsionen des Präfrontalcortex wurde eingehend in einem Glücksspiel (*Iowa Gambling Task*; IGT)-Experiment untersucht (Bechara et al. 1997; Abb. 4.5.2). Bei diesem Experiment sollten die Patienten jeweils eine Karte ziehen, wobei sie mit jeder Karte einen Gewinn oder Verlust realisieren konnten. Sie hatten 4 Kartenstapel zur Auswahl, von denen 2 Stapel Karten mit geringen Gewinnen und geringen Verlusten enthielten, während die weiteren beiden Stapel Karten mit hohen Gewinnen, aber auch Karten mit noch höheren Verlusten enthielten.

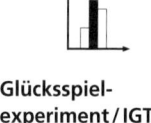

Glücksspiel-experiment / IGT

Auf lange Sicht ergab sich bei den Stapeln mit geringen Gewinnen und Verlusten ein kleiner Nettogewinn, während der Durchschnitt der Stapel mit hohen Gewinnen und Verlusten einen deutlichen Nettoverlust ergab. Hirngesunde Probanden lernten im Verlauf des Experiments, sich darauf einzustellen und überwiegend Karten von den Stapeln zu ziehen, die einen Nettogewinn versprachen. Patienten mit dorsolateral-präfrontalen oder posterioren Hirnläsionen verhielten sich wie hirngesunde Probanden. Demgegenüber wählten die Patienten mit ventromedial-präfrontalen (VM) Läsionen durchgängig Karten von den Stapeln, die hohe Gewinne versprachen, unter Inkaufnahme von Nettoverlusten. Sie waren damit in einer Situation, in der sie nur probabilistische Rückmeldungen über die Konsequenzen ihres Verhaltens erhielten, nicht in der Lage, ihr Verhalten zu optimieren.

Risikoverhalten

Auch unter den hirngesunden Probanden gab es Unterschiede in der Bereitschaft, das Risiko eines hohen Verlusts einzugehen, um einen hohen Gewinn zu erzielen. Alle gesunden Probanden zeigten jedoch eine erhöhte antizipatorische Hautleitfähigkeit vor Wahlen aus den mit hohem Verlustrisiko behafteten Stapeln. Im Gegensatz dazu zeigten die VM-Patienten keine Erhöhung der antizipatorischen Hautleitfähigkeit.

Entwicklung des Risikobewusstseins

Die bewusste Wahrnehmung des Risikos schien nicht der zentrale Unterschied zwischen den Gruppen zu sein. Eine Befragung der Patienten (und Kontrollen) zeigte, dass sich i. d. R. nach den ersten Gewinnen und Verlusten langsam ein intuitives Gefühl entwickelte, besser von den weniger riskanten Stapeln zu ziehen. Diese Intuition wich bei einem Teil der Probanden und Patienten dem bewussten Verständnis des Konzepts des Tests. Ein Verständnis des Konzepts wurde in der ursprünglichen Studie von etwa 70 % der Kontrollprobanden und immerhin 50 % der VM-Patienten berichtet. Das Bewusstwerden des Konzepts korrelierte jedoch nur gering mit dem Verhalten – sowohl der Probanden als auch der VM-Patienten. Die 30 % der Kontrollprobanden, die das Konzept der Aufgabe nicht bewusst erfassten, lernten dennoch im Laufe des Experiments, die „richtigen" Karten zu ziehen. Dagegen blieben auch die Patienten, die das Konzept erfasst hatten, bei der Wahl riskanter Karten.

Hautleitfähigkeit

Das Wahlverhalten korrelierte dagegen hoch mit dem Berichten intuitiver Gefühle und dem damit verbundenen Auftreten der antizipatorischen Hautleitfähigkeitsänderung. Beides war bei den Patienten defizitär. Dieses Defizit, sein Verhalten im Hinblick auf seine Konsequenzen zu optimieren, schien nicht auf primär kognitiven Defiziten zu beruhen. Einige VM-Patienten schnitten in Arbeitsgedächtnistests gut ab, in denen Patienten mit Läsionen des benachbarten lateralen Präfrontalcortex beeinträchtigt sind. (Umgekehrt kann ein gestörtes Arbeitsgedächtnis zu gestörtem Entscheidungsverhalten führen, da die Optimierung des

Iowa Gambling Task

Kartenstapel:	A	B	C	D
	A und B		C und D	
Gewinn:	$100		$50	
Verlust: (1 aus 10 Karten)	$1250		$250	
Nettogewinn:	$-350		$200	

Einsatz: $2000 Spielgeld, 100 Züge

Abb. 4.5.2: Das Glücksspielexperiment (*Iowa Gambling Task*, IGT): Gewinne und Verluste (nach Bechara et al. 1997)

Verhaltens voraussetzt, dass man sich an die Konsequenzen vergangener Handlungen erinnert.)

Die erhöhte antizipatorische Hautleitfähigkeit wurde als ein **somatischer Marker** interpretiert. Er ermöglicht es dem Individuum, sein Verhalten aufgrund früherer Lernerfahrungen in ähnlichen Situationen (konkret: den früheren Durchgängen der IGT) zu optimieren, noch bevor die Kontingenzen von Kartenwahl und Nettogewinn bewusst reflektiert werden. Das Konzept des somatischen Markers besagt, dass körperliche Zustände emotionale Lernerfahrungen signalisieren können, die in früheren, der aktuellen Situation ähnlichen Situationen gemacht wurden. Das Konzept geht davon aus, dass unser Verhalten in Entscheidungssituationen nicht allein durch Konditionierungen (wie im Behaviorismus) oder allein durch kognitive Prozesse determiniert ist.

somatischer Marker

So einleuchtend diese Vorstellung ist, so musste das Konzept des somatischen Markers im Zusammenhang mit Wahlentscheidungen im IGT einige Rückschläge hinnehmen. Zum einen wurde gezeigt, dass die offenen Fragen ("Tell me all you know about what is going on in this game." "Tell me how you feel about this game."; Bechara et al. 1997), die im IGT verwendet wurden, ungeeignet sind, um das tatsächlich vorhandene Wissen über die Spielzusammenhänge zu ergründen. Bei Verwendung eines strukturierten Fragebogens wurde gezeigt, dass hirngesunde Probanden über den gesamten Verlauf der Aufgabe hinweg besser über die Zusammenhänge zwischen Kartenstapeln und Belohnung (auch Nettobelohnung über mehrere Wahlen hinweg) informiert waren, als ihre tatsächlichen Wahlen widerspiegelten. In anderen Worten, die Wahlen mussten nicht durch unbewusste, eventuell auf somatische Marker zurückgehende, Lerneinflüsse zurückgeführt

Strategiewissen

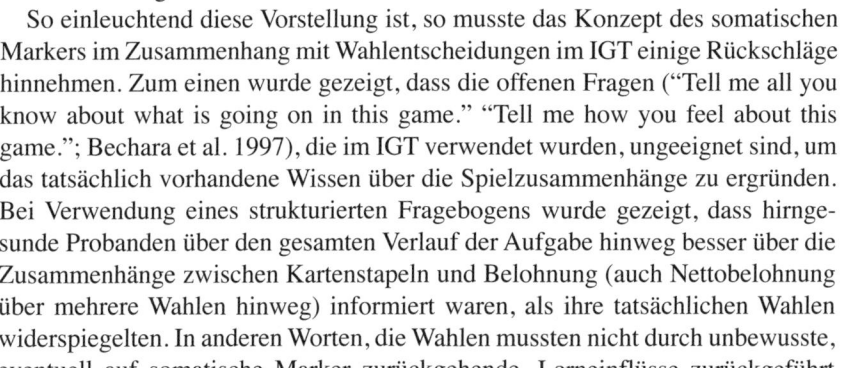

Stapel	Typ	Gewinn pro 10 Karten	Verlust pro 10 Karten
A	Schlecht	$1000	-$1250 (5)
B	Schlecht	$1000	-$1250 (1)
C	Gut	$500	-$250 (5)
D	Gut	$500	-$250 (1)

Stapel	Typ	Gewinn pro 10 Karten	Verlust pro 10 Karten
A	Gut	$2250	-$1500 (5)
B	Gut	$2250	-$1500 (1)
C	Schlecht	$250	-$1000 (5)
D	Schlecht	$250	-$1000 (1)

Abb. 4.5.3: Vergleich des Original-IGT (oben) mit dem modifizierten IGT nach Tomb et al. (2002; unten)

Antizipation aktueller Handlungsfolgen

werden. Vielmehr könnte die erhöhte antizipatorische Hautleitfähigkeit durch dieses Wissen erklärt werden (Maia/McClelland 2004).

Unabhängig davon wurde der Zusammenhang zwischen erhöhter antizipatorischer Hautleitfähigkeitsänderung und probabilistischem Lernen angezweifelt. Tomb und Kollegen (2002) zeigten, dass die Hautleitfähigkeit eher durch die Antizipation hoher aktueller Gewinne und/oder Verluste anstieg, ohne dass Nettogewinne oder Verluste, die sich über mehrere Durchgänge des Experiments einstellten, einen messbaren Einfluss hatten. Letzteres wäre natürlich die Voraussetzung dafür, dass die Hautleitfähigkeitsänderung ein Korrelat probabilistischen Lernens ist, wie von den Vertretern des Konzepts des somatischen Markers postuliert.

Tomb und Kollegen war aufgefallen, dass die hohen Nettoverluste in den „schlechten" Kartenstapeln des IGT mit der Höhe der Gewinne und Verluste in jedem einzelnen Durchgang konfundiert waren. Dies eröffnete die Alternativerklärung, dass die beobachteten Hautleitfähigkeitserhöhungen nicht das probabilistische Lernen der Nettogewinnwahrscheinlichkeit über viele Versuchsdurchgänge widerspiegelte, sondern eine Reaktion auf die jeweils aktuellen Gewinne

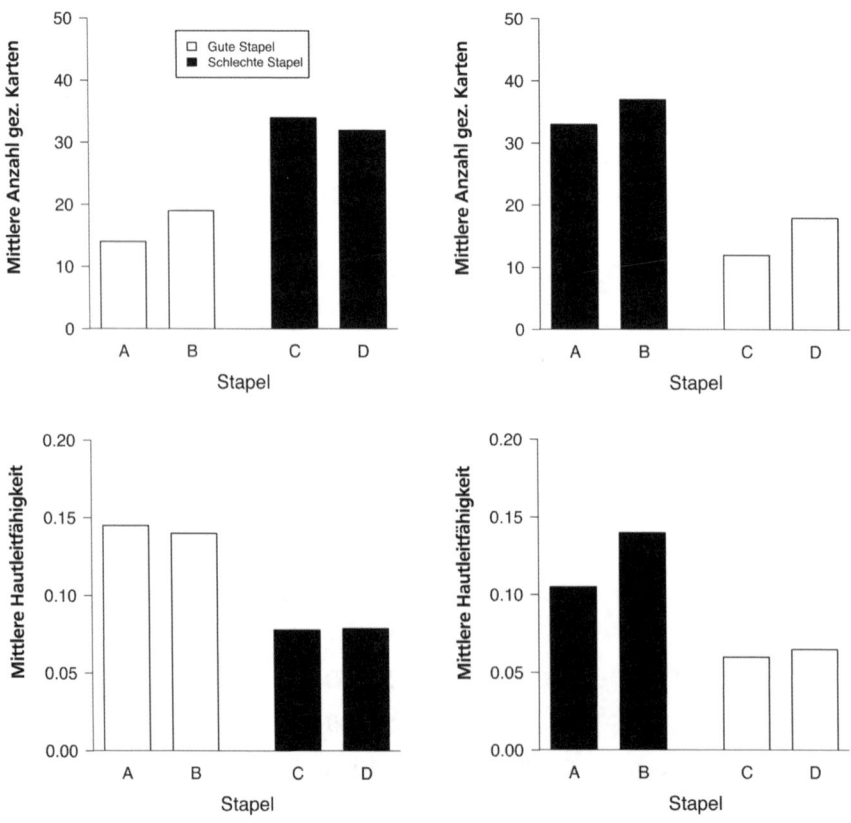

Abb. 4.5.4: Anzahl gezogener Karten und Hautleitfähigkeit im modifizierten IGT (nach Tomb et al. 2002, bearbeitet)

oder Verluste waren. Um diese Hypothese zu prüfen, veränderten sie den IGT so, dass die höheren Gewinne und Verluste pro Versuchsdurchgang in den „guten" Kartenstapeln realisiert wurden (Abb. 4.5.3). Die Frage war nun, ob bei hirngesunden Probanden erhöhte Hautleitfähigkeitswerte immer noch die Wahl von den „schlechten" Kartenstapeln begleiten würden, wie es das Konzept des somatischen Markers voraussagen würde. Die Ergebnisse waren eindeutig: Die Probanden lernten in der modifizierten Variante genauso gut, die „guten", mit einem Nettogewinn assoziierten Stapel zu bevorzugen, obwohl die Hautleitfähigkeitserhöhungen nun bei Zügen von den „guten" Stapeln erhöht waren (Abb. 4.5.4).

Weitere Patientenstudien konnten schließlich auch die Spezifität der suboptimalen Wahlentscheidungen in der IGT für ventromediale Läsionen des Präfrontalcortex nicht bestätigen. Eine dieser Studien fand zudem Hinweise darauf, dass die bevorzugte Wahl der Kartenstapel mit Nettoverlusten bei Patienten mit VMPFC-Läsionen nur dann auftritt, wenn, wie im ursprünglichen IGT, in den ersten 10 Zügen von diesen Stapeln nur hohe Gewinne gemacht werden, während sich der erste Verlust erst danach einstellt (Fellows / Farah 2005). Dies spricht dafür, dass die fortdauernde Wahl dieser Stapel durch bei Läsion des VMPFC bekannte Beeinträchtigungen des Umkehrlernens erklärt werden kann und somit zusätzliche affektive Störungen, Persönlichkeitsveränderungen oder somatische Marker nicht zur Erklärung herangezogen werden müssen.

Defizite im Umkehrlernen

Wir haben die Befunde zum somatischen Marker-Modell etwas ausführlicher dargestellt, weil es sich zum einen um ein Konzept mit hoher Augenscheinvalidität handelt. Zum anderen aber zeigen die Experimente, dass hohe Plausibilität nicht die kritische Analyse ersetzen kann, und ein geschicktes Versuchsdesign oft zeigt, dass die Realität nicht so einfach ist, wie ein plausibles Modell sie zunächst darstellt.

Fragen zu Kapitel 4.5

Überprüfen Sie Ihr Wissen!

251. Skizzieren Sie die Positionen von James und Cannon zum Verhältnis von physiologischen Erregungsmustern und Emotionen.
252. Wie gingen Schachter und Singer vor, um den Zusammenhang zwischen physiologischer Erregung und Emotionen zu untersuchen? Was waren die Ergebnisse?
253. Wie spezifisch ist der Zusammenhang zwischen physiologischen Erregungsmustern und bestimmten Emotionen?
254. Welche Hirnareale waren bei Phineas Gage durch den Unfall verletzt worden? Welche Defizite im Verhalten wurden beobachtet, welche Funktionen waren erhalten?
255. Beschreiben Sie die Glücksspielaufgabe (IGT). Welche Unterschiede fanden Bechara und Kollegen zwischen Hirngesunden und Patienten mit ventromedialen präfrontalen Läsionen?
256. Was ist ein somatischer Marker?
257. Welche Evidenz gibt es hinsichtlich der Rolle somatischer Marker im probabilistischen Lernen?

258. Warum zeigen Patienten mit Läsionen des ventromedialen Präfrontalcortex häufig Defizite im IGT? Wie können diese Defizite vermieden werden?

259. Welche funktionellen Einbußen entstehen nach Läsionen des ventromedialen und des dorsolateralen Präfrontalcortex? Nutzen Sie auch Informationen aus anderen Kapiteln des Buchs.

260. Wie könnte das dopaminerge System (s. Kap. 4.4) in die Bearbeitung der IGT involviert sein?

4.6   Empathie

Unser Verhalten wird nicht nur durch eigene Motivationen und Emotionen gelenkt, sondern auch durch unsere Interaktion mit anderen Menschen. Um diese Interaktion erfolgreich zu gestalten, ist es von zentraler Bedeutung, die Beweggründe des Verhaltens anderer zu verstehen, uns in ihn hineinzuversetzen.

Empathie bezeichnet umgangssprachlich das Einfühlungsvermögen in andere Personen. In der wissenschaftlichen Nomenklatur wird der Begriff zuweilen in drei miteinander verwandte Bereiche aufgegliedert: kognitive, motorische und emotionale Empathie (Blair 2005). Der Zusammenhang ist aber lose, die drei Begriffe bezeichnen sehr unterschiedliche Verhaltens- und Empfindensweisen. Soweit bekannt, sind auch die neuronalen Korrelate nur z.T. überlappend.

4.6.1   Theory of Mind

Theory of Mind

Unter kognitiver Empathie versteht man die Fähigkeit, sich in die Vorstellungen und Absichten anderer Personen hineinzuversetzen. Im Englischen wird hierfür oft der Begriff **Theory of Mind** (ToM) gebraucht, der auch Eingang in die deutschsprachige Literatur gefunden hat (allerdings ohne entsprechende Übersetzung).

false belief test

Für die empirische Überprüfung der kognitiven Empathie kommt falschen Vorstellungen eine besondere Bedeutung zu (*false belief test*). Ein Beispiel, wie es etwa in Tests für Kinder verwendet wird, ist das Cartoon von Sally und Anne (Abb. 4.6.1).

> Sally legt einen Ball in einen Korb und geht dann weg. Während Sally weg ist, nimmt Anne den Ball aus dem Korb und legt ihn in eine Kiste. Schließlich kommt Sally zurück. Die Frage ist nun, wo wird Sally ihren Ball suchen. Wenn Sie die Antwort „im Korb" geben, zeigen Sie damit, dass Sie davon ausgehen, dass Sallys Verhalten von ihrer falschen Annahme geleitet wird, der Ball liege noch im Korb. (Nur bei falschen Annahmen differiert das erwartete Verhalten von dem Verhalten, das aufgrund der tatsächlichen Zustände zu erwarten ist. Daher sind nur falsche Annahmen zum Nachweis geeignet, dass die Annahme der anderen Person nachvollzogen werden kann.)

Autismus

Im Alter von 4 Jahren verstehen die meisten Kinder, dass Sally den Ball im Korb sucht, weil sie fälschlich annehmen muss, dass er noch dort liegt. Im Gegensatz dazu nehmen autistische Kinder an, Sally suche den Ball dort, wo er sich wirklich befindet. Es ist leicht nachzuvollziehen, dass ein solches Defizit im Nachvollzie-

hen der Gedanken und Vorstellungen anderer zu großen Defiziten in der Kommunikation und im sozialen Verständnis mündet. Autismus ist durch eine Trias von
Defiziten gekennzeichnet: Normale soziale Beziehungen und Interaktionen werden nicht ausgebildet, die Kommunikation ist beeinträchtigt und rigide, repetitive
Verhaltensmuster werden ausgebildet.

Die Fähigkeit, sich in die Gedanken anderer zu versetzen, ist weitgehend unab- **Mentalizing**
hängig von anderen intellektuellen Fähigkeiten. So sind in Einzelfällen Autisten
bekannt geworden, die erfolgreich Universitäten besucht haben, aber dennoch
Fehler in Tests machen, die das Nachvollziehen der Vorstellungen anderer erforderlich machen. Noch interessanter ist, dass die Fähigkeit des Mentalizing (wie
die kognitive Empathie auch genannt wird) sich auch von anderen Formen sozialer Intelligenz unterscheidet.

So sollten autistische Kinder in einem Spiel einen Rivalen (der vom Experimentator mit einer Handpuppe gespielt wurde) davon abhalten, einen „Schatz" zu erlangen,
der in einer Kiste aufbewahrt war. Die Kinder lernten, dieses Ziel zu erreichen, wenn
dazu die Kiste verschlossen werden konnte. Sie lernten aber nicht, das Ziel zu erreichen, indem sie vorgaben, die Kiste sei verschlossen (Sodian/Frith 1992). In beiden
Fällen ist die soziale Situation die gleiche, die Täuschung setzt aber voraus, dass das
Verhalten des Gegenübers durch falsche Annahmen beeinflusst werden kann.

Die neuronale Basis des Mentalizings ist noch weitgehend ungeklärt. Gibt es **neuronale Korrelate**
ein Mentalizing-Modul (also ein neuronales Ensemble, das spezifisch diese **des Mentalizings**
Fähigkeit unterstützt) oder ein dediziertes Mentalizing-Netzwerk, oder werden für
die kognitive Empathie andere, vorhandene Netzwerke genutzt? Eine Überlegung

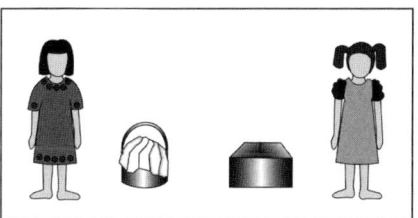

Dies ist Sally.   Dies ist Anne.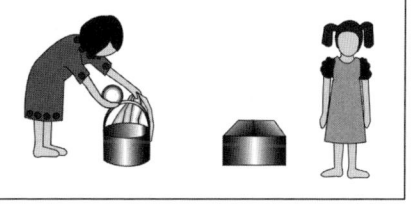
                                                  Sally legt ihren Ball in ihren Korb.

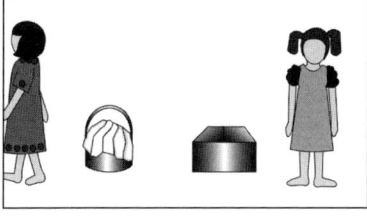      

Sally geht weg.   Anne nimmt den Ball und   Wo wird Sally
                         legt ihn in ihre Box.   nach dem Ball suchen?

Abb. 4.6.1: Bildergeschichte zur Überprüfung der kognitiven Empathie. Bei der Be-
antwortung der Frage „Wo sucht Sally den Ball?" muss berücksichtigt werden, dass
sie eine falsche Vorstellung vom Verbleib des Balles hat (eigene Zeichnung nach
Frith/Frith 1999).

ist, dass die kognitive Empathie auf Fähigkeiten beruht, die phylogenetisch älter als diese selbst sind. Dazu gehören die Fähigkeit, lebende und unbelebte Objekte zu unterscheiden; die Fähigkeit, die Aufmerksamkeit gemeinsam mit anderen auf einen Gegenstand zu richten, indem man dem Blick des anderen folgt; die Fähigkeit, zielgerichtete Handlungen zu repräsentieren und die Fähigkeit zwischen eigenem Handeln und dem Handeln anderer zu unterscheiden (Frith/Frith 1999).

STS Neurone im dorsalen Ufer des Sulcus temporalis superior (STS) des Affen reagieren auf biologische Bewegung (s. Kap. 1.3), aber nicht auf Bewegung unbelebter Objekte. Aktivierung in dieser Region wurde auch in Studien zur biologischen Bewegung im menschlichen Gehirn gefunden (Pelphrey et al. 2005). Benachbarte Aktivierungen wurden auch in Mentalizing-Aufgaben gefunden (Frith/Frith 1999). STS-Neurone reagieren ebenfalls auf beobachtete Blickrichtungsänderungen eines Gegenübers (s. Kap. 4.1). Weiterhin findet man, im ventralen Ufer des STS, Aktivierungen, die mit der Beobachtung zielgerichteter Handlungen verbunden sind. Damit ist der Cortex um den posterioren STS, in der temporoparietalen Grenzregion, potenziell bedeutsam für die Fähigkeit, sich in die Vorstellungen anderer hineinzuversetzen (Abb. 4.6.2).

Exekutivfunktionen Ein Bereich, der für die Bearbeitung von ToM-Aufgaben wichtig sein könnte, sind die exekutiven Funktionen. Eingehende Untersuchungen an Patienten haben jedoch keinen Zusammenhang zwischen Störungen exekutiver Funktionen und Beeinträchtigung in ToM-Aufgaben gefunden. Wie sprachliche Fähigkeiten helfen auch intakte exekutive Funktionen bei der Bearbeitung bestimmter Aufgabenanforderungen, die auch in ToM-Aufgaben auftreten können (z. B. Inhibition der

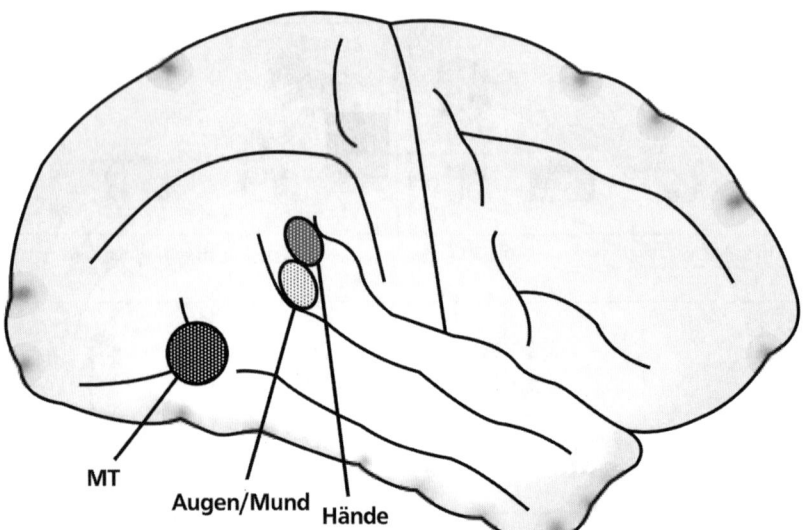

MT

Augen/Mund Hände

Abb. 4.6.2: Neurone entlang der Ufer des posterioren Sulcus temporalis superior reagieren auf verschiedene Formen biologischer Bewegungen und sind damit auch für die kognitive Empathie von Bedeutung. Die Bezeichnungen indizieren die Art der Bewegung, die grauen Ovale zeigen Aktivierungsorte von ToM-Studien; MT bezeichnet das bewegungssensitive Areal (s. Kap. 1.3).

richtigen Antwort in der „Sabotage"-Aufgabe; s.o.). Sie haben aber keinen direkten Bezug zu kognitiver Empathie.

Die Fähigkeit, falsche Vorstellungen bei anderen Personen zu verstehen, wurde als auf sprachlichen Fähigkeiten basierend angenommen. Studien mit hirngeschädigten Personen haben jedoch auch hier keine Hinweise darauf ergeben, dass Sprachstörungen mit Beeinträchtigungen in ToM-Aufgaben einhergehen. Auch haben Untersuchungen an Kindern mit spezifischen sprachlichen Defiziten (*specific language impairment*) keine Beeinträchtigung in ToM-Aufgaben ergeben (Leslie/Frith 1988; Perner et al. 1989). Allerdings haben hirngeschädigte Patienten mit rechtshemisphärischen posterioren (nicht den Frontalcortex betreffenden) Läsionen häufig Schwierigkeiten in Aufgaben, die kognitive Empathie voraussetzen. Dies betrifft nicht nur ToM-Aufgaben, sondern auch indirekte Fragen oder Aufforderungen oder die Unterscheidung zwischen Ironie und ernst gemeinten Aussagen. Die Beeinträchtigungen in ToM-Aufgaben gehen z.T. auf die sprachliche Formulierung der Aufgaben zurück. Patienten, die auf die Frage „Wo wird Sally nach dem Ball suchen?" den wahren Ort des Balles angeben, lösen die Aufgabe richtig, wenn die Frage gestellt wird „Wo wird Sally zuerst nach dem Ball suchen?". Es scheint, als ob ohne den Hinweis „zuerst" die Frage missverstanden wird, in dem Sinne „Wo wird Sally den Ball schließlich finden?". Insgesamt sprechen diese Beobachtungen dagegen, dass Sprache eine zentrale Rolle bei der Entwicklung kognitiver Empathie spielt.

Sprache

In ähnlicher Weise können Defizite der visuell-räumlichen Verarbeitung, wie sie nach Läsionen des temporoparietalen Grenzcortex auftreten, die Bearbeitung von ToM-Aufgaben beeinträchtigen. Wird die Lokalisation von Gegenständen (etwa der Ball in der Sally-und-Anne-Aufgabe) jedoch unterstützt, verbessert sich

visuell-räumliche Prozesse

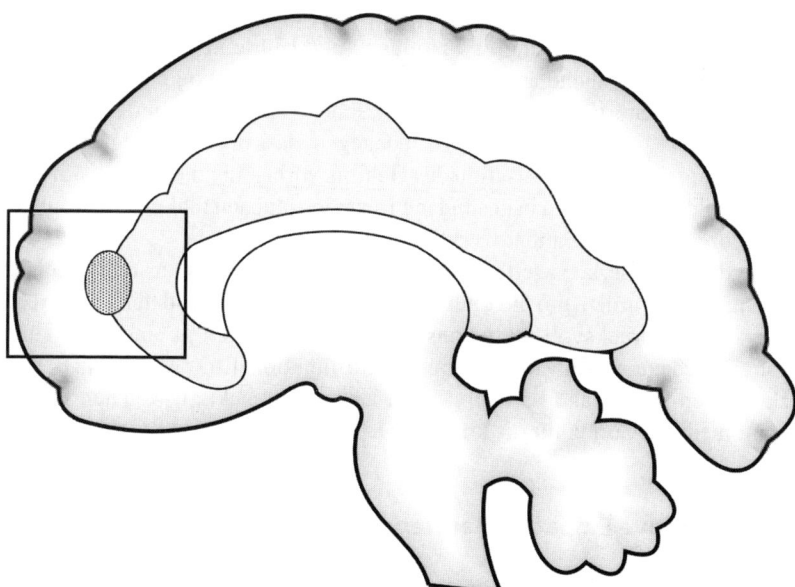

Abb. 4.6.3: Aktivierung im anterioren paracingulären Cortex im „Stein-Schere-Papier"-Spiel (nach Gallagher et al. 2002, eigene Abbildung)

auch die Leistung der Patienten. Visuell-räumliche Defizite scheinen daher auch nicht zu den Kerndefiziten zu gehören, die zu Einschränkungen der kognitiven Empathie führen.

anteriorer fronto-medianer Cortex

Eine Hirnregion, die für die Fähigkeit des Mentalizings von zentraler Bedeutung zu sein scheint, ist der anteriore frontomediane Cortex.

Ein Beispiel: In einer bildgebenden Untersuchung wurde das Spiel „Stein, Schere, Papier" mit verschiedenen Instruktionen durchgeführt. Einmal wurde den Probanden erklärt, dass sie gegen den Experimentator spielen, ein andermal wurde erklärt, dass sie gegen einen Computer spielen, der einer festgelegten Strategie folgt. Tatsächlich handelte es sich bei den Wahlen des Gegners immer um eine Zufallsfolge. Das einzige Hirnareal, das bei der Instruktion „spiele gegen den Experimentator" stärker aktiviert war als in den Kontrollbedingungen, war der anteriore paracinguläre Cortex, ein Teil des anterioren frontomedianen Cortex (Abb. 4.6.3; Gallagher et al. 2002).

Anterior-frontomediane Aktivierungen sind in einer ganzen Reihe von Studien gefunden worden, die in verschiedener Weise Anforderungen an das Einfühlungsvermögen in andere gestellt haben (s. Metaanalyse von Amodio/Frith 2006). Diese Häufung von Befunden lässt es wahrscheinlich erscheinen, dass der anteriore frontomediane Cortex in die Realisierung der Kernfunktion der kognitiven Empathie – der Unterscheidung dessen, was ein anderes Subjekt denkt, von dem was real gegeben ist – involviert ist. Allerdings sollte dieser Schluss nicht vorschnell gezogen werden, wie der Fall einer Patientin zeigt, die durch einen Infarkt eine ausgedehnte bilaterale Läsion des frontomedianen Cortex erlitt, aber keine Einschränkungen in ToM-Aufgaben zeigte (Bird et al. 2004). Sie konnte Bilderserien in die korrekte Reihenfolge bringen, bei denen es auf das Verständnis der mentalen Befindlichkeit der abgebildeten Personen ankam. Sie erkannte weiterhin Fehler, Täuschung, Überredung und Notlügen und beurteilte sozial unangemessenes Verhalten weitgehend adäquat. Neben der erhaltenen kognitiven Empathie hatte die Patientin Störungen exekutiver Funktionen, wie sie aufgrund der Läsionslokalisation erwartet wurden. Dies spricht dagegen, dass in diesem Einzelfall eine veränderte funktionelle Organisation des Gehirns vorlag, die die Diskrepanz zwischen den Bildgebungsdaten in gesunden Probanden und den fehlenden Störungen in ToM-Aufgaben in der Patientin erklären könnte.

Die Studie ist bemerkenswert, weil sie zu den wenigen Patientenstudien gehört, die durchgeführt wurden, um die Interpretation von Bildgebungsdaten zu überprüfen. Sie zeigt eindrucksvoll, dass konsistente Aktivierungen in einem Hirnareal nicht gleichbedeutend sein müssen mit einem funktionell notwendigen Beitrag des aktivierten Hirnareals. Es bleibt damit zunächst ungeklärt, welchen Beitrag der frontomediane Cortex für die kognitive Empathie leistet.

4.6.2   Kognitive Empathie bei Tieren?

Die Entdeckung der Spiegelneurone im Affengehirn hat bedeutende Einsichten in die neuronale Basis des Verständnisses intentionaler Handlungen ergeben. Wie ist es aber darüber hinaus mit den empathischen Fähigkeiten von Tieren bestellt?

Viele Tiere leben in sozialen Gruppen, die die unterschiedlichsten Anforderungen an ihr Verhalten stellen. In den 1970er Jahren kam der Gedanke auf, dass diese sozialen Anforderungen besondere kognitive Leistungen erfordern und Tiere sich vielleicht in dieser Hinsicht nicht so sehr von Menschen unterscheiden, wie bis dahin angenommen. Insbesondere wurde die Frage aufgeworfen, inwieweit auch Tiere über eine Theory of Mind verfügen, die es ihnen erlaubt, die Gedanken anderer Tiere (oder des Menschen) nachzuvollziehen und zu ihrem Vorteil zu nutzen. Zunächst stützten sich diese Überlegungen auf Feldforschungsdaten, die das soziale Zusammenleben etwa von Schimpansen beschrieben. In letzter Zeit ist aber eine Zunahme kontrollierter experimenteller Untersuchungen zu verzeichnen, die eine exakte Analyse dieser Fragen ermöglicht.

Inwieweit können sich Tiere in die Gedanken anderer Tiere oder von uns Menschen hineinversetzen? Eine Antwort darauf geben Experimente, in denen geprüft wurde, inwieweit Schimpansen ein Wissen darüber haben, was andere Tiere sehen können. In einer Versuchsanordnung saß ein hierarchisch untergeordneter Affe einem dominanten Tier gegenüber (Abb. 4.6.4 links). Zwischen beide wurde Futter platziert. Dabei konnte das Futter entweder für beide sichtbar sein, oder es konnte sich hinter einer Barriere befinden, die die Sicht des dominanten Tieres verdeckte. Dem untergeordneten Tier wurde der Zugang zum Futter etwas früher als dem dominanten Tier ermöglicht. Das untergeordnete Tier suchte häufiger das Futter auf, wenn es hinter der Barriere versteckt war, wie es zu erwarten wäre, wenn es verstünde, dass das dominante Tier nicht sehen kann, dass sich dort Futter befindet und das hierarchisch niedrige Tier daher auch nicht zu verdrängen trachtet.

Mentalizing bei Tieren

In einer anderen Variante dieses Experiments wurde das Futter stets hinter Barrieren platziert, die es der Sicht des Alpha-Tieres entzogen, wobei entweder nur das untergeordnete Tier oder beide beobachten konnten, wie das Futter hinter die Barrieren gelegt wurde (Abb. 4.6.4 rechts). Das untergeordnete Tier versuchte häufiger das Futter zu erlangen, wenn das dominante Tier den Platzierungsvorgang nicht beobachten konnte. Die Interpretation war, dass das Tier wusste, dass das dominante Tier das Ablegen des Futters in der unmittelbaren Vergangenheit nicht gesehen hatte.

Diese Experimente zeigen, dass Schimpansen in der Lage sind, nachzuvollziehen, was andere Tiere sehen können und was ihnen verborgen bleibt. Kann dieses

Täuschung

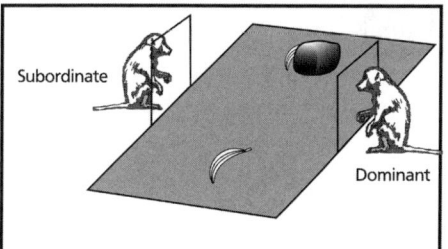 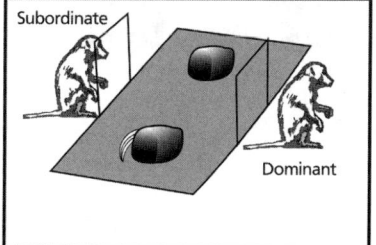

Abb. 4.6.4: Was weiß ein Schimpanse über die Wahrnehmung von Artgenossen? Versuchsanordnung mit Futterplätzen, Sichtbarrieren und Positionierung des dominanten und subordinaten Tiers (nach Tomasello et al. 2003, eigene Abbildung)

Wissen ausgenutzt werden, um andere zu täuschen, wenn dies dem eigenen Vorteil dient? Diese Frage wurde in einem weiteren Experiment untersucht, in dem die Schimpansen zunächst lernten, dass der menschliche Versuchsleiter ihnen das Futter wegnimmt, wenn er merkt, dass sie es erlangen wollen. Um dennoch an das Futter zu gelangen, suchten sie bevorzugt Futterplätze auf, die sich an der der Blickrichtung des Experimentators entgegengesetzten Seite befanden oder die durch Sichtblenden vom Experimentator nicht einsehbar waren.

Dadurch wurde bestätigt, dass Schimpansen einschätzen können, was andere Individuen (in diesem Fall Menschen, also nicht nur Artgenossen) sehen können. Darüber hinaus war auch auffällig, dass sie, solange sie noch vom Experimentator gesehen werden konnten, sich manchmal zunächst vom Futterplatz entfernten, um dann, sobald sie außer Sicht waren, sich diesem wieder zu nähern. Dieses Verhalten legt nahe, dass sie ihre Absichten vor dem Experimentator verbergen wollten, um das Erlangen des Futters nicht zu gefährden. Kontrollexperimente schlossen aus, dass die Tiere einfach gelernt haben, auf subtile Reize zu reagieren, wie die Blick- oder Kopfrichtung des Experimentators oder unterschiedliche Verstärkungshäufigkeiten.

soziale Kommunikation bei Tieren

Während Schimpansen also recht gut einschätzen können, was ihre Artgenossen oder menschliche Interaktionspartner sehen können, und dies auch geschickt

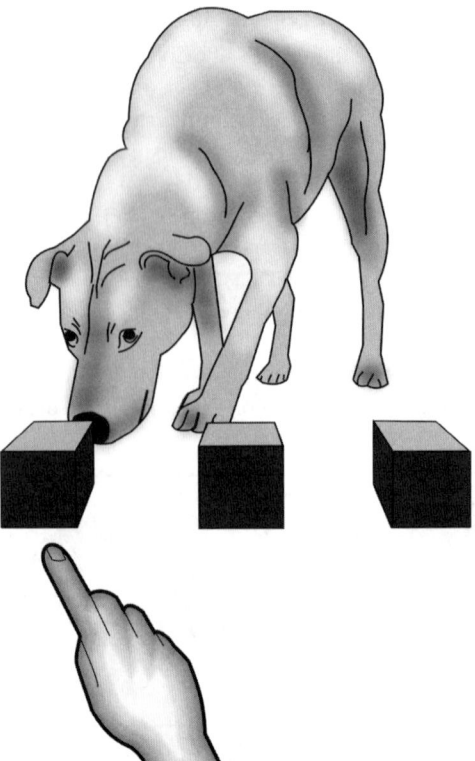

Abb. 4.6.5: Nutzung menschlicher kommunikativer Gesten durch Hunde (nach Hare / Tomasello 2005, eigene Abbildung)

ausnutzen, um an Futter zu gelangen, so können sie recht einfache kommunikative menschliche Hinweise nur sehr schlecht nutzen. Wenn Futter in einem von zwei Behältern versteckt wird und der Versuchsleiter den richtigen Behälter anschaut, auf ihn zeigt oder einen Gegenstand auf den Behälter legt, so fällt es Schimpansen sehr schwer, daraus zu lernen, dass dies ein Hinweis auf das Futterversteck ist. Meist benötigen sie viele Durchgänge, um diesen Zusammenhang zu erlernen. Hunde dagegen verstehen diese kommunikativen Hinweise meist sofort (es wurde kontrolliert, dass das Futter weder gesehen noch gerochen werden kann; Abb. 4.6.5; Hare/Tomasello 2005).

Wie kommt es zu diesen Unterschieden? Drei mögliche Erklärungen wurden untersucht: Zum einen wäre es möglich, dass Tiere, die im Rudel jagen, besonders auf soziale Kommunikation angewiesen sind und die Hunde diese Fähigkeit von den Wölfen geerbt haben. Alternativ könnten die Hunde die Nutzung menschlicher kommunikativer Hinweisreize einfach dadurch gelernt haben, dass sie so intensiv mit Menschen zusammenleben. Eine dritte Erklärung besagt, dass die Fähigkeit, menschliche kommunikative Hinweise zu verstehen, sich als Nebenprodukt der Domestizierung (Züchtung zum Haustier) ergeben hat.

Diese Erklärungsansätze machen unterschiedliche Vorhersagen. Die Vererbungstheorie besagt, dass Wölfe ebenso gut wie Hunde in der Objektauswahlaufgabe abschneiden sollten. Dies ist aber nicht der Fall – Wölfe können die Hinweise (Schauen, Zeigen, Antippen) nicht nutzen, zeigen auch (ebenso wie Hunde) kein Lernen über wiederholte Durchgänge. Wölfe können eine Aufgabe mit ähnlichen kognitiven Anforderungen, aber ohne kommunikativen Cues, ebenso gut lösen wie Hunde. In diesem Experiment konnten sie zuschauen, wo das Futter versteckt wird, und sollten dann nach einer Verzögerung (Delay-Aufgabe) das Futter aufsuchen. Damit wurde die Vererbungstheorie nicht bestätigt. **Phylogenese**

Um den Einfluss des Lernens in der Ontogenese zu untersuchen, wurde die Objektwahlaufgabe mit zwei Gruppen von Welpen durchgeführt. Von diesen wuchs eine in Familien, die andere beim Züchter zusammen mit den anderen Welpen des Wurfs auf. Die erste Gruppe hatte also ständigen Kontakt mit Menschen, während die andere nur gelegentlich mit Menschen in Kontakt kam. Es zeigte sich zunächst, dass auch die Welpen im Alter von 9–24 Wochen schon kommunikative Hinweisreize nutzen konnten. Die Gruppen zeigten jedoch keinen Unterschied, was gegen die These spricht, dass die Nutzung kommunikativer Hinweise im Umgang mit Menschen gelernt wird. Weiterhin wurde kein Lernen und auch kein Alterseffekt beobachtet. Dies spricht dafür, dass die sozial-kognitiven Prozesse, die die Nutzung kommunikativer menschlicher Verhaltensweisen ermöglichen, genetisch determiniert sind. **Ontogenese**

Die Daten zeigen damit einerseits, dass die sozial-kommunikativen Fähigkeiten der Hunde keine phylogenetisch von den Wölfen ererbten Fähigkeiten sind und dass sie andererseits auch nicht auf ontogenetischen Lernprozessen beruhen. Dies ist eine indirekte Bestätigung der dritten Hypothese, dass diese Fähigkeiten im Laufe der Domestizierung erworben wurden. **Domestizierung**

Eine weitere Bestätigung für diese These kommt von einem recht einzigartigen Langzeit-Züchtungsexperiment, das in Sibirien seit 1959 mit Füchsen durchgeführt wird. Eine Gruppe von Füchsen wurde auf ein einziges Merkmal hin gezüchtet, nämlich möglichst fehlende Furcht vor und Aggression gegenüber Menschen. Eine solche Selektion war auch eine Voraussetzung für den Erfolg des Hundes als Haustier (niemand würde einen Wolf als Haustier halten wollen). Interessant ist, dass die auf geringe Aggression hin gezüchteten Füchse ebenso gute Leistungen im Objektwahlparadigma zeigen wie Hunde. In einer Kontrollgruppe von Füchsen, die unter sonst gleichen Bedingungen, aber ohne Zuchtwahl aufwuchsen, war dies hingegen nicht der Fall.

Dieses Beispiel zeigt, wie sich eine Fähigkeit – die Nutzung kommunikativer menschlicher Hinweise – entwickeln kann, ohne dass eine gezielte Selektion im Hinblick auf dieses Merkmal durchgeführt wird. Es kann sein, dass eine bestimmte emotionale Ausstattung eine Voraussetzung für die Entwicklung kooperativer sozialer Verhaltensweisen ist (Hare / Tomasello 2005).

Fragen zu Kapitel 4.6

Überprüfen Sie Ihr Wissen!

261. Was ist ein *false belief test*? Nennen Sie ein Beispiel.
262. Ab welchem Alter können sich Kinder in die Vorstellungen anderer hineinversetzen? Bei welchen Kindern ist diese Fähigkeit gestört?
263. Kann kognitive Empathie von anderen Bereichen sozialer Intelligenz abgegrenzt werden? Nennen Sie empirische Belege.
264. Welches Hirnareal ist besonders in die Analyse sozial relevanter Bewegungen eingebunden? Welche Arten von Bewegungen werden dort verarbeitet?
265. Diskutieren Sie den möglichen Beitrag des frontomedianen Cortex zur kognitiven Empathie.
266. Was weiß man über den Beitrag von Neuronen entlang des Sulcus temporalis superior zur sozialen Kognition? Welche anderen Funktionen sind dort beobachtet worden?
267. Wie sind Handlungsziele neuronal kodiert? Nennen Sie Beispiele empirischer Untersuchungen.
268. Was wissen Schimpansen über die Wahrnehmungsleistungen von Artgenossen?
269. Welche Belege sprechen dafür, dass Schimpansen täuschen können? Welche Randbedingungen muss man bei den einschlägigen Experimenten beachten?
270. Inwieweit beeinflussen die Aufzuchtbedingungen das Verständnis menschlicher Gesten bei Hunden?

4.7   Soziale Motivation

Den Abwasch erledigen in der Wohngemeinschaft, Steuern zahlen, mal mit dem Fahrrad statt dem Auto fahren, um die Umwelt zu schonen – all das sind Situationen, in denen die meisten von uns einsehen, dass sie nötig sind, damit wir gemeinschaftlich die Vorzüge einer sauberen Küche, einer guten staatlichen Infrastruktur oder einer intakten Umwelt genießen können. Dafür muss aber erst einmal der „innere Schweinehund" überwunden werden. Zunächst wäre es angenehmer, den Abwasch liegen zu lassen, die Steuern zu vermeiden oder bequem mit dem Auto zu fahren.

Öffentliche Güter spielen eine große Rolle in unserem Leben, gerade in hoch-**öffentliche Güter** entwickelten Gesellschaften. Wenn Menschen kooperieren, um öffentliche Güter zu schaffen, ziehen sie daraus oft mehr Gewinn, als wenn sie ihre Ressourcen nur zum eigenen Gewinn eingesetzt hätten. Andererseits stellen öffentliche Güter, da sie per definitionem allen offenstehen, einen beträchtlichen Anreiz dar, sie in Anspruch zu nehmen, ohne eine Gegenleistung zu erbringen. Die Umstände und Mechanismen, die unser Verhalten in Situationen beeinflussen, in denen es darum geht, im Austausch mit anderen einen Beitrag zum allgemeinen Wohl zu leisten, sind insbesondere von der experimentellen Ökonomie untersucht worden. Allgemein sind die Experimente dadurch gekennzeichnet, dass zwei oder mehrere Probanden sich in einer Situation befinden, in denen sie durch ihre Handlungen eigene, oft reale und z.T. hohe, Gewinne und die ihrer Mitspieler beeinflussen können.

4.7.1   Kooperation in ökonomischen Austauschsituationen

Ein solches experimentelles Paradigma ist das Ultimatumspiel. Hieran nehmen **Ultimatumspiel** zwei Spieler teil, die pro Runde des Spiels einen bestimmten Betrag, etwa 10 Geldeinheiten (GE) erhalten. Spieler A macht einen (und nur einen) Teilungsvorschlag und Spieler B kann diesen akzeptieren oder ablehnen. Akzeptiert er, wird das Geld entsprechend aufgeteilt, lehnt er ab, erhält keiner der Spieler etwas. So kann Spieler A etwa vorschlagen, dass er selbst 8 GE und Spieler B 2 GE erhält. Der typische Befund in diesem Spiel ist, dass eine solche ungleiche Verteilung in etwa der Hälfte der Fälle abgelehnt wird. Das heißt, dass Spieler B einen eigenen Verlust in Kauf nimmt, um einen größeren Gewinn für Spieler A zu verhindern. Wäre Spieler A nur darauf aus, seinen eigenen Gewinn kurzfristig zu maximieren, würde er jede Verteilung annehmen, solange er nur etwas erhält. Die Spieler geben häufig an, dass sie die ungleichen Verteilungen als unfair empfinden. Die Anbieter scheinen das auch so zu sehen, in den meisten Fällen des Ultimatumspiels werden 50:50-Teilungen angeboten. Dies ändert sich jedoch durchaus, wenn Spieler B die Möglichkeit der Ablehnung genommen wird. In dem Fall werden die Angebote für Spieler B deutlich schlechter (Fehr/Fischbacher 2003).

Da die Mehrheit die gleiche Teilung als fair empfindet, kann die Ablehnung **altruistische** einer ungleichen Teilung als Bestrafung des Anbieters zur Aufrechterhaltung einer **Bestrafung** sozialen Norm angesehen werden. Man spricht in diesem Sinne von einer altruistischen Bestrafung. Spieler B nimmt einen eigenen Verlust in Kauf, um die Aufrechterhaltung einer sozialen Norm zu fördern. Tatsächlich erhöhen die Anbieter meist nach einer Ablehnung in der nächsten Runde ihr Angebot.

Ein Faktor, der die Akzeptanzschwelle beeinflusst, ist die Möglichkeit, eine **Reputation** Reputation aufzubauen. Wenn die Spieler mehrere Runden gegeneinanderspielen und das Wahlverhalten den anderen Spielern jeweils mitgeteilt wird, so erhöht sich

sequenzieller Austausch

die Schwelle, ab der ein Angebot akzeptiert wird. Es ist, als ob die Spieler auf bessere zukünftige Angebote hoffen, wenn sie sich als „harte Verhandler" präsentieren.

In einem anderen experimentellen Paradigma geht es darum, durch Transfer eigener Mittel an seine Mitspieler den eigenen sowie den allgemeinen Wohlstand zu erhöhen. Im Kern geht es dabei immer um eine sequenzielle Austauschsituation, in der ein Spieler seinem Mitspieler einen Teil seiner Mittel anbietet und dieser dann entscheiden kann, wie viel er Ersterem zurückgeben will. Als Anreiz für den Austausch werden alle Beträge, die transferiert werden, vom Experimentator verdoppelt. Wenn beide Spieler ihre gesamten 10 GE transferieren, maximieren sie ihren Gewinn, sie haben dann beide 20 GE. Transferieren sie gar nichts, behalten sie je 10 GE. Das Spiel kann jedoch von „Egoisten" ausgenutzt werden, die die transferierten Gelder einstreichen, ohne etwas zurückzugeben.

Kooperation und Egoismus

Die Möglichkeit, sich egoistisch zu verhalten und damit die Beiträge anderer auszunutzen, wird insbesondere dann ein Problem, wenn sich nicht nur zwei, sondern viele Spieler an einem Austauschspiel beteiligen und die Information, wer welche Beiträge geleistet hat, nicht verfügbar ist – wie es auch auf viele reale Situationen zutrifft. In einer solchen Situation reicht eine geringe Anzahl egoistisch handelnder Teilnehmer aus, um das Kooperationsniveau sehr stark abzusenken oder die Kooperation völlig zum Erliegen zu bringen.

Sanktionen

Dem kann gegengesteuert werden, wenn die Teilnehmer die *free rider* (Personen, die von den allgemeinen Gütern profitieren, ohne etwas beizusteuern) bestrafen und diese damit zu kooperativem Verhalten zwingen können. Eine Simulation zeigte, dass es dabei auch auf die Gruppengröße ankommt. Bei Gruppen von bis zu 32 Personen reichte es aus, die Personen zu bestrafen, die keine oder zu geringe Beiträge in den allgemeinen Topf abführen. Dagegen wird es bei noch größe-

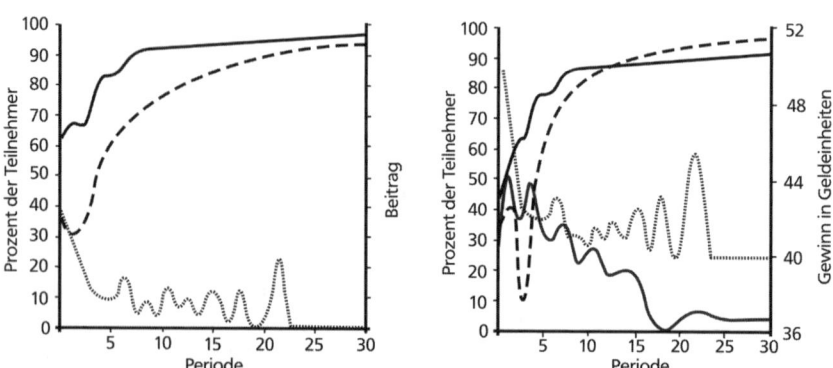

Abb. 4.7.1: Wahl der Institution und durchschnittlicher Beitrag in einem sequenziellen Austauschspiel mit sanktionierenden und sanktionsfreien Institutionen (SI – SFI). Links: Anzahl Probanden in SI (gestrichelte Linie). Durchschnittlicher Beitrag in SI (durchgezogene Linie) und SFI (gepunktete Linie). Rechts: Anzahl der kooperierenden Probanden in SI (obere durchgezogene Linie) und der **free riders** in SFI (untere durchgezogene Linie) und ihr jeweiliger Gewinn (SI: gestrichelte Linie; SI: gepunktete Linie; schematische Darstellung nach Gürerk et al. 2006)

ren Gruppen bedeutsam, auch Personen zu bestrafen, die zwar angemessene Beiträge entrichten, sich aber nicht am Bestrafen der *free rider* beteiligen, weil nur so
ein stabiles Beitragsniveau aller erreicht wird (Fehr/Fischbacher 2003).

In einem Experiment wurde einer großen Gruppe von Probanden (n = 84), die an
einem Austauschspiel teilnahmen, die Möglichkeit gegeben, zwischen einer Gruppe
zu wählen, in der keine Sanktionen verhängt werden konnten, und einer Gruppe,
bei der andere Teilnehmer für ihr Verhalten bestraft oder belohnt werden konnten
(Gürerk et al. 2006). In jeder Runde des Experiments entschieden die Teilnehmer
zunächst individuell, welcher Gruppe sie angehören wollten, wobei der Wechsel
stets möglich war. Danach erhielten sie je 20 GE, von denen sie beliebig viel der
Gemeinschaft zur Verfügung stellen konnten. Anschließend erhielten alle Teilnehmer die Information, wer wie viel in den öffentlichen Topf eingezahlt hatte, und
konnten andere Teilnehmer unter Einsatz eigener Mittel belohnen oder bestrafen.

Zu Beginn des Experiments entschieden sich etwa zwei Drittel der Teilnehmer
für die sanktionsfreie Gruppe, im Verlauf des Experiments wechselten dann aber
etwa 95 % in die sanktionierende Gruppe (Abb. 4.7.1). Dieser Verlauf konnte noch
durch ökonomisches Gewinnstreben erklärt werden, da die Gewinne in der nicht
sanktionierenden Gruppe durch eine hohe Anzahl von egoistisch handelnden Teilnehmern schnell sanken. Beim Wechsel in die sanktionierende Gruppe wandelten
sich aber viele Mitspieler auch vom *free rider*, der die öffentlichen Güter nutzt,
ohne eigene Beiträge zu leisten, in kooperierende Mitspieler, die eigene Beiträge
leisteten und andere Mitspieler für zu geringe Beiträge bestraften. Letzteres ist
keine allein mit dem unmittelbaren Gewinnstreben erklärbare Vorgehensweise, da
es im Sinne der Mehrung der eigenen Ressourcen zunächst besser gewesen wäre,
auf die kostenträchtige Bestrafung zu verzichten.

Der relativ hohe Anteil von Teilnehmern, die sich an der Bestrafung beteiligten,
führte jedoch im Lauf des Spiels, aufgrund der abnehmenden Normverstöße, zu
nur unwesentlich höheren Kosten für die Bestrafer.

Die Motivation, einen fairen Ausgleich zu erreichen, kann, wie bereits darge- **Gleichheits-**
stellt, nur teilweise auf ökonomische Überlegungen zurückgeführt werden. Die **motivation**
Erwartung höherer zukünftiger Einnahmen kommt besonders dann zum Tragen,
wenn mehrere sequenzielle Spielrunden mit den gleichen Partnern absolviert werden und die Beiträge aller bekannt sind. Altruistische Belohnung und Bestrafung
tritt aber auch dann auf, wenn sich die Spielpartner jeweils nur einmal begegnen.
Offensichtlich sind hier auch emotionale Faktoren im Spiel. Wenn den Teilnehmern die Möglichkeit gegeben wird, ihre emotionale Reaktion auf unfaire Angebote den Anbietern mitzuteilen, dann steigen die Akzeptanzraten. Das deutet darauf hin, dass negative Emotionen, und nicht nur ökonomisches Kalkül, zu den
Ablehnungen beitragen.

Einige bildgebende Studien geben Aufschluss über die beteiligten neuronalen **neuronale Kor-**
Strukturen. Eine fMRT-Studie zum Ultimatumspiel fand Aktivierungssteige- **relate negativer**
rungen (Abb. 4.7.2) in der anterioren Insel und im anterioren cingulären Cortex **Emotionen**
(ACC) bei der Präsentation unfairer Angebote (Sanfey et al. 2003). Per Analogie-
schluss kann man spekulieren, dass der ACC in der Erfassung oder Auflösung des
Konflikts zwischen erwarteter Norm und ihrer Verletzung eine Rolle spielen
könnte (Kap. 2.2). Eine andere Interpretation wäre, dass der ACC in den kogni-

tiven Nachvollzug der Gedanken des Spielpartners involviert ist. Zum einen war die Aktivierung höher, wenn ein realer Gegenspieler ein unfaires Angebot gemacht hatte, als wenn ein Computer ein ungleiches (von unfair zu sprechen, wäre in diesem Fall sinnlos) Angebot erstellt hatte. Zum anderen ist bekannt, dass der frontomediane Cortex (zu dem der ACC gehört) bei Aufgaben aktiviert wird, die es erfordern, sich in andere Personen hineinzuversetzen (Kap. 4.6).

Die anteriore Insel, die ebenfalls aktiviert war, ist bei negativen Emotionen, insbesondere bei aversiven Geschmacksreaktionen, aktiviert. Dies hat zu der Spekulation geführt, dass sie auch in die negativen Emotionen involviert ist, die durch das unfaire Angebot hervorgerufen werden. Es muss allerdings betont werden, dass dies kein Beweis ist. So zeigt die anteriore Insel auch bei den verschiedensten Anforderungen Aktivierungsänderungen, die mit dem Ausmaß der Aufgabenbearbeitung korrelieren. Interessant ist, dass die Aktivierung der anterioren Insel im Ultimatumspiel mit der Ablehnungsrate korrelierte, während dies für eine weitere aktivierte Struktur, den dorsolateralen Präfrontalcortex, nicht der Fall war. Hier könnte sich eine Arbeitsteilung andeuten – zwischen der anterioren Insel, die in die emotionale Reaktion auf das unfaire Angebot involviert ist, und dem dorsolateralen Präfrontalcortex, der in eher kognitive, überdauernde Aspekte der Aufgabe, vielleicht die Gewinnmaximierung, involviert ist. Letztlich sind das aber noch Spekulationen, die der weiteren empirischen Überprüfung bedürfen.

neuronales Korrelat der Bestrafung Die Rolle der Bestrafung in einem Kooperationsspiel wurde in einer weiteren bildgebenden Studie untersucht (Quervain et al. 2004). Hierbei ging es darum, dass ein vorgeblich egoistischer Spieler nicht kooperierte. Aktivierung im Nucleus caudatus korrelierte mit der Höhe der darauf von den Probanden gewählten Bestrafung. Ein weiterer Vergleich untersuchte die Abwägung von Kosten und Nutzen bei der

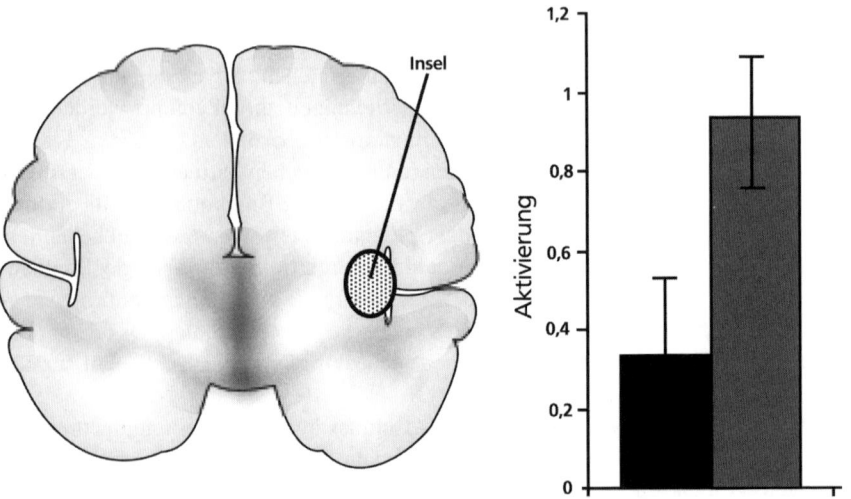

Abb. 4.7.2: Aktivierung des Inselcortex erlaubt die Vorhersage der Annahme (schwarzer Balken) oder Ablehnung (grauer Balken) unfairer Angebote (nach Sanfey et al. 2003, bearbeitet)

altruistischen Bestrafung. Es gab zwei Versuchsbedingungen. In der einen, analog zum üblichen Verfahren in Kooperationsspielen, mussten die Probanden selbst Geld einsetzen, um den unfairen Spieler zu bestrafen. In einer anderen konnten sie den Spieler ebenfalls bestrafen, mussten dabei aber keine eigenen Verluste hinnehmen.

Zwei benachbarte Hirnregionen, der ventromediale Präfrontalcortex und der Orbitofrontalcortex, zeigten eine stärkere Aktivierung, wenn die Bestrafung mit Kosten verbunden war. Daher haben diese Areale vermutlich eine Funktion hinsichtlich der Kosten-Nutzen-Abwägung bei der altruistischen Bestrafung. Wie im Kapitel zum Belohnungslernen (Kap. 4.4) beschrieben, hat insbesondere der Orbitofrontalcortex eine gesicherte Funktion in der Bewertung von Belohnungsreizen. **Kosten-Nutzen-Abwägung**

4.7.2   Soziales Verhalten von Tieren

Lange Zeit wurde das Verhalten von Tieren fast wie das von mechanischen Apparaten angesehen, die auf bestimmte Reize und Situationen mit stereotypen Reaktionen antworten. Alternativ wurde tierisches Verhalten als von Trieben gesteuert angesehen. Kognitive Leistungen von Tieren wurden überwiegend als beschränkt eingeschätzt, besondere kognitive Leistungen wurden nur in anekdotischen Berichten beschrieben. In den letzten Jahren ist das Interesse an kognitiven Leistungen nichtmenschlicher Spezies jedoch stark angestiegen – angetrieben von Berichten erstaunlicher Leistungen nicht nur in Spezies wie Schimpansen, die dem Menschen entwicklungsgeschichtlich nahestehen, sondern auch vermeintlich „niederer" Arten. Ein Schlüssel zur Untersuchung kognitiver Leistungen bei Tieren war die Entwicklung von Aufgaben, in denen komplexe kognitive Leistungen erforderlich sind, um starke motivationale Anreize, insbesondere Futter, zu erlangen.

So zeigen Vögel in natürlichen Umgebungen komplexe Vorsichtsmaßnahmen beim Vergraben von Futter, um dieses vor dem Raub durch andere Tiere zu schützen. Dabei wird durchaus unterschieden, ob andere Tiere eine potenzielle Bedrohung darstellen oder nicht. Buschhäher etwa vergraben Futter, um sich Reserven für später anzulegen. Schaut während des Vergrabens ein dominanter Artgenosse zu, so graben die Tiere das Futter später wieder aus und vergraben es an anderer Stelle, wenn der Artgenosse nicht mehr zuschaut (Dally et al. 2006). Dieses Verhalten wurde nicht gezeigt, wenn ein untergeordnetes Tier beim Vergraben zugeschaut hatte. Die Tiere machten ihr Verhalten also von der potenziellen Bedrohung, die von dem Artgenossen ausging, abhängig.

Viele Experimente werden mit Schimpansen durchgeführt, von denen seit der Zeit Wolfgang Köhlers (s. Kap. 2.4) bekannt ist, dass sie über erstaunliche Problemlösefähigkeiten verfügen. Während die klassischen Untersuchungen zu den kognitiven Fähigkeiten von Affen jeweils die Aufgabenbearbeitung einzelner Tiere untersucht haben, so ging eine neue Studie der Frage nach, inwieweit Schimpansen in der Lage sind, sich Partner auszuwählen, die über besonderes Geschick im Lösen einer Aufgabe verfügen (Melis et al. 2006a, b). **kooperatives Problemlösen**

Dazu wurde eine Aufgabe entwickelt, in der ein Gefäß mit Futter nur dadurch erreicht werden konnte, dass zwei Schimpansen kooperativ an zwei Seilenden zogen. Diese waren so weit voneinander entfernt, dass sie nicht von einem Tier alleine ergriffen werden konnten (Abb. 4.7.3).

Zur Lösung dieser Aufgabe erhielt ein Tier die Möglichkeit, eine von zwei Türen zu öffnen, hinter denen sich je ein Artgenosse befand, der dann beim Seilziehen helfen konnte. In einer Kontrollbedingung befanden sich die Seilenden so nahe nebeneinander, dass ein Schimpanse sie alleine bedienen konnte. Die Schimpansen öffneten relativ spontan, meist im ersten Versuchsdurchgang der Experimentalbedingung, eine der Türen und versuchten zusammen mit dem anderen Schimpansen, das Futter heranzuziehen. Besonders bemerkenswert war, dass sie in einer Fortsetzung des Experiments am Folgetag diejenigen Tiere bevorzugten, die sich bei den früheren gemeinsamen Versuchen geschickt angestellt hatten (durch ungeschicktes Verhalten konnte das Futter verlorengehen).

Die Affen zeigten also sowohl, dass sie erkannten, wann Kooperation nötig war, und darüber hinaus, welcher Partner der bessere Kooperationspartner zur Lösung der Aufgabe war. Diese Auswahl gelang nach nur wenigen gemeinsamen Versuchen in einer für die Tiere neuen sozialen Situation. Wenn damit auch noch kein intentionales soziales Problemlöseverhalten nachgewiesen ist, so ist dieses Verhalten doch schwer allein durch Lernprozesse zu erklären, die durch Stimulus-Reaktions-Verkettung hervorgerufen wurden.

Altruismus

Gibt es auch bei Tieren ein Gerechtigkeitsempfinden, das Menschen dazu bringt, selbst Nachteile in Kauf zu nehmen, um als ungerecht empfundene Vorteile anderer zu verhindern?

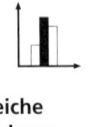

ungleiche Bezahlung

Experimente mit Kapuzineraffen haben gezeigt, dass die Tiere sehr unwirsch auf ungleiche „Bezahlung" reagieren (Brosnan/Waal 2003). Die Affen konnten eine Münze gegen Futter eintauschen, wobei sie entweder ein Stück Kürbis oder eine Weintraube erhielten. Wenn die Affen nun sahen, dass Artgenossen die bevorzugte Traube erhielten, sie selbst für die gleiche Münze aber nur den Kürbis, so reagierten sie mit einer hohen Ablehnungsrate. Diese äußerte sich darin, dass sie

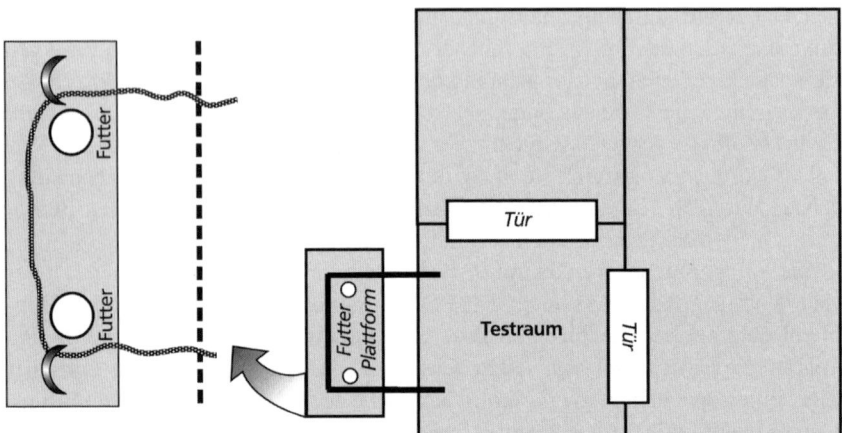

Abb. 4.7.3: Versuchsaufbau zur Untersuchung kooperativen Problemlösens bei Schimpansen (nach Melis et al. 2006a, eigene Abbildung)

sich weigerten, die Münze einzutauschen oder dem Experimentator den Kürbis vor die Füße warfen. Diese Ergebnisse konnten in einer weiteren Studie mit Schimpansen nur partiell repliziert werden (Brosnan et al. 2005). In einer weiteren Studie, ebenfalls mit Schimpansen, wurde gar gegenteiliges Verhalten gefunden. Die Schimpansen blieben, wenn sie Artgenossen beim Erhalt hochwertigen Futters sahen, länger vor dem Versuchsleiter stehen und „bettelten" mehr, offensichtlich in der Erwartung, auch besseres Futter zu bekommen (Bräuer et al. 2006).

In ähnlichen Experimenten, in denen Schimpansen selbst bestimmen konnten, ob Artgenossen Futter bekommen, ohne dafür etwas leisten zu müssen, schien das Verhalten der Tiere nur dadurch bestimmt zu sein, den eigenen Vorteil zu maximieren. Sie zeigten weder Altruismus noch strebten sie danach, dem anderen Tier Futter vorzuenthalten, wenn sie selbst nicht davon profitierten (Jensen et al. 2006). Die Unterschiede mögen z. T. auf die untersuchten Spezies zurückgehen, z. T. aber auch auf Details der Untersuchungssituation. So konnte in einer kürzlich erschienenen Studie gezeigt werden, dass Schimpansen zwar Artgenossen „bestraften" (indem sie ihnen den Erhalt von Futter verwehrten), wenn diese ihnen zuvor Futter weggenommen hatten. Anders als Menschen zeigten sie aber keine Tendenz, Artgenossen den Zugang zu Futter zu verwehren, wenn diese ohne eigenes Zutun ungleich häufiger Futter bekamen als sie selbst (Jensen et al. 2007). Sie wehrten sich also gegen feindselige Handlungen von Artgenossen, zeigten aber keine generelle Aversion gegen Ungleichbehandlung.

Altruistisches Verhalten von Tieren hat die Evolutionstheorie lange Zeit vor Erklärungsprobleme gestellt. Zunächst scheint ein Verhalten, das dem Handelnden Nachteile und anderen Vorteile einbringt, ungeeignet, sich evolutionär durchzusetzen. Die Theorie der Gruppenselektion bemühte eine genetische Anlage, Gutes für die eigene Spezies zu tun, als Erklärung für altruistisches Verhalten (Wynne-Edwards 1962). Kritiker wiesen jedoch darauf hin, dass eine solche Veranlagung sehr leicht von Individuen ausgenutzt werden könnte, die sich egoistisch verhalten. So würden „Egoisten" sich besser fortpflanzen und die „Altruisten" nach wenigen Generationen verdrängen. Damit wäre die Anlage, etwas Gutes für die Spezies zu tun, evolutionär nicht stabil. Eine Erklärung der Genese altruistischen Verhaltens, die dieses Problem umgeht, fußt auf folgender Erkenntnis: Für die Verbreitung einer genetischen Veranlagung kommt es nur darauf an, dass die entsprechenden Gene weitergegeben werden, nicht aber, dass ein bestimmtes Individuum Nachkommen hat. Ein Lebewesen, das sich altruistisch verhält, kann demnach durchaus die Chancen erhöhen, dass die eigenen Gene weitergegeben werden, indem es anderen Lebewesen hilft, ihre Fortpflanzungschancen zu erhöhen. Es muss nur sichergestellt sein, dass die Empfänger der Hilfe genetisch nahe Verwandte des Helfenden sind („Theorie der inklusiven Fitness", Hamilton 1964).

Altruistisches Verhalten hat bedeutende Folgen für die Kooperation in menschlichen Gesellschaften. Es ist daher eine wichtige Frage, wann sich altruistisches Verhalten phylogenetisch entwickelt hat und welche Auswirkungen auf die Form des sozialen Zusammenlebens das alleinige Ausrichten des Verhaltens auf den eigenen Vorteil hat. Andersherum kann man auch fragen, inwieweit die Art des Zusammenlebens, bei Schimpansen die strenge Hierarchie, die Entwicklung altruistischer Verhaltensweisen verhindert. Kooperatives Problemlösen etwa wie in der

Phylogenese des Altruismus

oben beschriebenen Aufgabe – bei der ein Brett gemeinsam in Reichweite der Affen gezogen werden musste, um an Futter zu gelangen – funktioniert nur, wenn die Futterstellen auf dem Brett so weit auseinanderliegen, dass die beteiligten Affen nicht fürchten müssen, dass ihnen der Partner das Futter wegnimmt (Melis et al. 2006b). Diese Beispiele zeigen, dass emotionale Faktoren, wie die starke Angst vor dem dominanten Tier, dazu führen können, dass kooperatives Verhalten ausbleibt, auch wenn es für beide, das subordinate und das dominante Tier, von Vorteil wäre.

Dies hat zu der Hypothese geführt, dass die Entwicklung komplexerer Formen der sozialen Kommunikation und Kooperation zunächst die Entwicklung eines zahmeren Temperaments voraussetzt, das Aggression nicht unkontrolliert auslebt (Hare/Tomasello 2005). Eine Voraussetzung für Kooperation ist die Fähigkeit, sich in die Kooperationspartner hineinzuversetzen (Kap. 4.6). Aber nur wenn Lebewesen die Erfahrung machen können, dass gemeinsame Anstrengungen auch zu geteilter Belohnung führen, so die Überlegung, können sich komplexere kooperative Verhaltensmuster entwickeln.

Fragen zu Kapitel 4.7

Überprüfen Sie Ihr Wissen!

271. Was sind die Spielregeln des Ultimatumspiels? Was sind die Hauptbefunde?
272. Wodurch ist altruistische Bestrafung definiert?
273. Was ist nötig, um in sequenziellen Austauschsituationen kontinuierliche Beiträge zum Gemeinwohl zu erhalten. Wie hängen die Maßnahmen von der Gruppengröße ab?
274. Hängt die Bereitschaft, kontinuierlich Beiträge zum Allgemeinwohl zu leisten, eher von Persönlichkeitsvariablen oder von den Interaktionen mit den anderen Gruppenmitgliedern ab? Diskutieren Sie diese Frage vor dem Hintergrund der Befunde aus sequenziellen Austauschspielen.
275. In welcher Hirnstruktur hat man eine Aktivierung gefunden, die mit der Ablehnungsrate unfairer Angebote korreliert ist? Was könnte dies für die funktionelle Rolle dieser Struktur, auch in Abgrenzung zu anderen Hirnarealen, bedeuten?
276. Beschreiben Sie einen Versuchsaufbau, mit dem kooperatives Problemlösen von Schimpansen untersucht wurde? Was waren die Ergebnisse?
277. Löst ungleiche Behandlung negative Emotionen bei Tieren aus? Beschreiben Sie einschlägige Versuchsanordnungen und diskutieren Sie die Befunde.
278. Wie könnte sich Altruismus durch evolutionäre Selektion entwickelt haben? Diskutieren Sie verschiedene Erklärungsansätze.
279. Wovon hängt Kooperation unter Schimpansen ab?
280. Welche Rolle könnte die emotionale Entwicklung für die Ausbildung sozialkognitiver Fähigkeiten spielen?

Literatur

Adolphs, R.; Gosselin, F.; Buchanan, T. W.; Tranel, D.; Schyns, P. & Damasio, A. R. (2005), "A mechanism for impaired fear recognition after amygdala damage.", *Nature* **433**(7021), 68–72.

–; Tranel, D.; Hamann, S.; Young, A. W.; Calder, A. J.; Phelps, E. A.; Anderson, A.; Lee, G. P. & Damasio, A. R. (1999), "Recognition of facial emotion in nine individuals with bilateral amygdala damage.", *Neuropsychologia* **37**(10), 1111–1117.

Ahissar, M. & Hochstein, S. (1997), "Task difficulty and the specificity of perceptual learning.", *Nature* **387**(6631), 401–406.

– & – (2004), "The reverse hierarchy theory of visual perceptual learning.", *Trends Cogn Sci* **8**(10), 457–464.

Allport, D.; Stles, D. & Hsieh, S. (1994), *Attention and Performance XV: Conscious and unconscious information processing*, Cambridge, MA: MIT Press, chapter Shifting intentional set: Exploring the dynamic control of tasks, pp. 421–452.

Ambadar, Z.; Schooler, J. W. & Cohn, J. F. (2005), "Deciphering the enigmatic face: the importance of facial dynamics in interpreting subtle facial expressions.", *Psychol Sci* **16**(5), 403–410.

Amodio, D. M. & Frith, C. D. (2006), "Meeting of minds: the medial frontal cortex and social cognition.", *Nat Rev Neurosci* **7**(4), 268–277.

Anderson, A. K. (2005), "Affective influences on the attentional dynamics supporting awareness.", *J Exp Psychol Gen* **134**(2), 258–281.

Anderson, J. (2000), *Learning and Memory*, John Wiley & Sons.

Anzai, Y. & Simon, H. A. (1979), "The theory of learning by doing.", *Psychol Rev* **86**(2), 124–140.

de Araujo, I. E.; Rolls, E. T.; Velazco, M. I.; Margot, C. & Cayeux, I. (2005), "Cognitive modulation of olfactory processing.", *Neuron* **46**(4), 671–679.

Armony, J. L. & Dolan, R. J. (2002), "Modulation of spatial attention by fear-conditioned stimuli: an event-related fMRI study.", *Neuropsychologia* **40**(7), 817–826.

Aron, A. R.; Shohamy, D.; Clark, J.; Myers, C.; Gluck, M. A. & Poldrack, R. A. (2004), "Human midbrain sensitivity to cognitive feedback and uncertainty during classification learning.", *J Neurophysiol* **92**(2), 1144–1152.

Asaad, W. F.; Rainer, G. & Miller, E. K. (2000), "Task-specific neural activity in the primate prefrontal cortex.", *J Neurophysiol* **84**(1), 451–459.

Ashby, F. G.; Ell, S. W. & Waldron, E. M. (2003), "Procedural learning in perceptual categorization.", *Mem Cognit* **31**(7), 1114–1125.

Atkinson, R. & Juola, J. (1974), *Contemporary developments in mathematical psychology, Vol. 1*, San Francisco: W. H. Freeman, chapter Search and decision processes in recognition memory, pp. 242–293.

– & Shiffrin, R. (1968), *The psychology of learning and motivation, Vol. 2*, New York: Academic Press, chapter Human memory: A proposed system and its control processes, pp. 89–195.

Azrin, N. & Holz, W. (1966), *Operant behavior: Areas of research and application*, New York: Appleton Century Crofts, chapter Punishment, pp. 390–477.

Baddeley, A. (1986), *Working Memory*, Oxford: Clarendon Press.

– & Hitch, G. (1974), *The Psychology of Learning and Motivation*, New York: Academic Press, chapter Working Memory, pp. 47–89.

Badre, D. & Wagner, A. D. (2006), "Computational and neurobiological mechanisms underlying cognitive flexibility.", *Proc Natl Acad Sci U S A* **103**(18), 7186–7191.

Baker, S. C.; Rogers, R. D.; Owen, A. M.; Frith, C. D.; Dolan, R. J.; Frackowiak, R. S. & Robbins, T. W. (1996), "Neural systems engaged by planning: a PET study of the Tower of London task.", *Neuropsychologia* **34**(6), 515–526.

Barsky, A. J.; Saintfort, R.; Rogers, M. P. & Borus, J. F. (2002), "Nonspecific medication side effects and the nocebo phenomenon.", *JAMA* **287**(5), 622–627.

Bartels, A. & Zeki, S. (2000), "The architecture of the colour centre in the human visual brain: new results and a review.", *Eur J Neurosci* **12**(1), 172–193.

Bechara, A.; Damasio, H.; Tranel, D. & Damasio, A. R. (1997), "Deciding advantageously before knowing the advantageous strategy.", *Science* **275**(5304), 1293–1295.

–; Tranel, D.; Damasio, H.; Adolphs, R.; Rockland, C. & Damasio, A. R. (1995), "Double dissociation of conditioning and declarative knowledge relative to the amygdala and hippocampus in humans.", *Science* **269**(5227), 1115–1118.

Beck, A. T. & Clark, D. A. (1997), "An information processing model of anxiety: automatic and strategic processes.", *Behav Res Ther* **35**(1), 49–58.

Benedetti, F.; Colloca, L.; Torre, E.; Lanotte, M.; Melcarne, A.; Pesare, M.; Bergamasco, B. & Lopiano, L. (2004), "Placebo-responsive Parkinson patients show decreased activity in single neurons of subthalamic nucleus.", *Nat Neurosci* **7**(6), 587–588.

Bichot, N. P. & Schall, J. D. (1999), "Effects of similarity and history on neural mechanisms of visual selection.", *Nat Neurosci* **2**(6), 549–554.

Binder, J. R., Mohr, J. P. (1992), "The Topography of Callosal Reading Pathways – A Case-Control Analysis", Brain, **115**(6) 1807–1826.

Binkofski, F.; Dohle, C.; Posse, S.; Stephan, K. M.; Hefter, H.; Seitz, R. J. & Freund, H. J. (1998), "Human anterior intraparietal area subserves prehension: a combined lesion and functional MRI activation study.", *Neurology* **50**(5), 1253–1259.

Bird, C. M.; Castelli, F.; Malik, O.; Frith, U. & Husain, M. (2004), "The impact of extensive medial frontal lobe damage on 'Theory of Mind' and cognition.", *Brain* **127**(Pt 4), 914–928.

Blair, R. (2005), "Responding to the emotions of others: Dissociating forms of empathy through the study of typical and psychiatric populations.", *Consciousness and Cognition* **14**, 698–718.

Blaisdell, A. P.; Sawa, K.; Leising, K. J. & Waldmann, M. R. (2006), "Causal reasoning in rats.", *Science* **311**(5763), 1020–1022.

Boland, J. E. & Blodgett, A. (2001), "Understanding the Constraints on Syntactic Generation: Lexical Bias and Discourse Congruency Effects on Eye Movements", *Journal of Memory and Language* **45**, 391–411.

Bookheimer, S. (2002), "Functional MRI of language: new approaches to understanding the cortical organization of semantic processing.", *Annu Rev Neurosci* **25**, 151–188.

Born, J.; Rasch, B. & Gais, S. (2006), "Sleep to remember.", *Neuroscientist* **12**(5), 410–424.

Bradshaw, G. & Anderson, J. (1982), "Elaborative encoding as an explanation of levels of processing.", *Journal of Verbal Learning and Verbal Behavior* **21**, 165–174.

Bransford, J. & Franks, J. (1971), "The abstraction of linguistic ideas.", *Cognit Psychol* **2**, 331–380.

Brass, M.; Ruge, H.; Meiran, N.; Rubin, O.; Koch, I.; Zysset, S.; Prinz, W. & von Cramon, D. Y. (2003), "When the same response has different meanings: recoding the response meaning in the lateral prefrontal cortex.", *Neuroimage* **20**(2), 1026–1031.

Bräuer, J.; Call, J. & Tomasello, M. (2006), "Are apes really inequity averse?", *Proc Biol Sci* **273**(1605), 3123–3128.

Braver, T. S. & Bongiolatti, S. R. (2002), "The role of frontopolar cortex in subgoal processing during working memory.", *Neuroimage* **15**(3), 523–536.

Brefczynski, J. A. & DeYoe, E. A. (1999), "A physiological correlate of the 'spotlight' of visual attention.", *Nat Neurosci* **2**(4), 370–374.

Brewer, J. B.; Zhao, Z.; Desmond, J. E.; Glover, G. H. & Gabrieli, J. D. (1998), "Making memories: brain activity that predicts how well visual experience will be remembered.", *Science* **281**(5380), 1185–1187.

Broadbent, D. (1958), *Perception and Communication*, London: Pergamon Press.

Broca, P. (1861), "Remarques sur le siège de la faculté de la parole articulée, suivies d'une observation d'aphémie (perte de parole)", *Bulletin de la Société d»Anatomie* **36**, 330–357.

Brosnan, S. F. & Waal, F. B. M. D. (2003), "Monkeys reject unequal pay.", *Nature* **425**(6955), 297–299.

Brosnan, S. F.; Schiff, H. C. & de Waal, F. B. M. (2005), "Tolerance for inequity may increase with social closeness in chimpanzees.", *Proc Biol Sci* **272**(1560), 253–258.

Buchner, A. (2003), *Neuropsychologie*, Heidelberg: Springer, Kapitel Modelle und Funktionen des Gedächtnisses, S. 453–466.

Buckner, R. L.; Logan, J.; Donaldson, D. I. & Wheeler, M. E. (2000), "Cognitive neuroscience of episodic memory encoding.", *Acta Psychol (Amst)* **105**(2-3), 127–139.

Büchel, C.; Morris, J.; Dolan, R. J. & Friston, K. J. (1998), "Brain systems mediating aversive conditioning: an event-related fMRI study.", *Neuron* **20**(5), 947–957.

Burgess, P. W.; Quayle, A. & Frith, C. D. (2001), "Brain regions involved in prospective memory as determined by positron emission tomography.", *Neuropsychologia* **39**(6), 545–555.

Burke, A.; Heuer, F. & Reisberg, D. (1992), "Remembering emotional events.", *Mem Cognit* **20**(3), 277–290.

Bush, G.; Luu, P. & Posner, M. I. (2000), "Cognitive and emotional influences in anterior cingulate cortex.", *Trends Cogn Sci* **4**(6), 215–222.

Cabanac, M. & Duclaux, R. (1970), "Obesity: absence of satiety aversion to sucrose.", *Science* **168**(930), 496–497.

Calvo, M. G. & Lang, P. J. (2005), "Parafoveal semantic processing of emotional visual scenes.", *J Exp Psychol Hum Percept Perform* **31**(3), 502–519.

Camp, D.; Raymond, G. & Church, R. (1967), "Temporal relationship between response and punishment.", *J Exp Psychol* **74**, 114–123.

Cantlon, J. F.; Brannon, E. M.; Carter, E. J. & Pelphrey, K. A. (2006), "Functional imaging of numerical processing in adults and 4-y-old children.", *PLoS Biol* **4**(5), e125.

Caramazza, A. & Zurif, E. B. (1976), "Dissociation of algorithmic and heuristic processes in language comprehension: evidence from aphasia.", *Brain Lang* **3**(4), 572–582.

Carr, T. H.; Davidson, B. J. & Hawkins, H. L. (1978), "Perceptual flexibility in word recognition: strategies affect orthographic computation but not lexical access.", *J Exp Psychol Hum Percept Perform* **4**(4), 674–690.

Carter, C. S.; Braver, T. S.; Barch, D. M.; Botvinick, M. M.; Noll, D. & Cohen, J. D. (1998), "Anterior cingulate cortex, error detection, and the online monitoring of performance.", *Science* **280**(5364), 747–749.

Cavanagh, J. (1972), "Relation between the immediate memory span and the memory search rate.", *Psychol Rev* **79**, 525–530.

Cave, K. & Wolfe, J. (1990), "Modeling the role of parallel processing in visual search.", *Cognit Psychol* **22**, 225–271.

Chawla, D.; Rees, G. & Friston, K. J. (1999), "The physiological basis of attentional modulation in extrastriate visual areas.", *Nat Neurosci* **2**(7), 671–676.

Cheng, K.; Waggoner, R. A. & Tanaka, K. (2001), "Human ocular dominance columns as revealed by high-field functional magnetic resonance imaging.", *Neuron* **32**(2), 359–374.

Chomsky, N. (1965), *Aspects of the Theory of Syntax*, Cambridge, MA: MIT Press.

– (1988), *Language and the Problems of Knowledge*, Cambridge, MA: MIT Press, p. 169.

Christianson, S. A.; Loftus, E. F.; Hoffman, H. & Loftus, G. R. (1991), "Eye fixations and memory for emotional events.", *J Exp Psychol Learn Mem Cogn* **17**(4), 693–701.

Christoff, K.; Prabhakaran, V.; Dorfman, J.; Zhao, Z.; Kroger, J. K.; Holyoak, K. J. & Gabrieli, J. D. (2001), "Rostrolateral prefrontal cortex involvement in relational integration during reasoning.", *Neuroimage* **14**(5), 1136–1149.

Chun, M. M. & Jiang, Y. (1998), "Contextual cueing: implicit learning and memory of visual context guides spatial attention.", *Cognit Psychol* **36**, 28–71.

– & – (1999), "Top-down Attentional Guidance Based on Implicit Learning of Visual Covariation.", *Psychol Sci* **10**, 360–365.

– & Phelps, E. A. (1999), "Memory deficits for implicit contextual information in amnesic subjects with hippocampal damage.", *Nat Neurosci* **2**(9), 844–847.

– & Wolfe, J. (2000), *Handbook of Perception*, Oxford: Blackwell, chapter Visual attention, pp. 272–310.

Church, R. (1969), *Punishment and Aversive Behavior*, New York: Appleton Century Crofts, chapter Response suppression, pp. 111–156.

– & Meck, W. H. (1984), *Animal cognition*, Hillsdale, NJ: Erlbaum, chapter The numerical attribute of stimuli, pp. 445–464.

Cohen, L.; Dehaene, S.; Naccache, L.; Lehéricy, S.; Dehaene-Lambertz, G.; Hénaff, M. A. & Michel, F. (2000), "The visual word form area: spatial and temporal characterization of an initial stage of reading in normal subjects and posterior split-brain patients.", *Brain* **123 (Pt 2)**, 291–307.

Coltheart, M.; Rastle, K.; Perry, C.; Langdon, R. & Ziegler, J. (2001), "DRC: a dual route cascaded model of visual word recognition and reading aloud.", *Psychol Rev* **108**(1), 204–256.

Conturo, T. E.; Lori, N. F.; Cull, T. S.; Akbudak, E.; Snyder, A. Z.; Shimony, J. S.; McKinstry, R. C.; Burton, H. & Raichle, M. E. (1999), "Tracking neuronal fiber pathways in the living human brain.", *Proc Natl Acad Sci U S A* **96**(18), 10422–10427.

Cook, M.; Mineka, S.; Wolkenstein, B. & Laitsch, K. (1985), "Observational conditioning of snake fear in unrelated rhesus monkeys.", *J Abnorm Psychol* **94**(4), 591–610.

Corbetta, M.; Kincade, J. M.; Ollinger, J. M.; McAvoy, M. P. & Shulman, G. L. (2000), "Voluntary orienting is dissociated from target detection in human posterior parietal cortex.", *Nat Neurosci* **3**(3), 292–297.

Courtney, S. M.; Ungerleider, L. G.; Keil, K. & Haxby, J. V. (1997), "Transient and sustained activity in a distributed neural system for human working memory.", *Nature* **386**(6625), 608–611.

Cowan, N. (2000), "The magical number 4 in short-term memory: A reconsideration of mental storage capacity", *Behavioral and Brain Sciences* **24**, 87–185.

Craik, F. & Tulving, E. (1975), "Depth of processing and the retention of words in episodic memory", *Journal of Experimental Psychology: General* **104**, 268–294.

Craik, F. I. & Lockhart, R. S. (1972), "Levels of processing: A framework for memory research", *Journal of Verbal Learning & Verbal Behavior* **11**, 671–684.

Curtis, C. & D'Esposito, M. (2003), "Persistent activity in the prefrontal cortex during working memory.", *Trends Cogn Sci* **7**(9), 415–423.

D'Esposito, M.; Aguirre, G. K.; Zarahn, E.; Ballard, D.; Shin, R. K. & Lease, J. (1998), "Functional MRI studies of spatial and nonspatial working memory.", *Brain Res Cogn Brain Res* **7**(1), 1–13.

Dally, J. M.; Emery, N. J. & Clayton, N. S. (2006), "Food-caching western scrub-jays keep track of who was watching when.", *Science* **312**(5780), 1662–1665.

Damasio, A. & Anderson, S. (1993), *Clinical Neuropsychology*, New York: Oxford University Press, chapter The frontal lobes, pp. 409–460.

– & Damasio, H. (1983), "The anatomic basis of pure alexia.", *Neurology* **33**(12), 1573–1583.

Damasio, H.; Grabowski, T.; Frank, R.; Galaburda, A. M. & Damasio, A. R. (1994), "The return of Phineas Gage: clues about the brain from the skull of a famous patient.", *Science* **264**(5162), 1102–1105.

Darwin, C. (1872/1965), *The expression of the emotions in man and animals*, Chicago: University of Chicago Press.

De Groot, A. (1965), *Thought and choice in chess*, Den Haag: Mouton.

De Vries, H. & Stuiver, M. (1961), *Sensory Communication*, Cambridge, MA: MIT Press, chapter The absolute sensitivity of the human sense of smell, pp. 159–167.

Debener, S.; Ullsperger, M.; Siegel, M.; Fiehler, K.; von Cramon, D. Y. & Engel, A. K. (2005), "Trial-by-trial coupling of concurrent electroencephalogram and functional magnetic resonance imaging identifies the dynamics of performance monitoring.", *J Neurosci* **25**(50), 11730–11737.

Debiec, J. & LeDoux, J. E. (2004), "Disruption of reconsolidation but not consolidation of auditory fear conditioning by noradrenergic blockade in the amygdala.", *Neuroscience* **129**(2), 267–272.

DeBleser, R. (2003), *Neuropsychologie*, Heidelberg: Springer, Kapitel Dyslexien und Dysgraphien, S. 397–404.

Dehaene, S. (1997), *The Number Sense*, New York: Oxford University Press.

Déjerine, J. (1892), "Contributions a l'étude anatomo-pathologique et clinique des différentes variétés de cécité verbale.", *Comptes rendus des séances et mémoires de la Soc. De Biol.* **44** (vol 4 of Series 9) (Second section-Mémoires), 61–90.

Deutsch, J. A. & Deutsch, D. (1963), "Attention: Some theoretical considerations.", *Psychol Rev* **70**, 80–90.

Dolcos, F.; LaBar, K. S. & Cabeza, R. (2004), "Interaction between the amygdala and the medial temporal lobe memory system predicts better memory for emotional events.", *Neuron* **42**(5), 855–863.

Donner, T. H.; Kettermann, A.; Diesch, E.; Ostendorf, F.; Villringer, A. & Brandt, S. A. (2002), "Visual feature and conjunction searches of equal difficulty engage only partially overlapping frontoparietal networks.", *Neuroimage* **15**(1), 16–25.

Dove, A.; Pollmann, S.; Schubert, T.; Wiggins, C. J. & von Cramon, D. Y. (2000), "Prefrontal cortex activation in task switching: an event-related fMRI study.", *Brain Res Cogn Brain Res* **9**(1), 103–109.

Downing, P. E.; Jiang, Y.; Shuman, M. & Kanwisher, N. (2001), "A cortical area selective for visual processing of the human body.", *Science* **293**(5539), 2470–2473.

Doyère, V.; Debiec, J.; Monfils, M.; Schafe, G. E. & Le-Doux, J. E. (2007), "Synapse-specific reconsolidation of distinct fear memories in the lateral amygdala.", *Nat Neurosci* **10**(4), 414–416.

Dravnieks, A. (1982), "Odor quality: semantically generated multidimensional profiles are stable.", *Science* **218**(4574), 799–801.

Dreher, J.; Kohn, P. & Berman, K. F. (2006), "Neural coding of distinct statistical properties of reward information in humans.", *Cereb Cortex* **16**(4), 561–573.

Driver, J.; Davis, G.; Ricciardelli, P.; Kidd, P.; Maxwell, E. & Baron-Cohen, S. (1999), "Gaze Perception Triggers Reflexive Visuospatial Orienting.", *Vis Cogn* **6**, 509–540.

–; Mattingley, J.; Rorden, C. & Davis, G. (1997), *Parietal Contributions to Orientation in 3D Space*, Heidelberg: Springer, chapter Extinction as a paradigm measure of attentional bias and restricted capacity following brain injury, pp. 401–429.

Dudai, Y. (2006), "Reconsolidation: the advantage of being refocused.", *Curr Opin Neurobiol* **16**(2), 174–178.

Duncan, J. (2001), "An adaptive coding model of neural function in prefrontal cortex.", *Nat Rev Neurosci* **2**(11), 820–829.

– & Humphreys, G. W. (1989), "Visual search and stimulus similarity.", *Psychol Rev* **96**(3), 433–458.

– & – (1992), "Beyond the search surface: visual search and attentional engagement.", *J Exp Psychol Hum Percept Perform* **18**(2), 578–588; discussion 589–593.

– & Owen, A. M. (2000), "Common regions of the human frontal lobe recruited by diverse cognitive demands.", *Trends Neurosci* **23**(10), 475–483.

Duncker, K. (1945), "On problem solving.", *Psychological Monographs* **58**, Whole Nr. 270.

Dux, P. E.; Ivanoff, J.; Asplund, C. L. & Marois, R. (2006), "Isolation of a central bottleneck of information processing with time-resolved FMRI.", *Neuron* **52**(6), 1109–1120.

Eastwood, J. D.; Smilek, D. & Merikle, P. M. (2001), "Differential attentional guidance by unattended faces expressing positive and negative emotion.", *Percept Psychophys* **63**(6), 1004–1013.

Eger, E.; Sterzer, P.; Russ, M. O.; Giraud, A. & Klein-schmidt, A. (2003), "A supramodal number representation in human intraparietal cortex.", *Neuron* **37**(4), 719–725.

Eichenbaum, H.; Yonelinas, A. P. & Ranganath, C. (2007), "The medial temporal lobe and recognition memory.", *Annu Rev Neurosci* **30**, 123–152.

Eimas, P. (1975), "Auditory and phonetic coding of the cues for speech, discrimination of the /r–l/ distinction by young infants.", *Percept Psychophys* **18**, 341–347.

Eisenberg, N.; Fabes, R. A.; Miller, P. A.; Fultz, J.; Shell, R.; Mathy, R. M. & Reno, R. R. (1989), "Relation of sympathy and personal distress to prosocial behavior: a multimethod study.", *J Pers Soc Psychol* **57**(1), 55–66.

Ekman, P. & Friesen, W. V. (1969), "The repertoire of non-verbal behavior: categories, origins, usage and coding.", *Semiotica* **1**, 49–98.

– & – (1971), "Constants across cultures in the face and emotion.", *J Pers Soc Psychol* **17**(2), 124–129.

–; Sorenson, E. R. & Friesen, W. V. (1969), "Pan-cultural elements in facial displays of emotion.", *Science* **164**(875), 86–88.

Endo, N. & Takeda, Y. (2004), "Selective learning of spatial configuration and object identity in visual search.", *Percept Psychophys* **66**(2), 293–302.

Engel, A. & Singer, W. (2001), "Temporal binding and the neural correlates of sensory awareness.", *Trends Cogn Sci* **5**(1), 16–25.

Erickson, T. D. & Mattson, M. E. (1981), "From words to meaning: A semantic illusion", *Journal of Verbal Learning & Verbal Behavior* **20**, 540–551.

Esteves, F.; Parra, C.; Dimberg, U. & Ohman, A. (1994), "Nonconscious associative learning: Pavlovian conditioning of skin conductance responses to masked fear-relevant facial stimuli.", *Psychophysiology* **31**(4), 375–385.

Etkin, A.; Klemenhagen, K. C.; Dudman, J. T.; Rogan, M. T.; Hen, R.; Kandel, E. R. & Hirsch, J. (2004), "Individual differences in trait anxiety predict the response of the basolateral amygdala to unconsciously processed fearful faces.", *Neuron* **44**(6), 1043–1055.

Eysenck, M. & Keane, M. (2005), *Cognitive Psychology: A Student's Handbook*, Hove: Psychology Press.

Falkenstein, M.; Hielscher, H.; Dziobek, I.; Schwarzenau, P.; Hoormann, J.; Sunderman, B. & Hohnsbein, J. (2001), "Action monitoring, error detection, and the basal ganglia: an ERP study.", *Neuroreport* **12**(1), 157–161.

–; Hohnsbein, J.; Hoormann, J. & Blanke, L. (1990), *Psychophysiological Brain Research*, Tilburg, The Netherlands: Tilburg UP, chapter Effects of errors in choice reaction tasks on the ERP under focused and divided attention, pp. 192–195.

–; –; – & – (1991), "Effects of crossmodal divided attention on late ERP components. II. Error processing in choice reaction tasks.", *Electroencephalogr Clin Neurophysiol* **78**(6), 447–455.

–; Hoormann, J.; Christ, S. & Hohnsbein, J. (2000), "ERP components on reaction errors and their functional significance: a tutorial.", *Biol Psychol* **51**(2-3), 87–107.

Fehr, E. & Fischbacher, U. (2003), "The nature of human altruism.", *Nature* **425**(6960), 785–791.

Fellows, L. K. & Farah, M. J. (2005), "Different underlying impairments in decision-making following ventromedial and dorsolateral frontal lobe damage in humans.", *Cereb Cortex* **15**(1), 58–63.

Fendrich, R.; Wessinger, C. M. & Gazzaniga, M. S. (1992), "Residual vision in a scotoma: implications for blindsight.", *Science* **258**(5087), 1489–1491.

–; – & – (2001), "Speculations on the neural basis of islands of blindsight.", *Prog Brain Res* **134**, 353–366.

Fenske, M. & Raymond, J. (2006), "Affective Influences of Selective Attention", *Current Directions in Psychological Science* **15**, 312–316.

–; –; Kessler, K.; Westoby, N. & Tipper, S. P. (2005), "Attentional inhibition has social-emotional consequences for unfamiliar faces.", *Psychol Sci* **16**(10), 753–758.

Ferreira, F.; Bailey, K. & Ferraro, V. (2002), "Good-enough representations in language comprehension", *Current Directions in Psychological Science* **11**, 11–15.

Fiebach, C. J.; Friederici, A. D.; Müller, K. & von Cramon, D. Y. (2002), "fMRI evidence for dual routes to the mental lexicon in visual word recognition.", *J Cogn Neurosci* **14**(1), 11–23.

Fiorillo, C. D.; Tobler, P. N. & Schultz, W. (2003), "Discrete coding of reward probability and uncertainty by dopamine neurons.", *Science* **299**(5614), 1898–1902.

Fischer, S.; Hallschmid, M.; Elsner, A. L. & Born, J. (2002), "Sleep forms memory for finger skills.", *Proc Natl Acad Sci U S A* **99**(18), 11987–11991.

Fitch, W. T. & Hauser, M. D. (2004), "Computational constraints on syntactic processing in a nonhuman primate.", *Science* **303**(5656), 377–380.

Fox, E.; Russo, R.; Bowles, R. & Dutton, K. (2001), "Do threatening stimuli draw or hold visual attention in subclinical anxiety?", *J Exp Psychol Gen* **130**(4), 681–700.

–; – & Dutton, K. (2002), "Attentional bias for threat: Evidence for delayed disengagement from emotional faces.", *Cogn Emot* **16**, 355–379.

Franks, J. J.; Bilbrey, C. W.; Lien, K. G. & McNamara, T. P. (2000), "Transfer-appropriate processing (TAP) and repetition priming.", *Mem Cognit* **28**(7), 1140–1151.

Franze, K.; Grosche, J.; Skatchkov, S. N.; Schinkinger, S.; Foja, C.; Schild, D.; Uckermann, O.; Travis, K.; Reichenbach, A. & Guck, J. (2007), "Muller cells are living optical fibers in the vertebrate retina.", *Proc Natl Acad Sci U S A* **104**(20), 8287–8292.

Frazier, L. & Clifton, C. (1996), *Construal*, Cambridge, MA: MIT Press.

– & Rayner, K. (1982), "Making and correcting errors during sentence comprehension: Eye movements in the analysis of structurally ambiguous sentences", *Cognitive Psychology* **14**, 178–210.

Friederici, A. D. (2002), "Towards a neural basis of auditory sentence processing.", *Trends Cogn Sci* **6**(2), 78–84.

–; Bahlmann, J.; Heim, S.; Schubotz, R. I. & Anwander, A. (2006), "The brain differentiates human and non-human grammars: functional localization and structural connectivity.", *Proc Natl Acad Sci U S A* **103**(7), 2458–2463.

Friedman, M.; Burke, C.; Cole, M.; Keller, L.; Millward, R. & Estes, W. (1964), *Studies in mathematical psychology*, Stanford, CA: Stanford University Press, chapter Two-choice behavior under extended training with shifting probabilities of reinforcement, pp. 250–316.

Friedrich, F. J.; Egly, R.; Rafal, R. D. & Beck, D. (1998), "Spatial attention deficits in humans: a comparison of superior parietal and temporal-parietal junction lesions.", *Neuropsychology* **12**(2), 193–207.

Frith, C. D. & Frith, U. (1999), "Interacting minds – a biological basis.", *Science* **286**(5445), 1692–1695.

Gaffan, D. & Heywood, C. (1993), "A Spurious Category-Specific Visual Agnosia for Living Things in Normal Human and Nonhuman Primates", *Journal of Cognitive Neuroscience* **5**, 118–128.

Gais, S.; Lucas, B. & Born, J. (2006), "Sleep after learning aids memory recall.", *Learn Mem* **13**(3), 259–262.

–; Plihal, W.; Wagner, U. & Born, J. (2000), "Early sleep triggers memory for early visual discrimination skills.", *Nat Neurosci* **3**(12), 1335–1339.

Gallagher, H. L.; Jack, A. I.; Roepstorff, A. & Frith, C. D. (2002), "Imaging the intentional stance in a competitive game.", *Neuroimage* **16**(3 Pt 1), 814–821.

Gallese, V.; Fadiga, L.; Fogassi, L. & Rizzolatti, G. (1996), "Action recognition in the premotor cortex.", *Brain* **119**(Pt 2), 593–609.

Garavan, H.; Ross, T. J.; Murphy, K.; Roche, R. A. P. & Stein, E. A. (2002), "Dissociable executive functions in the dynamic control of behavior: inhibition, error detection, and correction.", *Neuroimage* **17**(4), 1820–1829.

Garnsey, S. M.; Pearlmutter, N. J.; Myers, E. & Lotocky, M. A. (1997), "The Contributions of Verb Bias and Plausibility to the Comprehension of Temporarily Ambiguous Sentences", *Journal of Memory and Language* **37**, 58–93.

Garver-Apgar, C. E.; Gangestad, S. W.; Thornhill, R.; Miller, R. D. & Olp, J. J. (2006), "Major histocompatibility complex alleles, sexual responsivity, and unfaithfulness in romantic couples.", *Psychol Sci* **17**(10), 830–835.

Gauthier, I.; Tarr, M. J.; Anderson, A. W.; Skudlarski, P. & Gore, J. C. (1999), "Activation of the middle fusiform 'face area' increases with expertise in recognizing novel objects.", *Nat Neurosci* **2**(6), 568–573.

–; –; Moylan, J.; Skudlarski, P.; Gore, J. C. & Anderson, A. W. (2000), "The fusiform 'face area' is part of a network that processes faces at the individual level.", *J Cogn Neurosci* **12**(3), 495–504.

Gegenfurtner, K. & Kiper, D. (2003), *The Visual Neurosciences*, Cambridge, MA: MIT Press, chapter The processing of color in extrastriate cortex, pp. 1017–1028.

Gehring, W. J.; Goss, B.; Coles, M. G. H.; Meyer, D. E. & Donchin, E. (1993), "A neural system for error detection and compensation.", *Psychol Sci* **4**, 385–390.

Georgiou, G. A.; Bleakley, C.; Hayward, J.; Russo, R.; Dutton, K.; Eltiti, S. & Fox, E. (2005), "Focusing on fear: Attentional disengagement from emotional faces.", *Vis Cogn* **12**(1), 145–158.

Gernsbacher, M. (1985), "Surface information loss in comprehension.", *Cognition* **17**, 324–363.

Geschwind, N. (1965a), "Disconnexion syndromes in animals and man. I.", *Brain* **88**(2), 237–294.

– (1965b), "Disconnexion syndromes in animals and man. II.", *Brain* **88**(3), 585–644.

Gick, M. & Holyoak, K. (1980), "Analogical problem solving.", *Cognit Psychol* **12**, 306–355.

Glenn, J. F. & Erickson, R. P. (1976), "Gastric modulation of gustatory afferent activity.", *Physiol Behav* **16**, 561–568.

Gobbini, M. I.; Leibenluft, E.; Santiago, N. & Haxby, J. V. (2004), "Social and emotional attachment in the neural representation of faces.", *Neuroimage* **22**(4), 1628–1635.

Gobet, F. & Simon, H. A. (1996), "Recall of random and distorted chess positions: implications for the theory of expertise.", *Mem Cognit* **24**(4), 493–503.

– & Waters, A. (2003), "The role of constraints in expert memory.", *J Exp Psychol Learn Mem Cogn* **29**, 1082–1094.

Godden, D. & Baddeley, A. (1975), "Context-dependent memory in two natural environments: On land and under water.", *Br J Psychol* **66**, 325–331.

Goldberg, R. F.; Perfetti, C. A. & Schneider, W. (2006), "Perceptual knowledge retrieval activates sensory brain regions.", *J Neurosci* **26**(18), 4917–4921.

Goldstein, E. B. (2002), *Wahrnehmungspsychologie*. Heidelberg: Spektrum.

Goodale, M. A. & Milner, A. D. (1992), "Separate visual pathways for perception and action.", *Trends Neurosci* **15**(1), 20–25.

Goren, C. C.; Sarty, M. & Wu, P. Y. (1975), "Visual following and pattern discrimination of face-like stimuli by newborn infants.", *Pediatrics* **56**(4), 544–549.

Goto, H. (1971), "Auditory perception by normal Japanese adults of the sounds 'L' and 'R'.", *Neuropsychologia* **9**(3), 317–323.

Graziano, M. (2006), "The organization of behavioral repertoire in motor cortex.", *Annu Rev Neurosci* **29**, 105–134.

Greene, A. J.; Gross, W. L.; Elsinger, C. L. & Rao, S. M. (2007), "Hippocampal differentiation without recognition: an fMRI analysis of the contextual cueing task.", *Learn Mem* **14**(8), 548–553.

Greeno, J. (1974), "Hobbits and Orcs: Acquisition of a sequential concept.", *Cognit Psychol* **6**, 270–292.

Grill, H. J. & Norgren, R. (1978), "Chronically decerebrate rats demonstrate satiation but not bait shyness.", *Science* **201**(4352), 267–269.

Gunter, T. C.; Friederici, A. D. & Schriefers, H. (2000), "Syntactic gender and semantic expectancy: ERPs reveal early autonomy and late interaction.", *J Cogn Neurosci* **12**(4), 556–568.

Gürerk, O.; Irlenbusch, B. & Rockenbach, B. (2006), "The competitive advantage of sanctioning institutions.", *Science* **312**(5770), 108–111.

Hadjikhani, N.; Liu, A. K.; Dale, A. M.; Cavanagh, P. & Tootell, R. B. (1998), "Retinotopy and color sensitivity in human visual cortical area V8.", *Nat Neurosci* **1**(3), 235–241.

Hagoort, P. (2005), "On Broca, brain, and binding: a new framework.", *Trends Cogn Sci* **9**(9), 416–423.

Haidt, J. & Keltner, D. (1999), "Culture and facial expression: Open-ended methods find more faces and a gradient of universality.", *Cognit Emot* **13**, 225–266.

Halsband, U.; Matsuzaka, Y. & Tanji, J. (1994), "Neuronal activity in the primate supplementary, pre-supplementary and premotor cortex during externally and internally instructed sequential movements.", *Neurosci Res* **20**(2), 149–155.

Hamilton, W. D. (1964), "The genetical evolution of social behaviour. II.", *J Theor Biol* **7**(1), 17–52.

Hamm, A. O.; Weike, A. I.; Schupp, H. T.; Treig, T.; Dressel, A. & Kessler, C. (2003), "Affective blindsight: intact fear conditioning to a visual cue in a cortically blind patient.", *Brain* **126**(Pt 2), 267–275.

Hare, B. & Tomasello, M. (2005), "Human-like social skills in dogs?", *Trends Cogn Sci* **9**(9), 439–444.

Haxby, J. V. & Gobbini, M. I. (2007), "The perception of emotion and social cues in faces.", *Neuropsychologia* **45**(1), 1.

–; –; Furey, M. L.; Ishai, A.; Schouten, J. L. & Pietrini, P. (2001), "Distributed and overlapping representations of faces and objects in ventral temporal cortex.", *Science* **293**(5539), 2425–2430.

–; Hoffman, E. A. & Gobbini, M. I. (2002), "Human neural systems for face recognition and social communication.", *Biol Psychiatry* **51**(1), 59–67.

Hettinger, T.; Myers, W. & Frank, M. (1990), "Role of olfaction in perception of nontraditional 'taste'-stimuli.", *Chemical Senses* **15**, 755–760.

Heuer, H. (1986), „Über die Annahme relations-abhängiger Vorprogrammierung bei der Interpretation von Reaktionszeitexperimenten zur motorischen Vorbereitung.", *Zeitschrift für experimentelle und angewandte Psychologie* **33**, 563–586.

Heywood, C. A.; Gaffan, D. & Cowey, A. (1995), "Cerebral achromatopsia in monkeys.", *Eur J Neurosci* **7**(5), 1064–1073.

Hoffman, E. A. & Haxby, J. V. (2000), "Distinct representations of eye gaze and identity in the distributed human neural system for face perception.", *Nat Neurosci* **3**(1), 80–84.

Hollingworth, A. (2004), "Constructing visual representations of natural scenes: the roles of short- and long-term visual memory.", *J Exp Psychol Hum Percept Perform* **30**(3), 519–537.

– (2005), "The relationship between online visual representation of a scene and long-term scene memory.", *J Exp Psychol Learn Mem Cogn* **31**(3), 396–411.

– (2006), "Visual memory for natural scenes: Evidence from change detection and visual search.", *Vis Cogn* **14**, 781–807.

– & Henderson, J. M. (2002), "Accurate visual memory for previously attended objects in natural scenes.", *J Exp Psychol Hum Percept Perform* **28**, 113–136.

Holroyd, C. B. & Coles, M. G. H. (2002), "The neural basis of human error processing: reinforcement learning, dopamine, and the error-related negativity.", *Psychol Rev* **109**(4), 679–709.

Hommel, B. (1998), "Automatic stimulus-response translation in dual-task performance.", *J Exp Psychol Hum Percept Perform* **24**(5), 1368–1384.

Hood, B.; Willen, J. & Driver, J. (1998), "Adult's Eyes Trigger Shifts of Visual Attention in Human Infants.", *Psychol Sci* **9**, 131–134.

Hopf, J.; Boelmans, K.; Schoenfeld, M. A.; Luck, S. J. & Heinze, H. (2004), "Attention to features precedes attention to locations in visual search: evidence from electromagnetic brain responses in humans.", *J Neurosci* **24**(8), 1822–1832.

Hornak, J.; Rolls, E. T. & Wade, D. (1996), "Face and voice expression identification in patients with emotional and behavioural changes following ventral frontal lobe damage.", *Neuropsychologia* **34**(4), 247–261.

Hoshi, E.; Shima, K. & Tanji, J. (1998), "Task-dependent selectivity of movement-related neuronal activity in the primate prefrontal cortex.", *J Neurophysiol* **80**(6), 3392–3397.

Huk, A. C.; Dougherty, R. F. & Heeger, D. J. (2002), "Retinotopy and functional subdivision of human areas MT and MST.", *J Neurosci* **22**(16), 7195–7205.

Humphreys, G. (1999), *Case Studies in Vision*, London: Psychology Press, chapter Integrative Agnosia, pp. 41–58.

Hurford, J. R. (1987), *Language and Number*, Oxford: Blackwell.

Iacoboni, M. & Dapretto, M. (2006), "The mirror neuron system and the consequences of its dysfunction.", *Nat Rev Neurosci* **7**(12), 942–951.

–; Molnar-Szakacs, I.; Gallese, V.; Buccino, G.; Mazziotta, J. C. & Rizzolatti, G. (2005), "Grasping the intentions of others with one's own mirror neuron system.", *PLoS Biol* **3**(3), e79.

Ito, S.; Stuphorn, V.; Brown, J. W. & Schall, J. D. (2003), "Performance monitoring by the anterior cingulate cortex during saccade countermanding.", *Science* **302**(5642), 120–122.

Ivry, R. B.; Franz, E. A.; Kingstone, A. & Johnston, J. C. (1998), "The psychological refractory period effect following callosotomy: uncoupling of lateralized response codes.", *J Exp Psychol Hum Percept Perform* **24**(2), 463–480.

Izard, C. (1971), *The face of emotions*, New York: Appleton Century Crofts.

Jenkins, H. M. & Harrison, R. H. (1962), "Generalization gradients of inhibition following auditory discrimination learning.", *J Exp Anal Behav* **5**, 435–441.

Jensen, K.; Call, J. & Tomasello, M. (2007), "Chimpanzees are vengeful but not spiteful.", *Proc Natl Acad Sci U S A*.

–; Hare, B.; Call, J. & Tomasello, M. (2006), "What's in it for me? Self-regard precludes altruism and spite in chimpanzees.", *Proc Biol Sci* **273**(1589), 1013–1021.

Jersild, A. (1927), "Mental set and shift.", *Archives of Psychology* **Whole Nr. 89**.

Jiang, Y. & Wagner, L. C. (2004), "What is learned in spatial contextual cueing – configuration or individual locations?", *Percept Psychophys* **66**(3), 454–463.

Johnson, M. H.; Dziurawiec, S.; Ellis, H. & Morton, J. (1991), "Newborns' preferential tracking of face-like stimuli and its subsequent decline.", *Cognition* **40**(1-2), 1–19.

de Jong, R. (1995), "Perception-action coupling and S-R compatibility.", *Acta Psychol (Amst)* **90**(1-3), 287–299.

Kahneman, D. & Treisman, A. (1984), *Varieties of Attention*, New York: Academic Press, chapter Changing views of attention and automaticity, pp. 29- 61.

Kanwisher, N.; McDermott, J. & Chun, M. M. (1997), "The fusiform face area: a module in human extrastriate cortex specialized for face perception.", *J Neurosci* **17**(11), 4302–4311.

Karlin, L. & Kestenbaum, R. (1968), "Effects of number of alternatives on the psychological refractory period.", *Q J Exp Psychol* **20**(2), 167–178.

Karnath, H. O.; Ferber, S. & Himmelbach, M. (2001), "Spatial awareness is a function of the temporal not the posterior parietal lobe.", *Nature* **411**(6840), 950–953.

–; Himmelbach, M. & Küker, W. (2003), "The cortical substrate of visual extinction.", *Neuroreport* **14**(3), 437–442.

Karni, A. & Sagi, D. (1991), "Where practice makes perfect in texture discrimination: evidence for primary visual cortex plasticity.", *Proc Natl Acad Sci U S A* **88**(11), 4966–4970.

–; Tanne, D.; Rubenstein, B. S.; Askenasy, J. J. & Sagi, D. (1994), "Dependence on REM sleep of overnight improvement of a perceptual skill.", *Science* **265**(5172), 679–682.

Kastner, S.; Pinsk, M. A.; Weerd, P. D.; Desimone, R. & Ungerleider, L. G. (1999), "Increased activity in human visual cortex during directed attention in the absence of visual stimulation.", *Neuron* **22**(4), 751–761.

Kawashima, R.; Sugiura, M.; Kato, T.; Nakamura, A.; Hatano, K.; Ito, K.; Fukuda, H.; Kojima, S. & Nakamura, K. (1999), "The human amygdala plays an important role in gaze monitoring. A PET study.", *Brain* **122**(Pt 4), 779–783.

Kayser, C.; Petkov, C. I.; Augath, M. & Logothetis, N. K. (2007), "Functional imaging reveals visual modulation of specific fields in auditory cortex.", *J Neurosci* **27**(8), 1824–1835.

Keane, M. (1987), "On retrieving analogues when solving problems", *The Quarterly Journal of Experimental Psychology Section A* **39**, 29–41.

Keller, A. & Vosshall, L. B. (2004), "Human olfactory psychophysics.", *Curr Biol* **14**(20), R875–R878.

–; Zhuang, H.; Chi, Q.; Vosshall, L. B. & Matsunami, H. (2007), "Genetic variation in a human odorant receptor alters odour perception.", *Nature* **449**, 468–472.

Kensinger, E. A. & Corkin, S. (2004), "Two routes to emotional memory: distinct neural processes for valence and arousal.", *Proc Natl Acad Sci U S A* **101**(9), 3310–3315.

Keppel, G. & Underwood, B. (1962), "Proactive inhibition in short-term retention of single items", *Journal of verbal learning and verbal behavior* **1**, 153–161.

Kerns, J. G.; Cohen, J. D.; MacDonald, A. W.; Cho, R. Y.; Stenger, V. A. & Carter, C. S. (2004), "Anterior cingulate conflict monitoring and adjustments in control.", *Science* **303**(5660), 1023–1026.

Kintsch, W. (1974), *The representation of meaning in memory*, Hillsdale, NJ: Erlbaum.

Klein, R. M. (2000), "Inhibition of return.", *Trends Cogn Sci* **4**(4), 138–147.

Knoblich, G.; Ohlsson, S.; Haider, H. & Rhenius, D. (1999), "Constraint relaxation and chunk decomposition in insight problem solving", *Journal of experimental psychology. Learning, memory, and cognition* **25**, 1534-1555.

Koechlin, E.; Basso, G.; Pietrini, P.; Panzer, S. & Grafman, J. (1999), "The role of the anterior prefrontal cortex in human cognition.", *Nature* **399**(6732), 148–151.

–; Corrado, G.; Pietrini, P. & Grafman, J. (2000), "Dissociating the role of the medial and lateral anterior prefrontal cortex in human planning.", *Proc Natl Acad Sci U S A* **97**(13), 7651–7656.

–; Ody, C. & Kouneiher, F. (2003), "The architecture of cognitive control in the human prefrontal cortex.", *Science* **302**(5648), 1181–1185.

– & Summerfield, C. (2007), "An information theoretical approach to prefrontal executive function.", *Trends Cogn Sci* **11**(6), 229–235.

Köhler, W. (1921 / 1963), *Intelligenzprüfungen an Menschenaffen*, Berlin: Springer.

LaBar, K. S. & Cabeza, R. (2006), "Cognitive neuroscience of emotional memory.", *Nat Rev Neurosci* **7**(1), 54–64.

– & LeDoux, J. (2003), *Handbook of Affective Sciences*, Oxford: Oxford University Press, chapter Emotional learning circuits in animals and humans, pp. 52–65.

–; Gatenby, J. C.; Gore, J. C.; LeDoux, J. E. & Phelps, E. A. (1998), "Human amygdala activation during conditioned fear acquisition and extinction: a mixed-trial fMRI study.", *Neuron* **20**(5), 937–945.

–; –; Spencer, D. D. & Phelps, E. A. (1995), "Impaired fear conditioning following unilateral temporal lobectomy in humans.", *J Neurosci* **15**(10), 6846–6855.

Land, E. H. (1959a), "Color vision and the natural image part I.", *Proc Natl Acad Sci U S A* **45**(4), 115–129.

– (1959b), "Color vision and the natural image part II.", *Proc Natl Acad Sci U S A* **45**(4), 636–644.

Lavie, N. (1995), "Perceptual load as a necessary condition for selective attention.", *J Exp Psychol Hum Percept Perform* **21**(3), 451–468.

– & Fox, E. (2000), "The role of perceptual load in negative priming.", *J Exp Psychol Hum Percept Perform* **26**(3), 1038–1052.

Lawless, H.; Glatter, S. & Hohn, C. (1991), "Context-dependent changes in the perception of odor quality.", *Chemical Senses* **16**, 349–360.

LeDoux, J. E. (2000), "Emotion circuits in the brain.", *Annu Rev Neurosci* **23**, 155–184.

Lee, K. & Kang, S. Y. (2002), "Arithmetic operation and working memory: differential suppression in dual tasks.", *Cognition* **83**, B63–B68.

Lennie, P. & D'Zmura, M. (1988), "Mechanisms of color vision.", *Crit Rev Neurobiol* **3**(4), 333–400.

Lépine, D.; Glenncross, D. & Requin, J. (1989), "Some experimental evidence for and against a parametric conception of movement programming.", *J Exp Psychol Hum Percept Perform* **15**, 347–362.

Lepsien, J. & Pollmann, S. (2002), "Covert reorienting and inhibition of return: an event-related fMRI study.", *J Cogn Neurosci* **14**(2), 127–144.

Leslie, A. & Frith, U. (1988), "Autistic children's understanding of seeing, knowing and believing.", *Br J Dev Psychol* **6**, 315–324.

Levenson, R. W.; Ekman, P. & Friesen, W. V. (1990), "Voluntary facial action generates emotion-specific autonomic nervous system activity.", *Psychophysiology* **27**(4), 363–384.

Levine, J. D.; Gordon, N. C. & Fields, H. L. (1978), "The mechanism of placebo analgesia.", *Lancet* **2**(8091), 654–657.

Logan, G. D. & Schulkind, M. D. (2000), "Parallel memory retrieval in dual-task situations: I. Semantic memory.", *J Exp Psychol Hum Percept Perform* **26**(3), 1072–1090.

Luchins, A. (1942), "Mechanization in Problem Solving.", *Psychological Monographs* **54**(6), Whole Nr. 248.

– & Luchins, E. (1959), *Rigidity of Behavior – A Variational Approach to the Effect of Einstellung*, Eugene, OR: University of Oregon Books.

Luck, S. J. & Vogel, E. K. (1997), "The capacity of visual working memory for features and conjunctions.", *Nature* **390**(6657), 279–281.

Luo, J.; Niki, K. & Phillips, S. (2004), "Neural correlates of the 'Aha! reaction'.", *Neuroreport* **15**(13), 2013–2017.

Luria, R. & Meiran, N. (2003), "Online order control in the psychological refractory period paradigm.", *J Exp Psychol Hum Percept Perform* **29**(3), 556–574.

Lyons, D. E.; Santos, L. R. & Keil, F. C. (2006), "Reflections of other minds: how primate social cognition can inform the function of mirror neurons.", *Curr Opin Neurobiol* **16**(2), 230–234.

Maertens, M. & Pollmann, S. (2005), "fMRI reveals a common neural substrate of illusory and real contours in V1 after perceptual learning.", *J Cogn Neurosci* **17**(10), 1553–1564.

Maia, T. V. & McClelland, J. L. (2004), "A reexamination of the evidence for the somatic marker hypothesis: what participants really know in the Iowa gambling task.", *Proc Natl Acad Sci U S A* **101**(45), 16075–16080.

Mandler, G. (1980), "Recognizing: The judgment of previous occurence.", *Psychol Rev* **87**, 252–271.

Mandler, J. & Ritchey, G. (1977), "Long-term memory for pictures.", *J Exp Psychol Hum Learn Mem* **3**, 386–399.

Manginelli, A. & Pollmann, S. (2008), "Misleading contextual cues – how do they affect visual search?", *Psychol Res* **in press**.

Manns, J. R. & Squire, L. R. (2001), "Perceptual learning, awareness, and the hippocampus.", *Hippocampus* **11**(6), 776–782.

Marshall, J. C. & Newcombe, F. (1966), "Syntactic and semantic errors in paralexia.", *Neuropsychologia* **4**, 169–176.

– & – (1973), "Patterns of paralexia: a psycholinguistic approach.", *J Psycholinguist Res* **2**(3), 175–199.

Martin, A. (1999), "Automatic activation of the medial temporal lobe during encoding: lateralized influences of meaning and novelty.", *Hippocampus* **9**(1), 62–70.

–; Wiggs, C. L.; Ungerleider, L. G. & Haxby, J. V. (1996), "Neural correlates of category-specific knowledge.", *Nature* **379**(6566), 649–652.

Masland, R. (2003), *The Visual Neurosciences*, Cambridge, MA: MIT Press, chapter Direction selectivity in retinal ganglion cells, pp. 451–462.

Matsumoto, D. & Ekman, P. (2004), "The relationship among expressions, labels, and descriptions of contempt.", *J Pers Soc Psychol* **87**(4), 529–540.

Mayr, U. & Keele, S. W. (2000), "Changing internal constraints on action: the role of backward inhibition.", *J Exp Psychol Gen* **129**(1), 4–26.

McAdams, C. J. & Maunsell, J. H. (1999), "Effects of attention on orientation-tuning functions of single neurons in macaque cortical area V4.", *J Neurosci* **19**(1), 431–441.

McCandliss, B.; Cohen, L. & Dehaene, S. (2003), "The visual word form area: expertise for reading in the fusiform gyrus.", *Trends Cogn Sci* **7**(7), 293–299.

McClelland, J. L. & Elman, J. L. (1986), "The TRACE model of speech perception.", *Cognit Psychol* **18**(1), 1–86.

McClelland, J. L.; McNaughton, B. L. & O'Reilly, R. C. (1995), "Why there are complementary learning systems in the hippocampus and neocortex: insights from the successes and failures of connectionist models of learning and memory.", *Psychol Rev* **102**(3), 419–457.

MacDonald, M. C.; Pearlmutter, N. J. & Seidenberg, M. S. (1994), "The lexical nature of syntactic ambiguity resolution [corrected]", *Psychol Rev* **101**(4), 676–703.

McGaugh, J. L. (2004), "The amygdala modulates the consolidation of memories of emotionally arousing experiences.", *Annu Rev Neurosci* **27**, 1–28.

McGregor, S. J. & Howes, A. (2002), "The role of attack and defense semantics in skilled players' memory for chess positions.", *Mem Cognit* **30**(5), 707–717.

Meadows, J. C. (1974), "The anatomical basis of prosopagnosia.", *J Neurol Neurosurg Psychiatry* **37**(5), 489–501.

Meck, W. H. & Church, R. M. (1983), "A mode control model of counting and timing processes.", *J Exp Psychol Anim Behav Process* **9**(3), 320–334.

Meiran, N. (1996), "Reconfiguration of processing mode prior to task performance", *Journal of Experimental Psychology: Human Perception and Performance* **22**, 1423–1442.

Melis, A. P.; Hare, B. & Tomasello, M. (2006a), "Chimpanzees recruit the best collaborators.", *Science* **311**(5765), 1297–1300.

–; – & – (2006b), "Engineering cooperation in chimpanzees: tolerance constraints on cooperation.", *Anim Behav* **72**, 275–286.

Melzack, R. (1990), "Phantom limbs and the concept of a neuromatrix.", *Trends Neurosci* **13**(3), 88–92.

Miller, G. A. (1956), "The magical number seven, plus or minus two: Some limits on our capacity for processing information.", *Psychol Rev* **63**, 81–97.

Miller, N. (1960), "The value of behavioral research on animals.", *American Psychologist* **40**, 423–440.

Mineka, S.; Davidson, M.; Cook, M. & Keir, R. (1984), "Observational conditioning of snake fear in rhesus monkeys.", *J Abnorm Psychol* **93**(4), 355–372.

Miyawaki, K.; Strange, W.; Verbrugge, R.; Liberman, A. M.; Jenkins, J. J. & Fujimora, O. (1975), "An effect of linguistic experience: the discrimination of /r/ and /l/ by native speakers of Japanese and English.", *Percept Psychophys* **18**, 331–340.

Molko, N.; Cohen, L.; Mangin, J. F.; Chochon, F.; Lehéricy, S.; Bihan, D. L. & Dehaene, S. (2002), "Visualizing the neural bases of a disconnection syndrome with diffusion tensor imaging.", *J Cogn Neurosci* **14**(4), 629–636.

Molnar-Szakacs, I.; Kaplan, J.; Greenfield, P. M. & Iacoboni, M. (2006), "Observing complex action sequences: The role of the fronto-parietal mirror neuron system.", *Neuroimage* **33**(3), 923–935.

Morris, C. D.; Bransford, J. D. & Franks, J. J. (1977), "Levels of processing versus transfer appropriate processing.", *Journal of Verbal Learning and Verbal Behavior* **16**, 519–533.

Morris, J. S.; DeGelder, B.; Weiskrantz, L. & Dolan, R. J. (2001), "Differential extrageniculostriate and amygdala responses to presentation of emotional faces in a cortically blind field.", *Brain* **124**(Pt 6), 1241–1252.

Morrot, G.; Brochet, F. & Dubourdieu, D. (2001), "The Color of Odors.", *Brain and Language* **79**, 309–320.

Mort, D. J.; Malhotra, P.; Mannan, S. K.; Rorden, C.; Pambakian, A.; Kennard, C. & Husain, M. (2003), "The anatomy of visual neglect.", *Brain* **126**(Pt 9), 1986–1997.

Movshon, J.; Adelson, E.; Gizzi, M. & Newsome, W. (1985), *Study Group on Pattern Recognition Mechanisms*, Vatikanstadt: Pontifica Academia Scientiarum, chapter The analysis of moving visual patterns, pp. 117–151.

Moyer, R. S. & Landauer, T. K. (1967), "Time required for judgements of numerical inequality.", *Nature* **215**(5109), 1519–1520.

Mozell, M. M.; Smith, B. P.; Smith, P. E.; Sullivan, R. L. & Swender, P. (1969), "Nasal chemoreception in flavor identification.", *Arch Otolaryngol* **90**(3), 367–373.

Müller, U.; von Cramon, D. Y. & Pollmann, S. (1998), "D1- versus D2-receptor modulation of visuospatial working memory in humans.", *J Neurosci* **18**(7), 2720–2728.

Müller-Plath, G. & Pollmann, S. (2003), "Determining subprocesses of visual feature search with reaction time models.", *Psychol Res* **67**(2), 80–105.

Murray, S. o. & Wojciulik, E. (2004), "Attention increases neural selectivity in the human lateral occipital complex.", *Nat Neurosci* **7**(1), 70–74.

Newell, A. & Simon, H., (1961), 'Computer Simulation of Human Thinking. A theory of problem solving expressed as a computer program', *Science* **134**, 2011–2017.

– & – (1972), *Human problem solving*, Englewood Cliffs, N.J., Prentice-Hall.

– & – (1995), *Computers and Thought*, New York: Mc-Graw-Hill, chapter GPS, a program that simulates human thought, pp. 279–293.

Newton, I. (1704 / 1952), *Opticks, or a treatise of the reflections, refractions, inflections and colours of light*, New York: Dover.

Nieder, A. & Miller, E. K. (2004), "A parieto-frontal network for visual numerical information in the monkey.", *Proc Natl Acad Sci U S A* **101**(19), 7457–7462.

Nielsen, J. (1946), *Agnosia, apraxia, aphasia*, New York: Hoeber.

Nobre, A. C.; Coull, J. T.; Walsh, V. & Frith, C. D. (2003), "Brain activations during visual search: contributions of search efficiency versus feature binding.", *Neuroimage* **18**(1), 91–103.

Norman, D. A. & Shallice, T. (1986), *Consciousness and self-regulation, Vol. 4*, New York: Plenum Press, chapter Attention to action: Willed and automatic control of behavior, pp. 1–18.

– & – (1980),"Attention to Action: Willed and Automatic Control of Behavior.", Technical report, California univ San Diego la jolla center for human information processing Technical rept. Feb 79–Dec 80, 15 DEC 1980, p.42, Accession Number : ADA094713.

Näätänen, R.; Lehtokoski, A.; Lennes, M.; Cheour, M.; Huotilainen, M.; Iivonen, A.; Vainio, M.; Alku, P.; Ilmoniemi, R. J.; Luuk, A.; Allik, J.; Sinkkonen, J. & Alho, K. (1997), "Language-specific phoneme representations revealed by electric and magnetic brain responses.", *Nature* **385**(6615), 432–434.

Oatley, K.; Keltner, D. & Jenkins, J. M. (2006), *Understanding Emotions*, Malden, MA: Blackwell.

Öhman, A. & Dimberg, U. (1978), "Facial expressions as conditioned stimuli for electrodermal responses: a case of ‚preparedness‘?", *J Pers Soc Psychol* **36**(11), 1251–1258.

–; Flykt, A. & Esteves, F. (2001), "Emotion drives attention: detecting the snake in the grass.", *J Exp Psychol Gen* **130**(3), 466–478.

– & Mineka, S. (2001), "Fears, phobias, and preparedness: toward an evolved module of fear and fear learning.", *Psychol Rev* **108**(3), 483–522.

Olivers, C. N. L.; van der Stigchel, S. & Hulleman, J. (2007), "Spreading the sparing: against a limited-capacity account of the attentional blink.", *Psychol Res* **71**(2), 126–139.

Orban, P.; Rauchs, G.; Balteau, E.; Degueldre, C.; Luxen, A.; Maquet, P. & Peigneux, P. (2006), "Sleep after spatial learning promotes covert reorganization of brain activity.", *Proc Natl Acad Sci U S A* **103**(18), 7124–7129.

Owen, A. M.; Evans, A. C. & Petrides, M. (1996), "Evidence for a two-stage model of spatial working memory processing within the lateral frontal cortex: a positron emission tomography study.", *Cereb Cortex* **6**(1), 31–38.

Pashler, H. (1987), "Target-distractor discriminability in visual search.", *Percept Psychophys* **41**(4), 385–392.

– (1994), "Dual-task interference in simple tasks: data and theory.", *Psychol Bull* **116**(2), 220–244.

– & Johnston, J. (1989), "Chronometric evidence for central postponement in temporally overlapping tasks.", *Q J Exp Psychol* **41A**, 19–45.

Pelphrey, K. A.; Morris, J. P.; Michelich, C. R.; Allison, T. & McCarthy, G. (2005), "Functional anatomy of biological motion perception in posterior temporal cortex: an FMRI study of eye, mouth and hand movements.", *Cereb Cortex* **15**(12), 1866–1876.

Penn, D. & Potts, W. (1999), "The evolution of mating preferences and major histocompatibility complex genes.", *The American Naturalist* **153**, 145–164.

Perner, J.; Frith, U.; Leslie, A. M. & Leekam, S. R. (1989), "Exploration of the autistic child's theory of mind: knowledge, belief, and communication.", *Child Dev* **60**(3), 688–700.

Perrett, D. I.; Smith, P. A.; Potter, D. D.; Mistlin, A. J.; Head, A. S.; Milner, A. D. & Jeeves, M. A. (1985), "Visual cells in the temporal cortex sensitive to face view and gaze direction.", *Proc R Soc Lond B Biol Sci* **223**(1232), 293–317.

Pessoa, L.; McKenna, M.; Gutierrez, E. & Ungerleider, L. G. (2002), "Neural processing of emotional faces requires attention.", *Proc Natl Acad Sci U S A* **99**(17), 11458–11463.

Peterhans, E. & von der Heydt, R. (1989), 'Mechanisms of contour perception in monkey visual cortex. II. Contours bridging gaps.', *J Neurosci* **9**(5), 1749–1763.

Petkov, C. I.; O'Connor, K. N. & Sutter, M. L. (2007), "Encoding of illusory continuity in primary auditory cortex.", *Neuron* **54**(1), 153–165.

Phelps, E. A.; Ling, S. & Carrasco, M. (2006), "Emotion facilitates perception and potentiates the perceptual benefits of attention.", *Psychol Sci* **17**(4), 292–299.

Phillips, M. L.; Williams, L. M.; Heining, M.; Herba, C. M.; Russell, T.; Andrew, C.; Bullmore, E. T.; Brammer, M. J.; Williams, S. C. R.; Morgan, M.; Young, A. W. & Gray, J. A. (2004), "Differential neural responses to overt and covert presentations of facial expressions of fear and disgust.", *Neuroimage* **21**(4), 1484–1496.

–; Young, A. W.; Scott, S. K.; Calder, A. J.; Andrew, C.; Giampietro, V.; Williams, S. C.; Bullmore, E. T.; Brammer, M. & Gray, J. A. (1998), "Neural responses to facial and vocal expressions of fear and disgust.", *Proc Biol Sci* **265**(1408), 1809–1817.

–; –; Senior, C.; Brammer, M.; Andrew, C.; Calder, A. J.; Bullmore, E. T.; Perrett, D. I.; Rowland, D.; Williams, S. C.; Gray, J. A. & David, A. S. (1997), "A specific neural substrate for perceiving facial expressions of disgust.", *Nature* **389**(6650), 495–498.

Piazza, M. & Dehaene, S. (2004), *The Cognitive Neuroscience. III*, Cambridge, MA: MIT Press, chapter From number neurons to mental arithmetic: The cognitive neuroscience of number sense, pp. 865–876.

Pica, P.; Lemer, C.; Izard, V. & Dehaene, S. (2004), "Exact and approximate arithmetic in an Amazonian indigene group.", *Science* **306**(5695), 499–503.

Pitman, R. K. & Delahanty, D. L. (2005), "Conceptually driven pharmacologic approaches to acute trauma.", *CNS Spectr* **10**(2), 99–106.

Plaut, D. C.; McClelland, J. L.; Seidenberg, M. S. & Patterson, K. (1996), "Understanding normal and impaired word reading: computational principles in quasi-regular domains.", *Psychol Rev* **103**(1), 56–115.

Polk, T. A.; Stallcup, M.; Aguirre, G. K.; Alsop, D. C.; D'Esposito, M.; Detre, J. A. & Farah, M. J. (2002), "Neural specialization for letter recognition.", *J Cogn Neurosci* **14**(2), 145–159.

Pollmann, S. & Maertens, M. (2006), "Perception modulates auditory cortex activation.", *Neuroreport* **17**(17), 1779–1782.

–; – & von Cramon, D. Y. (2004), "Splenial lesions lead to supramodal target detection deficits.", *Neuropsychology* **18**(4), 710–718.

–; –; –; Lepsien, J. & Hugdahl, K. (2002), "Dichotic listening in patients with splenial and nonsplenial callosal lesions.", *Neuropsychology* **16**(1), 56–64.

–; Weidner, R.; Müller, H. J. & von Cramon, D. Y. (2000), "A fronto-posterior network involved in visual dimension changes.", *J Cogn Neurosci* **12**(3), 480–494.

Posner, M. I. & Cohen, Y. (1984), *Attention and Performance, Vol. X*, Hillsdale, NJ: Erlbaum, chapter Components of visual orienting, pp. 531–556.

Prablanc, C. & Jeannerod, M. (1975), "Corrective saccades: dependence on retinal reafferent signals.", *Vision Res* **15**(4), 465–469.

– & Pélisson (1975), *Attention and Performance XIII*, Hillsdale, NJ: Erlbaum, chapter Gaze saccadic orienting and hand pointing are locked to their goal by quick internal loops, pp. 653–676.

Puce, A.; Allison, T.; Asgari, M.; Gore, J. C. & McCarthy, G. (1996), "Differential sensitivity of human visual cortex to faces, letterstrings, and textures: a functional magnetic resonance imaging study.", *J Neurosci* **16**(16), 5205–5215.

de Quervain, D. J.; Fischbacher, U.; Treyer, V.; Schellhammer, M.; Schnyder, U.; Buck, A. & Fehr, E. (2004), "The neural basis of altruistic punishment.", *Science* **305**(5688), 1254–1258.

Rabbitt, P. M. A. (1966), "Errors and error correction in choice-response tasks.", *J Exp Psychol* **71**, 264–272.

Rainer, G.; Asaad, W. F. & Miller, E. K. (1998), "Memory fields of neurons in the primate prefrontal cortex.", *Proc Natl Acad Sci U S A* **95**(25), 15008–15013.

Ramnani, N. & Owen, A. M. (2004), "Anterior prefrontal cortex: insights into function from anatomy and neuroimaging.", *Nat Rev Neurosci* **5**(3), 184–194.

Raven, J. C. (1938), "Standardization of progressive matrices.", *Br J Med Psychol* **19**, 137–150.

Raymond, J. E.; Fenske, M. J. & Westoby, N. (2005), "Emotional devaluation of distracting patterns and faces: a consequence of attentional inhibition during visual search?", *J Exp Psychol Hum Percept Perform* **31**(6), 1404–1415.

Rayner, K. & Pollatsek, A. (1989), *The psychology of reading*, London: Prentice Hall.

Reicher, G. M. (1969), "Perceptual recognition as a function of meaningfulness of stimulus material.", *J Exp Psychol* **81**(2), 275–280.

Reisenzein, R. (1983), "The Schachter theory of emotion: two decades later.", *Psychol Bull* **94**(2), 239–264.

Rensink, R. (2002), "Change Detection.", *Annu Rev Psychol* **53**, 245–277.

Rescorla, R. (1998), *Advances in Psychological Sciences, Vol. 2: Biological and Cognitive Aspects*, Hove: Psychology Press, chapter Instrumental learning: Nature and persistence, pp. 239–257.

– & Wagner, A. R. (1972), *Classical Conditioning II: Current Research and Theory*, New York: Appleton Century Crofts, chapter A theory of Pavlovian conditioning: Variations on the effectiveness of reinforcement and nonreinforcement, pp. 64–99.

Reynolds, J. H.; Pasternak, T. & Desimone, R. (2000), "Attention increases sensitivity of V4 neurons.", *Neuron* **26**(3), 703–714.

Richardson, M. P.; Strange, B. A. & Dolan, R. J. (2004), "Encoding of emotional memories depends on amygdala and hippocampus and their interactions.", *Nat Neurosci* **7**(3), 278–285.

Ridderinkhof, K. R.; Ullsperger, M.; Crone, E. A. & Nieuwenhuis, S. (2004), "The role of the medial frontal cortex in cognitive control.", *Science* **306**(5695), 443–447.

Rizzolatti, G. & Craighero, L. (2004), "The mirror-neuron system.", *Annu Rev Neurosci* **27**, 169–192.

Ro, T.; Farnè, A. & Chang, E. (2003), "Inhibition of return and the human frontal eye fields.", *Exp Brain Res* **150**(3), 290–296.

Roelofs, A.; van Turennout, M. & Coles, M. G. H. (2006), "Anterior cingulate cortex activity can be independent of response conflict in Stroop-like tasks.", *Proc Natl Acad Sci U S A* **103**(37), 13884–13889.

Rogers, R. & Monsell, S. (1995), "Cost of a predictable switch between simple cognitive tasks.", *J Exp Psychol Hum Percept Perform* **124**, 207–231.

Rolls, E. T. (2007), "Sensory processing in the brain related to the control of food intake.", *Proc Nutr Soc* **66**(1), 96–112.

–; Critchley, H. D.; Browning, A. S.; Hernadi, I. & Lenard, L. (1999), "Responses to the sensory properties of fat of neurons in the primate orbitofrontal cortex.", *J Neurosci* **19**(4), 1532–1540.

Rosenbaum, D. A. (1980), "Human movement initiation: specification of arm, direction, and extent.", *J Exp Psychol Gen* **109**(4), 444–474.

Ruch, W. (1993), *Handbook of Emotion*, New York: Guildford, chapter Exhilaration and humor, pp. 605–616.

Ruge, H.; Brass, M.; Koch, I.; Rubin, O.; Meiran, N. & von Cramon, D. Y. (2005), "Advance preparation and stimulus-induced interference in cued task switching: further insights from BOLD fMRI.", *Neuropsychologia* **43**(3), 340–355.

Ruthruff, E.; Johnston, J. C. & Selst, M. V. (2001), "Why practice reduces dual-task interference.", *J Exp Psychol Hum Percept Perform* **27**(1), 3–21.

Sanfey, A. G.; Rilling, J. K.; Aronson, J. A.; Nystrom, L. E. & Cohen, J. D. (2003), "The neural basis of economic decision-making in the Ultimatum Game.", *Science* **300**(5626), 1755–1758.

Sapir, A.; Soroker, N.; Berger, A. & Henik, A. (1999), "Inhibition of return in spatial attention: direct evidence for collicular generation.", *Nat Neurosci* **2**(12), 1053–1054.

Schachter, S. & Singer, J. E. (1962), "Cognitive, social, and physiological determinants of emotional state.", *Psychol Rev* **69**, 379–399.

Schubert, T. & Szameitat, A. J. (2003), "Functional neuroanatomy of interference in overlapping dual tasks: an fMRI study.", *Brain Res Cogn Brain Res* **17**(3), 733–746.

Schultz, W. (2006), "Behavioral theories and the neurophysiology of reward.", *Annu Rev Psychol* **57**, 87–115.

– (2004), "Neural coding of basic reward terms of animal learning theory, game theory, microeconomics and behavioural ecology.", *Curr Opin Neurobiol* **14**(2), 139–147.

Schupp, H. T.; Stockburger, J.; Codispoti, M.; Junghöfer, M.; Weike, A. I. & Hamm, A. O. (2007), "Selective visual attention to emotion.", *J Neurosci* **27**(5), 1082–1089.

Scoville, W. B. & Milner, B. (1957), "Loss of recent memory after bilateral hippocampal lesions.", *J Neurol Neurosurg Psychiatry* **20**(1), 11–21.

Sekuler, R. & Blake, R. (1994), *Perception*, New York: McGraw-Hill.

Shaffer, W. O. & Shiffrin, R. M. (1972), "Rehearsal and storage of visual information.", *J Exp Psychol* **92**(2), 292–296.

Shah, P. & Miyake, A. (1996), "The separability of working memory resources for spatial thinking and language processing: an individual differences approach.", *J Exp Psychol Gen* **125**(1), 4–27.

Shallice, T. (1982), "Specific impairments of planning.", *Philos Trans R Soc Lond B Biol Sci* **298**(1089), 199–209.

– (1988), *From neuropsychology to mental structure*, Cambridge, U.K.: Cambridge University Press.

– & Warrington, E. (1980), *Deep Dyslexia*, London: Routledge and Keegen Paul, chapter Single and multiple component central dyslexic syndromes, pp. 119–145.

Shuman, M. & Kanwisher, N. (2004), "Numerical magnitude in the human parietal lobe; tests of representational generality and domain specificity.", *Neuron* **44**(3), 557–569.

Simon, S. A.; de Araujo, I. E.; Gutierrez, R. & Nicolelis, M. A. L. (2006), "The neural mechanisms of gustation: a distributed processing code.", *Nat Rev Neurosci* **7**(11), 890–901.

Singer, T.; Seymour, B.; O'Doherty, J. P.; Stephan, K. E.; Dolan, R. J. & Frith, C. D. (2006), "Empathic neural responses are modulated by the perceived fairness of others.", *Nature* **439**(7075), 466–469.

Slamecka, N. & Graf, P. (1978), "The generation effect: Delineation of a phenomenon.", *J Exp Psychol Learn Mem Cogn* **4**, 592–604.

Smith, E. E. & Jonides, J. (1999), "Storage and executive processes in the frontal lobes.", *Science* **283**(5408), 1657–1661.

Smith, M. (1969), "The effect of varying information on the psychological refractory period.", *Acta Psychologica* **30**, 220–231.

Sodian, B. & Frith, U. (1992), "Deception and sabotage in autistic, retarded and normal children.", *J Child Psychol Psychiatry* **33**(3), 591–605.

Solomon, R. L.; Kamin, L. J. & Wynne, L. C. (1953), "Traumatic avoidance learning: the outcomes of several extinction procedures with dogs.", *J Abnorm Psychol* **48**(2), 291–302.

– & Wynne, L. C. (1953), "Traumatic avoidance learning: Acquisition in normal dogs.", *Psychological Monographs* **67**, Whole Nr. 354.

Spector, A. & Biederman, I. (1976), "Mental set and mental shift revisited.", *Am J Psychol* **89**, 669–679.

Sperling, G. (1960), "The information available in brief visual presentation.", *Psychological Monographs* **74**, Whole Nr. 498.

Squire, L. R.; Wixted, J. T. & Clark, R. E. (2007), "Recognition memory and the medial temporal lobe: a new perspective.", *Nat Rev Neurosci* **8**(11), 872–883.

Standing, L. (1973), "Learning 10,000 pictures.", *Q J Exp Psychol* **25**(2), 207–222.

Steinman, R. (2003), *The Visual Neurosciences*, Cambridge, MA: MIT Press, chapter Gaze control under natural conditions, pp. 1339–1356.

Steinmetz, M. A. & Constantinidis, C. (1995), "Neurophysiological evidence for a role of posterior parietal cortex in redirecting visual attention.", *Cereb Cortex* **5**(5), 448–456.

Stemmler, G. (1989), "The autonomic differentiation of emotions revisited: convergent and discriminant validation.", *Psychophysiology* **26**(6), 617–632.

–; Heldmann, M.; Pauls, C. A. & Scherer, T. (2001), "Constraints for emotion specificity in fear and anger: the context counts.", *Psychophysiology* **38**(2), 275–291.

Streit, M.; Ioannides, A. A.; Liu, L.; Wölwer, W.; Dammers, J.; Gross, J.; Gaebel, W. & Müller-Gärtner, H. W. (1999), "Neurophysiological correlates of the recognition of facial expressions of emotion as revealed by magnetoencephalography.", *Brain Res Cogn Brain Res* **7**(4), 481–491.

Sugishita, M.; Otomo, K.; Yamazaki, K.; Shimizu, H.; Yoshioka, M. & Shinohara, A. (1995), "Dichotic listening in patients with partial section of the corpus callosum.", *Brain* **118**(Pt 2), 417–427.

Suzuki, K.; Yamadori, A.; Endo, K.; Fujii, T.; Ezura, M. & Takahashi, A. (1998), "Dissociation of letter and picture naming resulting from callosal disconnection.", *Neurology* **51**(5), 1390–1394.

Szameitat, A. J.; Lepsien, J.; von Cramon, D. Y.; Sterr, A. & Schubert, T. (2006), "Task-order coordination in dual-task performance and the lateral prefrontal cortex: an event-related fMRI study.", *Psychol Res* **70**(6), 541–552.

Tanaka, K. (1996), "Inferotemporal cortex and object vision.", *Annu Rev Neurosci* **19**, 109–139.

Telford, C. (1931), "The refractory phase of voluntary and associative responses.", *J Exp Psychol* **14**, 1–36.

Tervaniemi, M. & Hugdahl, K. (2003), "Lateralization of auditory-cortex functions.", *Brain Res Brain Res Rev* **43**(3), 231–246.

Thorndike, E. L. (1911), *Animal Intelligence: Experimental studies*, New York: MacMillan.

Thorpe, S. J.; Rolls, E. T. & Maddison, S. (1983), "The orbitofrontal cortex: neuronal activity in the behaving monkey.", *Exp Brain Res* **49**(1), 93–115.

Tipper, S. P. (1985), "The negative priming effect: inhibitory priming by ignored objects.", *Q J Exp Psychol* **37A**(4), 571–590.

Tobler, P. N.; Fiorillo, C. D. & Schultz, W. (2005), "Adaptive coding of reward value by dopamine neurons.", *Science* **307**(5715), 1642–1645.

Todd, J. J. & Marois, R. (2004), "Capacity limit of visual short-term memory in human posterior parietal cortex.", *Nature* **428**(6984), 751–754.

Tolman, E. C. & Honzik, C. (1930), "Introduction and removal of reward, and maze performance in rats.", *University of California Publ Psychology* **36**, 221–229.

–; Ritchie, B. F. & Kalish, D. (1946), "Studies in spatial learning. II. Place learning versus response learning.", *J Exp Psychol* **36**(4), 13–24.

Tomarken, A. J.; Mineka, S. & Cook, M. (1989), "Fear-relevant selective associations and covariation bias.", *J Abnorm Psychol* **98**(4), 381–394.

Tomasello, M.; Call, J. & Hare, B. (1998), "Five primate species follow the visual gaze of conspecifics.", *Anim Behav* **55**(4), 1063–1069.

–, –, – (2003). "Chimpanzees understand psychological states – the question is which ones and to what extent." *Trends in Cognitive Sciences*, 7, 153–156.

Tomb, I.; Hauser, M.; Deldin, P. & Caramazza, A. (2002), "Do somatic markers mediate decisions on the gambling task?", *Nat Neurosci* **5**(11), 1103–1104; author reply 1104.

Tomkins, S. (1962), *Affect, Imagery, Consciousness, Vol. 1*, New York: Springer.

– (1963), *Affect, Imagery, Consciousness, Vol. 2*, New York: Springer.

Tootell, R. B.; Hadjikhani, N.; Hall, E. K.; Marrett, S.; Vanduffel, W.; Vaughan, J. T. & Dale, A. M. (1998), "The retinotopy of visual spatial attention.", *Neuron* **21**(6), 1409–1422.

Treisman, A. (1960), "Contextual cues in selective listening", *Quarterly Journal of Experimental Psychology* 12, 242–248.

– & Gelade, G. (1980), "A feature-integration theory of attention.", *Cognit Psychol* **12**(1), 97–136.

– & Gormican, S. (1988), "Feature analysis in early vision: evidence from search asymmetries.", *Psychol Rev* **95**(1), 15–48.

– & Schmidt, H. (1982), "Illusory conjunctions in the perception of objects.", *Cognit Psychol* **14**(1), 107–141.

Treue, S. & Martínez-Trujillo, J. C. (1999), "Feature-based attention influences motion processing gain in macaque visual cortex.", *Nature* **399**(6736), 575–579.

Trotter, Y.; Celebrini, S.; Stricanne, B.; Thorpe, S. & Imbert, M. (1992), "Modulation of neural stereoscopic processing in primate area V1 by the viewing distance.", *Science* **257**(5074), 1279–1281.

Tseng, Y. & Li, C. R. (2004), "Oculomotor correlates of context-guided learning in visual search.", *Percept Psychophys* **66**(8), 1363–1378.

Ullman, M. T. (2001), "A neurocognitive perspective on language: the declarative/procedural model.", *Nat Rev Neurosci* **2**(10), 717–726.

Umiltà, M. A.; Kohler, E.; Gallese, V.; Fogassi, L.; Fadiga, L.; Keysers, C. & Rizzolatti, G. (2001), "I know what you are doing. A neurophysiological study.", *Neuron* **31**(1), 155–165.

Vaina, L. M.; Lemay, M.; Bienfang, D. C.; Choi, A. Y. & Nakayama, K. (1990), "Intact 'biological motion' and 'structure from motion' perception in a patient with impaired motion mechanisms: a case study.", *Vis Neurosci* **5**(4), 353–369.

Vallar, G.; Rusconi, M. L.; Bignamini, L.; Geminiani, G. & Perani, D. (1994), "Anatomical correlates of visual and tactile extinction in humans: a clinical CT scan study.", *J Neurol Neurosurg Psychiatry* **57**(4), 464–470.

Van Selst, M. & Jolicoeur, P. (1997), "Decision and Response in Dual-Task Interference.", *Cognit Psychol* **33**(3), 266–307.

–; Ruthruff, E. & Johnston, J. C. (1999), "Can practice eliminate the psychological refractory period effect?", *J Exp Psychol Hum Percept Perform* **25**(5), 1268–1283.

Varley, R. & Siegal, M. (2000), "Evidence for cognition without grammar from causal reasoning and 'theory of mind' in an agrammatic aphasic patient.", *Curr Biol* **10**(12), 723–726.

Vogt, S. & Magnussen, S. (2007), "Long-term memory for 400 pictures on a common theme.", *Exp Psychol* **54**(4), 298–303.

Vuilleumier, P.; Armony, J. L.; Driver, J. & Dolan, R. J. (2001), "Effects of attention and emotion on face processing in the human brain: an event-related fMRI study.", *Neuron* **30**(3), 829–841.

–; Richardson, M. P.; Armony, J. L.; Driver, J. & Dolan, R. J. (2004), "Distant influences of amygdala lesion on visual cortical activation during emotional face processing.", *Nat Neurosci* **7**(11), 1271–1278.

– & Schwartz, S. (2001), "Beware and be aware: capture of spatial attention by fear-related stimuli in neglect.", *Neuroreport* **12**(6), 1119–1122.

Wager, T. & Smith, E. (2003), "Neuroimaging and working memory: a metaanalysis.", *Cognitive, Affective and Behavioral Neuroscience* **3**, 255–274.

Wagner, A. D.; Schacter, D. L.; Rotte, M.; Koutstaal, W.; Maril, A.; Dale, A. M.; Rosen, B. R. & Buckner, R. L. (1998), "Building memories: remembering and forgetting of verbal experiences as predicted by brain activity.", *Science* **281**(5380), 1188–1191.

Waldmann, M. R. & Hagmayer, Y. (2005), "Seeing versus doing: two modes of accessing causal knowledge.", *J Exp Psychol Learn Mem Cogn* **31**(2), 216–227.

–; – & Blaisdell, A. (2006), "Beyond the information given.", *Current Directions in Psychological Science* **15**, 307–311.

Walker, M. P.; Brakefield, T.; Hobson, J. A. & Stickgold, R. (2003), "Dissociable stages of human memory consolidation and reconsolidation.", *Nature* **425**(6958), 616–620.

Wallas, G. (1926), *The art of thought*, London: Cape.

Walsh, V.; Ashbridge, E. & Cowey, A. (1998), "Cortical plasticity in perceptual learning demonstrated by transcranial magnetic stimulation.", *Neuropsychologia* **36**(1), 45–49.

Warrington, E. K. & Shallice, T. (1984), "Category specific semantic impairments.", *Brain* **107**(Pt 3), 829–854.

Wedekind, C.; Seebeck, T.; Bettens, F. & Paepke, A. J. (1995), "MHC-dependent mate preferences in humans.", *Proc Biol Sci* **260**(1359), 245–249.

Weidner, R.; Pollmann, S.; Müller, H. J. & von Cramon, D. Y. (2002), "Top-down controlled visual dimension weighting: an event-related fMRI study.", *Cereb Cortex* **12**(3), 318–328.

Welford, A. (1952), "The 'psychological refractory period' and the timing of high-speed performance – a review and a theory.", *Br J Psychol* **43**, 2–19.

Werker, J. F.; Pons, F.; Dietrich, C.; Kajikawa, S.; Fais, L. & Amano, S. (2007), "Infant-directed speech supports phonetic category learning in English and Japanese.", *Cognition* **103**(1), 147–162.

– & Tees, R. C. (1984a), "Cross-language speech perception: evidence for perceptual reorganization during the first year of life.", *Infant Behaviour and Development* **7**, 49–63.

– & – (1984b), "Phonemic and phonetic factors in adult cross-language speech perception.", *J Acoust Soc Am* **75**(6), 1866–1878.

Wernicke, C. (1974), *Der aphasische Symptomcomplex*, Reprint Berlin-Heidelberg-New York: Springer.

Whalen, J.; Gallistel, C. & Gelman, R. (1999), "Non-verbal counting in humans: The psychophysics of number representation.", *Psychol Sci* **10**, 130–137.

Whalen, P. J.; Bush, G.; McNally, R. J.; Wilhelm, S.; McInerney, S. C.; Jenike, M. A. & Rauch, S. L. (1998a), "The emotional counting Stroop paradigm: a functional magnetic resonance imaging probe of the anterior cingulate affective division.", *Biol Psychiatry* **44**(12), 1219–1228.

–; Rauch, S. L.; Etcoff, N. L.; McInerney, S. C.; Lee, M. B. & Jenike, M. A. (1998b), "Masked presentations of emotional facial expressions modulate amygdala activity without explicit knowledge.", *J Neurosci* **18**(1), 411–418.

White, I. M. & Wise, S. P. (1999), "Rule-dependent neuronal activity in the prefrontal cortex.", *Exp Brain Res* **126**(3), 315–335.

Wickelgren, W. (1976), *Handbook of learning and cognitive processes (Vol. 4)*, Hillsdale, NJ: Erlbaum, chapter Memory storage dynamics, pp. 321–361.

Wilson, F. A.; Scalaidhe, S. P. & Goldman-Rakic, P. S. (1993), "Dissociation of object and spatial processing domains in primate prefrontal cortex.", *Science* **260**(5116), 1955–1958.

Wilson, M. A. & McNaughton, B. L. (1994), "Reactivation of hippocampal ensemble memories during sleep.", *Science* **265**(5172), 676–679.

Wolfe, J.; Cave, K. & Franzel, S. (1989), "Guided search: an alternative to the feature integration model for visual search.", *J Exp Psychol Hum Percept Perform* **15**, 419–433.

Wood, N. & Cowan, N. (1995), "The cocktail party phenomenon revisited: How frequent are attention shifts to one's name in an irrelevant auditory channel?", *Journal of Experimental Psychology: Learning, Memory and Cognition* **2**, 255–260.

Woodman, G. F. & Luck, S. J. (2003), "Serial deployment of attention during visual search.", *J Exp Psychol Hum Percept Perform* **29**(1), 121–138.

Wylie, G. & Allport, A. (2000), "Task switching and the measurement of 'switch costs'.", *Psychol Res* **63**(3-4), 212–233.

Wynne-Edwards, V. C. (1962), *Animal Dispersion in Relation to Social Behavior*, New York: Hafner.

Xu, F. & Spelke, E. S. (2000), "Large number discrimination in 6-month-old infants.", *Cognition* **74**(1), B1–B11.

Yeung, N.; Cohen, J. D. & Botvinick, M. M. (2004), "The neural basis of error detection: conflict monitoring and the error-related negativity.", *Psychol Rev* **111**(4), 931–959.

Zeki, S. (1983a), "Colour coding in the cerebral cortex: the reaction of cells in monkey visual cortex to wavelengths and colours.", *Neuroscience* **9**(4), 741–765.

– (1983b), "Colour coding in the cerebral cortex: the responses of wavelength-selective and colour-coded cells in monkey visual cortex to changes in wavelength composition.", *Neuroscience* **9**(4), 767–781.

– & Marini, L. (1998), "Three cortical stages of colour processing in the human brain.", *Brain* **121**(Pt 9), 1669–1685.

Zhao, G. Q.; Zhang, Y.; Hoon, M. A.; Chandrashekar, J.; Erlenbach, I.; Ryba, N. J. P. & Zuker, C. S. (2003), "The receptors for mammalian sweet and umami taste.", *Cell* **115**(3), 255–266.

Zihl, J.; von Cramon, D. & Mai, N. (1983), "Selective disturbance of movement vision after bilateral brain damage.", *Brain* **106**(Pt 2), 313–340.

Zola-Morgan, S.; Squire, L. R. & Amaral, D. G. (1986), "Human amnesia and the medial temporal region: enduring memory impairment following a bilateral lesion limited to field CA1 of the hippocampus.", *J Neurosci* **6**(10), 2950–2967.

Zwitserlood, P. & Bölte, J. (2002), *Allgemeine Psychologie*, Heidelberg: Spektrum Akademischer Verlag, chapter Worterkennung und -produktion, pp. 547–588.

Sachregister

Erich Kasten: Einführung Neuropsychologie

2. Neuropsychologische Diagnostik und Therapie

2.1 Ursachen einer Hirnschädigung

Die Anzahl der Krankheiten, die eine Schädigung des Gehirns bewirken, ist erschreckend groß. Man unterscheidet:

1. Genetisch bedingte Formen geistiger Retardierung

- Down-Syndrom (Mongolismus oder Trisomie 21): Das Chromosom Nr. 21 ist bei diesen Personen dreifach statt doppelt vorhanden. Viele sind geistig behindert.
- Klinefelter: Hier ist in jeder Zelle ein weibliches X-Chromosom zu viel (XXY). Es handelt sich um Männer mit weiblich wirkenden Körperproportionen. Etwa 25 % sind geistig behindert.
- Phenylketonurie: Ein angeborener Mangel an einem Leber-Enzym (Phenylalalinhydroxylase) bewirkt, dass ein Stoffwechselprodukt (Phenylalalin) nicht abgebaut werden kann und langsam das Nervensystem vergiftet. Die betroffenen Kinder müssen eine bestimmte Diät einhalten, dann entstehen keine Schäden.
- Tay-Sachs- und Niemann-Pick-Krankheit: Zwei relativ seltene Störungen des Lipid-Stoffwechsels (Fettspeicherung). Die Krankheit ist schon im ersten Lebensjahr erkennbar, es kommt zu Spastiken, Krampfanfällen und gestörter geistiger Entwicklung.
- Ahorn-Sirup-Krankheit: Der Urin dieser Personen riecht wie Ahornsirup. Es handelt sich um eine vererbte Krankheit mit Fehlen einer Aminosäure, die normalerweise ein giftiges Stoffwechselprodukt abbaut.

ℇⱱ reinhardt

www.reinhardt-verlag.de

- Hurler-Syndrom: Speicherung von Saccariden (Zucker) im ZNS durch einen genetischen Fehler. Neben häufiger geistiger Behinderung kommt es oft zur körperlichen Deformation mit vorstehender Stirn, dicken Lippen und tatzenartigen Händen.

2. Infektiöse Ursachen für Hirnschäden

- Meningitis: Entzündung der Hirnhäute. Typische Symptome sind Kopfschmerzen mit Erbrechen, Fieber, Schüttelfrost, hochgradige Bewusstseinsstörungen, Nackenstarre und Augenmuskelstörungen. Ursache sind Entzündungen z.B. durch Meningokokken, Pneumokokken, Staphylokokken, Salmonellen, Viren oder Pilze. Meningitis ist eine gefürchtete Komplikation bei Entzündungen der Nasennebenhöhlen, des Innenohres und eitrigen Lungenentzündungen.
- Enzephalitis: Wenn die Entzündung nicht nur die Hirnhäute, sondern das gesamte Gehirn erfasst, spricht man von Enzephalitis. Die Erreger sind dieselben wie die bei Meningitis, mitunter auch als Komplikation nach offenen Hirnverletzungen oder durch Kinderlähmung (Poliomyelitis). Auch Zecken und (seltener) Stechmücken übertragen die Erreger.
- Röteln: Mütter, die während der ersten drei Schwangerschaftsmonate an Röteln erkranken, bringen manchmal körperlich missgebildete Kinder zur Welt. Daneben können Blindheit, Taubheit und geistige Defekte bestehen.
- Syphilis / Neurolues: Jahrzehnte nach der Primärinfektion breiten sich Herde im Gehirn aus (Progressive Paralyse), es kommt zur Demenz mit Kritiklosigkeit, verwaschener Sprache, epileptischen Anfällen und schließlich zum Tod. Außerdem können intrauterin (im Mutterleib) auch ungeborene Kinder infiziert werden, die dann oft mit geistigen Defekten auf die Welt kommen.

ℇⱴ reinhardt

www.reinhardt-verlag.de

3. Traumatische Hirnschäden durch Gewalteinwirkung, Störungen der Blutversorgung oder Vergiftung

Sie sind die häufigsten Ursachen für Hirnschäden überhaupt. Nach statistischen Angaben gibt es alleine in Deutschland rund 200.000 Schädel-Hirn-Traumen (SHT) pro Jahr und bis zu 300.000 Patienten, die eine durchblutungsbedingte Hirnschädigung erleiden.

- Durchblutungsstörungen des Gehirns (weißer Schlaganfall): Durch ein kleines Blutgerinnsel (Embulus), das sich irgendwo im Blutkreislauf aus einer Ablagerung (Thrombus) gelöst hat, können Blutgefäße verstopft werden. Das von dieser Arterie versorgte Gebiet erhält dann keinen Sauerstoff mehr. Beim Myokardinfarkt ist das Blutgerinnsel in den Herz-Koronararterien stecken geblieben; versperrt es eine Arterie im Gehirn, so wird dies als Hirninfarkt (Schlaganfall, Apoplex, Hirninsult) bezeichnet. Risikofaktoren sind Alter, Übergewicht, Bewegungsmangel, Alkohol- und Nikotinmissbrauch, Depression, Stress und Schlafmangel. Prophylaktisch werden Blutverdünner gegeben, z. B. Acetylsalicilsäure (Aspirin), das bei Dauergebrauch aber den Magen schädigen kann. Schlaganfall wird als typische Alterserkrankung angesehen; Werth (1998) berichtet aber auch von Schlaganfällen bei kleinen Kindern, und ich selbst habe schon etliche junge Frauen mit der Risiko-potenzierenden Konstellation Rauchen und Einnahme von Östrogenen (Pille) behandelt.
- Ischämie: Neben dem plötzlich auftretenden Schlaganfall gibt es auch Schäden durch eine allgemeine Minderdurchblutung des Gehirns (Ischämie). Insbesondere im Schlaf sinkt der Blutdruck erheblich ab. Bei Patienten mit niedrigem Blutdruck kann dieser dann so gering werden, dass Nervenzellen unterversorgt und chronisch geschädigt werden. Häufig sind Hirngefäße bei alten Menschen durch Ablagerungen (Thromben) ohnehin

EV reinhardt

www.reinhardt-verlag.de

stark verengt und minimieren die Blutversorgung. Typischerweise wachen diese Patienten dann morgens mit starken Kopfschmerzen und mit Sprach-, Seh- oder Bewegungsstörungen auf, die sich aber wieder etwas bessern. Blutdrucksteigernde Medikamente können ein erneutes Auftreten verhindern. Eine Sonderform ist die transitorische ischämische Attacke (TIA), eine vorübergehende Mangeldurchblutung. Auch als sekundäre Folge eines Herzinfarkts kann es zu massiven Durchblutungsstörungen des Gehirns kommen. Dasselbe gilt für große Operationen, wenn es während des Eingriffs zu einem starken Blutdruckabfall kommt.

- Hirnblutungen (roter Schlaganfall): Arterien im Gehirn zeigen mitunter Ausstülpungen (Aneurysmen), die zum Teil angeboren, zum Teil durch Ermüdung der Gefäßwände entstanden sind. Bei massiv erhöhtem Blutdruck können solche Missbildungen platzen. Das Herz pumpt dann mitten in das Hirngewebe immer mehr Blut, das durch das venöse System nicht abfließen kann. Es kommt zu einer raschen Steigerung des Innendruckes. Da der Schädelknochen nicht nachgeben kann, wird das empfindliche Hirngewebe immer mehr zusammengequetscht, und es kommt zur lebensbedrohlichen Krise. Zur Entlastung muss hier sofort operativ der Schädel geöffnet und das geplatzte Gefäß muss gefunden und verschlossen (geclippt) werden.

- Schädel-Hirn-Traumen: Durch Unfälle mit flacher Gewalteinwirkung kommt es häufig zur Hirnquetschung (Contusio cerebri). Das Hirngewebe ist eine relativ weiche, schwammige Masse, die von cerebrospinaler Flüssigkeit umgeben ist und sozusagen im Schädel schwimmt. Beim SHT prallt es zunächst in Stoßrichtung und erleidet hierdurch Schaden. Auf der gegenüberliegenden Seite entsteht nun ein Sog, der das Gehirn wieder zurückreißt und dadurch auch hier eine Zerstörung hervorruft (Contre-coup-Effekt). Das Gehirn hängt am Hirnstamm, der den Schädelhohlraum durch ein enges

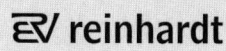
www.reinhardt-verlag.de

Loch verlässt. Bei einem starken Aufprall kann es hier zu einer Überdehnung kommen, die oft tödlich ist, da der Hirnstamm lebenswichtige Funktionen hat. Verankert ist das Gehirn außerdem an den Augen. Bei einem SHT kann es zu einer Überdehnung des Nervus opticus mit der Folge von Sehstörungen kommen. Eine gefürchtete Komplikation der Schädel-Hirn-Traumen sind Hämatome, Blutergüsse im Gehirn oder in den Hirnhäuten (z.B. epi- oder subdurales Hämatom), die dann ebenfalls beträchtlichen Druck auf das Hirngewebe ausüben. Zu spät erkannt werden fast immer Hirnblutungen aus den abführenden venösen Blutgefäßen, da sich diese mitunter nur sehr langsam ausbreiten und oft erst Tage (manchmal Wochen!) nach einem SHT zur Hirnschädigung mit Bewusstseinsverlust führen. Beim Aufprall auf kantige Objekte kann es zum Schädelbruch kommen, so dass in das Hirngewebe eindringende Objekte oder Knochensplitter zusätzliche Verletzungen verursachen. Gleichzeitige Blutungen aus Ohren und Nase bei Bewusstlosigkeit gelten als typische Symptome des Schädelbasisbruchs. Schussverletzungen des Gehirns sind in Deutschland selten geworden. Mitunter sind sie noch im Rahmen von Suizidversuchen zu finden. In Unkenntnis der anatomischen Gegebenheiten wird die Waffe oft in Richtung von Hirnteilen abgefeuert, die nicht lebenswichtig sind. Hierbei findet man eine vergleichsweise kleine Läsion an der Schussseite und eine sehr große Zerstörung in der gegenüberliegenden Hemisphäre. Die Probleme nach einem solchermaßen überlebten Suizidversuch sind hinterher für den Patienten meist erheblich größer als der ursächliche Anlass.

- Vergiftungen (Intoxikation): eine ganze Reihe von Stoffen schädigt das ZNS. Neben allgemein giftigen Stoffen wie z.B. giftigen Pflanzen oder Tieren und chemischen Substanzen gehören hierzu auch Alkohol, Drogen und Schnüffelstoffe.
- Andere Krankheiten wie Diabetes, Nierenversagen oder

ℝ reinhardt

www.reinhardt-verlag.de

Erkrankungen der Leber können gleichfalls Vergiftungs-
zustände des Gehirns hervorrufen. Berufsgruppen, die
mit leicht löslichen chemischen Substanzen (z. B. Ben-
zin), Desinfektionsmitteln, Pestiziden oder z. B. mit Blei
zu tun haben, zeigen ein erhöhtes Risiko.

- In Entwicklungsländern ist noch heute Unterernährung
eine bedeutende Ursache für Hirnfunktionsstörungen,
denn das Gehirn braucht zum normalen Wachstum sehr
viel eiweißreiche Ernährung (Proteine).

- Sauerstoffmangel (Hypoxie, Anoxie): häufige Geburts-
komplikation, z. B. wenn sich die Nabelschnur um den
Hals des Kindes geschlungen hat, später meist Bade-
oder Tauchunfälle. Neuronen im ZNS überleben nur
wenige Minuten ohne Sauerstoff.

4. Hirnkrankheiten

F. war eine äußerst attraktive 19jährige Abiturientin. Als sie
mit der Überweisung vom Neurologen zum ersten Untersu-
chungstermin kam, wirkte sie wie ein blasser, magerer Engel
mit angstvollen Augen. Bei ihr war ein Hirntumor festgestellt worden, den man wenig später neurochirurgisch
herausschälen wollte. Es sollte eine neuropsychologische
Prä- und nach der Operation eine Post-Diagnostik gemacht
werden, um mögliche Funktionsverluste erfassen und behan-
deln zu können. In solchen Situationen ist es auch Aufgabe
des Neuropsychologen Hoffnung zu vermitteln.

- Tumoren lassen sich nach ihrer Bösartigkeit (Malignität)
einteilen: Stufe I. und II. gelten als benigne (gutartig)
und die Stufen III. und IV. als bösartig (maligne, Krebs).
Eine gute Prognose haben benigne Geschwülste, die
abgrenzbar sind und sehr langsam wachsen. Auch ein
gutartiger Hirntumor kann einen Menschen töten, wenn
er an einer inoperablen Stelle sitzt und auf lebenswichtige Funktionsareale drückt. Eine generell schlechte Prognose hat jeder schnell, infiltrativ ins Gewebe wachsen-

 reinhardt
www.reinhardt-verlag.de

de Tumor. Eine solche Neubildung ist operativ schwer zu entfernen; häufig muss viel umliegendes gesundes Hirngewebe herausgenommen werden. Mit Tumormarkern und Eingriffen unter dem Operationsmikroskop gelingt dies zunehmend besser. Strahlentherapie (Radiatio) des ZNS ist schwierig, da oft zu starke Schäden angerichtet werden und das Gehirn nach der Bestrahlung leicht anschwellen kann. Wegen der Blut-Hirnschranke ist es leider ebenso problematisch eine Chemotherapie durchzuführen, da die Zytostatika den Zielort oft gar nicht erreichen. Krebs beruht auf einem unkontrollierten Wachstum körpereigener Zellen. Die Benennung des Hirntumors folgt dem entarteten Zelltyp. Das Stützgewebe bildet z.B. Astrozytome oder Oligodendrogliome, Nervenzellen z.B. Gangliozytome, aus Nervenscheiden entstehen Neurinome und Hirnhäute können zu Meningeomen entarten. Am schwierigsten ist die psychotherapeutische Begleitung von Patienten mit inoperablen Tumoren (z.B. im Hirnstamm) oder mit Tumorresten, die man nicht entfernen konnte, da sie in lebenswichtigen Bereichen sitzen. Bei derartigen Erkrankungen besteht eine ärztliche Aufklärungspflicht über den Ernst der Lage.

- Die Multiple Sklerose (MS) ist eine chronisch-entzündliche Krankheit, die vor allem die isolierende Myelinscheide der Neuronen angreift. Die Krankheit verläuft in Schüben, mit Besserung dazwischen; etwa 10% leiden unter einer aggressiven Form ohne symptomfreie Zeiten. Am Anfang treten oft Sehstörungen, Leistungsabfall und rasche Ermüdbarkeit auf, später dann spastische Lähmungserscheinungen, Empfindungsstörungen der Haut, Zittern, stockende Sprache, Blasenentleerungsstörungen. MS gilt als Autoimmunkrankheit, d.h., das eigene Immunsystem greift das Myelin an. Die Erkrankung ist bislang nicht heilbar, die Symptome lassen sich durch immunsuppressive Medikamente aber erheblich lindern.

ℝ reinhardt
www.reinhardt-verlag.de

- Degenerative Krankheiten: Hierunter werden die meisten Altersdemenzen subsumiert, z. B. die Alzheimersche und die Picksche Erkrankung. Gemeinsam ist ihnen die Atrophie (Schrumpfung) bestimmter Hirnteile. Einige dieser Krankheiten haben eine genetische Komponente, z. B. die Chorea Huntington. Bei anderen vermutet man gleichfalls Autoimmunkrankheiten. Bei der Creutzfeld-Jakobschen Demenz liegt mit hoher Sicherheit eine Slow-Virusinfektion vor. Diskutiert werden Parallelen mit der Rinderseuche BSE.

5. Hirnveränderungen durch endokrine
   Funktionsstörungen

Hormonstörungen können eine Veränderung von Hirnfunktionen verursachen. Bei Funktionsdefekten der Nebennierenrinde kann es zu Apathie, Depressivität und Halluzinationen kommen. Eine Schilddrüsen-Überfunktion (Hyperthyreose) bewirkt eine übersteigerte Gefühlslabilität. Die Hypothyreose (Unterfunktion) bewirkt Antriebsarmut, Persönlichkeitsverflachung, Verlangsamung des Denkens bis zur Demenz. Eine Schwäche der Hirnanhangsdrüse (Hypophyseninsuffizienz) kann Gedächtnisprobleme, Apathie oder Erregung, Delirium und Halluzinationen zur Folge haben. Morbus Cushing, eine Störung der Hypophyse, führt zu Antriebsmangel, emotionaler Labilität und Verstimmungszuständen. Abhängig von der Art der Läsion kann es zu verschiedenen Arten von Bewusstseinsstörungen kommen.

1. Delir: kurzfristige Verwirrtheit mit angsthafter oder aggressiver Unruhe, zeitlicher und örtlicher Desorientierung, Wahrnehmungsstörungen, Halluzinationen. Typisch ist das fortwährende Nesteln an Kleidung und Bettzeug, das zu Klumpen oder Würsten gerollt wird, ständiges Aus- und Anziehen bzw. Aufstehen und wieder hinsetzen. Das Bewusstsein ist stark eingeengt, Fragen werden nicht oder nur unsinnig beantwortet.

 reinhardt
www.reinhardt-verlag.de

2. Amentielles Syndrom: Die Patienten verhalten sich eher ruhig (stille Verwirrtheit), sie fühlen eine massive Ratlosigkeit; ein Gefühl des Unheimlichen bemächtigt sich ihrer; Auffassungsgabe und Denken sind schwer gestört.

3. Dämmerzustand: Der Betroffene macht nach außen hin einen relativ ruhigen, geordneten Eindruck. Er kann Routinehandlungen durchführen, ohne auffällig zu werden. Das Bewusstsein ist aber eingeengt, es kann zu wahnhaften Vorstellungen oder plötzlichen Fehlhandlungen kommen.

4. Durchgangssyndrom: Zum hirnorganischen Psychosyndrom (HOPS) kommt es nach schweren Beeinträchtigungen des ZNS. Derartige Zustände finden sich gehäuft in Intensivstationen und Frühreha-Kliniken. Vorrangig zeigen sich Konzentrations- und Gedächtnisschwierigkeiten, z.T. auch Halluzinationen oder Wahnvorstellungen. Nach Besserung der körperlichen Ursache ist dieses Syndrom meist völlig reversibel, d.h., es bleiben keine Auffälligkeiten zurück.

2.2 Diagnostik von Hirnschäden

Psychodiagnostik ist das Lieblingskind vieler Neuropsychologen, sorgsam wird eine Fülle von Testverfahren gehütet, die detaillierte Auskunft über Defizite geben können. In manchen Kliniken wird gehässig von „Testknechten" geredet, wenn Neuropsychologen zuviel mit Diagnostik und zuwenig mit Therapie beschäftigt werden. Eine fundierte neuropsychologische Diagnostik ist aber wegweisend für die Festlegung von Therapiezielen und daher auch wichtig für alle anderen am Reha-Prozess beteiligten Berufsgruppen. Sie sollte nicht nur Defizite, sondern auch Stärken, emotionale Faktoren, Persönlichkeitseigenschaften und das soziale Umfeld mit berücksichtigen. Auch Verhaltensbeobachtung im häuslichen Alltag, in der Schule oder im Beruf sollte soweit möglich dazu gehören. Ebenso müssen wesentliche medizinische Befunde einfließen. Rehakliniken und in Kürze auch ambulante Praxen sind verpflichtet, im Sinne des Qua-

⫬V reinhardt
www.reinhardt-verlag.de

litätsmanagements die Effizienz ihrer Therapie nachzuweisen; dies geschieht u. a. durch exakten quantitativen Vergleich von Test-Parallelformen, die vor bzw. nach der Behandlung durchgeführt wurden und durch Befragung der Patienten hinsichtlich ihrer Zufriedenheit.

Die wesentlichen Untersuchungsbereiche einer neuropsychologischen Diagnostik sind: allgemeines kognitives Niveau (Breitband-IQ), Sprache (rezeptiv, expressiv), Aufmerksamkeit/Konzentration, Gedächtnis (Kurz-, Langzeitgedächtnisleistungen, verbal, visuell), kognitives Tempo, visuelle, auditive und taktile Wahrnehmung, räumlich-konstruktive Leistungen, exekutive Funktionen (Planung, Umstellungsfähigkeit, Verhalten), Verhaltensstörungen, reaktive Störungen, Persönlichkeitsveränderungen, psychosoziale Probleme, frühere Arbeits-, Ausbildungs-, Studien- oder Schulleistungen. Eine der Grundregeln für neuropsychologische Diagnostik besagt, dass abgrenzbare Schädigungen selten ebenso abgrenzbare neuropsychologische Defizite nach sich ziehen. Aufwändig wird die Diagnostik bei großflächigen Schädel-Hirn-Traumen oder diffusen Hirnschäden (z. B. Enzephalitis, Sauerstoffmangel).

Auszug aus (S 63–70):

Erich Kasten
Einführung Neuropsychologie

(PsychoMed compact; 1)
2007. 320 Seiten. 54 Abb. 3 Tab. Mit 92 Übungsfragen
UTB-M (978-3-8252-2862-0) kt

ℰℛ reinhardt
www.reinhardt-verlag.de

Christoph Klotter
Einführung Ernährungspsychologie

(PsychoMed compact; 2)
2007. 278 Seiten. 7 Abb. 5 Tab. Mit 43 Übungsfragen
UTB-M (978-3-8252-2860-6) kt

Ernährungspsychologie beschäftigt sich mit dem menschlichen Erleben und Verhalten rund um die Nahrungsaufnahme: Wie beeinflussen psychische Faktoren das Essverhalten?
Wie entstehen Essstörungen, wie lassen sie sich verhindern
bzw. heilen? Wie kann man Menschen zu einem gesunden
Essverhalten anleiten und damit ernährungsbedingte Krankheiten vermeiden? Das Lehrbuch führt in psychologische
Theorien und Forschungsergebnisse zum Ernährungsver-
halten ein und stellt Methoden der Prävention und Intervention vor.

 **reinhardt**
www.reinhardt-verlag.de

Rainer Leonhart
Psychologische Methodenlehre / Statistik

Mit 64 Übungsfragen
2008. 187 Seiten. 40 Abb. 21 Tab.
UTB-basics (978-3-8252-3064-7) kt

Oftmals ein ungeliebtes Fach – aber fundierte Kenntnisse
der Statistik und empirischer Methoden sind für angehende
PsychologInnen unverzichtbar! Dieses Basislehrbuch vermittelt die Grundlagen in kompakter Form und hilft beim Pauken
für die Prüfung. Die Zusammenstellung und Vermittlung des
Lehrstoffes ist insbesondere für Bachelor-Studiengänge
geeignet.

ℛ reinhardt
www.reinhardt-verlag.de